2005年版

図解革命！

業界地図

[最新]ダイジェスト

一橋総合研究所[監修]

高橋書店

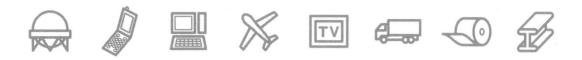

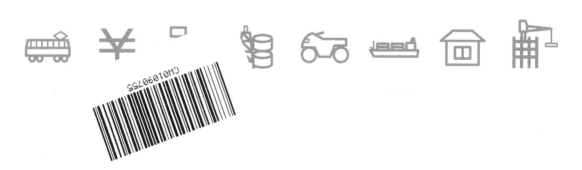

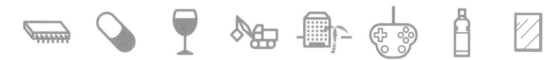

2005年版 図解革命!

業界地図

[最新]ダイジェスト

CONTENTS

本書を読むにあたって

本書は全56業界の国内および世界の企業の資本提携・業務提携・各種協力関係、その規模をわかりやすいイラスト版にしました。

また、関連データもできるかぎり掲載し、情報量を確保しながら、今までにない見やすさを実現しています。

- 56業界は大きく7つのカテゴリーに分類しています。
- 売上高や企業データなどの数字データは基本的に04年3月期決算(連結)の数字を掲載。それ以外のものは注釈してあります。
- 企業名は、株式会社などの法人格は省略しています。企業名も図解の見やすさを優先したため、一部通称で表記しているものもあります。
- 掲載企業は全2,000社、巻末にインデックスがあります。
- 外貨の日本円換算は、基本的に04年3月末時点のレート(1ドル=106円)で行っています。
- 国名の略字に関しては以下の通りです。
  米=アメリカ、英=イギリス、仏=フランス、独=ドイツ、蘭=オランダ、中=中国、韓=韓国、印=インド、伊=イタリア
- 企業名の図版は、次の意味を示しています。
  企業名 子会社・グループ会社、企業名 他業種、企業名 現在はない会社、企業名 海外の企業

業界規模
約14兆円
（大手7グループの経常収益合計）

信託銀行同士の統合話が一転、巨大金融グループの統合・誕生に発展

■ 国内の大手銀行業界地図

● 企業データ（04年3月期）
①総資産　②経常収益　③経常利益　④自己資本率
⑤不良債権処理額　⑥不良債権残高

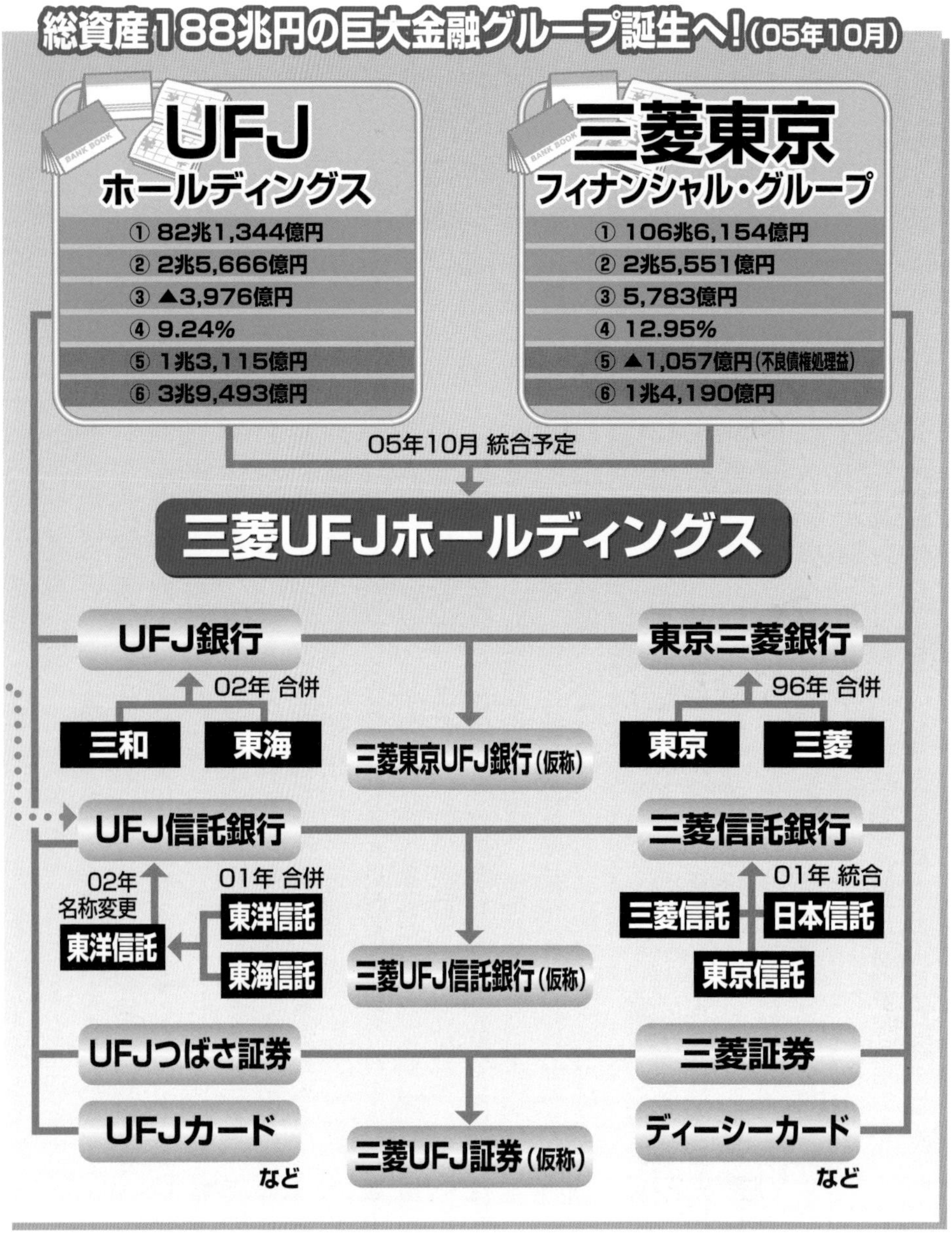
総資産188兆円の巨大金融グループ誕生へ！（05年10月）
UFJ
ホールディングス
① 82兆1,344億円
② 2兆5,666億円
③ ▲3,976億円
④ 9.24%
⑤ 1兆3,115億円
⑥ 3兆9,493億円
三菱東京
フィナンシャル・グループ
① 106兆6,154億円
② 2兆5,551億円
③ 5,783億円
④ 12.95%
⑤ ▲1,057億円（不良債権処理益）
⑥ 1兆4,190億円
05年10月 統合予定
三菱UFJホールディングス
UFJ銀行
02年 合併
三和
東海
東京三菱銀行
96年 合併
東京
三菱
三菱東京UFJ銀行（仮称）
UFJ信託銀行
02年
名称変更
東洋信託
01年 合併
東洋信託
東海信託
三菱信託銀行
01年 統合
三菱信託
日本信託
東京信託
三菱UFJ信託銀行（仮称）
UFJつばさ証券
三菱証券
UFJカード
など
ディーシーカード
など
三菱UFJ証券（仮称）

各巨大銀行グループは、不良債権処理にメドがつき、急速に業績を回復しつつある。ただし、UFJホールディングスだけは別。不良債権処理にもたつき、銀行経営の健全性を示す自己資本比率では、各グループが前年度に対し回復してきているのに、UFJは10%を割り込み9・24%になってしまった。

危機感を感じたUFJは、グループ内のUFJ信託銀行を住友信託銀行に3000億円で売却し、自己資本比率の回復を画策。

すると、三菱東京フィナンシャル・グループは、グループ自体の統合をUFJ側に申し入れ、最終的に7000億円の出資をする内容で基本合意ということになった。一方、三井住友グループも黙ってはおらず、UFJに統合を申し入れたが不発。

概ね上図のように「三菱UFJホールディングス」ということになりそうだが、今回のように何が起こっても不思議はないという意味では、巨大銀行業界の動きは今後も不気味だ。

みずほフィナンシャルグループ

① 137兆7,500億円
② 3兆2,006億円
③ 8,964億円
④ 11.35%
⑤ 2,379億円
⑥ 3兆1,910億円

- みずほホールディングス
- みずほ信託銀行
- ユーシーカード
- みずほ総合研究所
- 第一勧業アセットマネジメント
- 興銀システム開発

みずほインベスターズ証券
みずほ銀行
02年 統合
第一勧業銀行　富士銀行
日本興業銀行
新光証券
みずほコーポレート銀行
みずほ証券
03年 合併　みずほアセット信託
02年 名称変更　安田信託
クレディセゾン
06年春 事業統合予定

三井住友フィナンシャルグループ

① 102兆2,151億円
② 3兆5,525億円
③ 3,428億円
④ 11.37%
⑤ 8,034億円
⑥ 2兆8,112億円

- 三井住友銀行
- 三井住友カード
- 三井住友銀リース
- 日本総合研究所
- 大和証券SMBC

03年3月 合併　わかしお銀行
大和証券グループ本社
04年10月
証券仲介など
3分野で提携

住友信託銀行

① 15兆3,713億円
② 4,982億円
③ 1,356億円
④ 12.45%
⑤ 218億円
⑥ 2,889億円

UFJグループと三菱東京グループの統合発表は住友信託とUFJ信託の統合から始まった。

❶04年5月21日 住友信託、UFJ信託が統合を発表。
❷7月14日 UFJ信託が住友信託との統合を白紙にし、UFJグループと三菱東京グループが統合を協議。
❸7月30日 三井住友グループがUFJグループとの統合に名乗り。
❹8月12日 三菱東京グループがUFJグループとの統合基本合意を発表。

りそなホールディングス

① 39兆8,418億円
② 1兆1,381億円
③ ▲1兆1,118億円
④ 7.75%
⑤ 1兆3,284億円
⑥ 1兆8,841億円

野村證券
04年9月 提携合意へ

- りそな銀行
- 埼玉りそな銀行
- 近畿大阪銀行
- 奈良銀行
- りそな信託銀行
- 大和銀カード
- りそな総合研究所
- コスモ証券

あさひ信託
02年 統合
03年3月 統合
大和
あさひ
02年 営業譲渡
大阪
近畿
00年 合併
02年 名称変更　大和銀信託

三井トラスト・ホールディングス

① 12兆7,537億円
② 5,161億円
③ 1,053億円
④ 10.14%
⑤ 583億円
⑥ 4,680億円

中央三井信託銀行
00年 合併
中央信託　三井信託
三井アセット信託銀行
02年 名称変更
さくら信託

三菱東京フィナンシャル・グループとUFJホールディングスが統合すると、総資産188兆円の巨大金融グループが誕生することになる。これは、みずほフィナンシャルグループの総資産137兆円に大きく水をあけ、堂々の国内・世界1位となる。それに対抗するために、今まで“共同歩調”というスタンスだった、三井住友フィナンシャルグループと住友信託銀行が統合を進めることも十分考えられる。そして今回は静観しているみずほフィナンシャルグループも、その存在感は大きく、業界の動向を見るうえで無視はできない。

地方銀行・第2地銀でも業績回復基調、再編劇も一段落か

地方銀行・第2地銀においても不良債権処理は着実に進んでいるようだ。04年3月期の決算をみると、横浜銀行や千葉銀行などの大手地銀では、不良債権処理額も減少しており、一段落というところ。さらに株価の上昇による株式関係含み損益の好転で最終収益も回復。全体的には、"最悪の状態"は脱出した感がある。

また、イトーヨーカ堂やセブン-イレブンにATMを設置して営業しているアイワイバンクは、3年目にして最終利益を50億円計上。新しいタイプの銀行（下記参照）の中で黒字一番乗りとなった。

さて、一転して世界に目を転じると、総資産額でみずほFGとシティGがトップ争いでしのぎを削っている状態。しかし、三菱東京FG、UFJHDの統合が実現すれば、ダントツになることは必至で、まさに世界の金融界を震撼させる出来事なのだ。

■ 世界の2大メガバンクグループ（数値は03年12月期）

シティグループ（米）

- **設立・本店所在地**
  1812年・米国ニューヨーク市
- **営業拠点**
  世界約100カ国
- **従業員数**
  253,000名
- **総収入**
  774億ドル（8兆3,592億円）

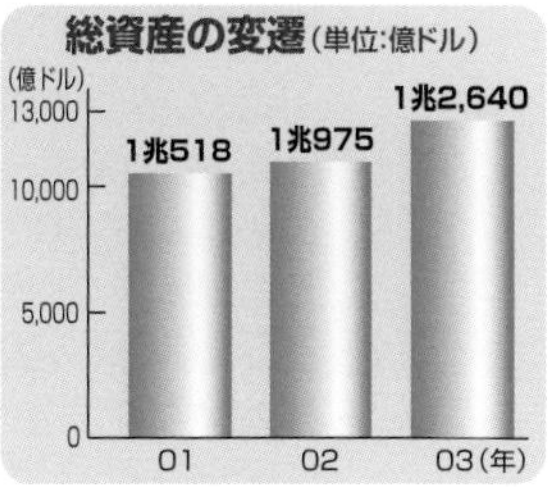
総資産の変遷（単位:億ドル）
(億ドル)
13,000
10,000
5,000
0
1兆518
1兆975
1兆2,640
01
02
03(年)

全世界に2億口座を保有し、グローバルで多角的な金融サービスを行っている持ち株会社。

UBS（スイス）

- **設立・本店所在地**
  1978年・スイス・チューリッヒ市
- **営業拠点**
  世界50数カ国
- **従業員数**
  65,929名
- **営業収益**
  339億スイスフラン（2兆9,878億円）

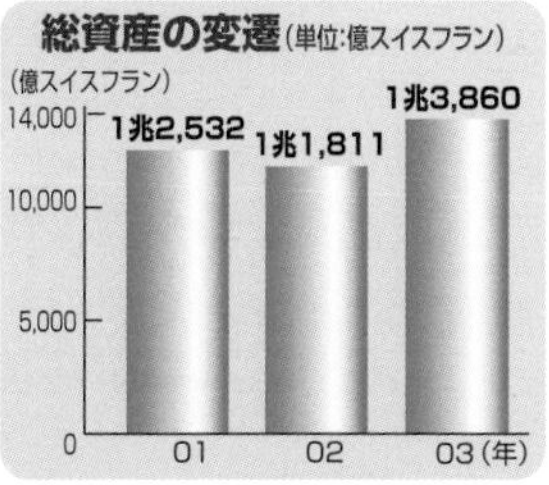
総資産の変遷（単位:億スイスフラン）
(億スイスフラン)
14,000
10,000
5,000
0
1兆2,532
1兆1,811
1兆3,860
01
02
03(年)

98年にスイス銀行とスイス・ユニオン銀行が合併して新体制に。欧州最大の総合金融サービス会社。

■ 総資産額にみる国際金融機関ランキング

（単位=兆円　03年12月 英金融誌バンカー調査）

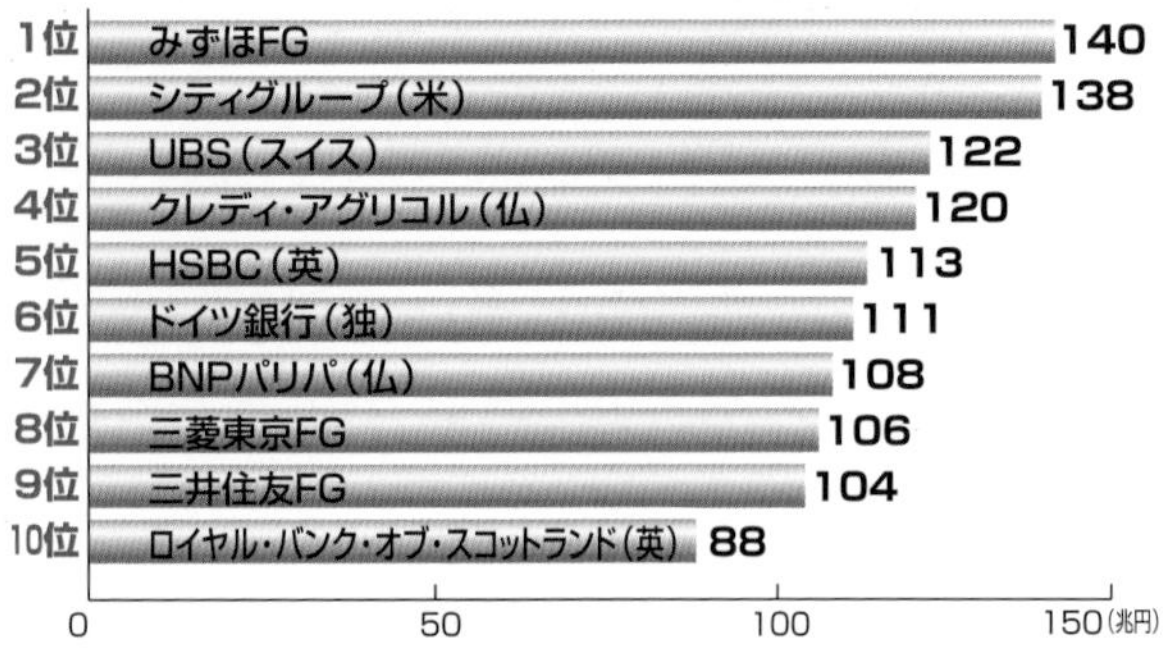
1位 みずほFG 140
2位 シティグループ（米） 138
3位 UBS（スイス） 122
4位 クレディ・アグリコル（仏） 120
5位 HSBC（英） 113
6位 ドイツ銀行（独） 111
7位 BNPパリバ（仏） 108
8位 三菱東京FG 106
9位 三井住友FG 104
10位 ロイヤル・バンク・オブ・スコットランド（英） 88
0
50
100
150(兆円)

総資産額を比較して出した順位。みずほFGとシティグループは、常に1位と2位を争っている。しかし、8位の三菱東京FGはUFJHDとの統合で総資産が上積みになると188兆円で2位以下を大きく引き離すことになる。

■ 公的資金注入銀行と完済した銀行

みずほ	UFJ	三井住友	りそな
三井トラスト	足利	もみじ	北陸
熊本ファミリー	琉球	北海道	千葉興業
八千代	東日本	岐阜	九州親和
福岡シティ	和歌山	新生	あおぞら

完済！　東京三菱　関西さわやか　住友信託　横浜

いち早く完済したのが東京三菱。横浜銀行は04年8月で完済した。最大規模の公的資金注入は言うまでもなく、りそな銀行の1兆9,600億円だ。関西さわやか銀行は、現在の関西アーバン銀行。

■ 新しいタイプの4銀行

名　称	ジャパンネット銀行	アイワイバンク銀行	ソニー銀行	イーバンク銀行
設立・本社	00年9月 東京都新宿区	01年4月 東京都千代田区	01年4月 東京都港区	00年1月 東京都千代田区
資本金	200億円	610億円	187億円	183億円
主な株主	三井住友銀行 富士通　日本生命 東京電力　NTTドコモ	イトーヨーカ堂 セブン-イレブン・ジャパン UFJ銀行　りそな銀行	ソニー 三井住友銀行 JPモルガン	エッジ　ターコイズ インターナショナル ファイナンス　大和生命　九州電力 日本アジア投資
特　徴	インターネット専業銀行。インターネット、携帯電話で24時間振り込み、ネット決済できる。現金の出し入れは三井住友銀行、郵便局、コンビニの提携ATM。	24時間のインターネットバンキング、モバイルバンキング、テレホンバンキングができる。現金の出し入れはセブン-イレブン、イトーヨーカ堂、信用金庫のATM。	「MONEYKit」「MONEYKit-PostPet」の2つのサイトからインターネットバンキングできる。現金の出し入れは三井住友銀行、郵便局、コンビニam/pmの提携ATM。	24時間のインターネットバンキング。eメールアドレスで各種金融機関に送金できる。ネットオークションも可。現金の出し入れは郵便局、アイワイバンクのATM。

■ 地方銀行・第2地銀・長期信用銀行系の最近の再編地図

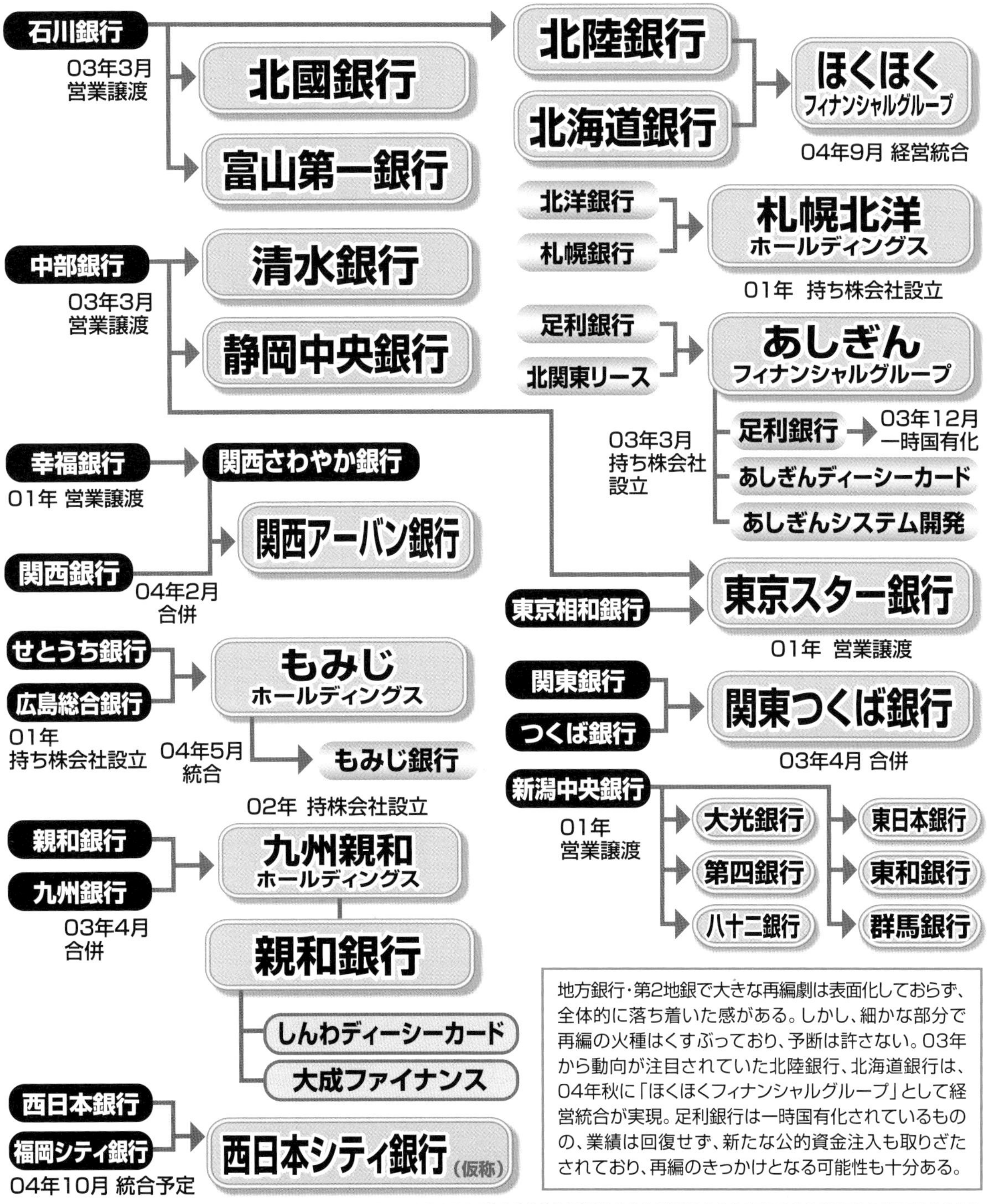
石川銀行
03年3月
営業譲渡
北國銀行
富山第一銀行
北陸銀行
北海道銀行
ほくほく
フィナンシャルグループ
04年9月 経営統合
北洋銀行
札幌銀行
札幌北洋
ホールディングス
01年 持ち株会社設立
中部銀行
03年3月
営業譲渡
清水銀行
静岡中央銀行
足利銀行
北関東リース
あしぎん
フィナンシャルグループ
03年3月
持ち株会社
設立
足利銀行
03年12月
一時国有化
あしぎんディーシーカード
あしぎんシステム開発
幸福銀行
01年 営業譲渡
関西さわやか銀行
関西アーバン銀行
関西銀行
04年2月
合併
東京相和銀行
東京スター銀行
01年 営業譲渡
せとうち銀行
広島総合銀行
もみじ
ホールディングス
01年
持ち株会社設立
04年5月
統合
もみじ銀行
関東銀行
つくば銀行
関東つくば銀行
03年4月 合併
新潟中央銀行
01年
営業譲渡
大光銀行
第四銀行
八十二銀行
東日本銀行
東和銀行
群馬銀行
02年 持株会社設立
親和銀行
九州銀行
九州親和
ホールディングス
03年4月
合併
親和銀行
しんわディーシーカード
大成ファイナンス
西日本銀行
福岡シティ銀行
西日本シティ銀行（仮称）
04年10月 統合予定

地方銀行・第2地銀で大きな再編劇は表面化しておらず、全体的に落ち着いた感がある。しかし、細かな部分で再編の火種はくすぶっており、予断は許さない。03年から動向が注目されていた北陸銀行、北海道銀行は、04年秋に「ほくほくフィナンシャルグループ」として経営統合が実現。足利銀行は一時国有化されているものの、業績は回復せず、新たな公的資金注入も取りざたされており、再編のきっかけとなる可能性も十分ある。

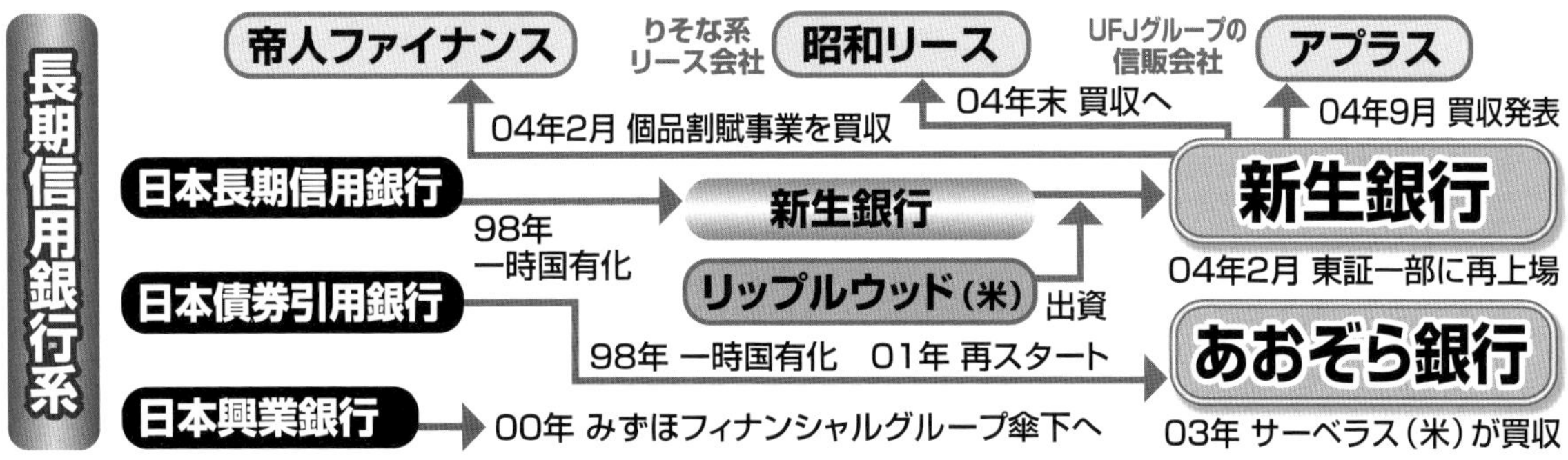
長期信用銀行系
帝人ファイナンス
りそな系
リース会社
昭和リース
UFJグループの
信販会社
アプラス
04年2月 個品割賦事業を買収
04年末 買収へ
04年9月 買収発表
日本長期信用銀行
98年
一時国有化
新生銀行
リップルウッド（米）
出資
新生銀行
04年2月 東証一部に再上場
日本債券信用銀行
98年 一時国有化 01年 再スタート
あおぞら銀行
日本興業銀行
00年 みずほフィナンシャルグループ傘下へ
03年 サーベラス（米）が買収

国内の証券業界地図 I
（数値は04年3月期）

企業データ
①預かり資産
②営業収益
③経常利益
④資本金

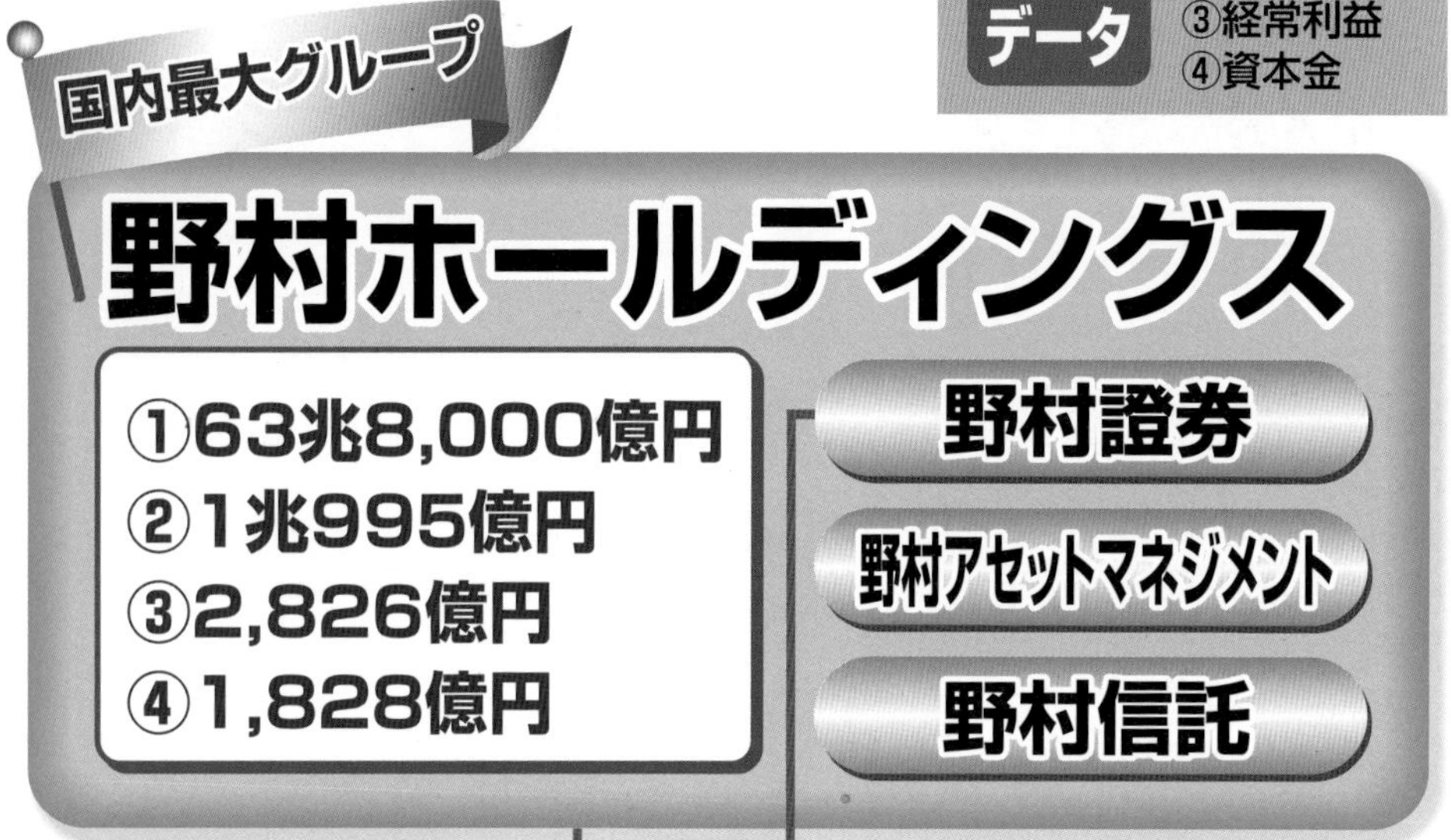
国内最大グループ
野村ホールディングス
①63兆8,000億円
②1兆995億円
③2,826億円
④1,828億円
野村證券
野村アセットマネジメント
野村信託

出資
髙木証券
いちよし証券
ワールド日栄証券
エース証券
04年9月 提携合意へ
りそなホールディングス
04年8月 買収
ソフトバンク・インベストメント
グループ
グループ
ソフトバンクフロンティア証券
04年2月 合併して ソフトバンク傘下に
ワールド日栄フロンティア証券
イー・トレード証券
03年7月 業務提携
エイチ・エス証券
フィデス証券
異業種から参入激化の
ネット証券業界

業績の回復もあり、業界の再編の波も一段落したようだ。大手3社は持株会社に移行し、それぞれの特徴を生かして経営基盤を固めてきたようだ。野村は最大手として独自路線、大和は三井住友グループとのタッグ、日興は米シティグループとの連携強化で生き残りを図る。ネット系もソフトバンクが積極的にグループを拡大しており、目が離せない存在となった。

業界規模
約160兆円
（本書掲載企業の預かり資産の合計）

各社、大幅に業績を回復。ネット系の新興勢力が台風の目になるか!?

証券業界は、このところの株高で息を吹き返した。04年3月期決算の経常利益をみると、大手3社は、経常利益の前年度対比で、野村が約6倍、大和が3倍強、日興で2.4倍と軒並み回復。03年3月期はほぼ全社が赤字だった中堅企業も、軒並み黒字を計上し、業績を大幅に回復している。株式売買委託手数料が収益の6～7割を占めるといわれる中堅企業においては（大手で3～4割）、株高により手数料収入が増えることが特効薬になったようだ。

また躍進著しいのは、ネット証券各社だ。株式売買手数料の自由化、免許制から登録制への移行もあり、異業種からの参入も多くなった。その新規参入各社が手がけやすいのが、営業所コストや人件費のかからないネット取引だ。ユーザー側にとってもパソコン、インターネットの普及で、手軽に株取引ができるのは魅力で、まだまだ伸びそう。証券業界の一大勢力になる日も近いようだ。

日興・シティグループ
日興コーディアルグループ
① ――― ③768億円
②3,407億円 ④2,328億円
日興コーディアル証券
日興シティ信託銀行
日興シティグループ証券
日興アイ・アール
日興アセットマネジメント
日興ビーンズ証券
04年夏 持株比率を
約21%から約12%に引き下げ
シティグループ（米）
東洋証券
東海東京証券
東海丸万証券
東京証券
00年 合併
日本グローバル証券
04年3月
買収・完全
子会社化
ライブドア
インターネット関連会社
04年7月 名称変更
ライブドア証券
みずほ証券
04年8月
業務提携
ソニー
出資
マネックス証券
04年8月
共同持株会社設立
マネックス・ビーンズ・ホールディングス
証券業務提携企業
トヨタ
オリックス
イオン
ケン・コーポレーション
ローソン
大和証券・三井住友グループ
大和証券グループ本社
①38兆5,000億円 ③961億円
②4,538億円 ④1,384億円
大和証券
大和証券投資信託委託
大和証券SMBC
大和住銀投信投資顧問
出資
出資
出資
三井住友フィナンシャルグループ
日の出証券
リテラ・クレア証券
04年4月
合併
泉証券
グループ
SMBCフレンド証券
03年4月 合併
明光ナショナル証券
さくらフレンド証券
住友信託銀行
04年10月
証券仲介など3分野で提携
出資
出資
設立
DLJディレクトSFG証券
楽天
04年7月 名称変更
楽天証券
ジャパンネット銀行
04年9月
業務提携
ネット系1位
松井証券
①9,444億円 ③140億円
②250億円 ④114億円
04年9月 業務提携
福島銀行

国内の証券業界地図Ⅱ
(数値は04年3月期)

企業データ
①預かり資産
②営業収益
③経常利益
④資本金
国内4位の巨大勢力へ!
三菱UFJ証券（仮称）
05年10月までに統合
三菱東京グループ
三菱証券
①11兆1,460億円 ③323億円
②1,363億円 ④655億円
Meネット証券
国際投信投資顧問
国際ビジネス・アンド・システムサービス
02年 合併
国際証券
東京三菱証券
東京三菱パーソナル証券
一成証券
UFJグループ
UFJつばさ証券
①7兆1,834億円 ③220億円
②867億円 ④251億円
UFJつばさ研究所
UFJつばさビジネスサービス
UFJつばさハンズオンキャピタル
02年 合併
UFJキャピタルマーケッツ
つばさ証券
合併
00年 合併
三和証券
太平洋証券
東和証券
東海インターナショナル
ユニバーサル証券
第一証券
出資
出資
カブドットコム証券
伊藤忠商事

三菱証券、UFJつばさ証券の統合は、株価回復基調のタイミングにより、プラスの相乗効果をより鮮明に表しそうだ。単なる証券会社だけの統合ではなく、巨大な銀行、信託銀行、その他の金融を含めた統合は、営業基盤の拡大となり業界内に強固な存在を築くはず。日本経済が復活してくると面白くなってくる、それが証券業界だ。

再び4強の時代到来に。微妙な立場の中堅はどう動く!?

04年8月12日、三菱東京FG、UFJホールディングスの発表では、両グループの統合により、三菱証券、UFJつばさ証券も統合し「三菱UFJ証券（仮称）」になるという。無事に実現すると、預かり資産で20兆円に迫る巨大グループになり、山一の破綻で3強になった業界が、再び4強になる模様だ。

そうなると、以下の中堅の立場が微妙になってくる。みずほFGを中心とする、みずほインベスターズ証券や新光証券もさらなる連携を図る公算が強いし、持株会社に移行した岡三ホールディングスも中小を吸収していっても不思議ではない。業績が回復している今はあせることもないが、将来の経営基盤強化を考えると、中堅以下の再編劇は第2幕が待っている気配だ。

外資系は、今のところ独自に展開している。他業種のように国内経済にアプローチするわけでもなく、外国投資家を相手に取引をこなしているかぎり、無理に国内企業と結びつく必要もないからだ。

独立系の老舗

岡三ホールディングス

①2兆7,524億円 ③192億円
②631億円 ④128億円

岡三証券　岡三情報システム

03年10月 持株会社へ

岡三証券

みずほフィナンシャルグループ

銀行系の代表格

みずほインベスターズ証券

①4兆5,685億円 ③120億円
②487億円 ④802億円

00年 合併

勧角証券　01年 合併　公共証券

大東証券

グループ　みずほ証券

その他の証券会社

丸三証券

水戸証券

藍澤証券

あさひリテール証券

りそな系から離脱

コスモ証券

①1兆2,095億円 ③41億円
②187億円 ④323億円

CSK

04年4月
りそな所有の
株式をCSKが
買い取り

みずほ系の準大手

新 光 証 券

①10兆3,020億円 ③226億円
②1,149億円 ④1,251億円

00年 合併

新日本証券　和光証券

外 資 系

メリルリンチ証券
メリルリンチ日本証券

01年
合併

メリルリンチ日本

97年 破綻

山一証券

BNP パリバ証券

ゴールドマン・サックス証券

モルガン・スタンレー証券

クレディスミス ファーストボストン

リーマン・ブラザーズ証券

■ 日経平均株価(年ベース)の推移調査

(証券広報センター調べ)

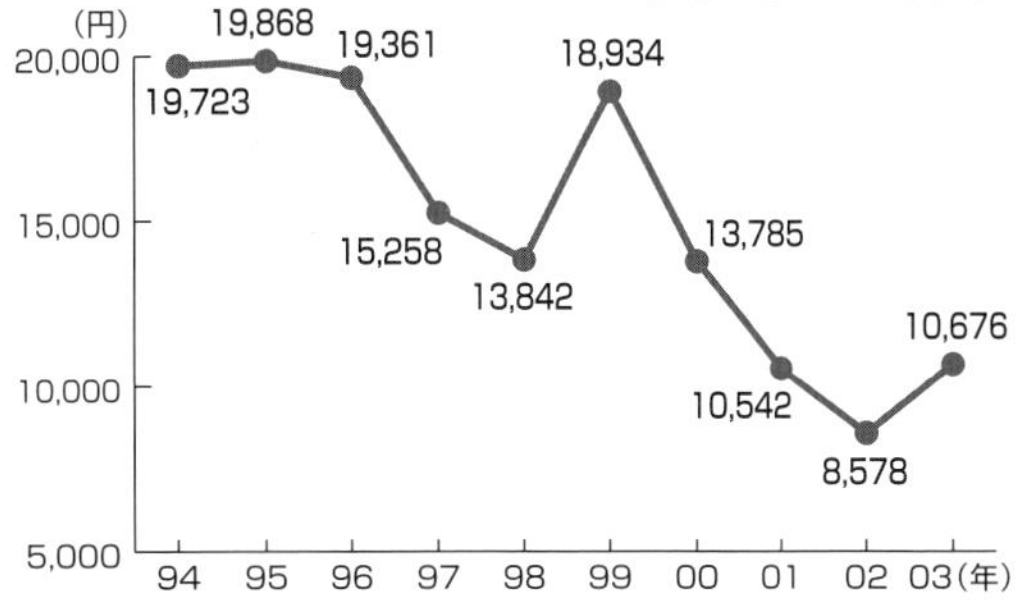

これは年ベースの平均株価。バブル崩壊後、ずるずる下がってきた株価。02年、一時は7,000円台まで下がったが、03年は1万円台に回復した。

業界規模
約30兆円
（本書掲載企業の保険料等収入および正味収入保険料の合計）

■ 国内の生命保険業界地図（数値は04年3月期）

生命保険 企業データ ①保険料等収入 ②ソルベンシーマージン（支払い余力）比率 ③総資産

1位 日本生命
①5兆1,428億円
②893.8%
③45兆2,707億円

2位 第一生命
①3兆4,209億円
②803.2%
③29兆6,528億円

3位 住友生命
①2兆6,970億円
②673.5%
③21兆1,236億円

4位 明治安田生命
①2兆3,956億円
②747.9%
③25兆3,298億円

04年1月 経営統合：安田生命／明治生命

業務提携

三井住友フィナンシャルグループ

7位 三井生命
①9,204億円
②654.6%
③7兆5,094億円

アリコジャパン、アメリカンファミリー生命といった外資系の生保が元気だ。これらは新聞やテレビに広告を出し、資料を配布して契約を獲得するという手法で伸ばしている。商品的にも死亡保険ではなく、年金保険タイプを主流にしているところも受けているポイントだ。一方で、大手生保は長年の信頼を強調し解約を食い止めるのに必死だが、今後はいかに魅力のある商品を開発するかが、完全に生保不安を払拭するカギとなる。

明治安田とT&Dの誕生で生保再編は一段落。各社、収益回復を狙う！

生保業界は、04年になって大手で再編が進んだ。03年3月期で4位の明治生命と5位の安田生命が合併し、明治安田生命に、6位の大同生命と8位の太陽生命が統合されT&Dホールディングスになった。総資産で、明治安田生命が25兆円、T&Dホールディングスが10兆円を超す企業として生まれ変わったのだ。

04年3月期の各社の業績は、保険料等収入においては、概ね横ばいといった状況だが、経営の健全性を示すソルベンシーマージン比率をみると大幅に改善しているところがほとんど。これは、株高により株式含み益が改善したためで、ひとまず生保不安は収束したといっていい。

ただし、保険料収入が伸びていないということは、本業の新規契約で苦戦しているということで、楽観はできない。実際に、「生保レディ」などの営業職員もピーク時の6割程度に減少しているといわれ、新規契約をどう獲得するかが各社の大きな課題といえる。

外資系

17位 AIGスター生命
①1,897億円
②1,307.9%
③1兆6,600億円

千代田生命 → AIG（米）が買収

6位 アリコジャパン
①1兆4,001億円
②1,148.7%
③2兆8,394億円

AIG（米） — グループ（AIGスター生命、アリコジャパン、AIGエジソン生命）

GEエジソン生命 → 04年1月 名称変更
東邦生命 → GE（米）に契約移転

14位 AIGエジソン生命
①3,837億円
②1,041.7%
③2兆2,724億円

11位 アクサジャパンホールディングス
①6,517億円
② 1,669.0%（アクサ生命）
694.2%（アクサ・グループライフ生命）
③3兆9,727億円

04年6月 名称変更
アクサ保険ホールディングス
持ち株会社
アクサグループライフ生命　アクサ生命
日本団体生命 → AXA（仏）に契約移転

8位 アメリカンファミリー生命
①8,924億円
②1,110.1%
③4兆2,509億円

ING（蘭）
グループ

16位 プルデンシャル生命
①2,865億円
②1,030.1%
③9,815億円

グループ

15位 ジブラルタ生命
①3,684億円
②1,157.1%
③3兆5,200億円

13位 アイエヌジー生命
①4,597億円
②1,392.9%
③8,583億円

04年中にアルミテスより買収
協栄生命 → 契約移転

5位 T&Dホールディングス
①1兆8,785億円
② 863.3%（太陽生命）
1,034.9%（大同生命）
③13兆1,097億円
（①③は三社の合算）

04年4月 持ち株会社設立
T&Dフィナンシャル生命　太陽生命　大同生命
名称変更
東京生命 ← 共同買収

9位 富国生命
①7,409億円
②854.0%
③5兆47億円

ソニーフィナンシャルホールディングス
04年4月 傘下に

12位 ソニー生命
①5,148億円
②1,435.3%
③2兆3,758億円

10位 朝日生命
①6,794億円
②560.3%
③6兆4,473億円

■ 生命保険の種類と保有契約構成比
（単位:億円　千万単位四捨五入。03年度 生命保険協会調査）

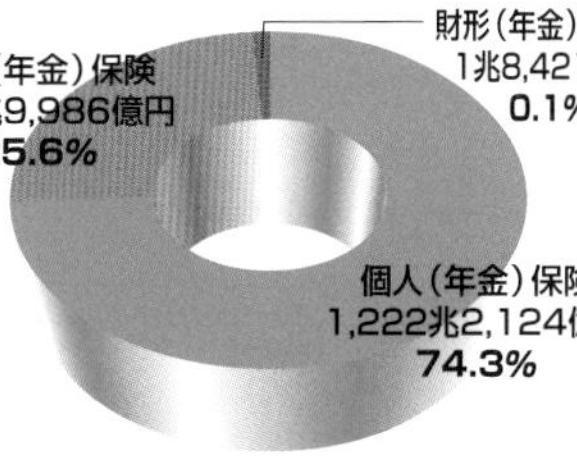
団体（年金）保険
421兆9,986億円
25.6%
財形（年金）保険他
1兆8,421億円
0.1%
個人（年金）保険
1,222兆2,124億円
74.3%

それぞれ普通の保険と年金保険を足した数値。4分の3が個人（年金）保険で、その額は1,000兆円を軽く上回る。

破綻生保はこうなった！

アルテミス（仏）
グループ
あおば生命 ← 日産生命

マニュライフ・ファイナンシャル（加）
グループ
マニュライフ生命 ← 第百生命

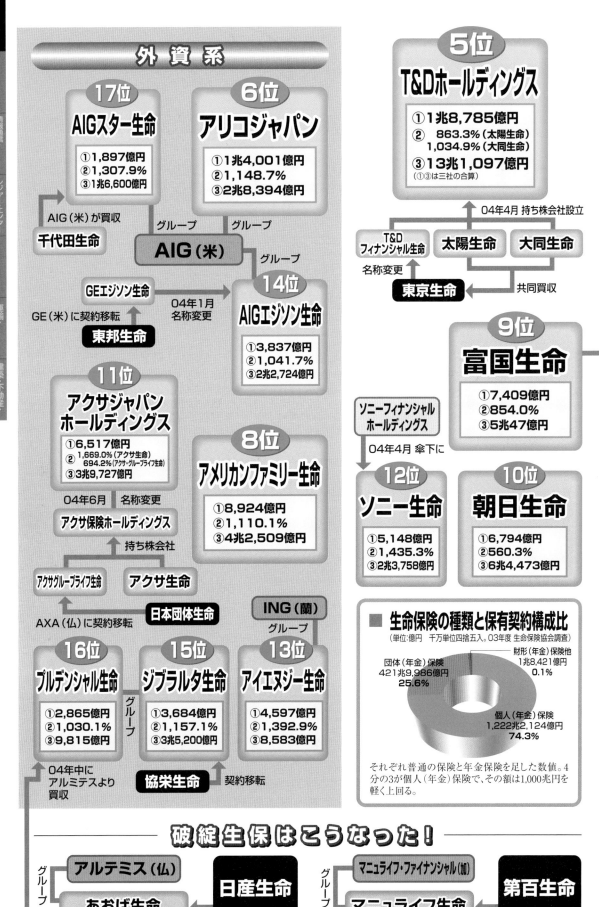

■ 国内の損害保険業界地図（数値は04年3月期）

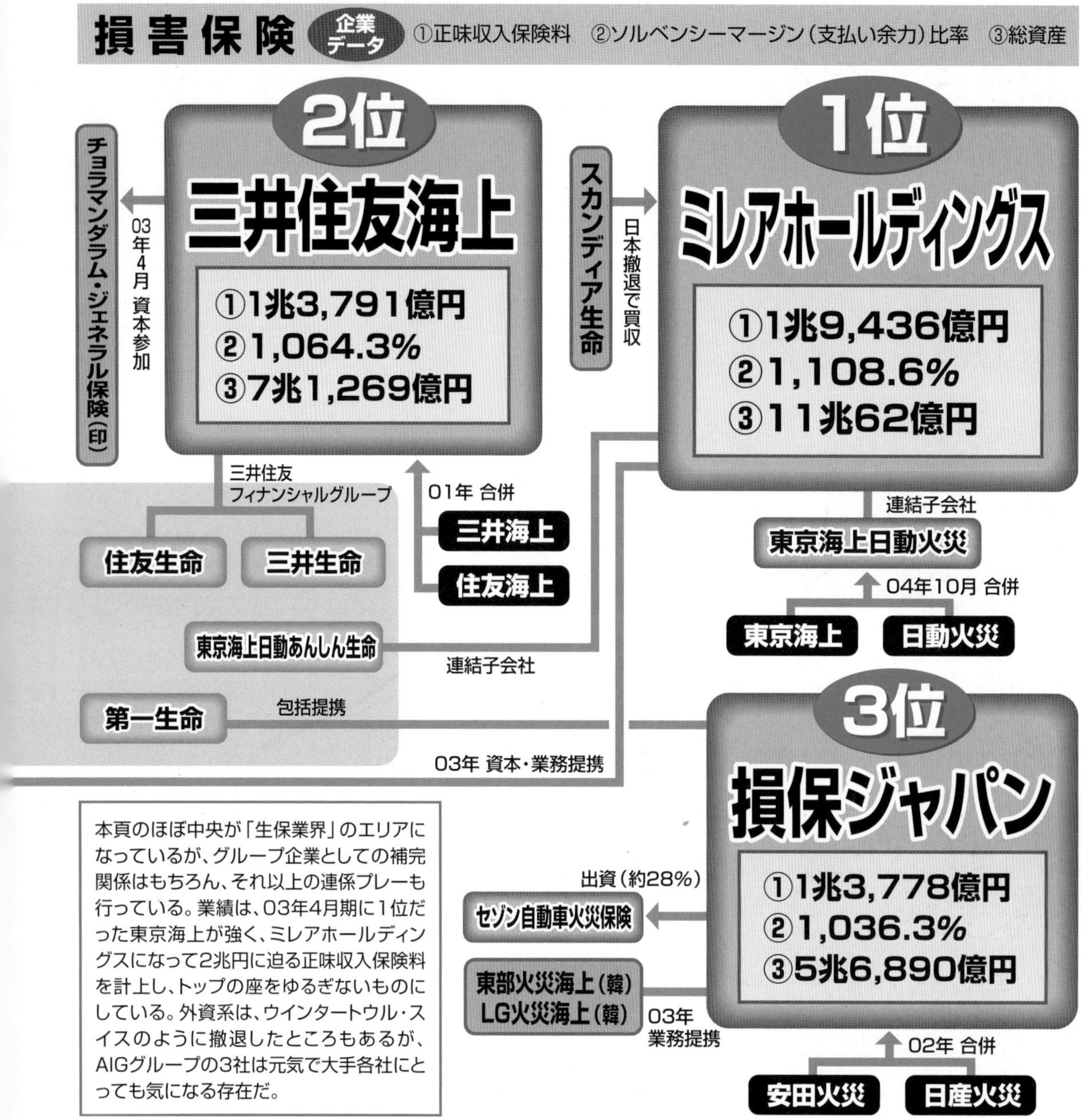
損害保険
企業データ
①正味収入保険料　②ソルベンシーマージン（支払い余力）比率　③総資産
2位
三井住友海上
①1兆3,791億円
②1,064.3%
③7兆1,269億円
1位
ミレアホールディングス
①1兆9,436億円
②1,108.6%
③11兆62億円
3位
損保ジャパン
①1兆3,778億円
②1,036.3%
③5兆6,890億円
チョラマンダラム・ジェネラル保険（印）
03年4月 資本参加
スカンディア生命
日本撤退で買収
三井住友フィナンシャルグループ
住友生命
三井生命
01年 合併
三井海上
住友海上
連結子会社
東京海上日動火災
04年10月 合併
東京海上
日動火災
東京海上日動あんしん生命
連結子会社
第一生命
包括提携
03年 資本・業務提携
出資（約28%）
セゾン自動車火災保険
東部火災海上（韓）
LG火災海上（韓）
03年
業務提携
02年 合併
安田火災
日産火災

本頁のほぼ中央が「生保業界」のエリアになっているが、グループ企業としての補完関係はもちろん、それ以上の連係プレーも行っている。業績は、03年4月期に1位だった東京海上が強く、ミレアホールディングスになって2兆円に迫る正味収入保険料を計上し、トップの座をゆるぎないものにしている。外資系は、ウインタートウル・スイスのように撤退したところもあるが、AIGグループの3社は元気で大手各社にとっても気になる存在だ。

巻き返しを図り、医療や介護関連の商品開発、さらにはアジア市場制覇へ

損保業界は、01～02年に激しく再編を繰り返したが、04年10月の東京海上と日動火災の合併で、一応、落ち着きを取り戻したようだ。

04年3月期の決算では、生保と同様にほぼ横ばいという状況だが、生保とやや違うのは、本業で攻めの態勢に入りつつあるということだ。

まず、商品の新規開発を強化。大手損保では、生保、損保以外のいわゆる「第3分野」といわれている医療保険や介護保険関連商品の開発に躍起になっている。自動車保険が伸び悩む中、高齢化時代に対応した医療や介護関連は、近い将来有望な収益源になり得るからだ。実際に、東京海上は、04年10月から本格的に医療保険に参入することを表明。すでに参入している損保ジャパン、三井住友海上に続き、大手3社が揃い踏みする。

一方で大手各社は、中国の経済成長を視野に入れ、アジア市場にも積極的に触手を伸ばす。東京海上は、08年までに中国全土に営業網を敷き、損保ジャパンは韓国2損保と提携し、日韓で中国進出を画策している。

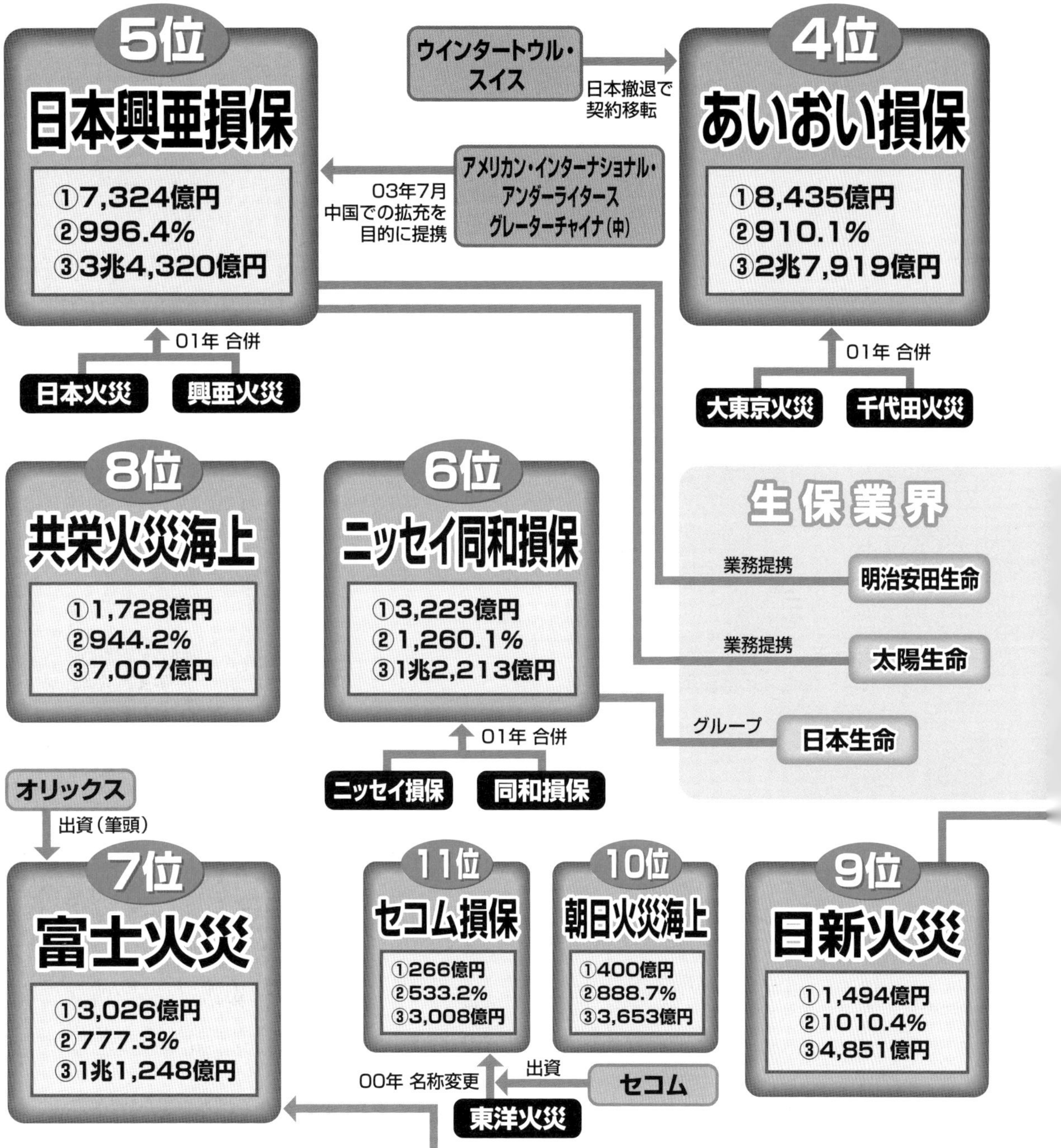

5位
日本興亜損保
①7,324億円
②996.4%
③3兆4,320億円
01年 合併
日本火災
興亜火災
アメリカン・インターナショナル・アンダーライタース グレーターチャイナ(中)
03年7月 中国での拡充を目的に提携
ウインタートゥル・スイス
日本撤退で契約移転
4位
あいおい損保
①8,435億円
②910.1%
③2兆7,919億円
01年 合併
大東京火災
千代田火災
8位
共栄火災海上
①1,728億円
②944.2%
③7,007億円
6位
ニッセイ同和損保
①3,223億円
②1,260.1%
③1兆2,213億円
01年 合併
ニッセイ損保
同和損保
生保業界
業務提携
明治安田生命
業務提携
太陽生命
グループ
日本生命
オリックス
出資(筆頭)
7位
富士火災
①3,026億円
②777.3%
③1兆1,248億円
11位
セコム損保
①266億円
②533.2%
③3,008億円
10位
朝日火災海上
①400億円
②888.7%
③3,653億円
9位
日新火災
①1,494億円
②1010.4%
③4,851億円
00年 名称変更
出資
セコム
東洋火災

■ **国内損保会社の正味収入保険料の内訳と構成比**
(単位:億円　千万単位四捨五入。02年度 日本損害保険協会調査)

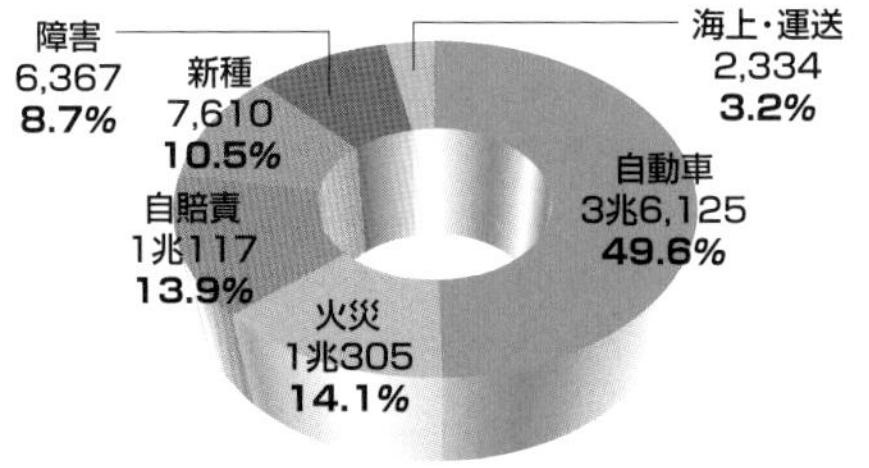

障害
6,367
8.7%
新種
7,610
10.5%
海上・運送
2,334
3.2%
自動車
3兆6,125
49.6%
自賠責
1兆117
13.9%
火災
1兆305
14.1%

車関係が自動車保険と自賠責を合わせて6割以上あるのをみると、ドル箱なのがわかる。医療保険などは新種に入るので、この商品が伸びるか注目だ。

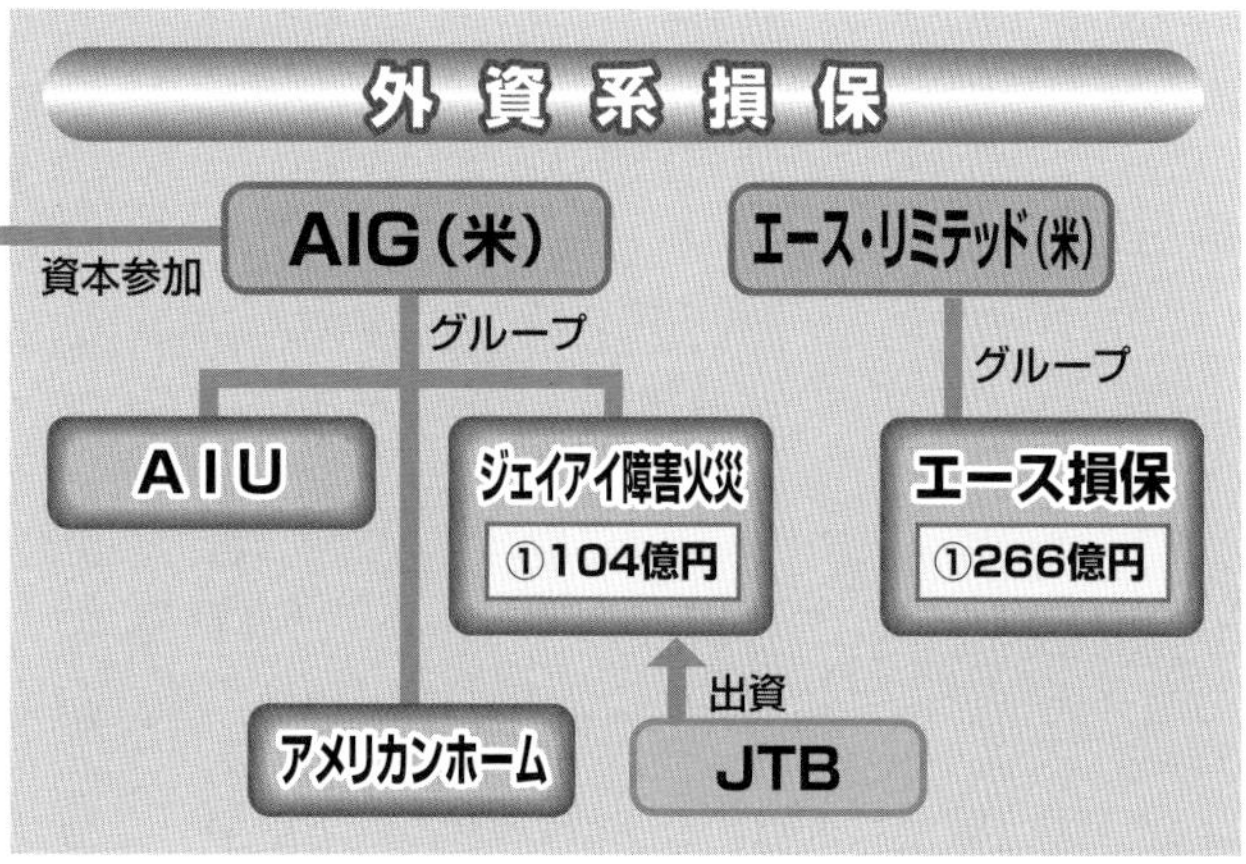

外資系損保
資本参加
AIG(米)
エース・リミテッド(米)
グループ
グループ
AIU
ジェイアイ障害火災
①104億円
エース損保
①266億円
アメリカンホーム
出資
JTB

業界規模
約10兆2,000億円
（03年消費者ローン貸付高）

首位はアイフル、武富士は3位転落。成長の陰る市場は再編の動き加速！

■ 国内の消費者金融業界地図（数値は04年3月期）

クレジットカード会社
ライフ
グループ
1位 アイフル
貸付金残高 1兆7,869億円
営業収益 4,734億円
住友信託銀行
01年、中小・零細企業向け融資会社設立
ビジネクスト
グループ
トライト
04年4月設立
● 最近のATM業務提携
アイワイバンク銀行　泉州銀行
三重銀行　東京スター銀行
富山銀行　足利銀行
三井住友銀行
ハッピークレジット
信和
山陽信販
2位 アコム
貸付金残高 1兆6,231億円
営業収益 4,349億円
三菱東京フィナンシャル・グループ
04年4月 資本・業務提携
東京三菱キャッシュワン
出資（35%）
● 最近のATM業務提携
三井住友銀行　佐賀銀行
南都銀行　滋賀銀行　阿波銀行

業界各社は、CD・ATMの提携で利便性をアピールし、優良顧客の獲得に懸命だ。CD・ATMの台数では、プロミスが9万台を超えてトップ。台数の伸び率トップはアイフル。ともに、営業貸付残高の伸長に寄与している。首位から3位に転落した武富士は、創業者一族の保有株の売却、情報公開の強化などにより、復活への追撃戦略を図る。同社の株式売却は、次の再編の核になる可能性がある。

昨年、営業収益で首位だった武富士は、前会長の盗聴容疑事件などが影響して3位に転落。入れ替わって、アイフルがトップに躍り出たが、市場全体では、各社とも成長路線に陰りがみえてきた。信販子会社が順調なアイフルだけが増収増益を維持した一方で、無担保ローンの落ち込み、自己破産の増加などにより、大手のアコム、武富士、プロミスとも減収減益へ。

各社、CD・ATMの提携によって、利便性の向上と顧客の拡大を図ろうとしているが、行き詰まり感は拭えない。自己破産件数は減ってきているが、まだ視界は不鮮明だ。

再編の流れをみると、アコムが三菱東京フィナンシャル・グループと提携。余波を受けた形で、プロミスはUFJに提携関係解消を申し入れ、三井住友フィナンシャルグループとの提携に踏み切った。銀行業界も絡んだ再編の波は、さらに外資系金融機関、中堅銀行などを巻き込んで広がっていきそうだ。

3位 武富士

貸付金残高 1兆5,787億円
営業収益 3,845億円

- 出資 → ダイエー系 OMCカード
- 提携 → オリエントコーポレーション
- ● 最近のATM業務提携：西日本銀行　東京スター銀行

4位 プロミス

貸付金残高 1兆5,290億円
営業収益 3,909億円

- 04年6月 資本・業務提携 → 三井住友フィナンシャルグループ
- UFJ銀行：「モビット」事業 解消へ
- グループ：ぷらっと（リッチ、シンコウ、東和商事が統合）
- ● 最近のATM業務提携：武蔵野銀行　中国銀行　名古屋銀行　千葉銀行　佐賀銀行　足利銀行　横浜銀行　三重銀行

銀行・信販系

- ダイエー系 OMCカード
- オリエントコーポレーション
- 三井住友フィナンシャルグループ
- UFJ銀行
- アットローン（個人向けローンを設立；出資：日本生命、エーエム.ピーエム・ジャパン）

5位 三洋信販

貸付金残高 4,211億円
営業収益 1,459億円

- 出資（51%）→ ポケットカード（旧マイカルカード）
- 出資（66%）→ AZカード
- 個人向けローンを設立 → アットローン
- ● 最近のATM業務提携：東京スター銀行　阿波銀行　三重銀行　三井住友銀行　近畿大阪銀行

GEキャピタル

- グループ：GEコンシューマー・ファイナンス
- 合併・社名変更：GEコンシューマー・クレジット → GEコンシューマー・ファイナンス
- レイク、コーエークレジット（買収）→ GEコンシューマー・クレジット
- 「ほのぼのレイク」ブランドは継続
- ジーシーカード（プロミスの信販子会社）：信販事業の営業権譲受

シティグループ

- CFJ（シティ・ファイナンシャル・ジャパン）
- グループ：アイク、ディックファイナンス、ユニマットレディス

■ 消費者金融会社の貸付高推移（日本クレジット協会・消費者信用統計）

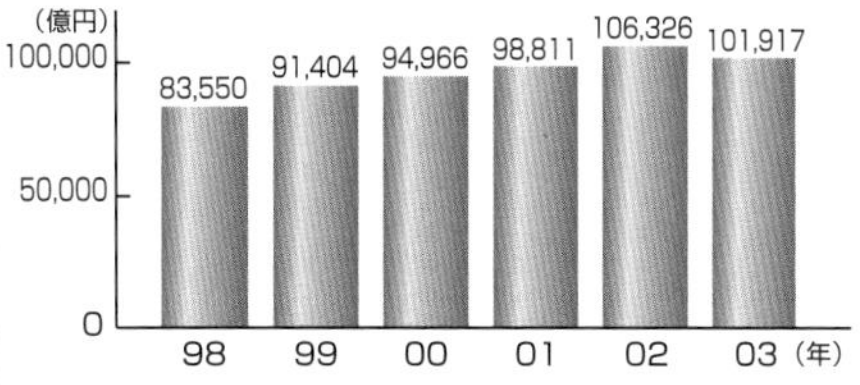
（億円）
100,000
50,000
0
83,550
91,404
94,966
98,811
106,326
101,917
98
99
00
01
02
03（年）

消費者金融会社の貸付高は、バブル崩壊以来、年々拡大してきたが、03年はやや下がった。景気の回復基調が微妙に数値に表れてきたようだ。

業界規模
約73兆2,200億円
(本書掲載企業の売上合計)

大手4社、最終利益で過去最高。収益性の高い事業に経営集中で成果

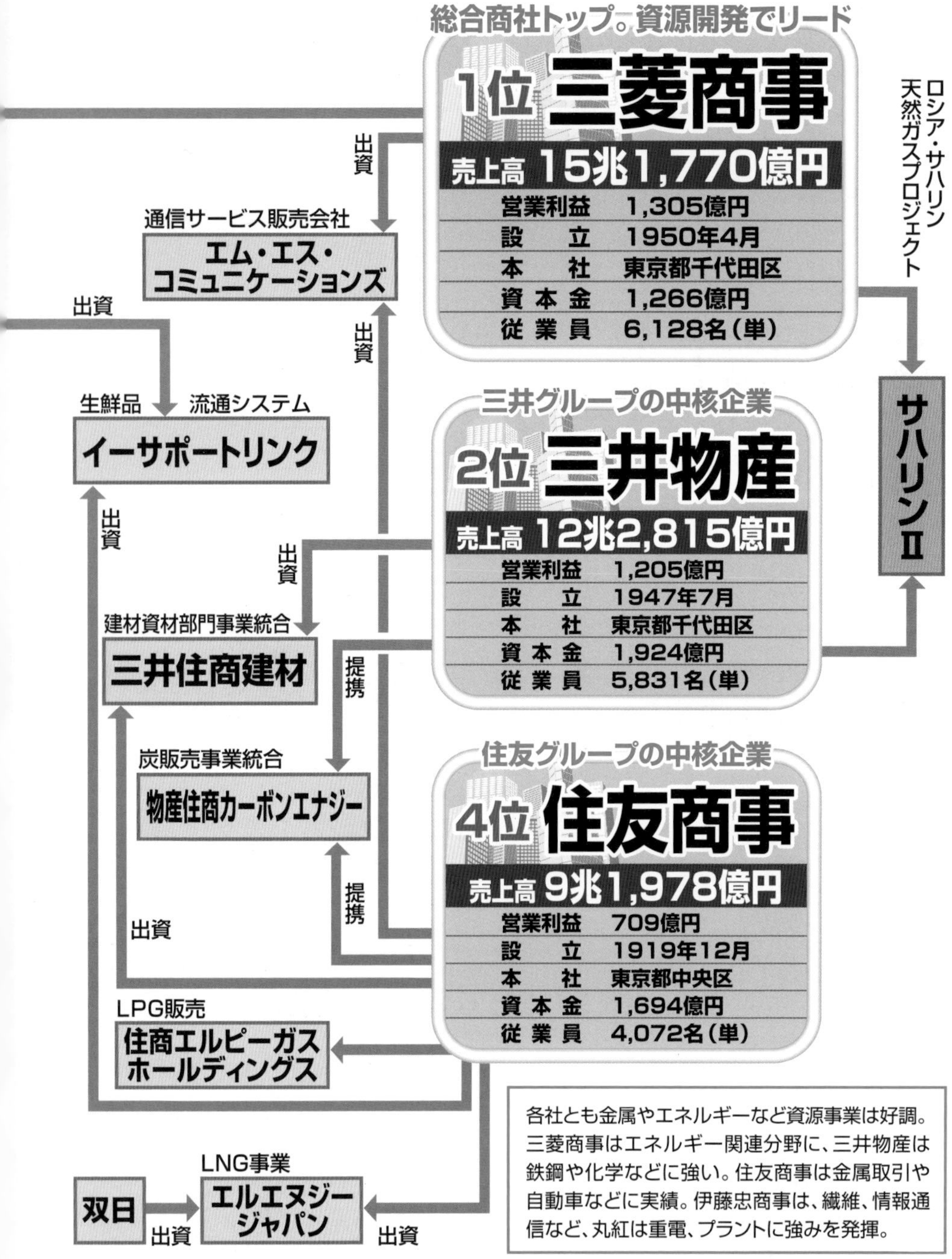
総合商社トップ。資源開発でリード
1位 三菱商事
売上高 15兆1,770億円
営業利益 1,305億円
設　立 1950年4月
本　社 東京都千代田区
資本金 1,266億円
従業員 6,128名(単)
三井グループの中核企業
2位 三井物産
売上高 12兆2,815億円
営業利益 1,205億円
設　立 1947年7月
本　社 東京都千代田区
資本金 1,924億円
従業員 5,831名(単)
住友グループの中核企業
4位 住友商事
売上高 9兆1,978億円
営業利益 709億円
設　立 1919年12月
本　社 東京都中央区
資本金 1,694億円
従業員 4,072名(単)
ロシア・サハリン天然ガスプロジェクト
サハリンⅡ
通信サービス販売会社
エム・エス・コミュニケーションズ
生鮮品 流通システム
イーサポートリンク
建材資材部門事業統合
三井住商建材
炭販売事業統合
物産住商カーボンエナジー
LPG販売
住商エルピーガスホールディングス
LNG事業
双日
エルエヌジージャパン
出資
提携

各社とも金属やエネルギーなど資源事業は好調。三菱商事はエネルギー関連分野に、三井物産は鉄鋼や化学などに強い。住友商事は金属取引や自動車などに実績。伊藤忠商事は、繊維、情報通信など、丸紅は重電、プラントに強みを発揮。

大手商社の3月期の連結決算では伊藤忠商事を除く4社が、最終利益で過去最高を記録した。不採算事業から撤退し、収益性の高い事業に経営資源を集中する事業再構築の成果が出てきたことや、中国経済の高成長を背景に、石油や金属資源などの国際商品市況が値上がりしたことが追い風となった。

三菱商事は、最終利益が業界で初めて1000億円の大台を突破した。エネルギー、金属のほか、アジア向け自動車販売が好調だった機械など6つの事業部門すべてが増益。大手コンビニのローソンなども貢献した。

各商社は、デフレ経済のもとで収益基盤の拡充をねらい、他社との事業別統合や提携を活発化し、生き残りを賭けて事業再編を加速している。

04年度の商社業界の大きな動きは、ニチメン・日商岩井ホールディングスが7月、「双日ホールディングス」に社名変更。100%子会社であるニチメンと日商岩井が合併したことだ。新会社の名称は「双日」。

国内の商社業界地図（数値は04年3月期）

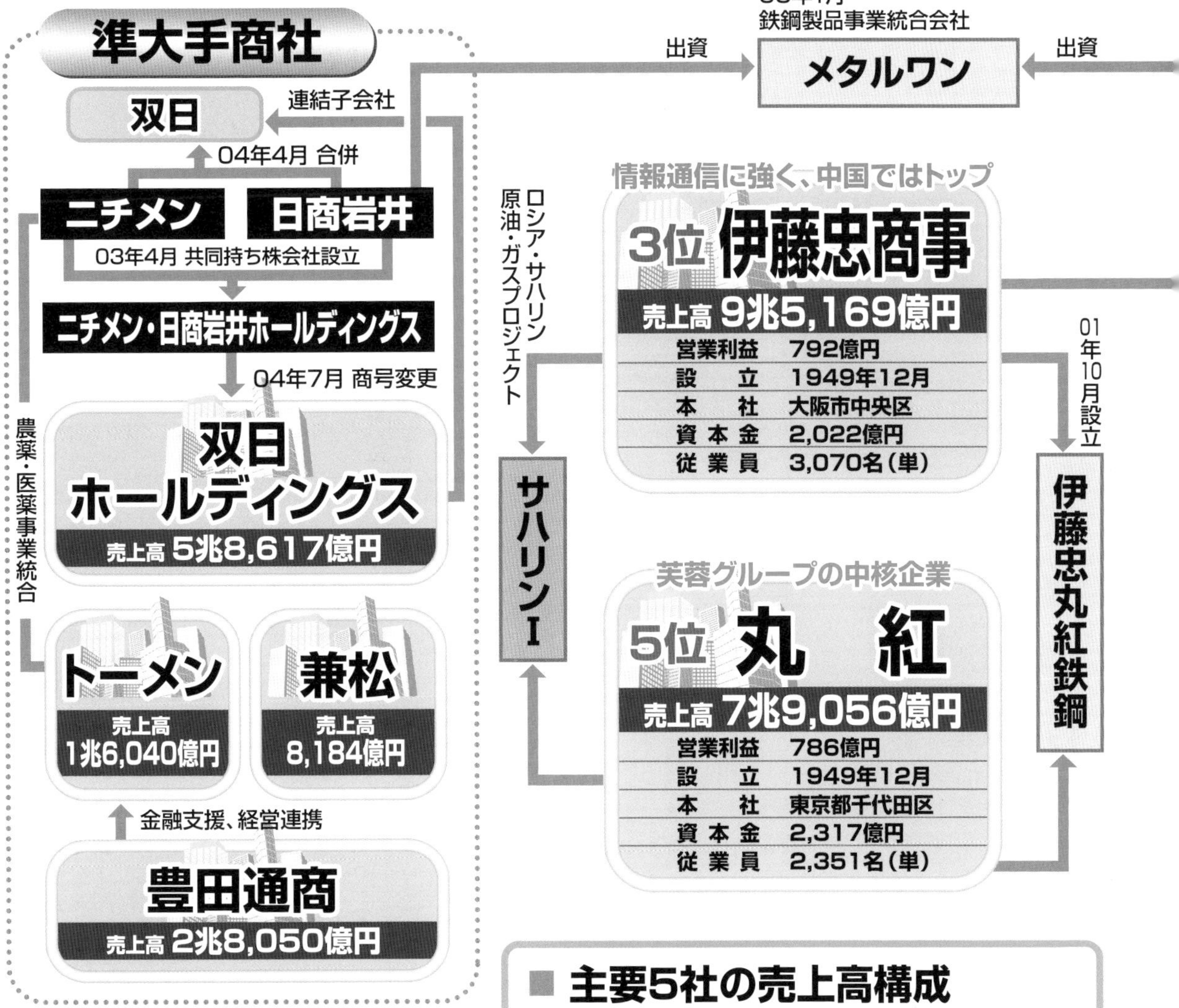
準大手商社
双日
連結子会社
04年4月 合併
ニチメン
日商岩井
03年4月 共同持ち株会社設立
ニチメン・日商岩井ホールディングス
04年7月 商号変更
双日ホールディングス
売上高 5兆8,617億円
農薬・医薬事業統合
トーメン
売上高 1兆6,040億円
兼松
売上高 8,184億円
金融支援、経営連携
豊田通商
売上高 2兆8,050億円
03年1月
鉄鋼製品事業統合会社
出資
メタルワン
出資
ロシア・サハリン原油・ガスプロジェクト
サハリンI
情報通信に強く、中国ではトップ
3位 伊藤忠商事
売上高 9兆5,169億円
営業利益 792億円
設立 1949年12月
本社 大阪市中央区
資本金 2,022億円
従業員 3,070名（単）
01年10月設立
伊藤忠丸紅鉄鋼
芙蓉グループの中核企業
5位 丸紅
売上高 7兆9,056億円
営業利益 786億円
設立 1949年12月
本社 東京都千代田区
資本金 2,317億円
従業員 2,351名（単）

中堅・専門商社

●メーカー系総合商社●	
川鉄商事	1兆1,794億円
住金物産	8,926億円
日鐵商事	8,554億円
神鋼商事	4,600億円
●専門商社●	
スズケン	1兆1,940億円
日本紙パルプ商事	4,287億円
●その他●	
阪和興業	7,519億円
岩谷産業	5,518億円
岡谷鋼機	5,362億円
長瀬産業	5,333億円
ユアサ商事	3,913億円
蝶理	2,995億円

※金額は売上高

主要5社の売上高構成

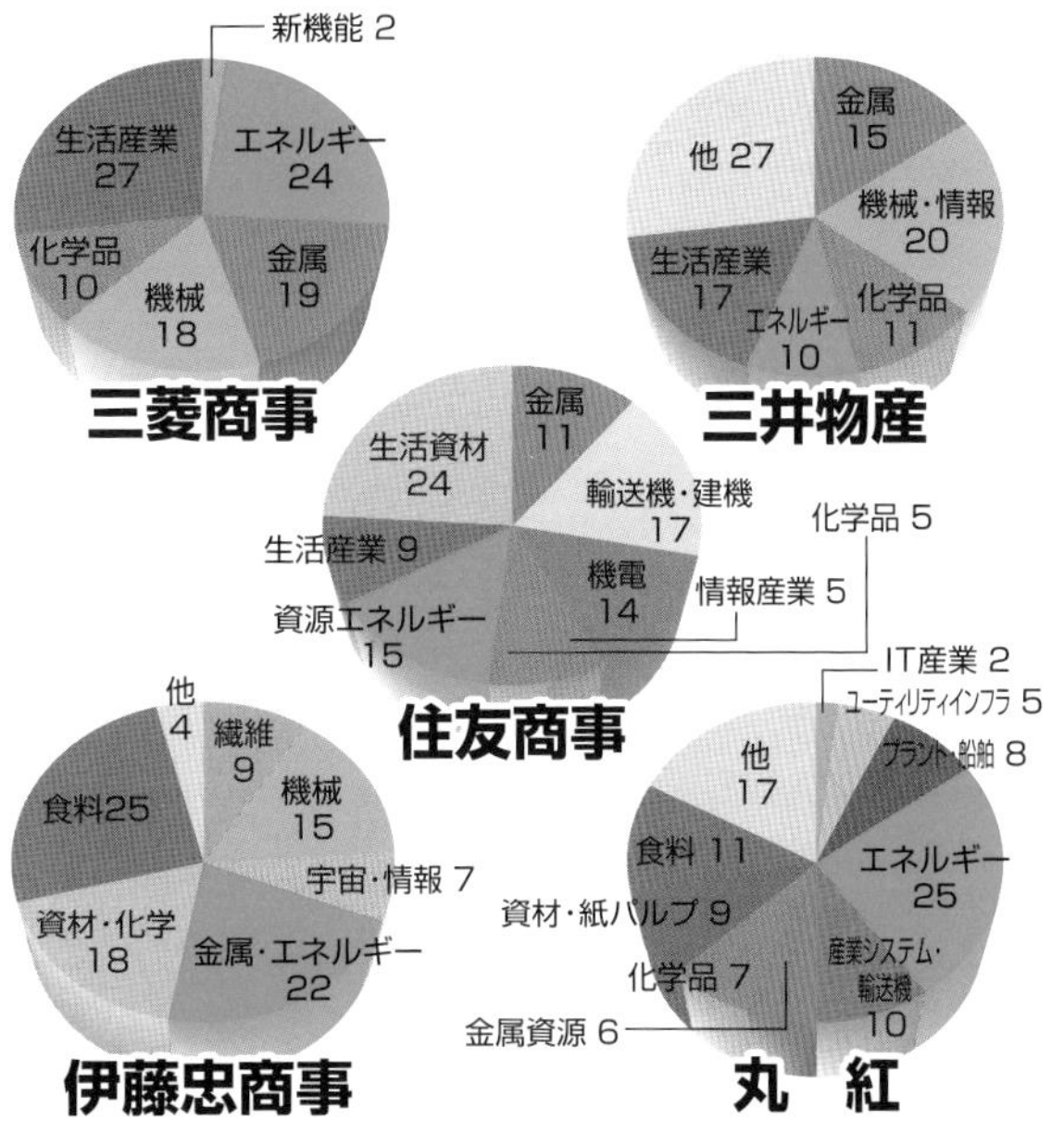
新機能 2
エネルギー 24
金属 19
機械 18
化学品 10
生活産業 27
三菱商事
金属 15
機械・情報 20
化学品 11
エネルギー 10
生活産業 17
他 27
三井物産
金属 11
輸送機・建機 17
化学品 5
情報産業 5
機電 14
資源エネルギー 15
生活産業 9
生活資材 24
住友商事
他 4
繊維 9
機械 15
宇宙・情報 7
金属・エネルギー 22
資材・化学 18
食料25
伊藤忠商事
IT産業 2
ユーティリティインフラ 5
プラント・船舶 8
エネルギー 25
産業システム・輸送機 10
化学品 7
金属資源 6
資材・紙パルプ 9
食料 11
他 17
丸紅

各社とも資材関連から生活関連まで多岐にわたっている。売上上位には、資源の乏しい日本を象徴するように「金属・エネルギー関連」がきている。

■ 化学・鉄鋼・建設・エネルギーなどの世界戦略(04年)

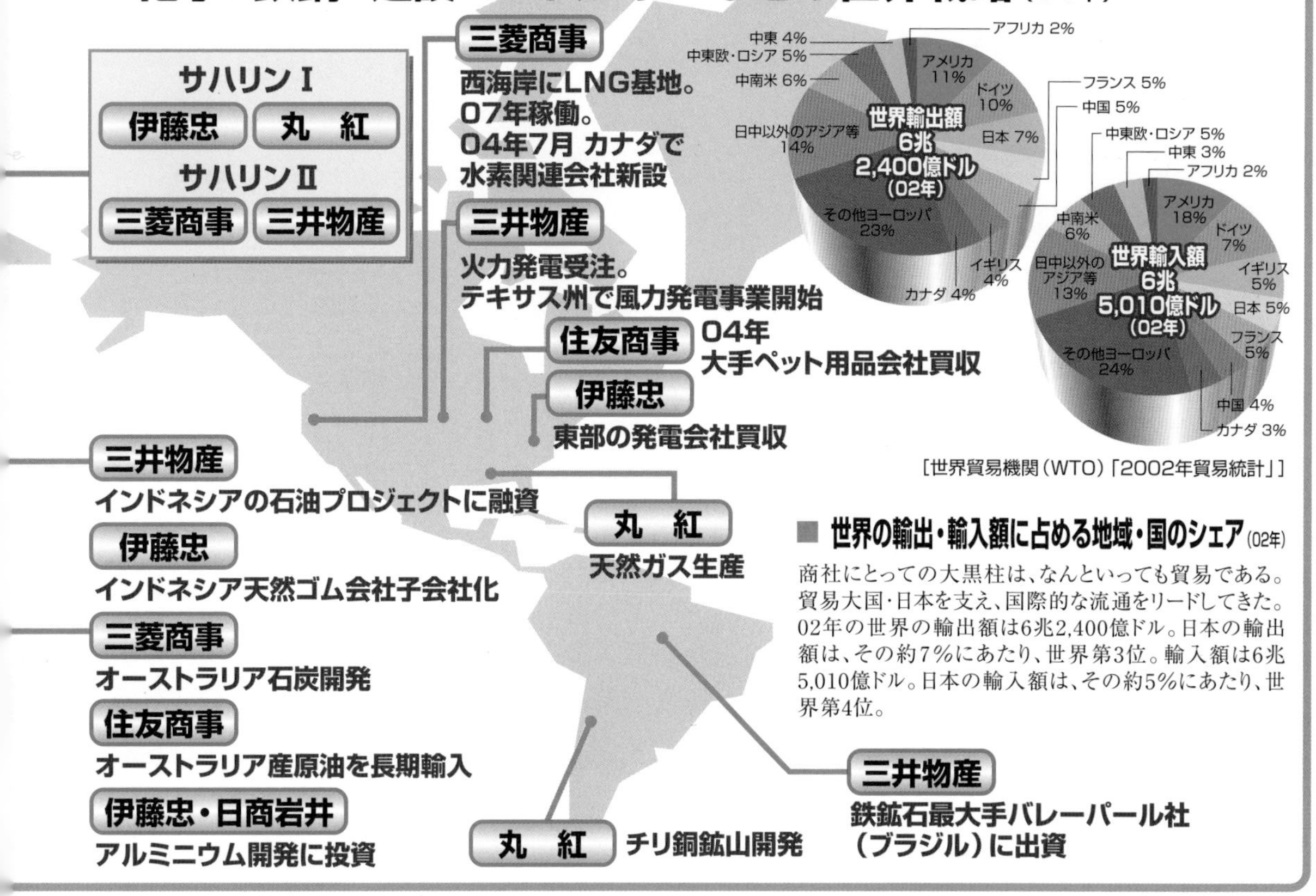
サハリンⅠ
伊藤忠
丸紅
サハリンⅡ
三菱商事
三井物産
三菱商事
西海岸にLNG基地。07年稼働。04年7月 カナダで水素関連会社新設
三井物産
火力発電受注。テキサス州で風力発電事業開始
住友商事
04年 大手ペット用品会社買収
伊藤忠
東部の発電会社買収
三井物産
インドネシアの石油プロジェクトに融資
伊藤忠
インドネシア天然ゴム会社子会社化
三菱商事
オーストラリア石炭開発
住友商事
オーストラリア産原油を長期輸入
伊藤忠・日商岩井
アルミニウム開発に投資
丸紅
天然ガス生産
丸紅
チリ銅鉱山開発
三井物産
鉄鉱石最大手バレーパール社(ブラジル)に出資
世界輸出額 6兆 2,400億ドル (02年)
中東 4%
中東欧・ロシア 5%
中南米 6%
日中以外のアジア等 14%
その他ヨーロッパ 23%
カナダ 4%
イギリス 4%
アメリカ 11%
ドイツ 10%
日本 7%
アフリカ 2%
フランス 5%
中国 5%
世界輸入額 6兆 5,010億ドル (02年)
中東欧・ロシア 5%
中東 3%
アフリカ 2%
アメリカ 18%
ドイツ 7%
イギリス 5%
日本 5%
フランス 5%
中国 4%
カナダ 3%
その他ヨーロッパ 24%
日中以外のアジア等 13%
中南米 6%

[世界貿易機関(WTO)「2002年貿易統計」]

■ 世界の輸出・輸入額に占める地域・国のシェア(02年)

商社にとっての大黒柱は、なんといっても貿易である。貿易大国・日本を支え、国際的な流通をリードしてきた。02年の世界の輸出額は6兆2,400億ドル。日本の輸出額は、その約7%にあたり、世界第3位。輸入額は6兆5,010億ドル。日本の輸入額は、その約5%にあたり、世界第4位。

■「情報・出版分野」などへの進出状況

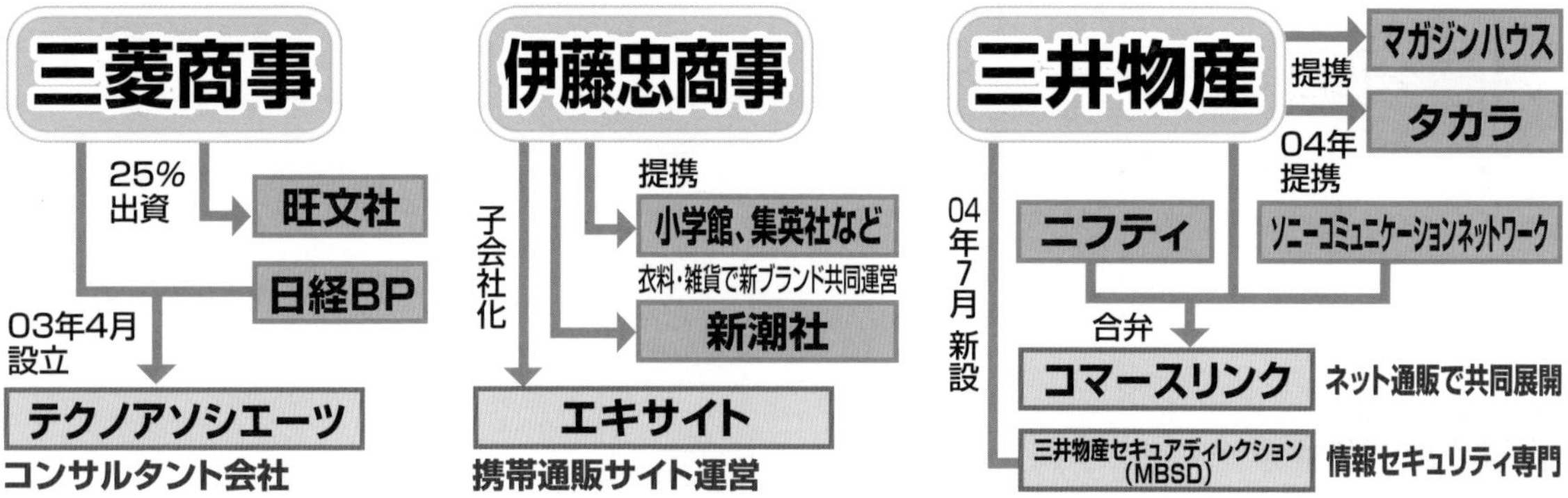
三菱商事
25% 出資
旺文社
日経BP
03年4月 設立
テクノアソシエーツ
コンサルタント会社
伊藤忠商事
提携
小学館、集英社など
衣料・雑貨で新ブランド共同運営
新潮社
子会社化
エキサイト
携帯通販サイト運営
三井物産
提携
マガジンハウス
04年 提携
タカラ
ニフティ
ソニーコミュニケーションネットワーク
合弁
コマースリンク
ネット通販で共同展開
04年7月 新設
三井物産セキュアディレクション (MBSD)
情報セキュリティ専門

世界戦略は快調。コンビニ、出版社などと積極的に提携

03年1月から8月までに大手商社が打ち立てたエネルギー・鉄鋼・プラントなどの世界戦略は快調だ。

三菱商事は、03年5月から三井物産、英蘭ロイヤル・ダッチ・シェルと組んで大型天然ガスプロジェクト「サハリンⅡ」へ投資。さらにアメリカ西海岸にLNG(液化天然ガス)基地を計画、07年稼働の予定。

04年も活発。7月、カナダで水素関連会社を新設。丸紅は、フィンランド科学技術庁と提携した。

各商社とも中国に進出。伊藤忠商事は、中国山東省でコークス生産合弁会社を設立。三井物産は、香港最大の物流会社、バルトランス・ホールディングスと提携した。また、ロイヤル・ダッチ・シェルと共同で欧米の風力発電事業に乗り出す。

また、コンビニなどの小売り分野にも巨額を投資。コンビニは、eコマースのアクセスポイントとしての存在価値は高く、新たな小売り市場創設が期待される。情報・出版分野でも、各社ともネット販売で、出版社と連携。三井物産は04年、タカラと提携した。

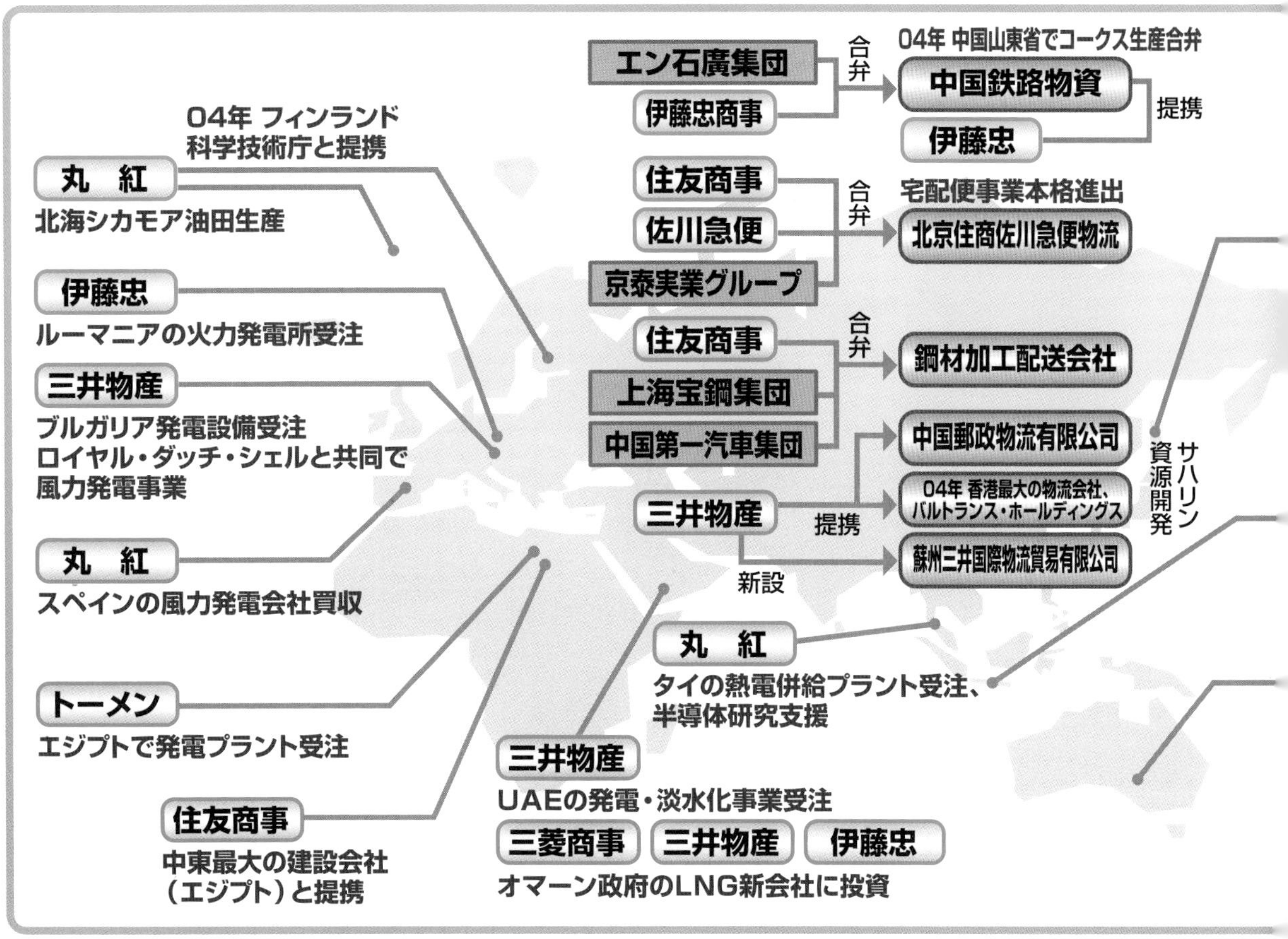

■「衣・食分野」などへの進出状況

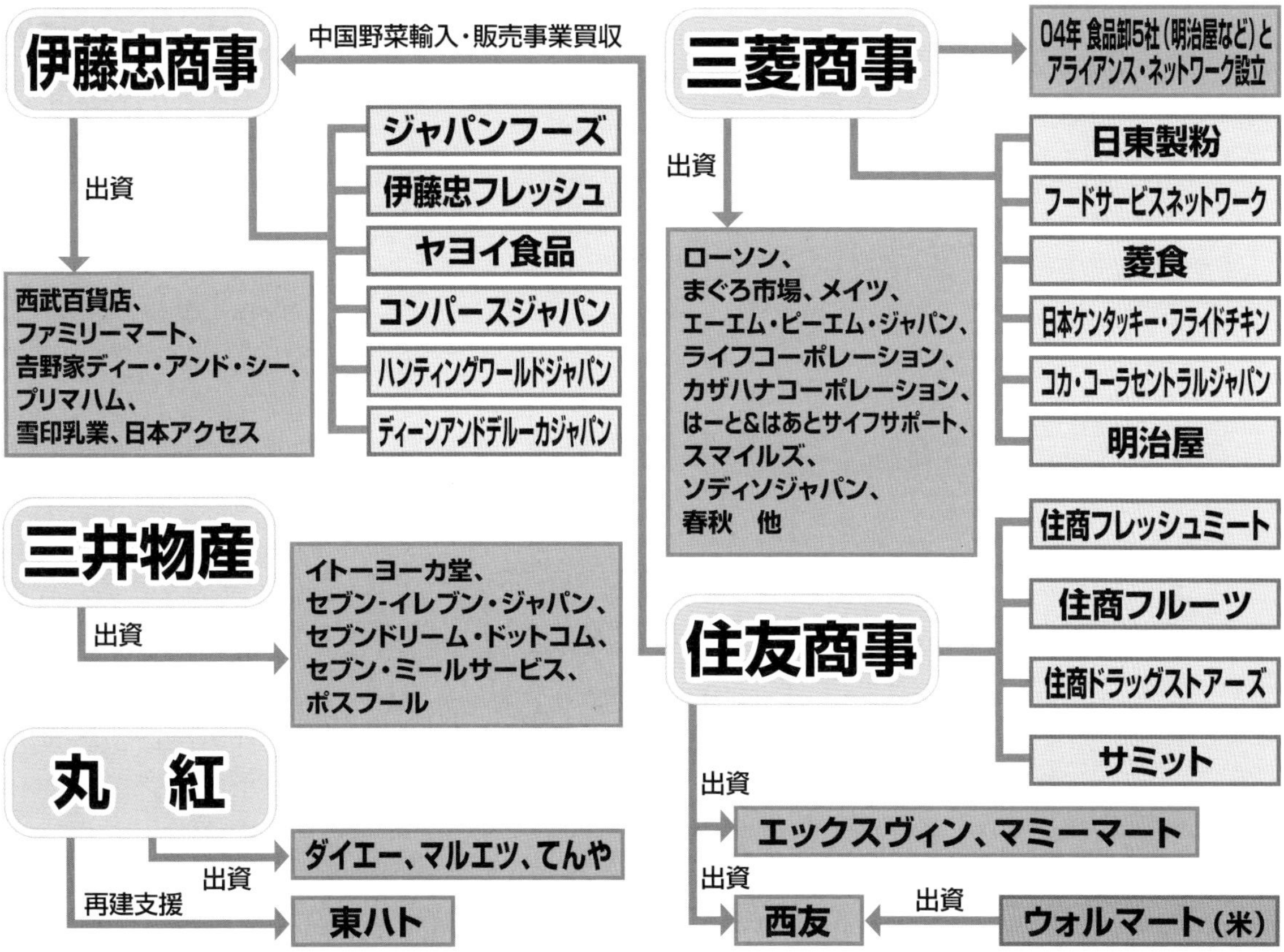

PART 2

6 スーパー業界

The supermarket business world

業界規模
約15兆円
(上位16社の売上合計)

イオンが初の首位に。ウォルマートの戦略が国内市場を席巻か!?

積極的なスクラップ・アンド・ビルドを進めたイオンが、イトーヨーカ堂を抜いて初の首位に躍進。破綻スーパーなどを支援し、グループ化に専心したことが功を奏した。しかし、デフレの進展と業界間の競争激化に伴い、上位2社とも、採算悪化が進んでいる。

各社ともに低迷を打破するため、プライベートブランド(PB)の開発、営業時間延長にシフト転換。イオンは婦人靴、カバンなどに、独自開発商品の比率をアップし、売り場スペースも拡大していく方針だ。しかし、人件費などのコストもかさみ、模索が続く。

世界最大の小売り企業ウォルマート傘下の西友は、米国方式の浸透がいまひとつで苦戦を強いられている。とはいえ、膨大な資金力を誇るウォルマートだけに、戦略的に、近々、ほかの国内スーパーをも傘下に収め、数年後にはより以上の規模拡大を果たす可能性大。

■ 国内と世界のスーパー業界地図

(売上高は04年2月期)

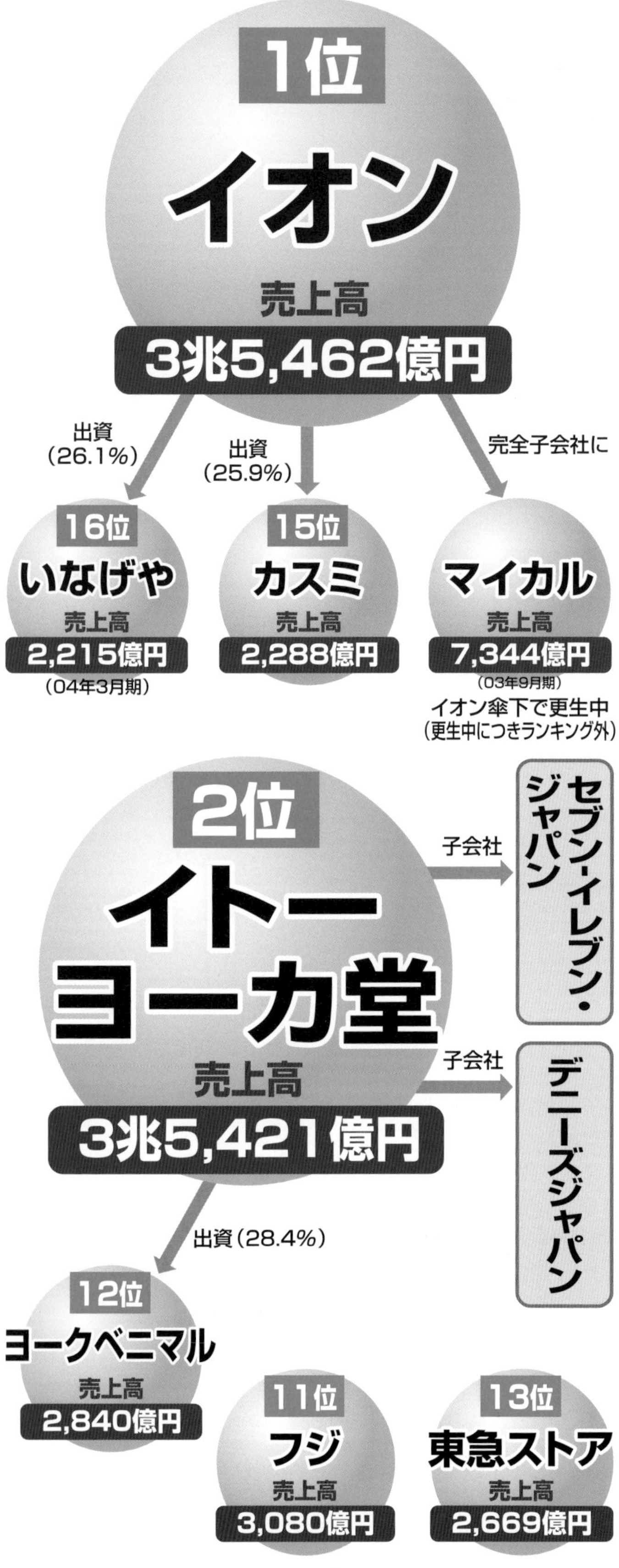
1位
イオン
売上高
3兆5,462億円
出資(26.1%)
出資(25.9%)
完全子会社に
16位
いなげや
売上高
2,215億円
(04年3月期)
15位
カスミ
売上高
2,288億円
マイカル
売上高
7,344億円
(03年9月期)
イオン傘下で更生中
(更生中につきランキング外)
2位
イトーヨーカ堂
売上高
3兆5,421億円
子会社
セブン-イレブン・ジャパン
子会社
デニーズジャパン
出資(28.4%)
12位
ヨークベニマル
売上高
2,840億円
11位
フジ
売上高
3,080億円
13位
東急ストア
売上高
2,669億円

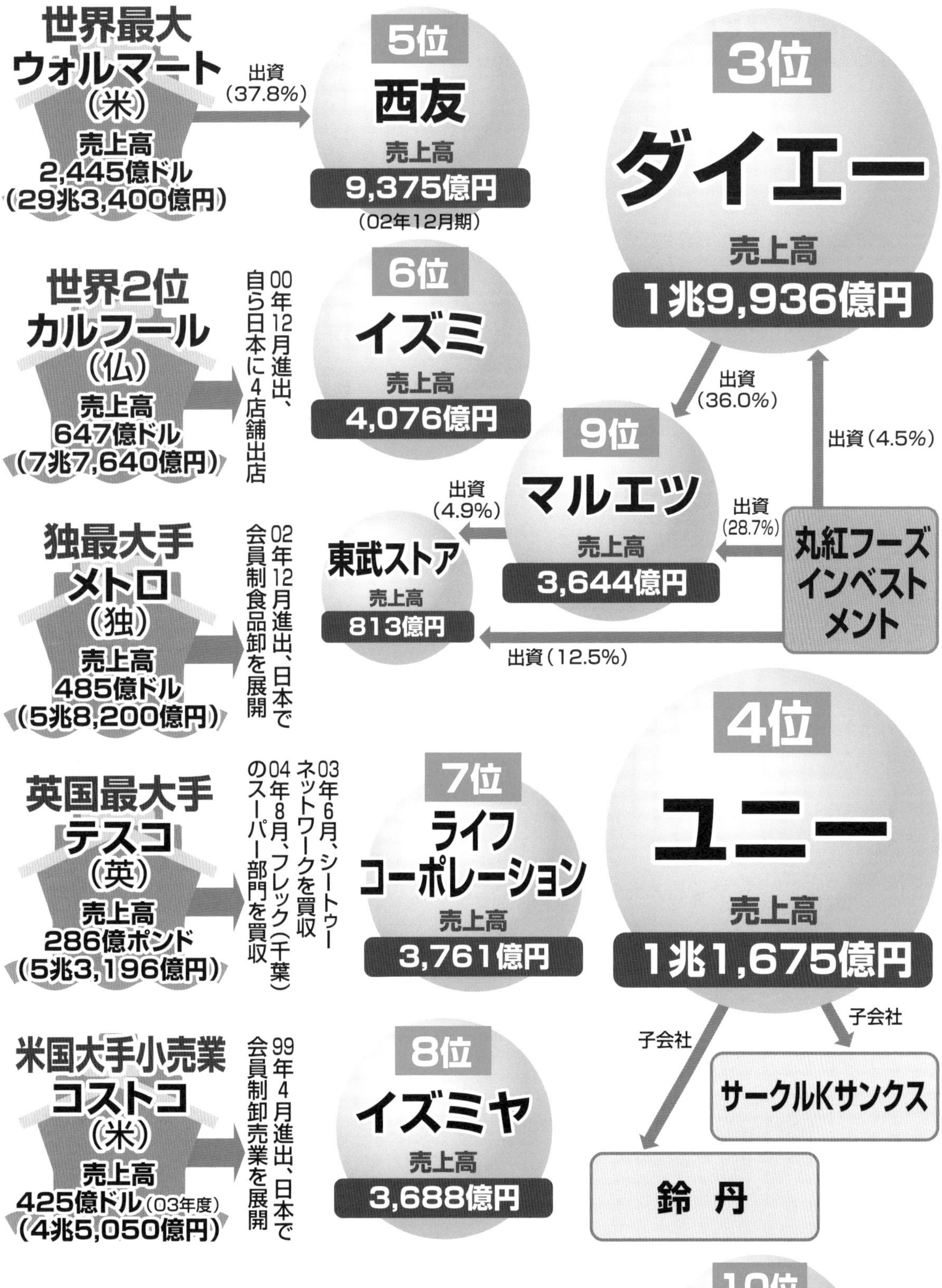
世界最大
ウォルマート
（米）
売上高
2,445億ドル
（29兆3,400億円）
出資
（37.8%）
5位
西友
売上高
9,375億円
（02年12月期）
3位
ダイエー
売上高
1兆9,936億円
世界2位
カルフール
（仏）
売上高
647億ドル
（7兆7,640億円）
00年12月進出、自ら日本に4店舗出店
6位
イズミ
売上高
4,076億円
出資
（36.0%）
出資（4.5%）
9位
マルエツ
売上高
3,644億円
出資
（4.9%）
出資
（28.7%）
丸紅フーズインベストメント
独最大手
メトロ
（独）
売上高
485億ドル
（5兆8,200億円）
02年12月進出、日本で会員制食品卸を展開
東武ストア
売上高
813億円
出資（12.5%）
4位
ユニー
売上高
1兆1,675億円
英国最大手
テスコ
（英）
売上高
286億ポンド
（5兆3,196億円）
03年6月、シートゥーネットワークを買収
04年8月、フレック（千葉）のスーパー部門を買収
7位
ライフコーポレーション
売上高
3,761億円
子会社
子会社
サークルKサンクス
米国大手小売業
コストコ
（米）
売上高
425億ドル（03年度）
（4兆5,050億円）
99年4月進出、日本で会員制卸売業を展開
8位
イズミヤ
売上高
3,688億円
鈴丹
10位
平和堂
売上高
3,537億円

トップに立ったイオンはスーパー総数が1,000店を突破し、国内最大となり、果敢に拡大戦略を狙う。3位のダイエーは、不採算店舗の閉鎖、売上不振などの影響で苦戦。今後とも、外資・商社の出方次第で、各社の提携・買収はさらに加速していく様相だ。食品スーパー市場では、マルエツ、ヨークベニマルが業績を伸ばしてきたが、ドラッグストアやディスカウンターとの競合により、激戦が繰り広げられている。

コンビニ業界

The convenience store business world

業界規模

約7兆円

(JFA会員のコンビニ13社の売上合計)

■ 国内のコンビニ業界地図

(売上高はチェーン全店の売上高04年2月期　かっこ内は営業収入)

イトーヨーカ堂 → 出資(50.6%)

1位　セブン-イレブン

セブン-イレブン・ジャパン

売上高　**2兆3,431億円**(4,742億円)

店　舗　数	10,372店
従業員数(連)	5,362人
設立・本社	1973年・東京都千代田区

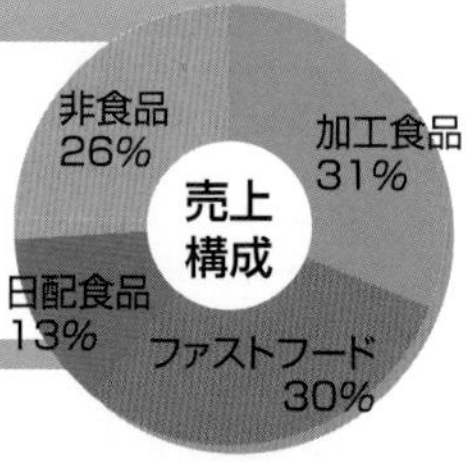
売上構成
非食品
26%
加工食品
31%
日配食品
13%
ファストフード
30%

三菱商事(エム・シー・リテールインベストメント) → 出資(29.8%)

2位　ローソン

ローソン

売上高　**1兆2,883億円**(2,456億円)

店　舗　数	7,821店
従業員数(連)	3,402人
設立・本社	1975年・大阪府吹田市

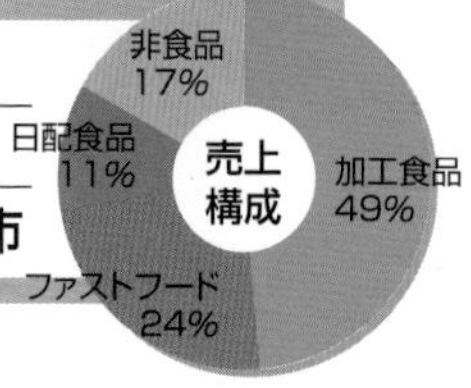
売上構成
非食品
17%
日配食品
11%
加工食品
49%
ファストフード
24%

各社は、女性の固定客を得るために、オリジナル化粧品の販売に参入。セブン-イレブンは、コーセーの既存の人気ブランドの姉妹版を発売した。am/pmは保存料・香料の未使用シリーズで善戦。ファミリーマートはMFCブランドを刷新し、価格を抑えて常連客獲得をめざす。

セブン-イレブン独走状態。女性と高齢者に対応した新展開を模索

首位を独走するセブン-イレブンは、1万店舗を超え、店舗数、総売上高とも、他社の追随を許さない。2位ローソン、3位ファミリーマートの売上高は微増。業界全体の店舗数の総計は、すでに3万7000店を超え、店舗数・売上高とも頭打ちの感は拭えない。それに呼応して、不採算店の閉鎖が増加。先手を打って、シーアンドエス、サークルK、サンクスは9月に、3社合併で「サークルKサンクス」を設立。御三家追撃の態勢を整えつつある。

今後の市場の方向としては、各店、高齢化社会に対応した店づくりが生き残りへのカギになる。セブン-イレブンはバリアフリー化の新店舗を開店、移動しやすいスペースを確保。ファミリーマート、ミニストップなども、中高年層を意識したクオリティの高い弁当類に力を入れ、差別化を図っている。

来期も、スーパーとの熾烈な競争、再編などを含めた状況が、さらに激化しそうな気配だ。

6位 ミニストップ

ミニストップ

売上高 2,539億円（799億円）

店舗数 2,633店

イオン → 出資（45.1%）→ ミニストップ

3位 ファミリーマート

ファミリーマート

売上高 9,544億円（2,289億円）

店舗数 5,770店

従業員数（連）4,675人

設立・本社 1981年・東京都豊島区

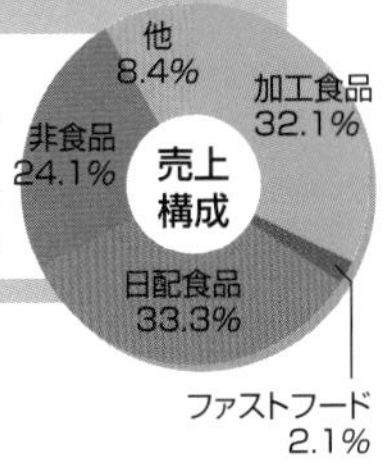
他
8.4%
加工食品
32.1%
非食品
24.1%
売上構成
日配食品
33.3%
ファストフード
2.1%

伊藤忠商事 → ファミリーマート

セゾン → 98年にファミマ株を売却 → 伊藤忠商事

7位 am/pm

エーエム・ピーエム・ジャパン

売上高 2,134億円（04年3月）（351億円）

店舗数 1,420店

ジャパンエナジー → 出資（33.7%）→ エーエム・ピーエム・ジャパン

レインズインターナショナル → 04年8月、買収（出資62.6%）→ エーエム・ピーエム・ジャパン

4位 サークルK／サンクス

サークルKサンクス

売上高 9,022億円（1,695億円）

店舗数 4,851店

従業員数（連）1,962人

設立・本社 1984年・東京都江東区

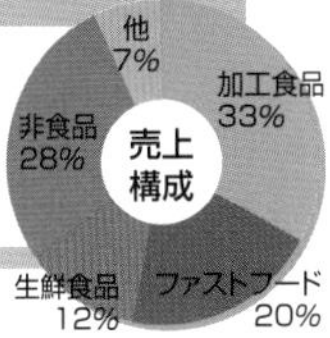
他
7%
加工食品
33%
非食品
28%
売上構成
生鮮食品
12%
ファストフード
20%

持ち株会社 シーアンドエス → 子会社 サークルケイ・ジャパン

持ち株会社 シーアンドエス → 子会社 サンクスアンドアソシエイツ

04年9月 3社合併 → サークルKサンクス

ユニー → 出資（47.4%）→ サークルKサンクス

8位 セイコーマート

セイコーマート（札幌）

売上高 1,511億円（02年12月）（69億円）

店舗数 1,008店（03年11月）

10位 スリーエフ

スリーエフ

売上高 1,115億円（307億円）

店舗数 627店

9位 ポプラ

ポプラ（広島）

売上高 1,291億円（713億円）

店舗数 864店

5位 デイリーヤマザキ

デイリーヤマザキ

売上高 2,739億円（03年12月）

店舗数 2,048店

山崎製パン → 出資（100%）→ デイリーヤマザキ

■ コンビニ業界の売上と店舗の推移

（社団法人 日本フランチャイズチェーン協会調べ）

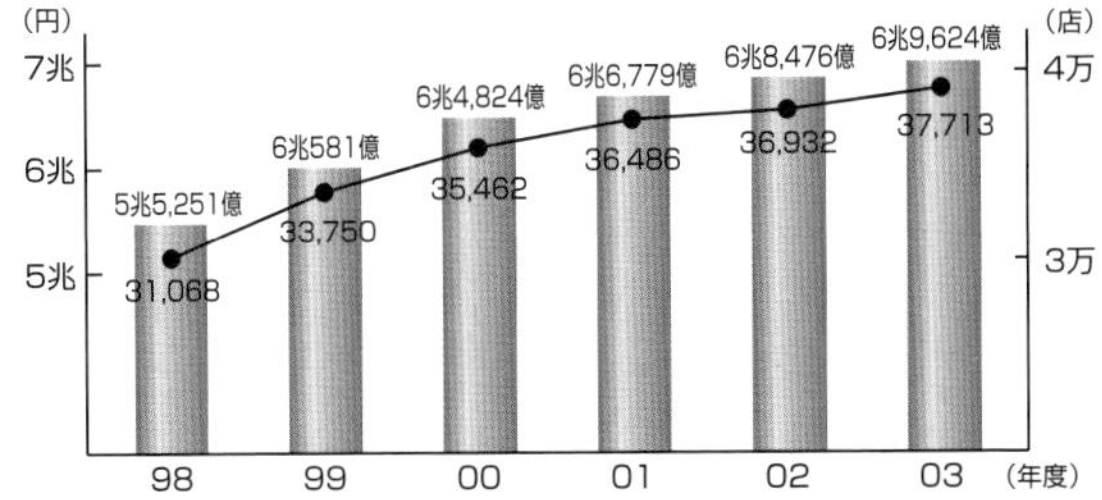
(円)
7兆
6兆
5兆
(店)
4万
3万
5兆5,251億
6兆581億
6兆4,824億
6兆6,779億
6兆8,476億
6兆9,624億
31,068
33,750
35,462
36,486
36,932
37,713
98
99
00
01
02
03
(年度)

JFA会員のコンビニ13社の売上合計の推移。不況といわれながらも緩やかに売上を伸ばすコンビニ業界。7兆円突破もみえてきた。

業界規模
約8兆1,116億円
（03年 日本百貨店協会調べ）

■ 国内と世界の百貨店業界地図（売上高は04年2月期）

ハイランドグループ
（髙島屋が商品を卸している）
京王百貨店
水戸京成百貨店
遠鉄百貨店
富士急百貨店
など 20社44店
合計売上高
約1兆5,000億円
1位
髙島屋
売上高
1兆1,144億円
本店／大阪市中央区　店舗数／17店
04年秋、提携
クレディセゾン
10位
東急百貨店
売上高
3,721億円（04年1月）
本店／東京都渋谷区　店舗数／8店
出資（8.5%）
出資（6.7%）
11位
パルコ
売上高
2,814億円
本部／東京都渋谷区　店舗数／19店
出資（24.4%）
森トラスト
2位
ミレニアムリテイリング
売上高
9,711億円
（西武百貨店とそごうの合計）
経営統合
西武百貨店
売上高
5,229億円
本店／東京都豊島区
店舗数／18店
そごう
売上高
4,482億円
本店／大阪市中央区
店舗数／12店

大型再編の伊勢丹陣営は、九州を足がかりに全国制覇へ乗り出すか!?

ハイランドグループを擁する髙島屋が、コスト削減・リストラ促進などを推進して辛くも首位をキープ。2位のミレニアムリテイリング（西武百貨店、そごう）は、新店舗着工、商品力強化などの戦略に出たものの、売上高は伸び悩んだ。

03年、台風の目だった伊勢丹は東武百貨店などとADOグループを結成、組織力を強化して流通コストの軽減を図るとともに売上高アップをめざす。さらに空白域だった九州をテコ入れし、東京では松屋に資本参加、銀座進出をバックアップした。将来に向けた全国展開への足がかりを着々と築きつつある。

市場は、緩い景気回復の兆しをみせつつも、全般的には低迷。各社、有利子負債を軽減し財政の健全化を図りたいところだ。営業企画的には、ネット販売、独自商品開発などをめぐる勝敗の差が歴然としてきた。

再編のマグマは、依然として上昇中。僅差のベスト3の順位は、今後もまったく予断を許さない。

世界の百貨店

ハロッズ（英）

オ・プランタン（仏）

シアーズ・ローバック（米）
売上高
413億6,600万ドル（02年）
（4兆3,847億円）

JCペニー（米）
売上高
323億4,700万ドル（03年）
（3兆4,287億円）

フェデレーテッド（米）
売上高
154億3,500万ドル（03年）
（1兆6,361億円）

メイカンパニー（米）
売上高
134億9,100万ドル（03年）
（1兆4,300億円）

オリジナル商品を販売

提携

JB（ジョイント・バイイング）グループ
（三越が商品を卸している）

プランタン銀座
さいか屋
うすい百貨店

7位 近鉄百貨店
売上高 4,124億円
本店／大阪市阿倍野区
店舗数／10店

3位 三越
売上高 9,175億円
（05年2月期予測。新設合併のため04年2月期は半期4,704億円）
本店／東京都中央区　店舗数／18店

鹿児島三越　福岡三越　名古屋三越　千葉三越
03年9月、新設合併

など 35社77店
合計売上高 **約2兆円**

5位 伊勢丹
売上高 6,148億円（04年3月期）
本店／東京都新宿区　店舗数／7店

ADO（全日本デパートメントストアーズ開発機構）グループ
（伊勢丹など7社が幹事の共同仕入れ組織）

東武百貨店
松屋
天満屋
名鉄百貨店

など 31社71店
合計売上高 **約2兆円**

4位 大丸
売上高 8,188億円
本店／大阪市中央区　店舗数／10店

6位 丸井
売上高 5,650億円（予測）
（05年3月期予測。決算期変更のため04年3月期は半期2,909億円）
本店／東京都中野区　店舗数／29店

9位 松坂屋
売上高 3,752億円
本店／名古屋市中区
店舗数／8店

8位 阪急百貨店
売上高 3,845億円（04年3月）
本店／大阪市北区
店舗数／10店

■百貨店の売上高推移（日本百貨店協会調べ）

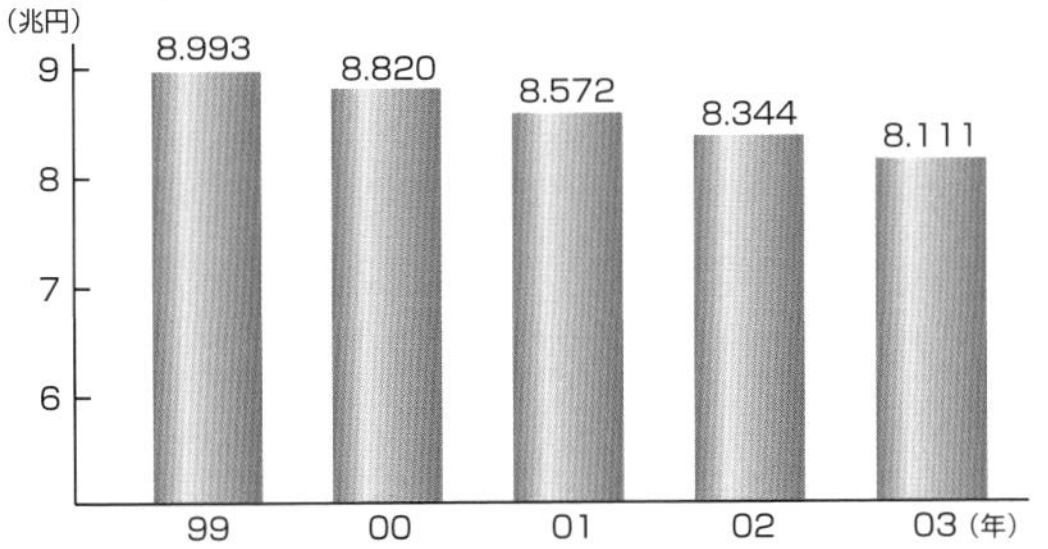
（兆円）
9
8
7
6
8.993
8.820
8.572
8.344
8.111
99
00
01
02
03（年）

年々下降している売上高。大手3社が中心になっている共同仕入れや卸しのグループ化も、減少する売上に対して流通コストを切り詰める狙いがある。

ハイランドグループ(髙島屋)、ミレニアムリテイリング(西武、そごう)、ADOグループ(伊勢丹)に次いで、三越はJBグループを再編。近鉄、ハロッズ(英) などと協調、合計売上高は約2兆円に届く。ネット取引の先発・伊勢丹陣営に対抗し、髙島屋・大丸など4社もネットの共通システムで大効率化へ。

専門量販店業界

The volume retailer business world

業界規模
6兆3,629億円
(本書掲載21社の合計)

家電業界はヤマダが首位。ドラッグ、ホームセンターは波瀾含みも!?

■ 国内と世界の専門量販店業界地図 (売上高は04年3月期)

家電
ダイエー
販売提携
ダイクマ
イトーヨーカ堂より買収
1位
ヤマダ電機
売上高 9,391億円
店舗数193店
2位
ヨドバシカメラ
売上高 5,450億円
店舗数28店
ソフマップ
中古事業で提携
3位
コジマ
売上高 4,761億円
店舗数247店
4位
エディオン
売上高 4,341億円
店舗数152店
デオデオ
経営統合
エイデン
05年4月 完全子会社化
8位
ミドリ電化
売上高 2,222億円
(04年2月期)
店舗数92店
5位
ビックカメラ
売上高 4,243億円
(03年8月期)
店舗数22店
7位
上新電機
売上高 2,453億円
店舗数111店
西武百貨店 そごう
販売提携
6位
ベスト電器
売上高 3,552億円
(04年2月期)
店舗数240店
10位
ラオックス
売上高 1,551億円
店舗数130店
9位
ギガスケーズデンキ
売上高 2,200億円
店舗数168店
04年4月 統合
ギガス
ケーズデンキ

ダイクマを買収したヤマダ電機は売上を伸ばし、2位に大差をつけてトップ。業績の伸びは、企業間で大きく明暗が分かれているが、5位のビックカメラが大都市を中心に健闘している。ベスト電器はミレニアムリテイリングと販売提携し、立地のいい西武、そごうの各店舗の家電売り場で売上を伸ばす勢い。ギガスとケーズデンキが統合したギガスケーズデンキは9位に登場、さらなる統合をにらみ、上位進出にはずみをつける。

04年の家電市場は、アテネ五輪により液晶テレビ・プラズマテレビの需要が伸び、猛暑も後押しして好調に推移。各社とも不振の小売り業界で気をはいている。

ドラッグ業界は、九州最大手のドラッグイレブンと提携したマツモトキヨシが独走状態。化粧品、日用雑貨にも手を広げ、若年層にアピールしている。各社、PB商品開発、流通の効率化によって、上位浮上を狙う。

ホームセンター業界は、1位のコーナン商事から5位のナフコまで接戦模様。コーナン商事は、子会社の和歌山コーナンを吸収合併。一方、ホーマック(4位)はイオンが出資するなど、地方市場を揺るがす再編が水面下で進んでいる。

■ 米国の専門量販店

（売上高は03年　日本小売業協会調べ）

1位　ホームデポ（米）
ホームセンター
売上高
582億4,700万ドル
（6兆1,741億円）

2位　ウォルグリーン（米）
ドラッグストア
売上高
325億540万ドル
（3兆4,455億円）

3位　ロウズ（米）
ホームセンター
売上高
264億9,100万ドル
（2兆8,080億円）

4位　CVS（米）
ドラッグストア
売上高
241億8,100万ドル
（2兆5,631億円）※02年

5位　ベストバイ（米）
家　電
売上高
209億4,600万ドル
（2兆2,202億円）

6位　ステープル（米）
オフィス用品
売上高
115億9,607万ドル
（1兆2,291億円）

7位　オフィスデポ（米）　オフィス用品
売上高 113億5,663万ドル
（1兆2,038億円）※02年

8位　トイザラス（米）　玩　具
売上高 113億500万ドル
（1兆1,983億円）

アメリカでは、専門商品に特化した量販店を「カテゴリーキラー」という小売り業態で分けている。日本の専門量販店もアメリカのカテゴリーキラーに学ぶところが多い。

ホームセンター

豊田通商 ―提携― 1位 コーナン商事

1位　コーナン商事
売上高 2,236億円
（04年2月期）
店舗数171店

2位　カインズ
売上高 2,232億円
（03年2月期）
店舗数121店

3位　コメリ
売上高 2,179億円
店舗数655店

4位　ホーマック
売上高 1,885億円
（04年2月期）
店舗数152店

5位　ナフコ
売上高 1,817億円
店舗数172店

イオン → 出資（12.7%） → ホーマック

ドラッグストア

1位　マツモトキヨシ
売上高 2,755億円
店舗数648店

マツモトキヨシ ―提携― ドラッグイレブン

2位　カワチ薬品
売上高 1,805億円
店舗数123店

3位　CFSコーポレーション
売上高 1,493億円
（04年2月期）
店舗数240店

イオン → 出資（15%） → CFSコーポレーション

カー用品・玩具 スポーツ用品

1位　オートバックスセブン
売上高 2,270億円
店舗数528店

2位　日本トイザらス
売上高 1,890億円
（04年1月期）
店舗数147店

3位　アルペン
売上高 1,543億円
（03年6月期）
店舗数373店

日本マクドナルドホールディングス → 出資（11%） → 日本トイザらス

トイザラス（米） → 日本法人 → 日本トイザらス

ホームセンター業界のコーナン商事は、地元の近畿地区でのドミナント展開、首都圏の大型店出店など、パワフルな全国戦略を進め、売上高トップ。2位のカインズは多様化路線の一環として、フードセンター併設のスーパーセンターを展開中。3位のコメリも園芸・金物専門の小型店「ハード&グリーン」に力を入れている。市場全体はデフレ基調が災いして低調に推移し、各社、多様化・専門化へのシフトが生き残りへの課題になっている。

外食業界

The food service world

業界規模

約30兆円

（編集部推定値。中食含む）

■ 国内の外食業界地図（売上高は04年3月期）

ファミリーレストラン
1位
すかいらーく
すかいらーく
ガスト
バーミヤン
売上高
3,732億円
（03年12月期）
店舗数3,026店
出資（53.5%）
イトーヨーカ堂
出資（51.6%）
3位
デニーズジャパン
デニーズ
売上高
956億円
（04年2月期）
店舗数578店
2位
ロイヤル
ロイヤルホスト
シズラー
売上高
1,001億円
（03年12月期）
店舗数456店
4位
西洋フードシステムズ
CASA
藩
売上高
660億円
店舗数673店
出資（10.8%）
02年 買収
コンパスグループ（英）
7位
ジョナサン
ジョナサン
売上高536億円（03年12月期）
店舗数367店
6位
ジョイフル
ジョイフル
売上高560億円（03年12月期）
店舗数589店
5位
サイゼリヤ
サイゼリヤ
売上高653億円（03年8月期）
店舗数669店

各チェーンは国内展開が頭打ちになってきたため、中国への進出を加速している。中国はGDPが北京五輪（08年）に向けて拡大し、今後、外資の進出規制も緩和される方向だ。急発展する中国経済をにらんで、日本では出店を抑制している吉野家や、居酒屋最大手のモンテローザも海外多店舗展開を計画中。さらに吉野家は、オーストラリアにも「新天地」を求め、海外展開を強化していく方針だ。

カフェ
1位
ドトールコーヒー
ドトールコーヒー
売上高617億円
店舗数1,294店
2位
スターバックスコーヒージャパン
スターバックスコーヒー
売上高592億円
店舗数514店

BSEなどの苦難を乗り越え、活路を海外の「新天地」に求める展開

牛丼系、焼き肉系の外食市場は、BSE（牛海綿状脳症）による米国産牛肉の輸入禁止措置（03年12月）の影響をまともに受けた。代替メニューの鶏肉にも鳥インフルエンザが追い討ちをかけ、長期的に低迷傾向。

牛丼チェーン首位の吉野家ディー・アンド・シーは、売上の減少を食い止めるため、店舗限定「隠れメニュー」の投入、讃岐うどんチェーン「はなまる」との提携など、多角化への動きを加速している。しかし、当初から商品多角化を進めてきた松屋など他社に比べて、単品勝負だった吉野家の落ち込みは顕著だ。

ファストフード業界トップの日本マクドナルドホールディングスは、故・藤田田氏の引退もあり、しばらく混迷していたが、新体制スタッフのコスト削減策などで売上高・客数とも回復傾向にある。

市場全体では、首都圏の六本木、汐留、品川などの再開発地域に巨大商業施設が乱立し、過飽和状態による崩壊の危機感も渦巻いている。

ファストフード

1位 日本マクドナルドホールディングス
マクドナルド
売上高2,998億円（03年12月期）
店舗数3,773店
↑出資（29.3%） マクドナルド・レストラン・オペレーションズ（米）
↑出資（20.6%） マクドナルド・レストランツ・オブ・カナダ（加）

2位 ダスキン
ミスタードーナツ
カフェデュモンド
かつアンドかつ
売上高1,372億円
店舗数1,373店
三井物産 → 出資（5%）
出資（4.7%）→ 吉野家ディー・アンド・シー

3位 日本ケンタッキー・フライド・チキン
ケンタッキー・フライド・チキン
ピザハット
売上高737億円（03年11月期）
店舗数1,494店
↑出資（31.1%） ケンタッキーフライドチキンコーポレートリミテッド（米）
↑出資（31.1%） 三菱商事

4位 モスフードサービス
モスバーガー
ちりめん亭
売上高586億円
店舗数1,476店

居酒屋

1位 モンテローザ
白木屋
魚民
売上高1,333億円（03年6月期）
店舗数1,202店

2位 大庄
庄や
やるき茶屋
売上高695億円（03年8月期）
店舗数718店

3位 養老乃瀧
養老乃瀧
チェーン売上高625億円

4位 ワタミフードサービス
和民
売上高585億円
店舗数386店

丼&焼き肉

1位 吉野家ディー・アンド・シー
吉野家
京樽
売上高1,410億円（04年2月期）
店舗数992店
← はなまる 04年5月、資本・業務提携
↑出資（3.9%） 西友
↑出資（20.0%） 伊藤忠フレッシュ

2位 ゼンショー
すき家
ココス
売上高1,121億円
店舗数490店

3位 松屋フーズ
松屋
売上高542億円
店舗数626店

4位 レインズインターナショナル
牛角
売上高506億円（03年12月期）
店舗数1,188店
↑04年8月、買収 am/pmジャパン

回転寿司

1位 カッパ・クリエイト
かっぱ寿司
売上高527億円（03年5月期）
店舗数242店

2位 アトム
アトムボーイ
にぎりの徳兵衛
売上高282億円
店舗数291店

■ 中食業界地図

プレナスは、東日本で運営していた「ほっかほっか亭」と合併したため1,000億円を超す企業に成長。2位以下に差をつけている。

1位 プレナス（弁当）
ほっかほっか亭
めしや丼
売上高1,168億円（04年2月期）

2位 オリジン東秀（弁当）
オリジン弁当
売上高405億円

3位 ロック・フィールド（寿司）
RF1
神戸コロッケ
売上高388億円（03年4月期）

4位 小僧寿し本部（寿司）
小僧寿し
sushi花館
売上高356億円（03年12月期）

5位 フォーシーズ（ピザ）
ピザーラ
売上高328億円（03年6月期）

通信業界

業界規模
約16兆6,300億円
(本書掲載企業の売上合計)

3大勢力にソフトバンクが参入し、まだまだ目が離せない通信戦国時代!

ここにきて通信業界の核となる携帯電話の勢力図がはっきりしてきた。NTTドコモは圧倒的な加入者数を誇るが伸び悩み、KDDIはauを中心に快走、ボーダフォンは決め手を欠き低迷、といった具合だ。さらに06年には、他社の携帯に移っても電話番号が変わらない「携帯番号継続制」が導入されるとあってトップのNTTは戦々恐々。確かに加入者数が多いということは、大量流出の可能性も多いということだ。

一方で固定電話分野では、04年5月に激震が走った。ソフトバンクの日本テレコム買収である。ソフトバンクは「ヤフーBB」を個人顧客を中心に急成長させたインターネットADSL界の雄だが、それが固定電話大手で法人クライアントも多い日本テレコムを手に入れ、営業面でも「個人・法人」の両輪が揃うというわけだ。

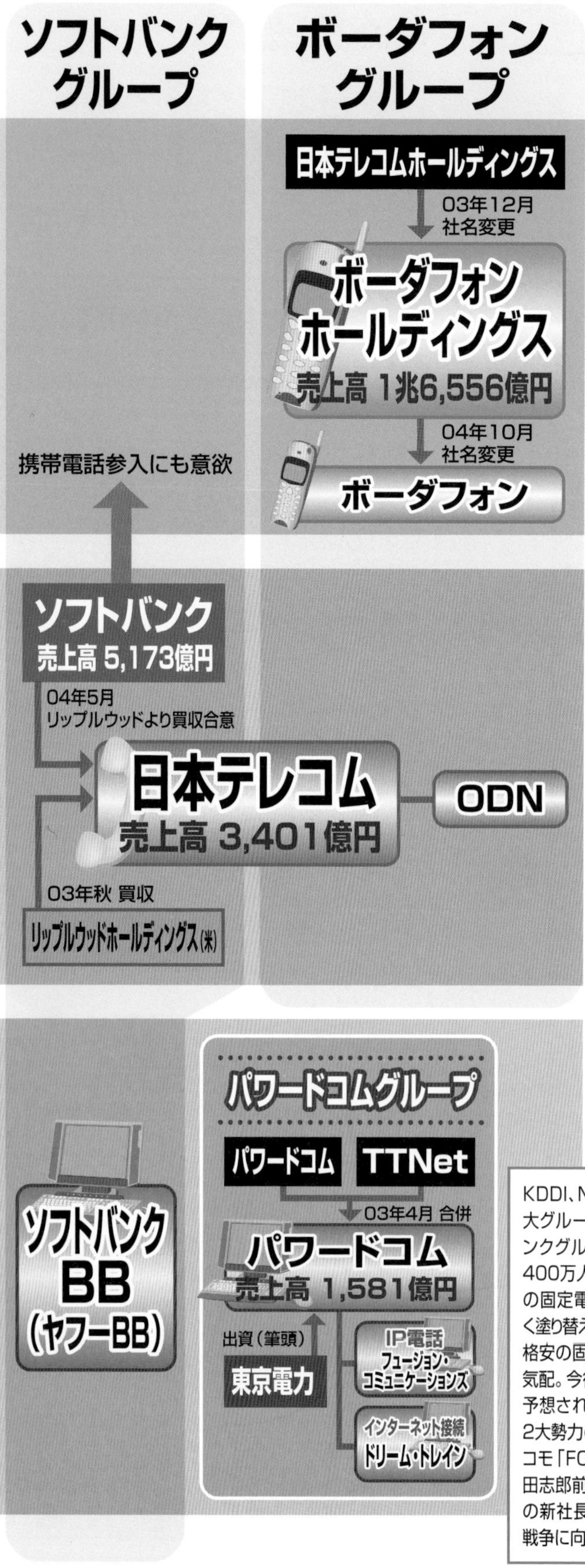
ソフトバンクグループ
ボーダフォングループ
日本テレコムホールディングス
03年12月
社名変更
ボーダフォンホールディングス
売上高 1兆6,556億円
04年10月
社名変更
ボーダフォン
携帯電話参入にも意欲
ソフトバンク
売上高 5,173億円
04年5月
リップルウッドより買収合意
日本テレコム
売上高 3,401億円
ODN
03年秋 買収
リップルウッドホールディングス(米)
パワードコムグループ
パワードコム
TTNet
03年4月 合併
パワードコム
売上高 1,581億円
出資(筆頭)
東京電力
IP電話
フュージョン・コミュニケーションズ
インターネット接続
ドリーム・トレイン
ソフトバンクBB
(ヤフーBB)

KDDI、NTT、ボーダフォンという通信の3大グループに突如入り込んできたソフトバンクグループ。インターネットADSLでは400万人を超える会員を持つソフトバンクの固定電話参入は通信業界の地図を大きく塗り替えることになる。ソフトバンクは早速、格安の固定電話サービスをスタートさせる気配。今後NTTとの本格的な値下げ競争が予想される。携帯電話分野もドコモ、auの2大勢力の勝利と思われたが、04年8月、ドコモ「FOMA」の生みの親ともいわれる津田志郎前NTTドコモ副社長がボーダフォンの新社長に就任したことで、第3世代携帯戦争に向け、目が離せない状態となった。

国内の通信業界地図（売上高は04年3月期）

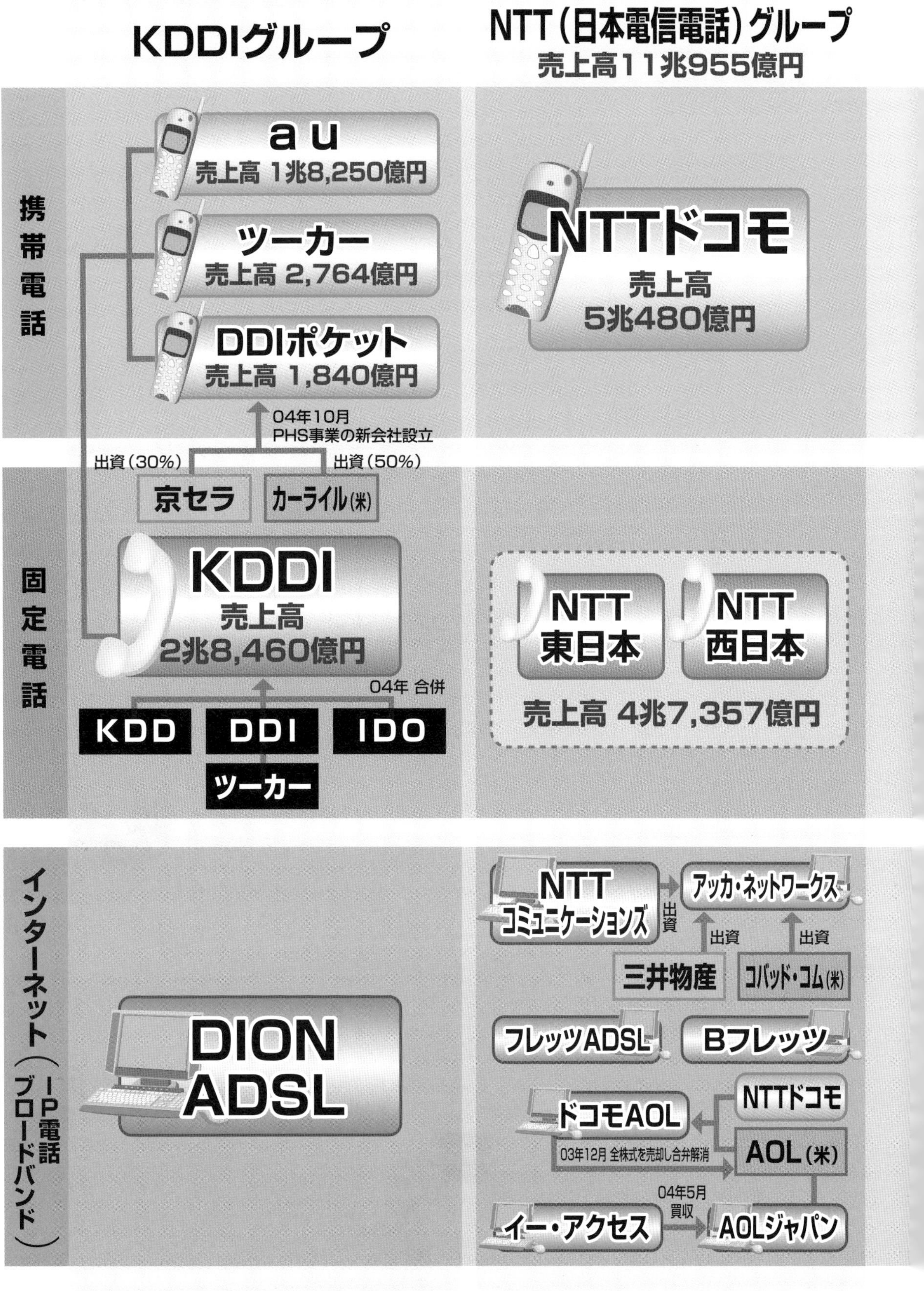
KDDIグループ
NTT（日本電信電話）グループ
売上高11兆955億円
携帯電話
au
売上高 1兆8,250億円
ツーカー
売上高 2,764億円
DDIポケット
売上高 1,840億円
04年10月
PHS事業の新会社設立
出資（30%）
出資（50%）
京セラ
カーライル（米）
NTTドコモ
売上高
5兆480億円
固定電話
KDDI
売上高
2兆8,460億円
04年 合併
KDD
DDI
IDO
ツーカー
NTT東日本
NTT西日本
売上高 4兆7,357億円
インターネット（IP電話ブロードバンド）
DION
ADSL
NTTコミュニケーションズ
出資
アッカ・ネットワークス
出資
出資
三井物産
コバッド・コム（米）
フレッツADSL
Bフレッツ
NTTドコモ
ドコモAOL
AOL（米）
03年12月 全株式を売却し合弁解消
04年5月
買収
イー・アクセス
AOLジャパン

第3世代携帯で世界制覇をもくろむNTTドコモに勝機は!?

NTTドコモは、欧米からアジアまで世界にiモードを普及させるため、1兆円を超す投資をしている。これはもちろんW-CDMAの第3世代(3G)携帯を視野に入れたもので、米国の通信大手AT&Tワイヤレスらとともに世界制覇をもくろんでいる。とはいえ、国内でさえauグループに追い上げられている状況を考えると、これは簡単なことではない。

そこで、今後の期待は3G携帯。ドコモ3G、FOMAは、この1年で驚異的な伸びを見せ、304万台を突破した(昨年度対比822・8%)。依然、auグループの優位は変わらないが、海外では国内の出遅れを教訓に展開していくはず。携帯電話事業は、インフラ整備が整うとともに普及するだけに、巨額なドコモの海外投資が実を結ぶ可能性は大だ。

ベライゾン・コミュニケーション(米)
ボーダフォン(英)
出資
北米
ベライゾン・ワイヤレス(米)
AT&Tワイヤレス(米)
01年1月　約1兆1,000億円出資
04年2月　買収合意
シンギュラー・ワイヤレス(米)
05年前半
提携予定

NTTドコモは、ヨーロッパに向け「iモード」の普及に力を入れている。現在、5カ国で展開しており、まだまだ広がりそうだ。また、今後の有望な市場は中国。中国は人口が12億人いるので潜在成長性が高く、市場として面白い。

■ 国内の携帯電話加入契約の推移

(単位:万契約　千単位以下は四捨五入。TCA調査)

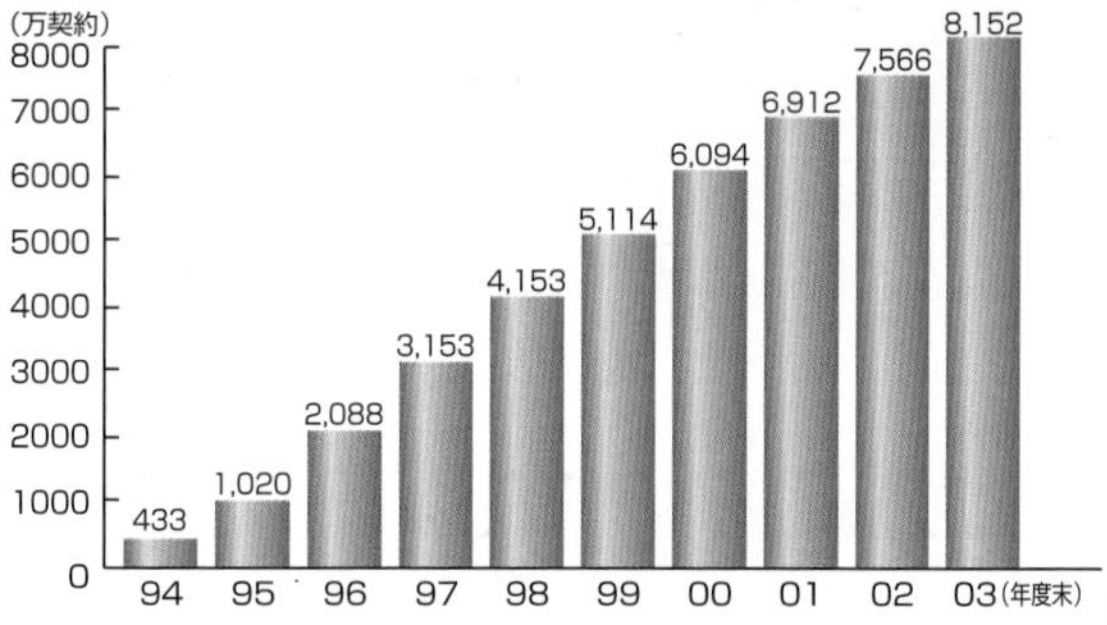
(万契約)
8000
7000
6000
5000
4000
3000
2000
1000
0
433
1,020
2,088
3,153
4,153
5,114
6,094
6,912
7,566
8,152
94
95
96
97
98
99
00
01
02
03(年度末)

第3世代携帯の普及もあって、まだまだ伸びている携帯電話。

■ 国内のインターネット接続サービスの利用推移

(単位:万契約　千単位以下は四捨五入。総務省総合通信基盤局調査)

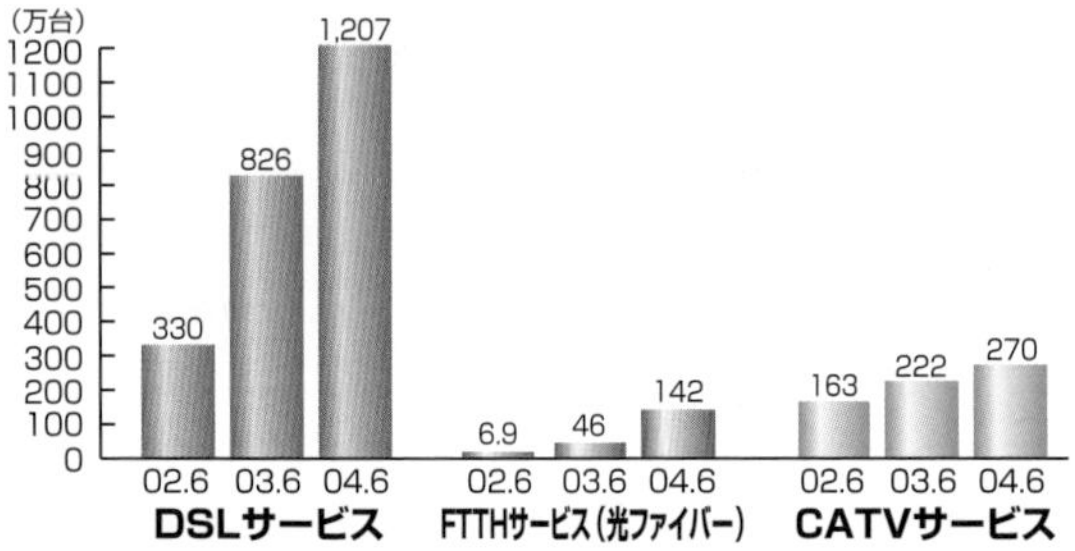
(万台)
1200
1100
1000
900
800
700
600
500
400
300
200
100
0
330
826
1,207
6.9
46
142
163
222
270
02.6 03.6 04.6
02.6 03.6 04.6
02.6 03.6 04.6
DSLサービス
FTTHサービス(光ファイバー)
CATVサービス

インターネットのブロードバンド化は本格的になって、光ファイバーの伸びが著しい。

■ 国内の固定電話契約数の推移

(単位:万契約　千単位以下は四捨五入。総務省総合通信基盤局調査)

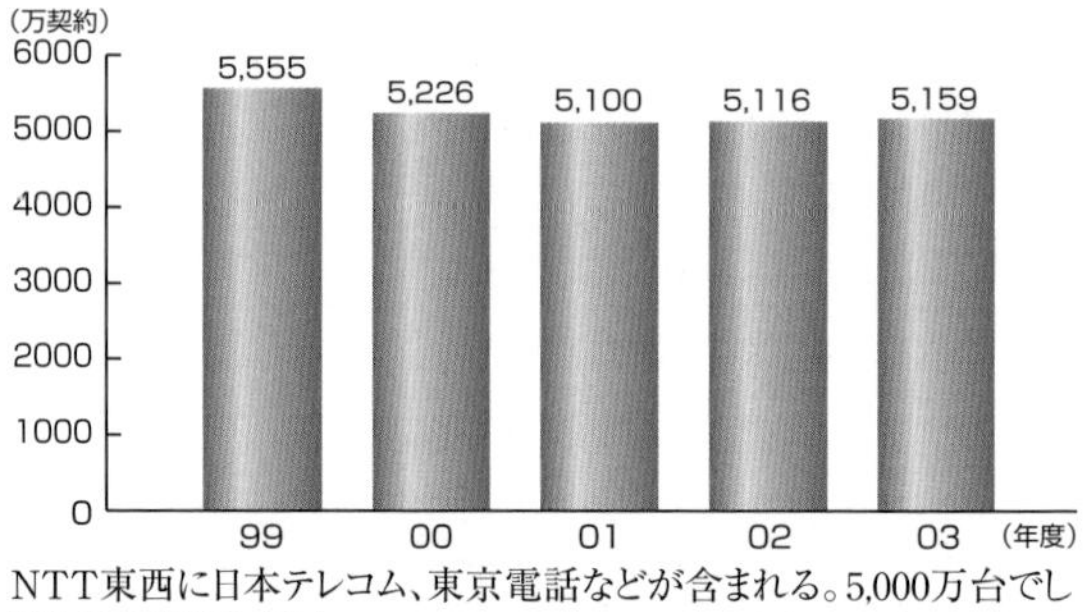
(万契約)
6000
5000
4000
3000
2000
1000
0
5,555
5,226
5,100
5,116
5,159
99
00
01
02
03
(年度)

NTT東西に日本テレコム、東京電話などが含まれる。5,000万台でしばらくは下げ止まりか。

■ 携帯電話における世界の主な企業とNTTドコモの世界進出

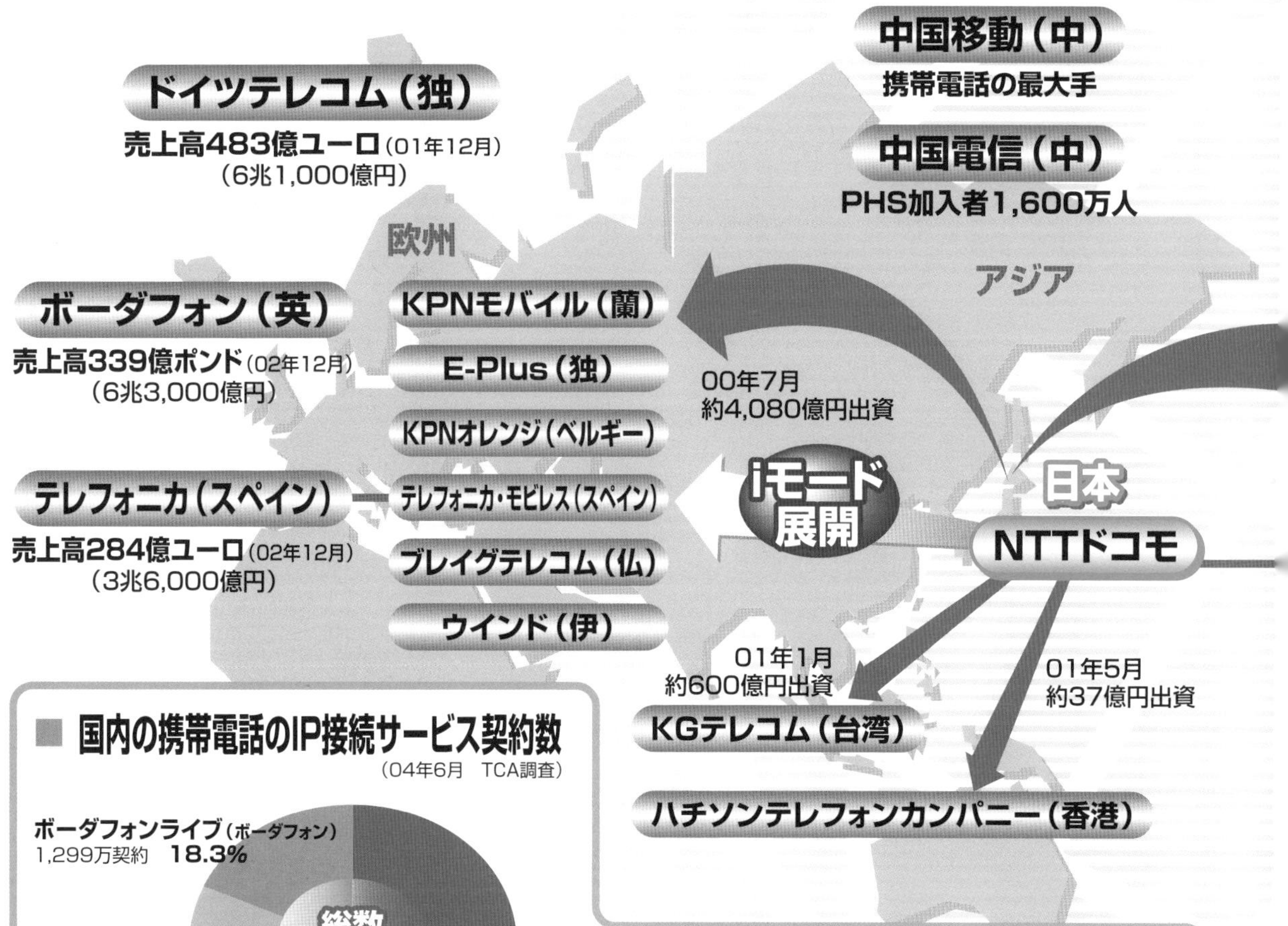
中国移動（中）
携帯電話の最大手
中国電信（中）
PHS加入者1,600万人
ドイツテレコム（独）
売上高483億ユーロ（01年12月）
（6兆1,000億円）
欧州
アジア
ボーダフォン（英）
売上高339億ポンド（02年12月）
（6兆3,000億円）
KPNモバイル（蘭）
E-Plus（独）
KPNオレンジ（ベルギー）
テレフォニカ（スペイン）
テレフォニカ・モビレス（スペイン）
売上高284億ユーロ（02年12月）
（3兆6,000億円）
ブレイグテレコム（仏）
ウインド（伊）
00年7月
約4,080億円出資
iモード展開
日本
NTTドコモ
01年1月
約600億円出資
01年5月
約37億円出資
KGテレコム（台湾）
ハチソンテレフォンカンパニー（香港）

■ 国内の携帯電話のIP接続サービス契約数

（04年6月　TCA調査）

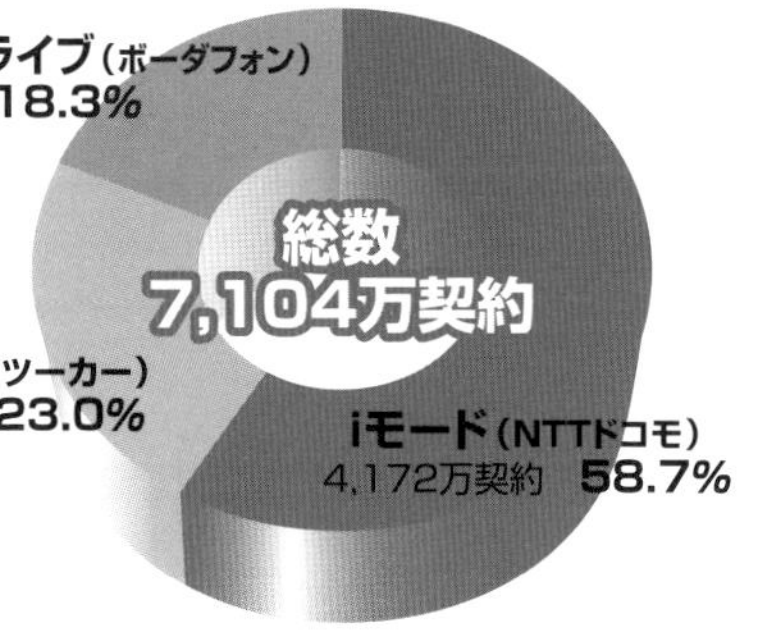
ボーダフォンライブ（ボーダフォン）
1,299万契約　18.3%
総数
7,104万契約
EZweb（au・ツーカー）
1,633万契約　23.0%
iモード（NTTドコモ）
4,172万契約　58.7%

携帯電話契約で躍進しているauグループが当然シェアを伸ばしている。auは着メロなどコンテンツも人気だ。

[世界の携帯電話ハードの販売シェア]

（03年 ガートナー データクエスト発表）

1位	34.7%	ノキア（フィンランド）
2位	14.5%	モトローラ（米）
3位	10.5%	サムスン電子（韓）
4位	8.4%	シーメンス（独）
5位	5.1%	ソニー・エリクソン（日）
6位	5.0%	LG電子（韓）
その他	21.8%	

日本メーカー勢は、ソニーとエリクソン（米）が出資してできた「ソニー・エリクソン・モバイルコミュニケーションズ」が5位に入ったが依然劣勢。パナソニックは7位、NECは8位だった。

■ 国内の第3世代携帯電話のメーカー別シェア（契約数）

（04年6月　TCA調査）

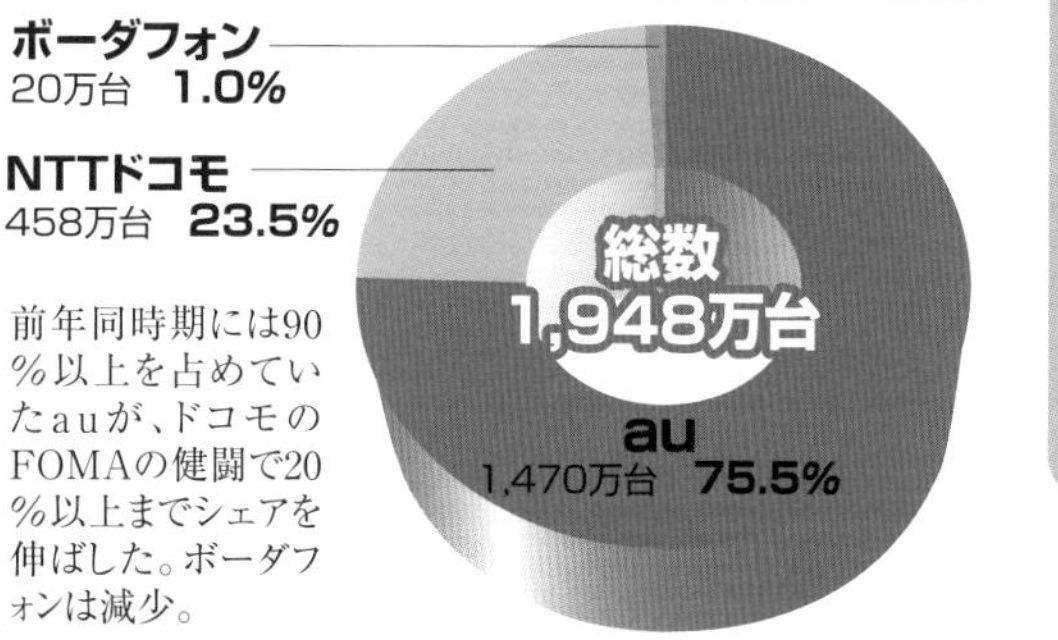
ボーダフォン
20万台　1.0%
NTTドコモ
458万台　23.5%
総数
1,948万台
au
1,470万台　75.5%

前年同時期には90%以上を占めていたauが、ドコモのFOMAの健闘で20%以上までシェアを伸ばした。ボーダフォンは減少。

■ 第3世代の各社採用システム

社名	システム	解説
NTTドコモ	W-CDMA	高速移動時144kbps、歩行時384kbps、静止時2Mbpsのデータ伝送能力がある。1つの周波数を複数の利用者で共有できるため周波数効率がよい。
ボーダフォン		
au	CDMA2000	データ伝送能力はW-CDMAと同じ。cdmaOne規格の上位規格。cdmaOneを利用したシステムは各国で採用されているため、無線設備やノウハウを流用可能。

情報処理サービス業界

The information processing service world

業界規模
14兆1,700億円
(03年度 経済産業省統計調査より)

■ 国内と世界の情報処理サービス業界地図 (売上高は04年3月期)

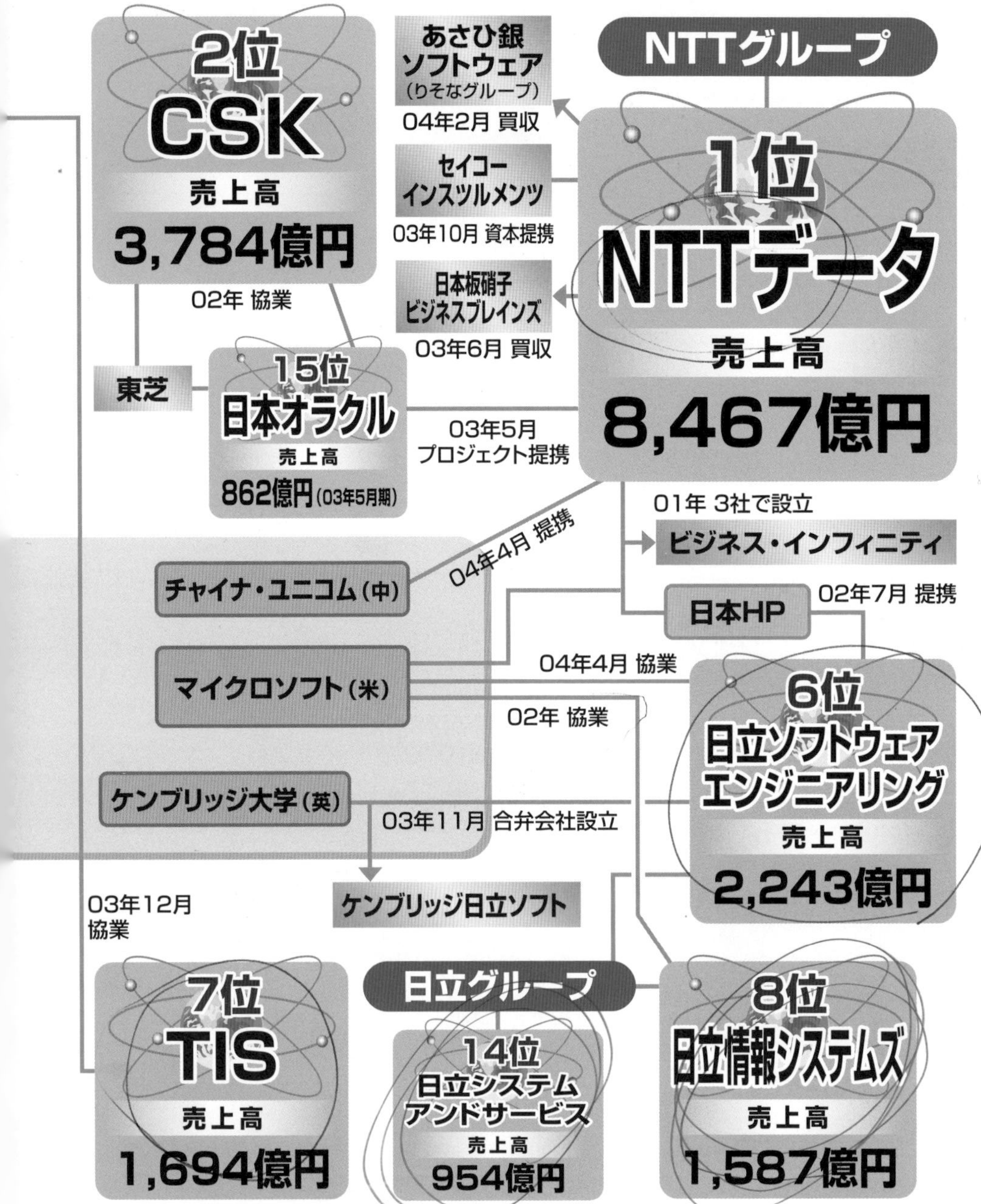
NTTグループ
1位
NTTデータ
売上高
8,467億円
あさひ銀ソフトウェア
(りそなグループ)
04年2月 買収
セイコーインスツルメンツ
03年10月 資本提携
日本板硝子ビジネスブレインズ
03年6月 買収
2位
CSK
売上高
3,784億円
02年 協業
東芝
15位
日本オラクル
売上高
862億円(03年5月期)
03年5月
プロジェクト提携
01年 3社で設立
ビジネス・インフィニティ
04年4月 提携
チャイナ・ユニコム(中)
日本HP
02年7月 提携
マイクロソフト(米)
04年4月 協業
02年 協業
6位
日立ソフトウェアエンジニアリング
売上高
2,243億円
ケンブリッジ大学(英)
03年11月 合弁会社設立
ケンブリッジ日立ソフト
03年12月
協業
日立グループ
7位
TIS
売上高
1,694億円
14位
日立システムアンドサービス
売上高
954億円
8位
日立情報システムズ
売上高
1,587億円

NTTデータ独走。インテグレーション、アウトソーシングの需要が伸長

04年2月に「あさひ銀ソフトウェア」を買収したNTTデータが、売上をアップさせてトップ安泰。景気の緩やかな回復基調のなか、地上デジタル放送、ネット家電などの市場の成長に歩調を合わせ、各企業にソフトウエアへの投資意欲が戻りつつある。

順調な伸びを示す企業の特徴は、アウトソーシング事業が功を奏していること。富士通エフ・アイ・ビー（16位）は、情報システムの運用代行事業が好調だ。トランスコスモス（17位）はヘルプデスク、コールセンターの運営受託などを軌道に乗せ、将来的な発展を見込む。

日立ソフトウエアエンジニアリング（6位）は、採算性を改善するため、インド、中国など、外国でのソフト開発に着手。NTTデータはチャイナ・ユニコム（中）、マイクロソフト（米）、CTC（3位）はシスコシステムズ（米）など、各社、外国IT関連企業とのつながりで積極的な展開をもくろむ。

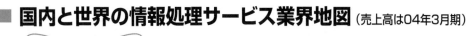

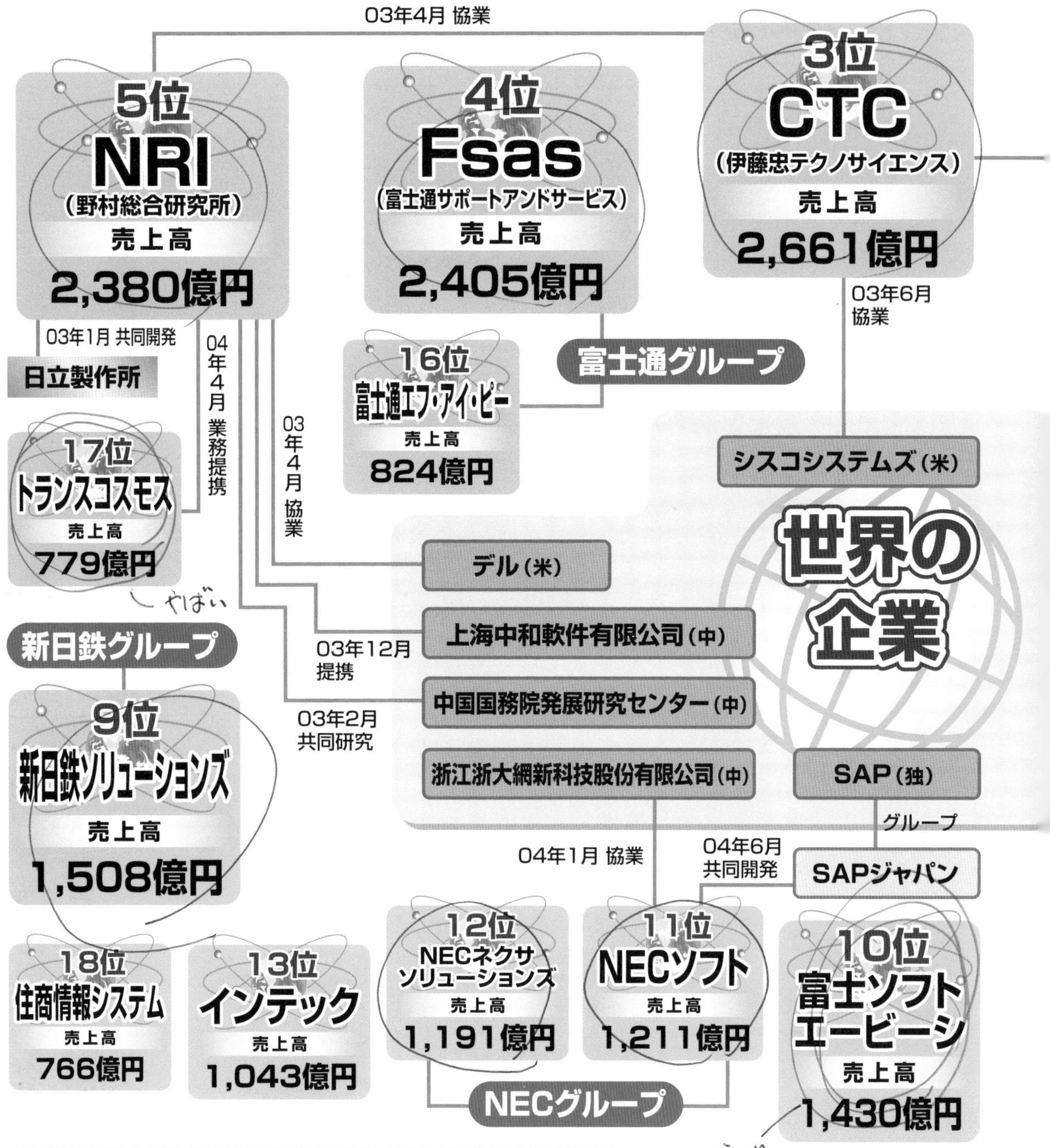
03年4月 協業
5位
NRI
（野村総合研究所）
売上高
2,380億円
4位
Fsas
（富士通サポートアンドサービス）
売上高
2,405億円
3位
CTC
（伊藤忠テクノサイエンス）
売上高
2,661億円
03年6月
協業
03年1月 共同開発
日立製作所
04年4月 業務提携
03年4月 協業
16位
富士通エフ・アイ・ピー
売上高
824億円
富士通グループ
17位
トランスコスモス
売上高
779億円
シスコシステムズ（米）
世界の企業
デル（米）
上海中和軟件有限公司（中）
03年12月
提携
中国国務院発展研究センター（中）
03年2月
共同研究
浙江浙大網新科技股份有限公司（中）
SAP（独）
グループ
新日鉄グループ
9位
新日鉄ソリューションズ
売上高
1,508億円
04年1月 協業
04年6月
共同開発
SAPジャパン
18位
住商情報システム
売上高
766億円
13位
インテック
売上高
1,043億円
12位
NECネクサソリューションズ
売上高
1,191億円
11位
NECソフト
売上高
1,211億円
10位
富士ソフトエービーシ
売上高
1,430億円
NECグループ

■情報処理サービス業務の種類別売上高

（03年度　経済産業省特定サービス実態統計調査より。千万以下は四捨五入）

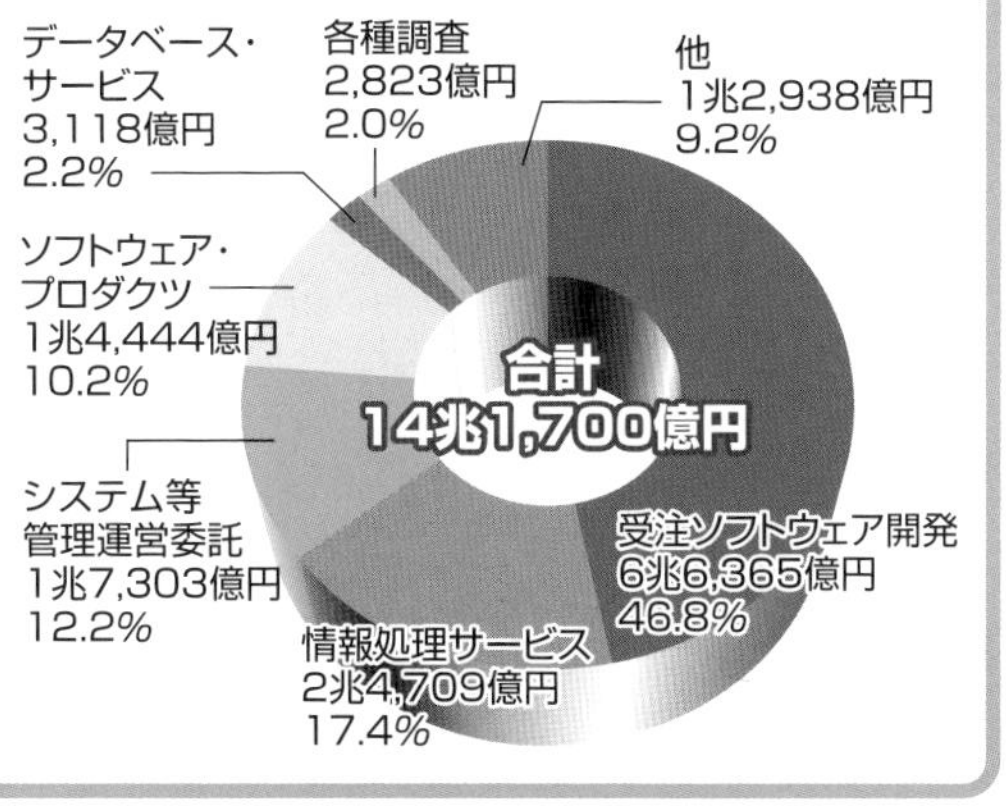
データベース・サービス
3,118億円
2.2%
各種調査
2,823億円
2.0%
他
1兆2,938億円
9.2%
ソフトウェア・プロダクツ
1兆4,444億円
10.2%
合計
14兆1,700億円
システム等管理運営委託
1兆7,303億円
12.2%
受注ソフトウェア開発
6兆6,365億円
46.8%
情報処理サービス
2兆4,709億円
17.4%

前年度よりも、全体売上が約2,000億円アップ。これで9年連続の増加。特に「システム等管理運営受託」業務は、前年度よりも5,000億円近くアップと好調な推移。

この業界では、インテグレーション（システム統合業務）、アウトソーシング（外部委託業務）の比率が増大し、需要も伸びている。各社、こういった採算性の高い事業を伸ばし、同時に内部組織の効率化を進めていくことが、市場の混迷から抜け出し、成長を遂げるための大きなポイントになる。また、上図中央の世界の企業をみると、中国の企業が目立ってきた。今やアジア市場は、情報処理サービス業界にとっても大きな市場であることは間違いない。今後、大手の海外IT関連企業を含め、バトルが勃発しそうだ。

13 広告業界

The advertisement business world

業界規模
5兆6,841億円
(03年 電通「日本の広告費」より)

■ 国内と世界の広告業界地図

(国内の売上高は04年3月決算。海外は01年。1ドル=106円)

世界3位
オムニコムグループ(米)
売上高 約580億ドル
(6兆1,480億円)
世界4位
ピュブリシスグループ(仏)
売上高 約530億ドル
(5兆6,180億円)
傘下
DDB ワールドワイド・コミュニケーションズ
傘下
BBDO ワールドワイド
統合
ビーコムスリー(米)
00年4月 統合
I&S
時事通信社
03年8月 提携
86年 合併
第一広告社
エスピーエヌ
出資 (12.4%筆頭)
資本・業務提携
テレビ 50.0%
他 17.1%
プロモーション 11.0%
ラジオ 1.9%
雑誌 5.4%
新聞 14.6%
売上構成
1位
電通
売上高
1兆7,491億円
5位
I&S/BBDO
(アイアンドエス・ビービーディオー)
売上高
971億円
4位
東急エージェンシー
売上高
1,559億円
04年7月 マーケティング会社設立
シャープ
出資
クロスメディアインフォメーションセンター
トヨタ自動車
出資
デンソーウェーブ
出資
ソニー
出資
メディアラグ
電通テック
出資
03年5月 e-コンテンツ会社設立
04年10月 合弁会社設立予定

博報堂グループが電通追撃。ブロードバンド&グローバル戦略に突破口!?

電通が不動のトップを維持。市場全体では長引く景気低迷のため、各社とも売上高はほぼ横ばい状態だ。しかし、国内経済に緩やかな回復基調もみえはじめ、ようやく底打ち感が出はじめた。大広、読売広告社を統合した博報堂DYホールディングス(2位)は、「情報通信」「流通・小売業」などの売上高を伸ばし、電通追撃の構え。一方、電通もADK(3位)と次世代型広告のクリエーティブ開発事業で合弁会社を設立し、2位との距離を引き離しにかかる。

媒体別広告費では、マスコミ4媒体(新聞、雑誌、ラジオ、テレビ)は微減したが、ブロードバンドの普及を背景に、インターネットが急増。高機能化している携帯電話のモバイル広告も、時流に乗って順調に推移している。電通はピュブリシス(世界4位)、博報堂DYホールディングスはインターパブリック(世界2位)、ADKはWPP(世界1位)とそれぞれ連携し、グローバル戦略でも火花を散らす。

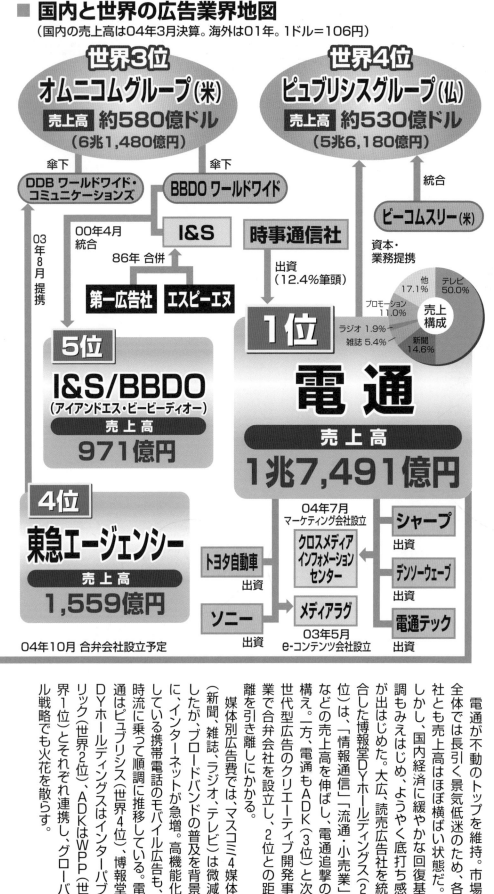

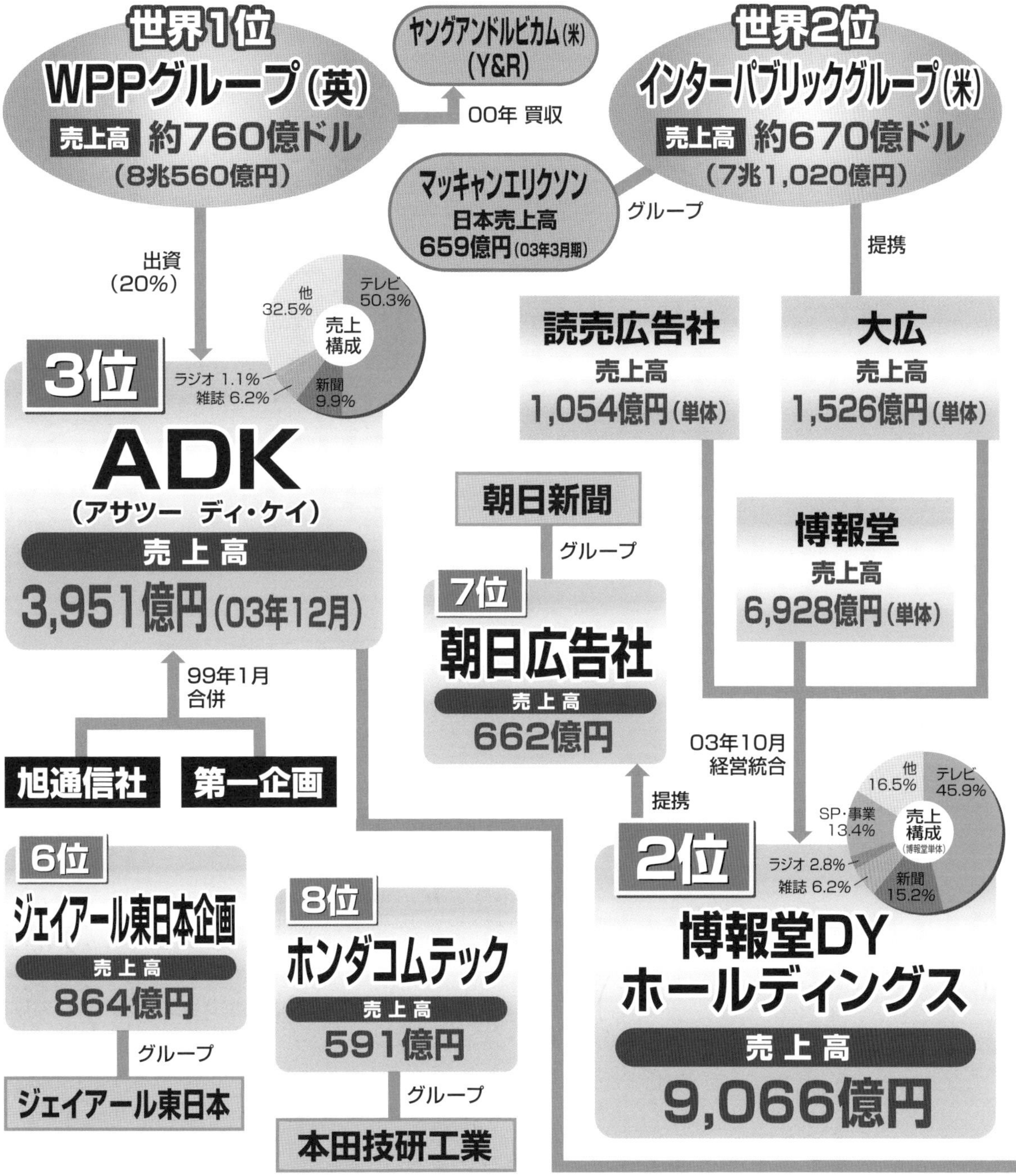
世界1位
WPPグループ(英)
売上高 約760億ドル
(8兆560億円)
ヤングアンドルビカム(米)
(Y&R)
00年 買収
世界2位
インターパブリックグループ(米)
売上高 約670億ドル
(7兆1,020億円)
マッキャンエリクソン
日本売上高
659億円(03年3月期)
グループ
出資
(20%)
提携
他
32.5%
テレビ
50.3%
売上構成
ラジオ 1.1%
雑誌 6.2%
新聞
9.9%
3位
ADK
(アサツー ディ・ケイ)
売上高
3,951億円(03年12月)
99年1月
合併
旭通信社
第一企画
読売広告社
売上高
1,054億円(単体)
大広
売上高
1,526億円(単体)
朝日新聞
グループ
7位
朝日広告社
売上高
662億円
博報堂
売上高
6,928億円(単体)
03年10月
経営統合
提携
他
16.5%
テレビ
45.9%
SP・事業
13.4%
売上構成
(博報堂単体)
ラジオ 2.8%
雑誌 6.2%
新聞
15.2%
2位
博報堂DY
ホールディングス
売上高
9,066億円
6位
ジェイアール東日本企画
売上高
864億円
グループ
ジェイアール東日本
8位
ホンダコムテック
売上高
591億円
グループ
本田技研工業

■ 過去5年間のマスコミ4媒体とインターネット媒体の広告費

(単位=億円　電通調べ)

棒グラフ(左軸)がテレビ・ラジオ・新聞・雑誌のマスコミ4媒体の広告費の金額、折れ線グラフ(右軸)がインターネット媒体の広告費だ。金額的には他に及ばないが、インターネット媒体はこの5年間で5倍近くに伸びており、注目の新媒体だ。

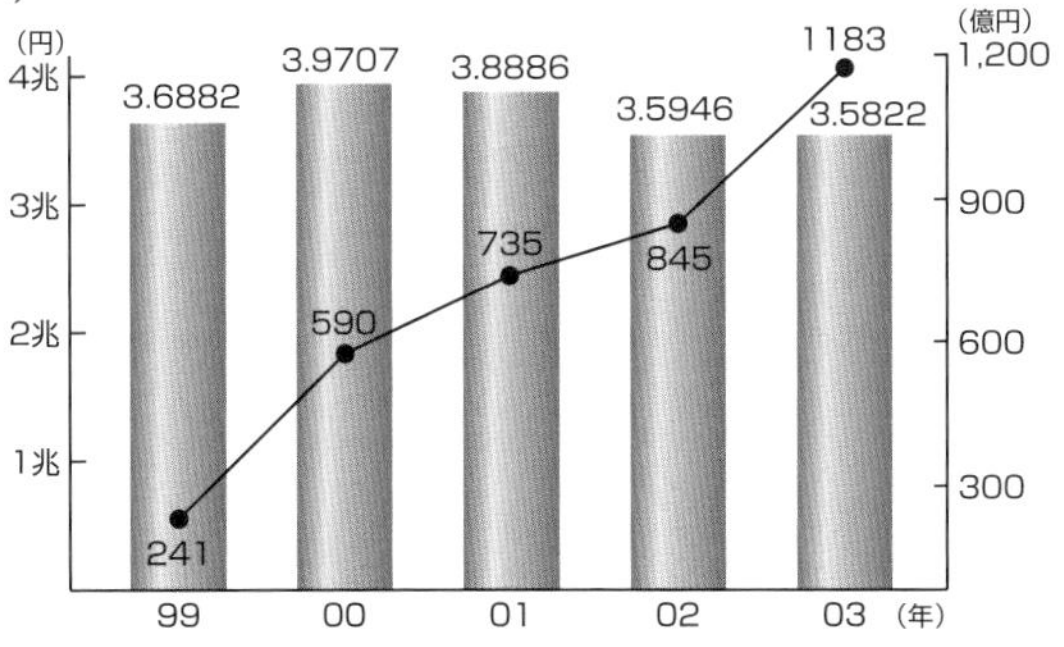
(円)
4兆
3兆
2兆
1兆
(億円)
1,200
900
600
300
3.6882
3.9707
3.8886
3.5946
3.5822
241
590
735
845
1183
99
00
01
02
03
(年)

広告費はGDP(国内総生産)に沿って推移し、景気の流れを敏感に反映する。各社、消費者ニーズ、デジタル環境の変貌などをにらみ、多様化・高機能化の要請に応えるため、競争激化は避けられない。生き残りを探り、再編の動きはさらに活性化する様相だ。一方で、6位「ジェイアール東日本企画」、7位「朝日広告社」、8位「ホンダコムテック」などの中堅代理店は、それぞれ大企業をバックに独自の道を歩む。

放送業界

The broadcasting business world

業界規模
3兆7,355億円
（04年版　総務省情報通信白書より）

テレ東が株式公開、経営基盤強化！「スカパー！」「ＷＯＷＯＷ」、明暗分ける

■ **国内の放送業界地図**（売上は04年3月期）

地上アナログ・デジタル放送
フジテレビ
（フジテレビジョン）
FNS 28局
北海道文化放送　仙台放送
東海テレビ　関西テレビ
テレビ広島　テレビ西日本　ほか
売上高 4,559億円
出資（22.5%筆頭）
ニッポン放送
出資（5.7%）
東宝
出資（3.0%）
文化放送
NHK
（日本放送協会）
テレビ7局
総合テレビ　教育テレビ
BS1　BS2　BSハイビジョン
事業収入 6,785億円
グループ
NHKエンタープライズ21
日本放送出版協会
TBS
（東京放送）
JNN 28局
北海道放送　東北放送
静岡放送　中部日本放送
毎日放送　RKB毎日放送　ほか
売上高 2,950億円
グループ
TBSビジョン
横浜ベイスターズ
日音
日本テレビ
（日本テレビ放送網）
NNN 30局
札幌テレビ　宮城テレビ
中京テレビ　読売テレビ
広島テレビ　西日本放送　ほか
売上高 3,283億円
出資（8.4%筆頭）
読売新聞グループ本社
出資（5.9%）
読売テレビ放送
テレビ東京
TXN 6局
テレビ北海道　テレビ愛知
テレビ大阪　テレビせとうち
TVQ九州放送
売上高 1,093億円
出資
日本経済新聞社
出資
新日鉄
テレビ朝日
テレビ朝日系 26局
北海道テレビ放送　東日本放送
名古屋テレビ　朝日放送
広島ホームテレビ　九州朝日放送　ほか
売上高 2,180億円
出資（33.8%）
朝日新聞社
出資（16.0%）
東映

長引く景気低迷の影響で、個人消費が伸び悩み、民放5社は広告収入が停滞気味。全体として大幅な改革は望めないが、イベント事業、インターネット関連事業に突破口の光明がみえそうだ。日本テレビ、ＴＢＳは、本社の再開発に投じた費用が重圧となり、苦戦を強いられている。

来るべきデジタル放送界を背負って立つＣＳ（通信衛星）デジタル放送のスカパー！は、一時の苦境を脱し、加入者数３００万人突破で設立後初の黒字転換。ＮＴＴとの提携で、ブロードバンド放送にも乗り出す。一方、ＢＳ（放送衛星）放送のＷＯＷＯＷは、加入者減少の余波を受けて減収と明暗を分けた。

日本最大のケーブルテレビ「Ｊ-ＣＯＭ」は、時流に乗って堅調な推移を続け、他社との勢いの違いを際立たせている。

さらに、ケータイ、パソコン、テレビの相互ミクスチュア化が加速し、再編を含めて、各社、予断を許さない状況だ。

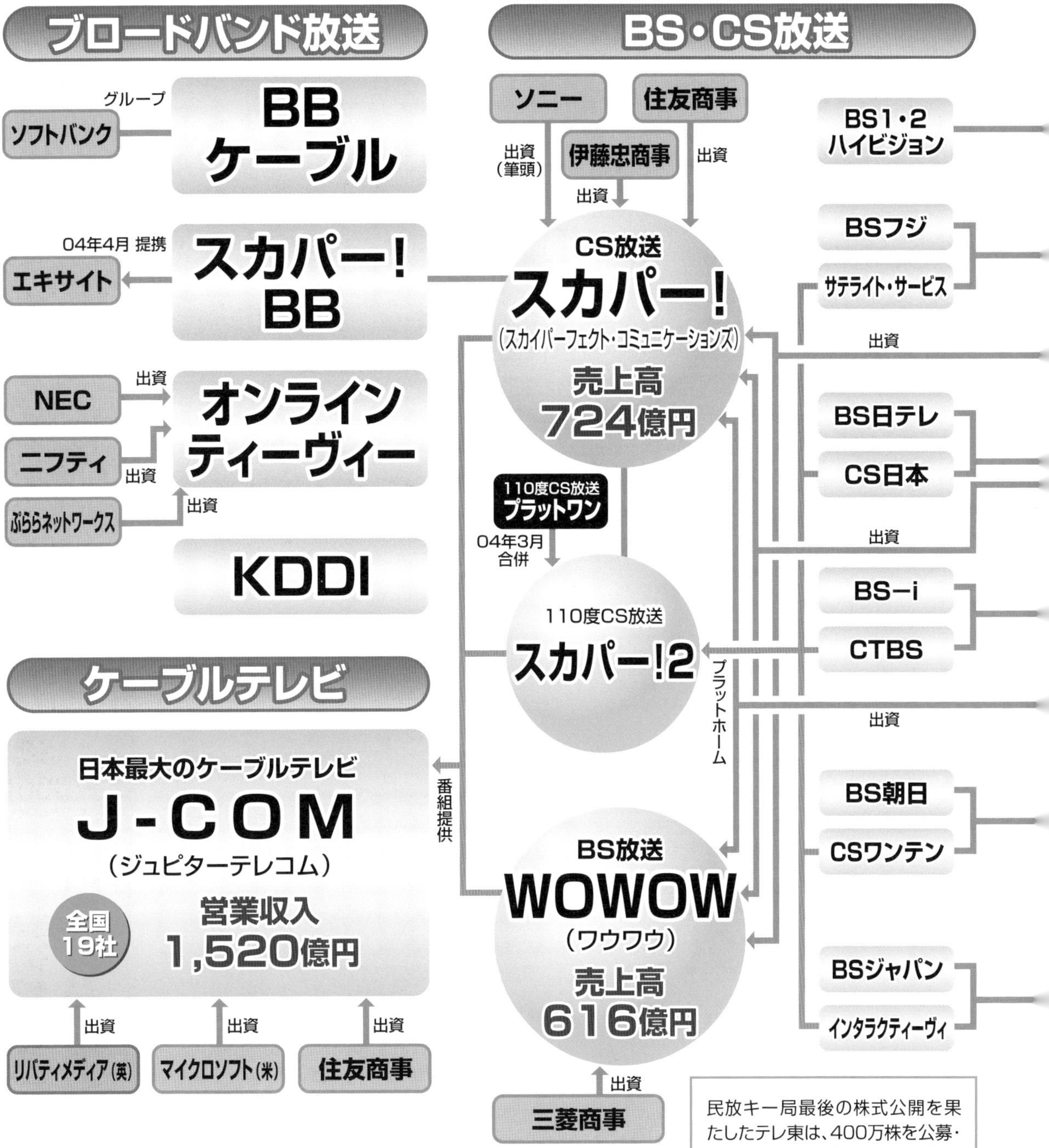
ブロードバンド放送
ソフトバンク
グループ
BB ケーブル
04年4月 提携
エキサイト
スカパー!BB
NEC
出資
ニフティ
出資
ぷららネットワークス
出資
オンライン ティーヴィー
KDDI
ケーブルテレビ
日本最大のケーブルテレビ
J-COM
(ジュピターテレコム)
全国19社
営業収入
1,520億円
出資
出資
出資
リバティメディア(英)
マイクロソフト(米)
住友商事
BS・CS放送
ソニー
住友商事
出資(筆頭)
伊藤忠商事
出資
出資
CS放送
スカパー!
(スカイパーフェクト・コミュニケーションズ)
売上高
724億円
110度CS放送
プラットワン
04年3月
合併
110度CS放送
スカパー!2
プラットホーム
番組提供
BS放送
WOWOW
(ワウワウ)
売上高
616億円
出資
三菱商事
BS1・2 ハイビジョン
BSフジ
サテライト・サービス
出資
BS日テレ
CS日本
出資
BS−i
CTBS
出資
BS朝日
CSワンテン
BSジャパン
インタラクティーヴィ

民放キー局最後の株式公開を果たしたテレ東は、400万株を公募・売り出し、地上デジタル放送の本格化に向けて経営基盤を強化。11年にはアナログ放送が停止され、デジタル化による市場効果は10年で20兆円と試算される。

CS放送の「スカパー!」は、売上を確実に伸ばし、さらに光ファイバーなどのインフラを持つNTTの参入により、ブロードバンド放送への充実を図る。その余波を受け、地上波、ケーブルテレビ局など、メディア間のバトルは激化必至。デジタル・多チャンネル時代への突入をにらんで、各社、インフラ整備などに膨大な予算を注ぎ、生き残りに懸命。

■ 国内の有料放送利用者数

[単位=万件(04年3月)
総務省情報通信政策局
調べ]

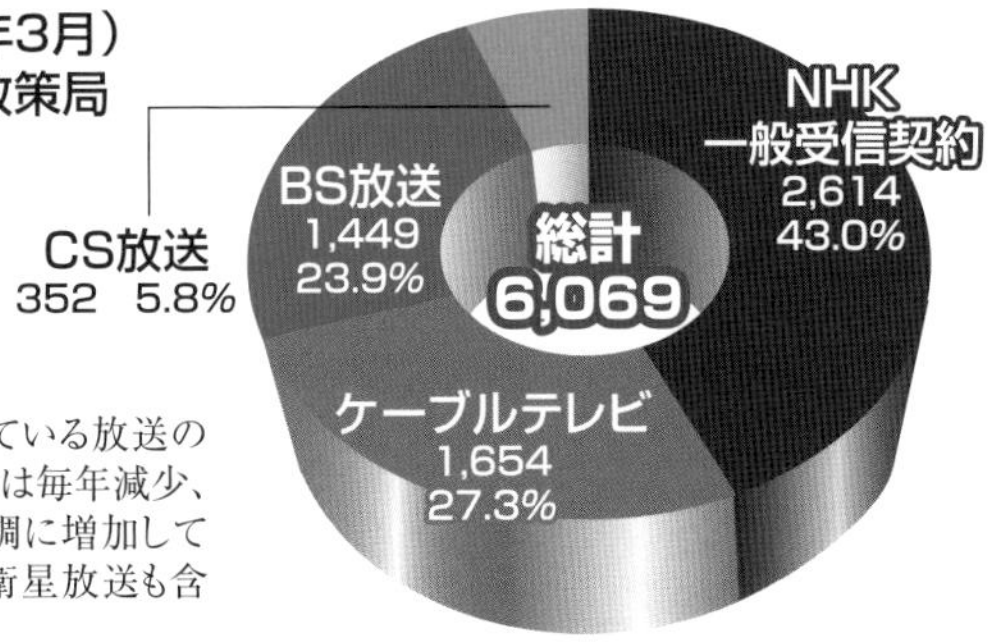
NHK
一般受信契約
2,614
43.0%
BS放送
1,449
23.9%
CS放送
352 5.8%
総計
6,069
ケーブルテレビ
1,654
27.3%

受信料または契約料を取っている放送の構成比。NHK一般受信契約は毎年減少、逆にBS、CS、ケーブルは順調に増加している。ただし、BSにはNHK衛星放送も含まれている。

PART 3

15 新聞・出版業界

The newspaper and publishing business world

業界規模
約4兆5,000億円
（編集部推定）

読売・朝日が2強を維持。出版はデジタル系に活路！

新聞業界では、読売・朝日が引き続いて2強を維持。それぞれテレビ局などのグループとリンクし、基盤を固めているが、部数・売上ともに伸び悩みは否めない。経済・ビジネスを中心とした独自の紙面づくりを展開する日経は、新聞離れを叫ばれている若年サラリーマン層をも確実に取り込んでいる。

出版業界は04年上半期で7年ぶりの増収。下半期でも「ハリー・ポッター」シリーズの続編などの影響で、前年を上回る可能性が高い。しかし、ベストセラーは『バカの壁』など数点しかなく、依然として構造的な問題は解決していない。講談社、小学館は電子出版方面に出資、多角化路線の角川ホールディングスはメディアミックスに活路を拡大。

売上高の2強、情報系のリクルート、教育系のベネッセがほかを圧倒している状況。

読売新聞グループ本社
部数1位
約1,007万部/日
（04年上半期平均）
売上高 4,794億円
社員数 6,059人
グループ
日本テレビ放送網
読売巨人軍
報知新聞
中央公論新社
朝日新聞社
部数2位
約825万部/日
（04年上半期平均）
売上高 4,061億円
社員数 6,782人
グループ
テレビ朝日
日刊スポーツ新聞社
協力関係
ニューヨークタイムズ（米）
CNN（米）
出資
電子出版
パブリッシングリンク
03年11月設立
ソニー
凸版印刷
大日本印刷
新潮社
イーブック イニシアティブジャパン
00年5月設立
ソフトバンクパブリッシング
京セラコミュニケーションシステム
松下電器産業

読売は1,000万部を維持。産経系の夕刊フジはサラリーマン層の支持を得て、夕刊紙トップの155万部。2強のリクルート、ベネッセは順調に売上を伸ばしている。小学館はソフトバンク、松下電器産業などとともに電子出版系の「イーブック イニシアティブジャパン」に出資。同様に、講談社も、ソニー、大日本印刷などとともに電子出版系の「パブリッシングリンク」に出資、次世代に向けた複合戦略に乗り出した。多角的な事業の拡大をめざす角川グループは、映像・デジタルコンテンツ事業を核に、相乗効果により予想売上高1,200億円を狙う。

■ 世界の国別新聞発行部数トップ10

（02年 日本新聞協会調べ）

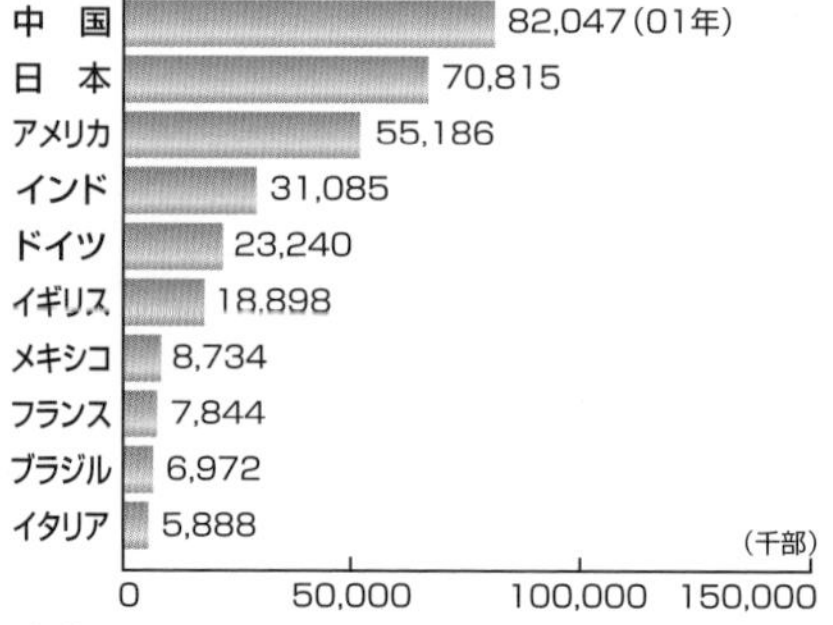
中国 82,047（01年）
日本 70,815
アメリカ 55,186
インド 31,085
ドイツ 23,240
イギリス 18,898
メキシコ 8,734
フランス 7,844
ブラジル 6,972
イタリア 5,888
（千部）
0
50,000
100,000
150,000

全体的にインターネットなどニューメディアに押されてしまっているのか、前年度より部数が下回っている国が多い。そんな中でもインドは微増している。

■ 国内の新聞・出版業界地図（売上高は04年3月）

新聞業界

中日新聞社
部数5位 約275万部／日（04年上半期平均）
売上高 1,648億円
社員数 3,326人
グループ：中日放送／中日ドラゴンズ／中日劇場

夕刊フジ 夕刊紙1位 155万部

産経新聞社
部数6位 約212万部／日（04年上半期平均）
売上高 1,310億円
社員数 2,749人
グループ：ニッポン放送／フジテレビ／日本工業新聞社／サンケイリビング新聞社

日本経済新聞社
部数4位 約301万部／日（04年上半期平均）
売上高 2,237億円（03年12月期）
社員数 3,723人
グループ：テレビ東京／日経ホーム出版社／日経人材情報／日経BP社

毎日新聞社
部数3位 約395万部／日（04年上半期平均）
売上高 1,542億円
社員数 3,442人
グループ：TBS／スポーツニッポン新聞社／毎日放送／福島民放社

出版業界

……7大出版社……

角川書店／角川映画／メディアワークス／エス・エス・コミュニケーションズ
→ 03年4月 管理統括

角川ホールディングス
売上高 916億円
→ 04年2月 買収 メディアリーヴス
2社の持株会社：エンターブレイン／アスキー
04年4月 出資 → ドリームワークスLLC（米）

学習研究社
売上高 755億円
→ 04年7月 合併 立風書房

ベネッセコーポレーション
売上高 2,601億円
→ 子会社 ベルリッツインターナショナル（米）

講談社
売上高（03年11月期） 1,672億円
グループ：光文社／日刊現代

リクルート
売上高 3,622億円

集英社
売上高（04年5月期） 1,378億円

← 26年 分離

小学館
売上高（04年2月期） 1,502億円

業界規模
約1兆円
(編集部推定)

■ 国内の教育サービス業界地図 (売上高は04年3月期)

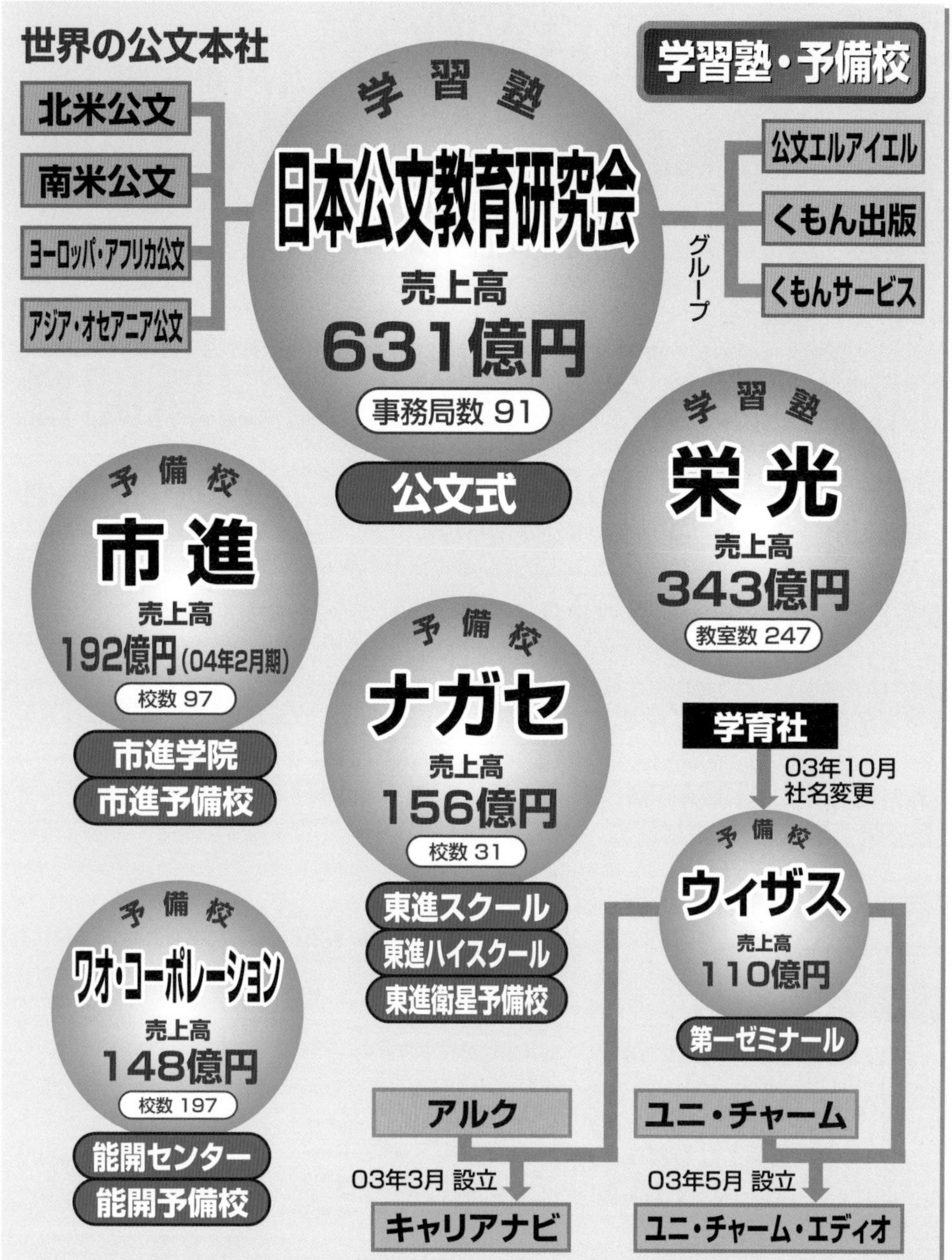
世界の公文本社
北米公文
南米公文
ヨーロッパ・アフリカ公文
アジア・オセアニア公文
学習塾・予備校
学習塾
日本公文教育研究会
売上高
631億円
事務局数 91
公文式
グループ
公文エルアイエル
くもん出版
くもんサービス
学習塾
栄光
売上高
343億円
教室数 247
予備校
市進
売上高
192億円(04年2月期)
校数 97
市進学院
市進予備校
予備校
ナガセ
売上高
156億円
校数 31
東進スクール
東進ハイスクール
東進衛星予備校
学育社
03年10月
社名変更
予備校
ウィザス
売上高
110億円
第一ゼミナール
予備校
ワオ・コーポレーション
売上高
148億円
校数 197
能開センター
能開予備校
アルク
03年3月 設立
キャリアナビ
ユニ・チャーム
03年5月 設立
ユニ・チャーム・エディオ

公文がトップに君臨。少子化で親の教育熱がさらにヒートアップか！

学習塾・予備校業界では、日本公文教育研究会が断然トップ。「公文式」指導の信頼感で、他の追随を許さない。進学塾ベスト3の栄光・市進・ナガセは、依然として根強い学歴社会を背景に、好調に推移している。ワオ・コーポレーションは、集合型教室から個別指導中心にシフトして躍進。少子化の影響は、逆に親の教育熱を高めている。

英会話教育業界は、ビジネス界でのスキル・アップ、現代人に必要な教養などが求められ、なおも拡大路線が続き、活況を呈している。首位のNOVAは教室数を拡大し、不振事業の撤退を進めながら、語学教育に力を注ぐ。

通信教育市場は、やや頭打ちの感もあるが、トップ独走のベネッセ・コーポレーションは、低年齢層・高年齢層にターゲットを絞る戦略で経営改革を推進。各種教育業界で首位のTACは、税理士・会計士などの資格講座が人気を得て堅調だ。

英会話教育

英会話&留学
ジオス
売上高
247億円
（03年12月期）

フランス通信（仏） 04年5月 提携

駅前留学
NOVA（ノヴァ）
売上高
706億円
拠点数 627

イーオン・イースト・ジャパン
売上高
129億円
（02年12月期）

通信教育

進研ゼミ
ベネッセ・コーポレーション
売上高
2,601億円

ベルリッツ・インターナショナル（米）

ユーキャン
日本通信教育連盟
売上高
563億円
（03年11月期）

Z会
増進会出版社
売上高
207億円
（04年1月期）

各種教育

資格教育
TAC
売上高
195億円

カルチャーセンター
NHK文化センター
売上高
101億円

パソコン教育
アビバジャパン

建築・土木資格
日建学院
（建築資料研究社）

家庭教師

トライ
教師数43万人　生徒数73万人

「ゆとり教育」による学力低下の危機を感じた親に支持され、有力学習塾は拡大路線を歩んできた。しかし、学力低下懸念はマスコミでも話題になり、不人気の「ゆとり教育」は数年で修正を迫られ頓挫。翻って学力向上をうたう新学習指導要領の路線転換は、学習塾にとっては吉と出るか凶と出るか。04年から、教育特区において株式会社による学校経営もスタート。この試みの成否が、将来的な教育市場を左右することになりそうだ。

■ 外国語会話教室の売上と生徒数の推移

（経済産業省特定サービス産業統計調査）

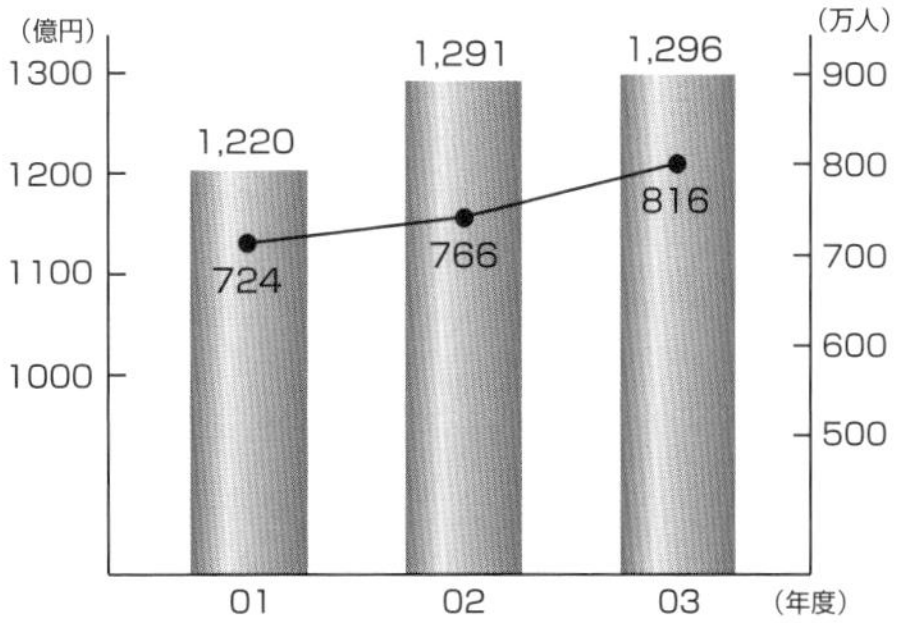
（億円）
1300
1200
1100
1000
（万人）
900
800
700
600
500
1,220
1,291
1,296
724
766
816
01
02
03
（年度）

左の軸（棒グラフ）が売上高、右の軸（折れ線グラフ）が生徒数。教室数は少しずつだが増加、生徒数は03年度で800万人を超した。

PART 4

17 映画・レジャー業界

The cinema and amusement business world

業界規模
約2兆円
（編集部推定）

御三家が横浜に巨大シネコン計画。各社、ブロードバンド配信に力点

■ 国内の映画業界地図（売上高は04年3月期）

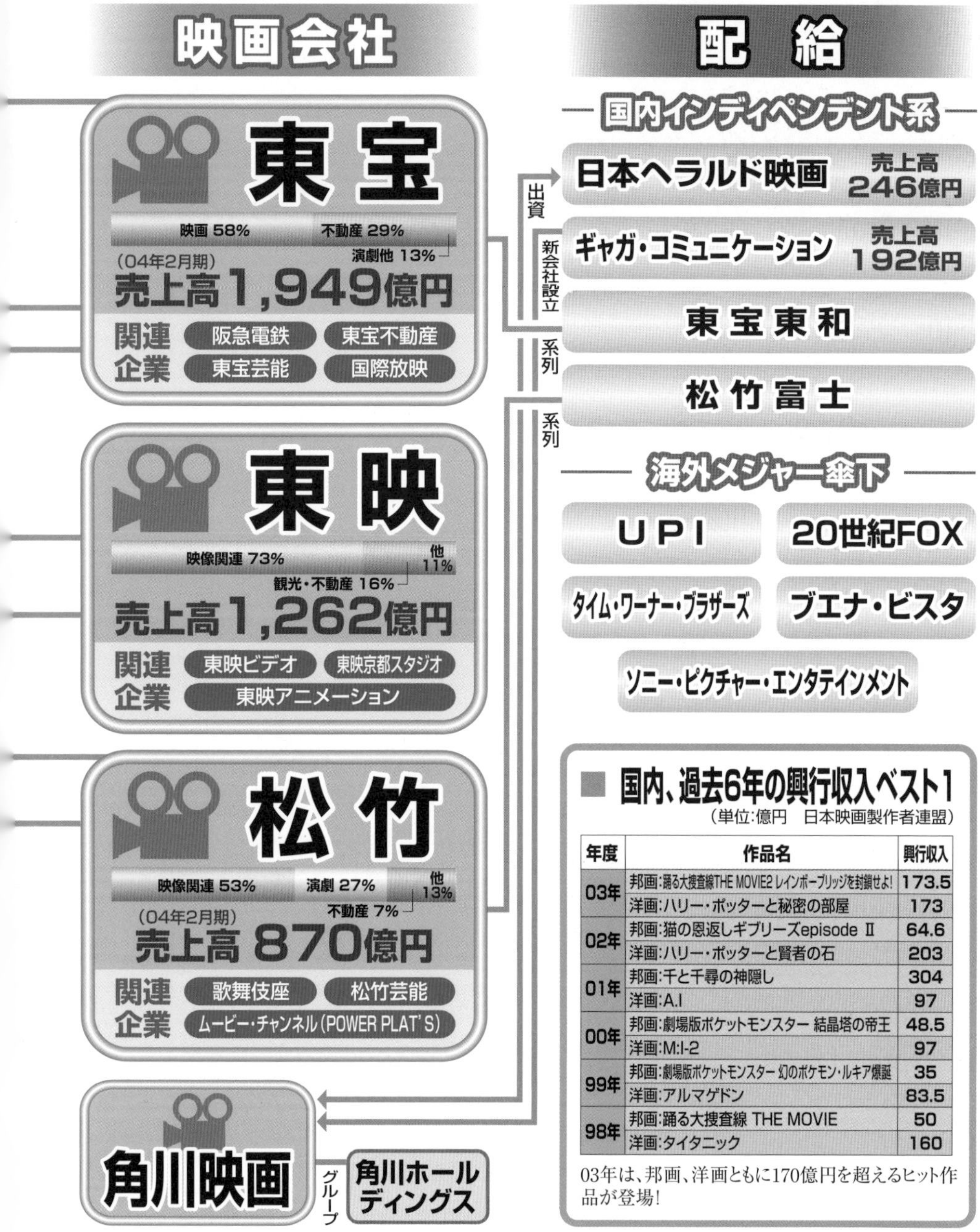
映画会社
配給
国内インディペンデント系
東宝
映画 58%
不動産 29%
演劇他 13%
（04年2月期）
売上高1,949億円
関連企業
阪急電鉄
東宝不動産
東宝芸能
国際放映
出資
新会社設立
系列
系列
日本ヘラルド映画 売上高 246億円
ギャガ・コミュニケーション 売上高 192億円
東宝東和
松竹富士
東映
映像関連 73%
他 11%
観光・不動産 16%
売上高1,262億円
関連企業
東映ビデオ
東映京都スタジオ
東映アニメーション
海外メジャー傘下
UPI
20世紀FOX
タイム・ワーナー・ブラザーズ
ブエナ・ビスタ
ソニー・ピクチャー・エンタテインメント
松竹
映像関連 53%
演劇 27%
他 13%
不動産 7%
（04年2月期）
売上高 870億円
関連企業
歌舞伎座
松竹芸能
ムービー・チャンネル（POWER PLAT' S）
角川映画
グループ
角川ホールディングス

■ 国内、過去6年の興行収入ベスト1

（単位：億円　日本映画製作者連盟）

年度	作品名	興行収入
03年	邦画：踊る大捜査線THE MOVIE2 レインボーブリッジを封鎖せよ！	173.5
	洋画：ハリー・ポッターと秘密の部屋	173
02年	邦画：猫の恩返しギブリーズepisode Ⅱ	64.6
	洋画：ハリー・ポッターと賢者の石	203
01年	邦画：千と千尋の神隠し	304
	洋画：A.I	97
00年	邦画：劇場版ポケットモンスター 結晶塔の帝王	48.5
	洋画：M:I-2	97
99年	邦画：劇場版ポケットモンスター 幻のポケモン・ルギア爆誕	35
	洋画：アルマゲドン	83.5
98年	邦画：踊る大捜査線 THE MOVIE	50
	洋画：タイタニック	160

03年は、邦画、洋画ともに170億円を超えるヒット作品が登場！

2003年度の市場は活況で、過去最高を記録。スクリーン数、観客動員数とも、順調に増加している。東宝はシリーズ作の『踊る大捜査線2』などをヒットさせ、売上高を伸ばし大差で首位を堅持。2位の東映、『ロード・オブ・ザ・リング』を配給した3位の松竹、ともに売上高を微増させた。

個別にシネコンに力を注いできた上位3社は、2007年、共同運営の巨大シネコンを横浜で開業することに合意。シネコン投資は、各社、ますます白熱化する勢いだ。

業界の好調な波に乗って、ビデオソフト市場も確実に拡大。特にDVDは販売・レンタル市場ともに伸び率は顕著で、今後の目玉となりそうだ。

レジャー市場では、オリエンタルランドが売上高、経常益ともに過去最高を更新。東京ディズニーランド（TDL）20周年イベントの成功が、好影響を与えた。USJは入場者数を増やしたが、初年度の水準には戻っていない。

興行

TY系（東宝洋画系）

- コマ・スタジアム 新宿コマ劇場 売上高103億円
- スバル興業 有楽町スバル座 売上高180億円（04年1月期）
- オーエス OSチェーン 売上高63億円
- 東京楽天地
- 三和興業

- 東京テアトル テアトルチェーン 売上高223億円
- 武蔵野興業 武蔵野館チェーン 売上高44億円
- きんえい アポロシネマ 売上高45億円 近鉄グループ

SY系（松竹洋画系）

- 東急レクリエーション 新宿TOKYU、MILANO 売上高198億円
- 中日本興業 ピカデリー1～6 売上高16億円

シネコン（シネマコンプレックス）

全国 サイト数 190 スクリーン数 1,533（03年12月末）

- TOHOシネマズ（ヴァージン・シネマズ）
- ワーナー・マイカル シネマズ ← 資本 タイム・ワーナー（米）
- ティ・ジョイ
- ユナイテッド シネマ ← 資本 ユニバーサル、パラマウント
- MOVIX（松竹マルチプレックスシアター）
- 札幌 シネマフロンティア ← 3社共同運営

03年、『踊る大捜査線2』(東宝) は、アニメを除いては過去最高の興行収入を記録。夏には『世界の中心で、愛をさけぶ』が大ヒット、市場には邦画大復活への期待が高まる。ギャガ・コミュニケーションズは角川映画などと共同し、ブロードバンド向けのコンテンツ供給会社を設立。通信会社やケーブルテレビ会社を経由し、ユーザーに向けた効率的な映像配信に乗り出す。レジャー業界では、野村グループがハウステンボスをバックアップし、2年後の黒字化をめざす。

国内の主なレジャー施設
（売上高は04年3月期）

東京ドーム
売上高969億円（04年1月期）

よみうりランド
売上高125億円

ユニバーサル・スタジオ・ジャパン（USJ）
売上高758億円（03年3月期）
入場者数532万人（03年度上半期）
主な株主　大阪市　ユニバーサル・スタジオ（米）　ランクグループ

世界のユニバーサル・スタジオ
- USハリウッド（米）
- USフロリダ（米）
- USポルト・アベンチュラ（スペイン）
- USエクスペリエンス（中）

東京ディズニーランド（オリエンタルランド）
売上高3,365億円
入場者数1,230万人（03年度上半期）
主な株主　京成電鉄　三井不動産　京成開発

世界のディズニー施設
- ディズニー・ワールド（米）
- ディズニーランドL.A.（米）
- ユーロディズニー（仏）

業界規模
約2兆5,000億円
(本書掲載企業の売上合計)

次世代携帯型ゲーム機でライバル激突！停滞市場は再び活性化するか!?

■ 国内のゲーム業界地図（売上は04年3月期）

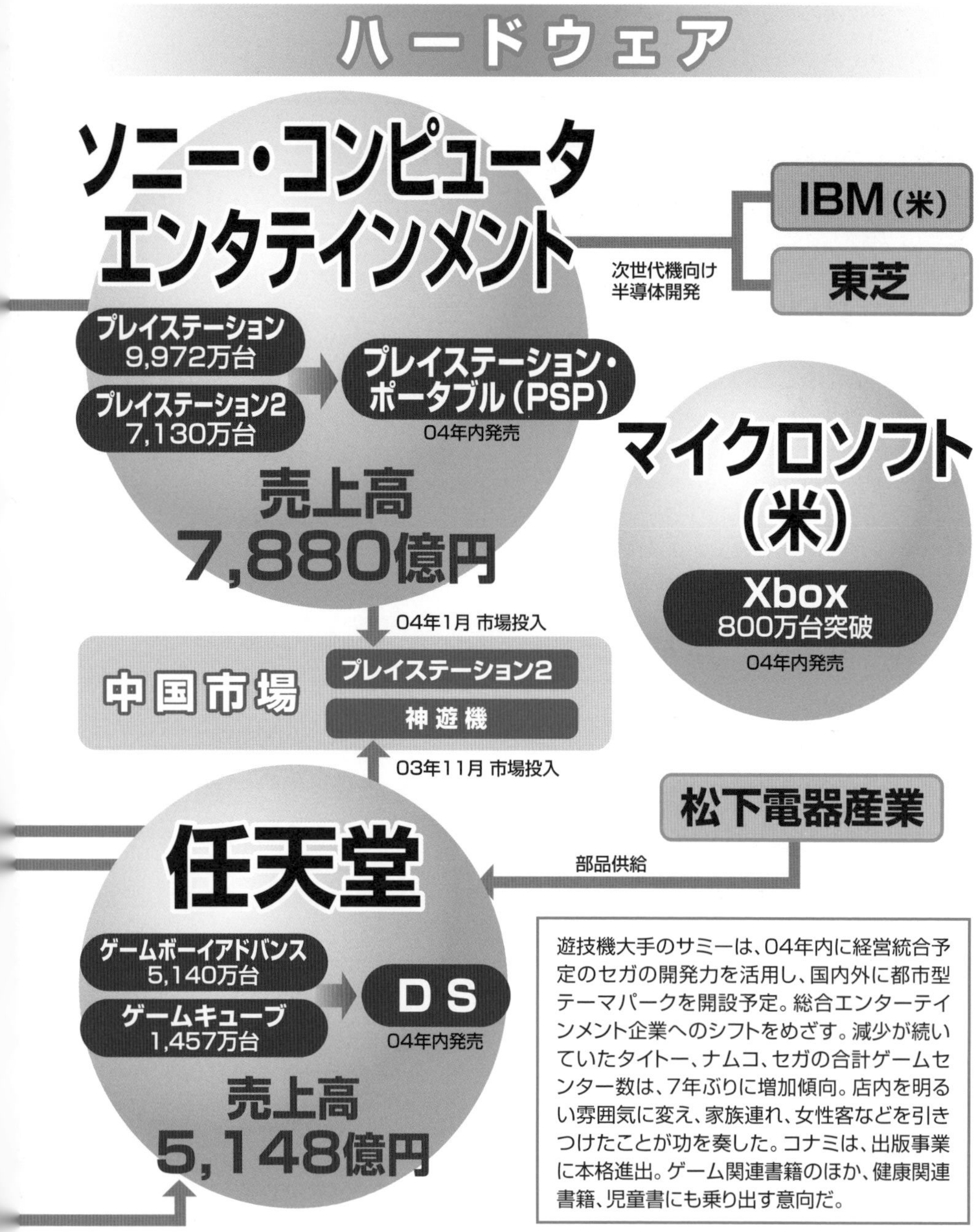
ハードウェア
ソニー・コンピュータエンタテインメント
IBM（米）
東芝
次世代機向け半導体開発
プレイステーション 9,972万台
プレイステーション2 7,130万台
プレイステーション・ポータブル（PSP） 04年内発売
売上高 7,880億円
マイクロソフト（米）
Xbox 800万台突破
04年内発売
04年1月 市場投入
中国市場
プレイステーション2
神遊機
03年11月 市場投入
松下電器産業
部品供給
任天堂
ゲームボーイアドバンス 5,140万台
ゲームキューブ 1,457万台
DS 04年内発売
売上高 5,148億円

遊技機大手のサミーは、04年内に経営統合予定のセガの開発力を活用し、国内外に都市型テーマパークを開設予定。総合エンターテインメント企業へのシフトをめざす。減少が続いていたタイトー、ナムコ、セガの合計ゲームセンター数は、7年ぶりに増加傾向。店内を明るい雰囲気に変え、家族連れ、女性客などを引きつけたことが功を奏した。コナミは、出版事業に本格進出。ゲーム関連書籍のほか、健康関連書籍、児童書にも乗り出す意向だ。

業界では、ゲーム人口の先細りにより、停滞傾向が続いている。熱狂的だったゲーム世代も、いまや中年層にさしかかり、さすがに関心が薄れた感もある。そんな低迷状況を振り払うため、ハードウェア首位のソニー・コンピュータエンタテインメントは、任天堂の独壇場だった携帯ゲーム機市場に「プレイステーション・ポータブル」を引っ提げて参入を図る。さらに、「プレイステーション3」も早ければ05年中に発売し、相乗効果を狙う勢い。一方、任天堂も高機能ゲーム機DSで対抗、年内にも発売する予定で、宿命ライバルのバトルが勃発する気配だ。

ソフトウェア業界は、アイデアの枯渇傾向を背景に、各社とも苦しい戦い。新鮮味の薄れるなか、ナムコの「太鼓の達人」シリーズは視点の斬新さでファミリー層を巻き込み、ヒットにつなげた。スクウェア・エニックスなどは、急成長を続ける中国市場でソフト開発を強化、現地での開拓を拡げる計画だ。

ソフトウェア

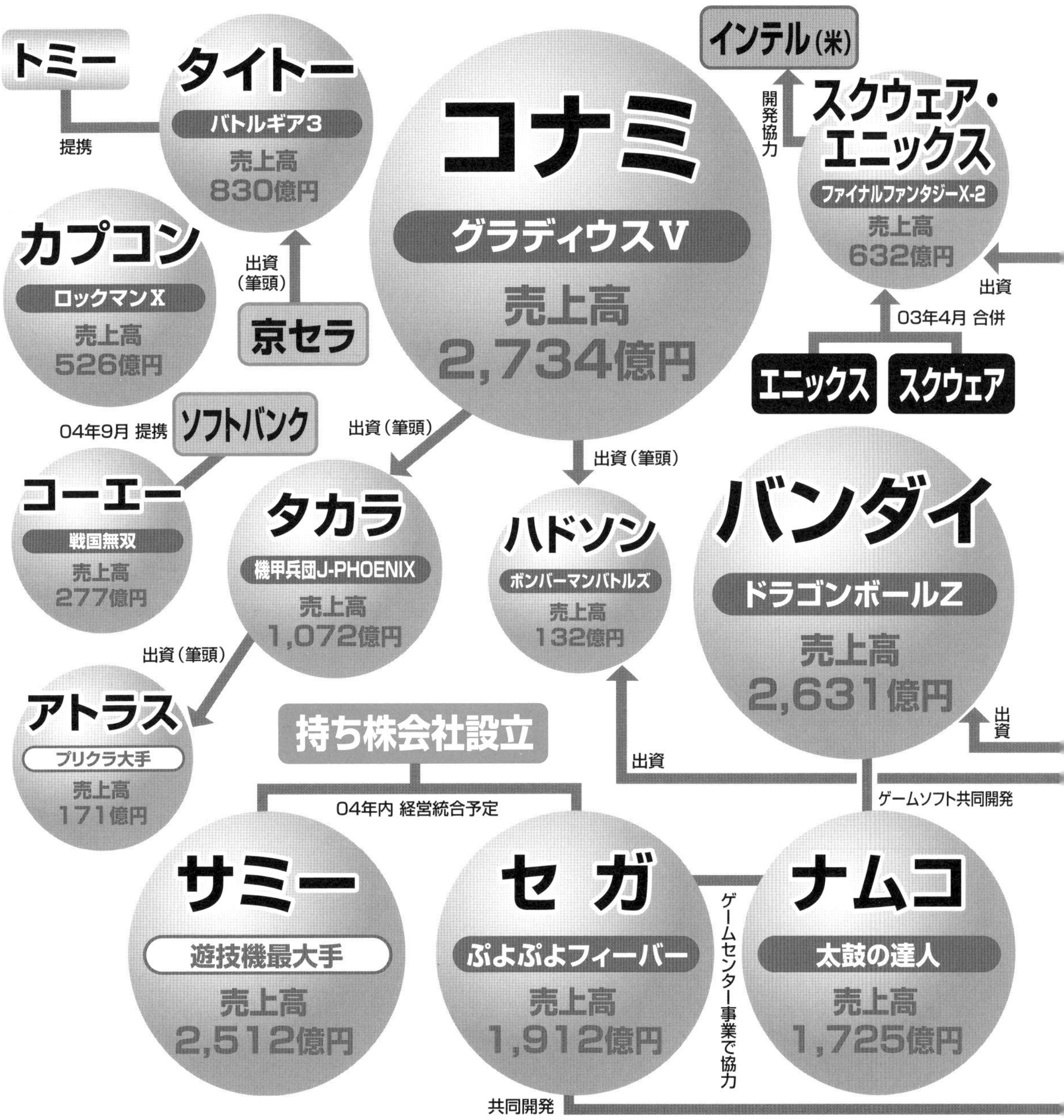
トミー
提携
タイトー
バトルギア3
売上高
830億円
出資（筆頭）
京セラ
カプコン
ロックマンX
売上高
526億円
コナミ
グラディウスV
売上高
2,734億円
インテル（米）
開発協力
スクウェア・エニックス
ファイナルファンタジーX-2
売上高
632億円
出資
03年4月 合併
エニックス
スクウェア
04年9月 提携
ソフトバンク
出資（筆頭）
出資（筆頭）
コーエー
戦国無双
売上高
277億円
タカラ
機甲兵団J-PHOENIX
売上高
1,072億円
ハドソン
ボンバーマンバトルズ
売上高
132億円
バンダイ
ドラゴンボールZ
売上高
2,631億円
出資（筆頭）
アトラス
プリクラ大手
売上高
171億円
持ち株会社設立
出資
出資
ゲームソフト共同開発
04年内 経営統合予定
サミー
遊技機最大手
売上高
2,512億円
セガ
ぷよぷよフィーバー
売上高
1,912億円
ゲームセンター事業で協力
ナムコ
太鼓の達人
売上高
1,725億円
共同開発

■ 海外へのソフトウェア出荷本数

（単位=千本　2004CESAゲーム白書より）

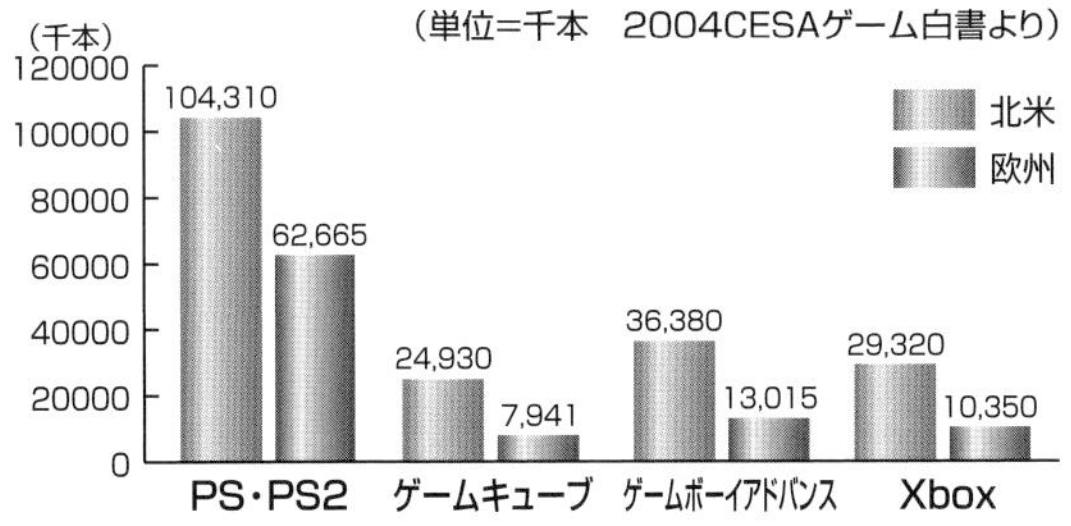
（千本）
120000
100000
80000
60000
40000
20000
0
北米
欧州
104,310
62,665
24,930
7,941
36,380
13,015
29,320
10,350
PS・PS2
ゲームキューブ
ゲームボーイアドバンス
Xbox

PS・PS2は北米・欧州に向けて1億6,000万本以上と断然リード。ゲームキューブとXboxは02年、ともに2,000万本そこそこでほぼ肩を並べていたが、03年はXboxが約680万本の差をつけゲームキューブを引き離している。

■ 国内のゲームハードウェア市場規模

（2004CESAゲーム白書より）

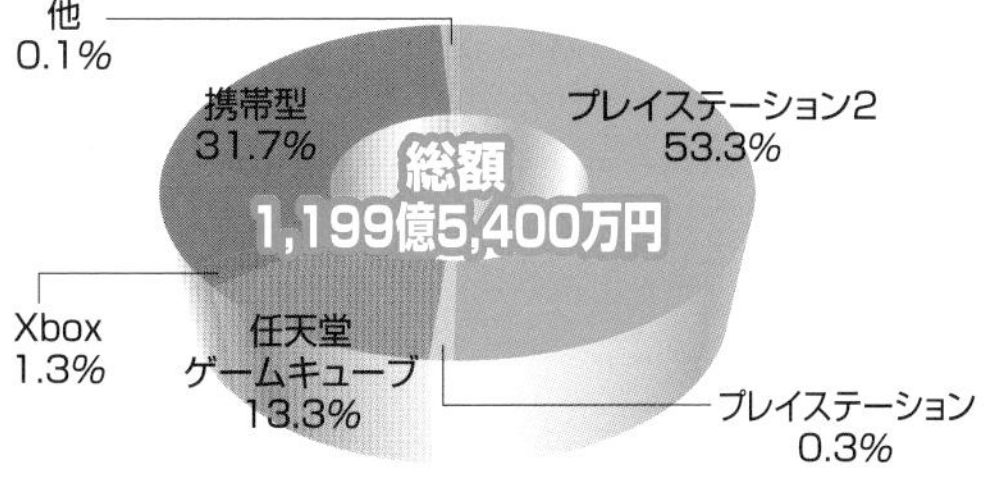
他
0.1%
携帯型
31.7%
プレイステーション2
53.3%
総額
1,199億5,400万円
Xbox
1.3%
任天堂
ゲームキューブ
13.3%
プレイステーション
0.3%

携帯型は、ゲームボーイアドバンスSP、ゲームボーイアドバンスだ。つまり、任天堂で45%のシェアといえる。50%以上のシェアを占めるソニーとともに2強の構図がわかる。

旅行業界

The Travel business world

業界規模
5兆1,162億円
(主要旅行業50社の取扱高合計)

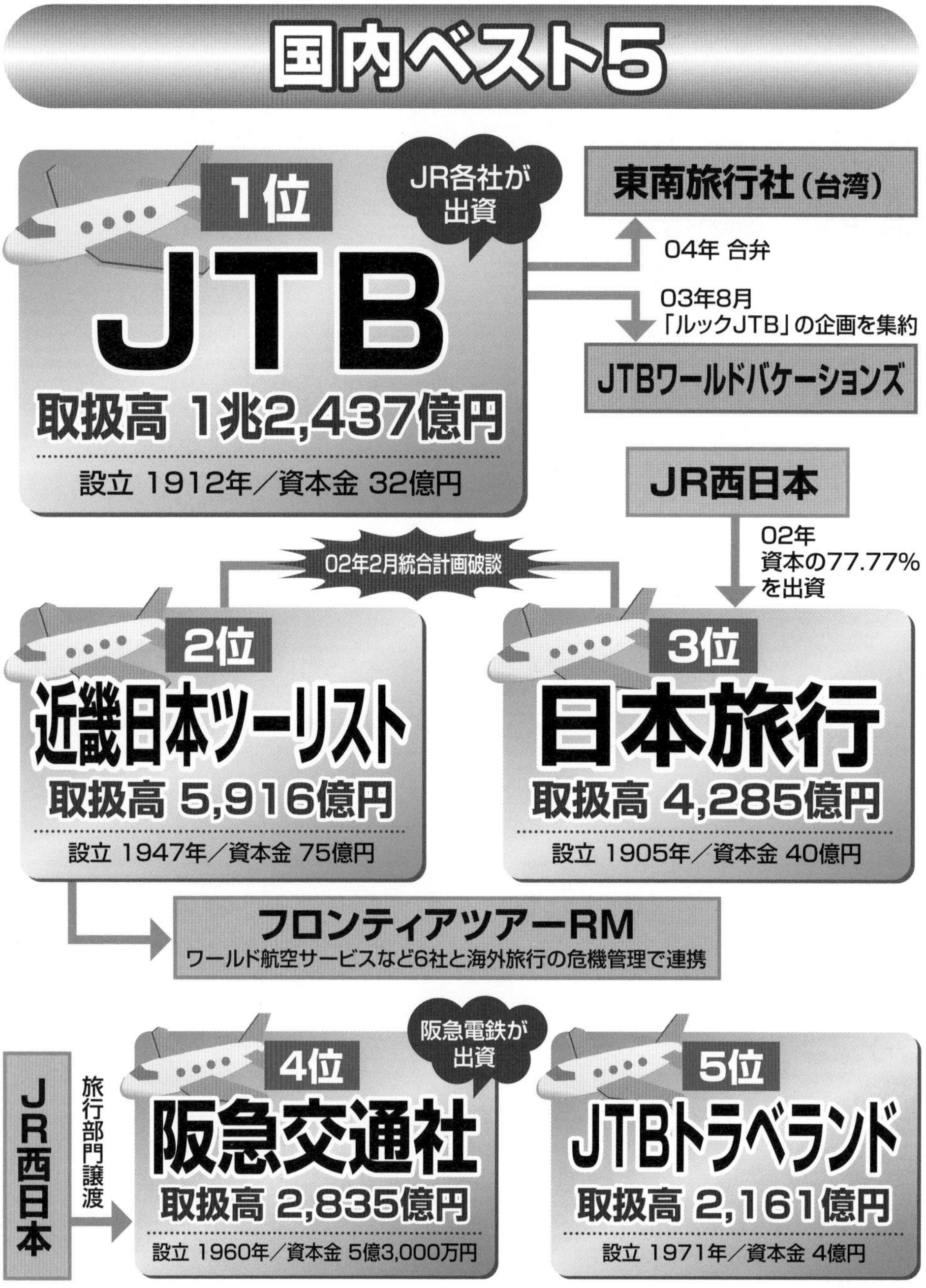
国内ベスト5
1位
JR各社が出資
JTB
取扱高 1兆2,437億円
設立 1912年／資本金 32億円
東南旅行社（台湾）
04年 合弁
03年8月
「ルックJTB」の企画を集約
JTBワールドバケーションズ
JR西日本
02年
資本の77.77%
を出資
02年2月統合計画破談
2位
近畿日本ツーリスト
取扱高 5,916億円
設立 1947年／資本金 75億円
3位
日本旅行
取扱高 4,285億円
設立 1905年／資本金 40億円
フロンティアツアーRM
ワールド航空サービスなど6社と海外旅行の危機管理で連携
JR西日本
旅行部門譲渡
阪急電鉄が出資
4位
阪急交通社
取扱高 2,835億円
設立 1960年／資本金 5億3,000万円
5位
JTBトラベランド
取扱高 2,161億円
設立 1971年／資本金 4億円

政府が観光立国推進計画を発表。訪日外国人誘致の商品開発に躍起

旅行業界の大手は、鉄道・航空などの輸送機関系列が大半を占め、比較的営業規模が大きい。しかし、01年の米国同時多発テロ、03年のイラク戦争、SARS（重症急性呼吸器症候群）の影響などで、主要旅行各社の海外旅行取扱額は03年4月以降、軒並み過去に前例のないほどの落ち込みを記録。旅行業界は大きな打撃を受けた。

さらに個人のネットによる直接予約が急増し、旅行関連の電子商取引率は拡大しており、対面販売主体の旅行業者の環境は厳しい状況が続いている。

政府は、観光立国推進のため、旅行各社を後押ししており、現状の訪日外国人旅行者数を2010年までに倍増して1000万人にする計画を発表した。

旅行各社も、こうした政府の支援を受けて、訪日外国人を将来性のあるマーケットとしてとらえ、訪日外国人旅行者を誘致する商品開発やノウハウ蓄積に躍起になっている。

■ 国内の旅行業界地図（数字は03年4月～04年3月の取扱高。JATA調査）

11位 農協観光
取扱高 1,080億円

6位 エイチ・アイ・エス
取扱高 1,857億円
→ 出資 → スカイマークエアラインズ
→ 北京、上海に支店（100%出資）設立を中国政府に申請

12位 ジャルパック
取扱高 917億円

7位 ANAセールス&ツアーズ
取扱高 1,795億円
← 03年4月合併 ← 全日空トラベル／全日空スカイホリデー／全日空ワールド

ネット系 急成長中!
- 「旅の窓口」マイトリップ・ネット
  ↑ 買収
- 「楽天トラベル」楽天
- 「アルキカタ・ドットコム」伊藤忠
- 「ISIZE」リクルート

13位 読売旅行
取扱高 866億円

8位 東急観光（東急電鉄 04年1月完全子会社）
取扱高 1,786億円

14位 JR東海ツアーズ
取扱高 831億円

9位 日通旅行（日本通運が出資）
取扱高 1,409億円

ジャパン・ツアーシステム／ジェイトラベル東京・名古屋・大阪／太平洋航空サービスなど → 03年7月合併 →
15位 JALトラベル
取扱高 683億円

10位 名鉄観光サービス（名古屋鉄道が出資）
取扱高 1,081億円

■ 海外旅行者数推移 (JATA 調べ)

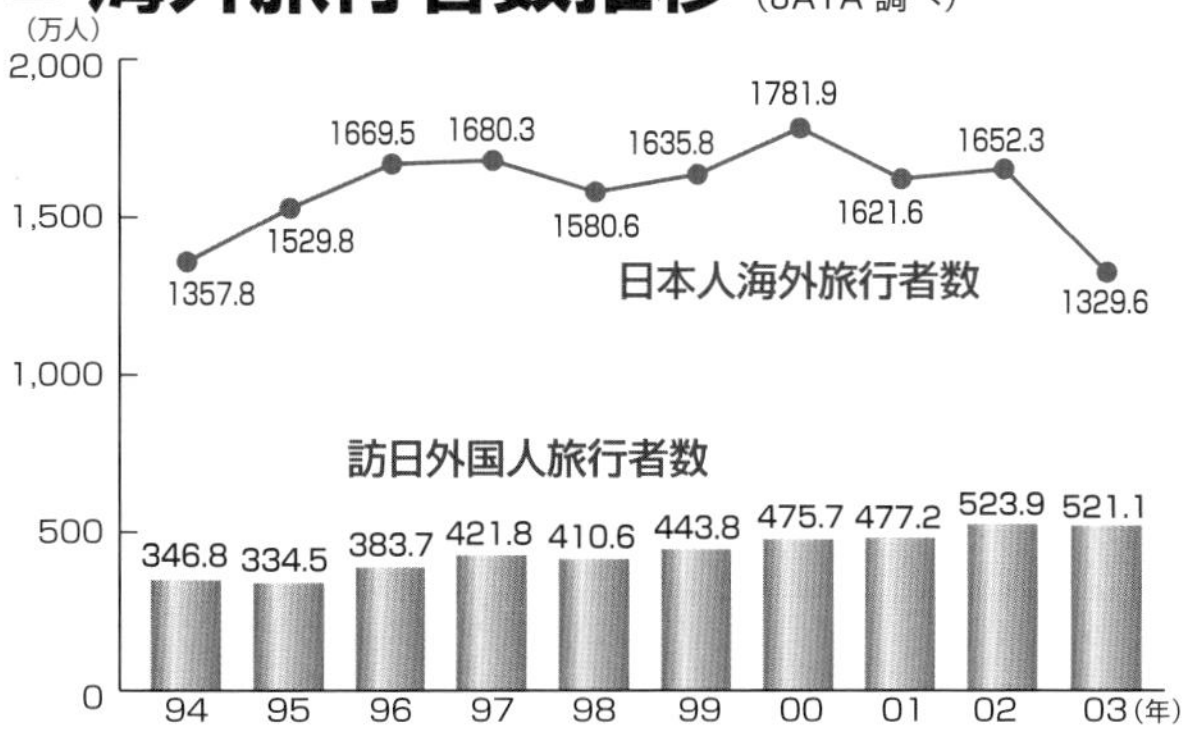

日本人の海外旅行者数は03年度で1,329万人。対する外国人の日本への旅行者数は521万人。まだまだ大きな差があり、外国人に対する日本旅行市場も注目を集めている。

03年は、航空系2社が経営効率を高めるため、系列の旅行会社が再編を行った。全日空が「ANAセールス&ツアーズ」を、JALが「JALトラベル」「JALトラベル西日本」をそれぞれ設立した。東急観光は、03年12月の上場廃止と、04年1月に親会社の東京急行電鉄との株式交換による完全子会社になった。収益が悪化し、苦しい状態が続いている近畿日本ツーリストは、04年4月に高収益の中高年会員旅行事業「クラブツーリズム」を分社。7月には、35日間かけて5大陸12ヵ国を回る「世界一周の旅」を発売。1人430万円で熟年富裕層をターゲットにしている。HISは、03年度、海外旅行の取扱額で近畿日本ツーリストを抜いてJTBに次ぐ2位に浮上した。

ホテル業界

The hotel business world

業界規模
2兆1,000億円
（編集部推定）

供給過飽和の「2007年問題」をにらみつつ、ホテル戦争は激化の一途！

■ 国内と世界のホテル業界地図（売上は04年3月期）

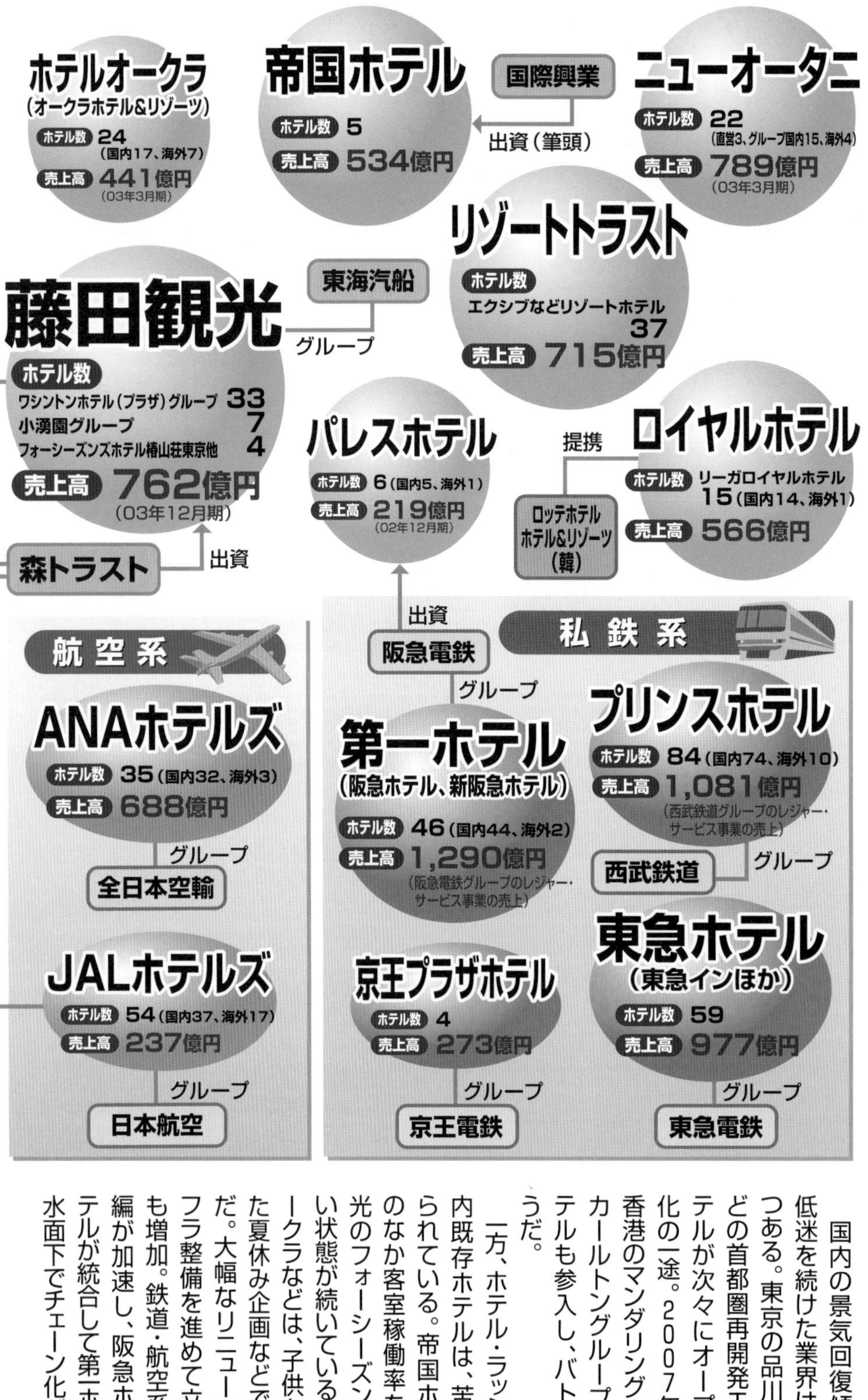
ホテルオークラ
（オークラホテル&リゾーツ）
ホテル数 24（国内17、海外7）
売上高 441億円（03年3月期）
帝国ホテル
ホテル数 5
売上高 534億円
国際興業
出資（筆頭）
ニューオータニ
ホテル数 22（直営3、グループ国内15、海外4）
売上高 789億円（03年3月期）
リゾートトラスト
ホテル数 エクシブなどリゾートホテル 37
売上高 715億円
東海汽船
グループ
藤田観光
ホテル数
ワシントンホテル（プラザ）グループ 33
小涌園グループ 7
フォーシーズンズホテル椿山荘東京他 4
売上高 762億円（03年12月期）
森トラスト
出資
パレスホテル
ホテル数 6（国内5、海外1）
売上高 219億円（02年12月期）
提携
ロイヤルホテル
ホテル数 リーガロイヤルホテル 15（国内14、海外1）
売上高 566億円
ロッテホテル ホテル&リゾーツ（韓）
出資
阪急電鉄
私鉄系
航空系
ANAホテルズ
ホテル数 35（国内32、海外3）
売上高 688億円
グループ
全日本空輸
JALホテルズ
ホテル数 54（国内37、海外17）
売上高 237億円
グループ
日本航空
グループ
第一ホテル
（阪急ホテル、新阪急ホテル）
ホテル数 46（国内44、海外2）
売上高 1,290億円（阪急電鉄グループのレジャー・サービス事業の売上）
プリンスホテル
ホテル数 84（国内74、海外10）
売上高 1,081億円（西武鉄道グループのレジャー・サービス事業の売上）
西武鉄道
グループ
京王プラザホテル
ホテル数 4
売上高 273億円
グループ
京王電鉄
東急ホテル
（東急インほか）
ホテル数 59
売上高 977億円
グループ
東急電鉄

国内の景気回復傾向を反映して、低迷を続けた業界は息を吹き返しつつある。東京の品川・汐留・六本木などの首都圏再開発エリアに超高層ホテルが次々にオープンし、競争は激化の一途。2007年までに、さらに香港のマンダリングループ、米リッツ・カールトングループなどの外資系ホテルも参入し、バトルは加速化しそうだ。

一方、ホテル・ラッシュを迎え撃つ国内既存ホテルは、苦しい戦いを強いられている。帝国ホテルは競争激化のなか客室稼働率を減らし、藤田観光のフォーシーズンズホテルも厳しい状態が続いている。帝国ホテルやオークラなどは、子供をターゲットにした夏休み企画などで挽回を図る戦略だ。大幅なリニューアルを試み、インフラ整備を進めて立ち向かうホテルも増加。鉄道・航空系のホテルでは再編が加速し、阪急ホテルと新阪急ホテルが統合して第一ホテルになるなど、水面下でチェーン化が進行している。

マリオットインターナショナル（米）
世界65カ国に2,600施設

マリオット・ブランド
- 東京マリオットホテル錦糸町東武
- 名古屋マリオット・アソシア・ホテル

ルネッサンス・ブランド
- ルネッサンス・サッポロ・ホテル
- ルネッサンス・リゾート・オキナワ
- ルネッサンス岐阜ホテル
- ルネッサンス・リゾート・ナルト
- ルネッサンス東京ホテル銀座東武（東武鉄道 → 経営）

アコーホテルズ（仏）
世界90カ国に3,500施設

- ソフィテル東京
- ソフィテル ザ サイプレス名古屋
- メルキュールホテル成田
- ザ ヨコハマ ノボテル
- ノボテル甲子園
- フォーミュラワン（群馬・静岡）

スターウッドホテル&リゾートワールドワイド（米）
世界70カ国に716施設

ウェスティン・ブランド
- ウェスティンホテル大阪
- ウェスティンホテル淡路リゾート&コンファレンス
- ウェスティンナゴヤキャッスル
- ウェスティン都ホテル京都
- ウェスティンホテル東京（恵比寿ガーデンプレイス）（サッポロビール → 経営）

シェラトン・ブランド
- 横浜ベイシェラトンホテルズ&タワー
- シェラトンホテル札幌
- 神戸ベイシェラトン
- シェラトンホテルズ&タワー
- シェラトン・グランデ・オーシャンリゾート
- シェラトン・フェニックス・ゴルフリゾート

メリディアンホテルズ&リゾート（英）
世界57カ国に144施設

- ホテルグランパシフィック東京
- ホテルグランパシフィックメリディアン

（ホテル京急 → 経営：ホテルグランパシフィック東京、ホテルグランパシフィックメリディアン）

ヒルトン・インターナショナル（英）
世界50カ国に1,900施設

- ヒルトン東京
- ヒルトン大阪
- ヒルトン小樽
- ヒルトン東京ベイ
- ヒルトン名古屋
- ヒルトン成田
- コンラッド東京

インターコンチネンタルホテルズグループPLC（米）
世界100カ国に3,300施設

インターコンチネンタルホテル&リゾーツ
- ホテルインターコンチネンタル東京ベイ
- ヨコハマグランドインターコンチネンタルホテル（誘致・経営）

ホリディ・インホテル&リゾーツ
- ホリディ・イン仙台
- ホリディ・イン金沢
- ホリディ・イン京都
- ホリディ・イン関西空港
- ホリディ・イン新神戸
- ホリディ・イン東武成田
- ホリディ・イン高知
- ホリディ・イン長崎

ほか

フォーシーズンズホテル&リゾート（カナダ）
世界18カ国に43施設

- フォーシーズンズホテル丸の内東京
- フォーシーズンズホテル椿山荘東京（経営）

ハイアットインターナショナル（米）
世界37カ国に200施設

- センチュリーハイアット東京
- パークハイアット東京（東京ガス → 経営）
- ハイアットリージェンシー大阪
- グランドハイアット福岡
- グランドハイアット東京（六本木ヒルズ）（森ビル → 経営）

出資（ハイアットインターナショナル → メリディアンホテルズ&リゾート）
業務提携

10年ほど前に東京に進出を果たした外資系ホテルは、当初の苦戦を乗り切り好調な伸びを示している。今後、進出予定のペニンシュラ（日比谷）、ザ・リッツ・カールトン（防衛庁跡地）なども、超高層ビルの上層階を占拠してゴージャス感をアピール。一方、老舗ホテルの帝国ホテルは客室などを大幅リニューアルし、オークラも上層階を改修して、法人客・外国人客を確実に取り込む戦略だ。東京ホテル・バトルは、供給飽和の危機を抱えながら継続中。

自動車業界

業界規模
45兆8,886億円
（本書掲載企業の売上合計）

利益1兆円超で世界制覇をめざすトヨタ。三菱自の動きによっては大再編劇も!?

■ 国内と世界の自動車業界地図（数値は04年3月期）

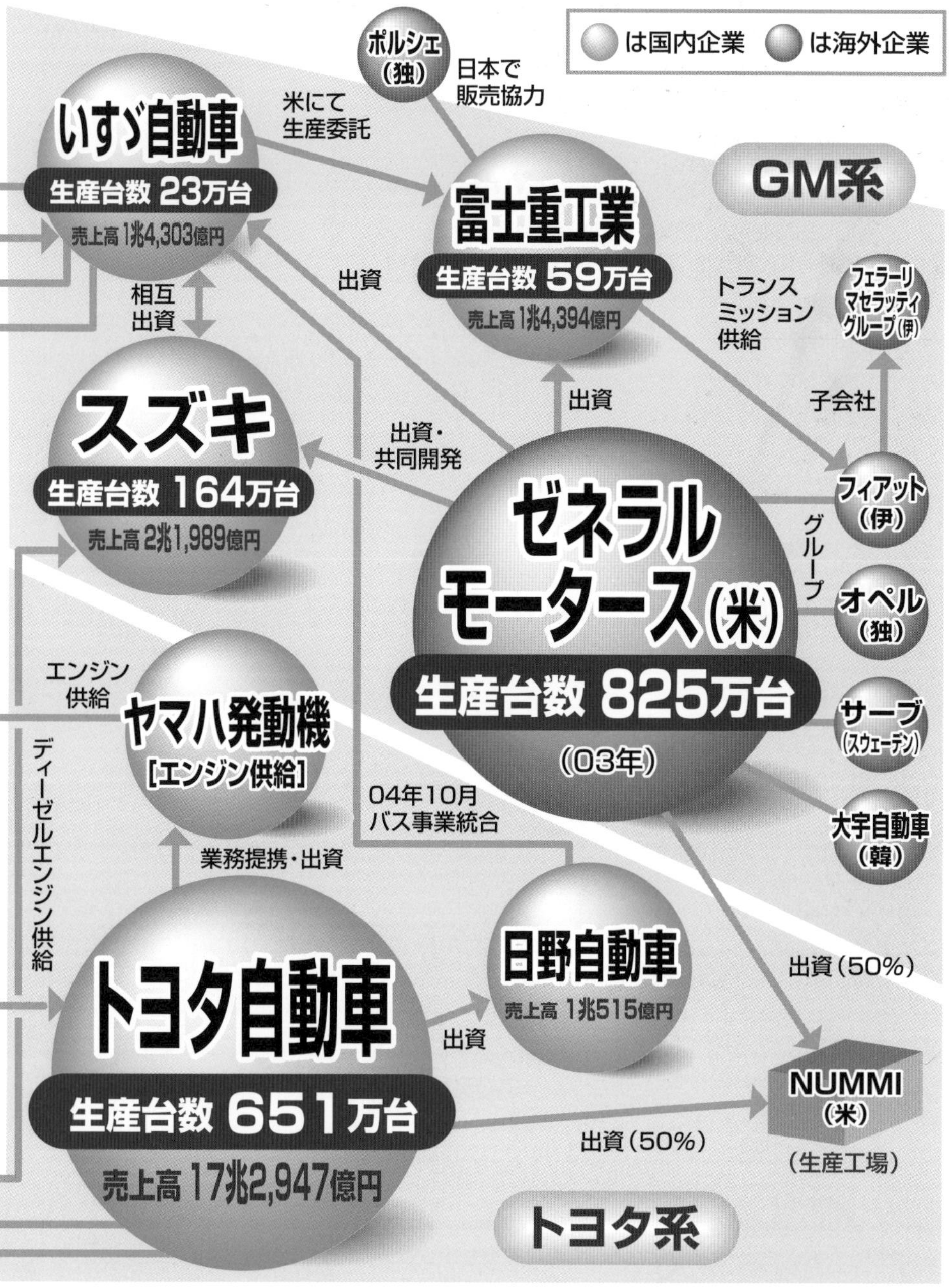

最終利益で日本企業で初めて1兆円を超えたトヨタが依然好調！ 世界シェアでみても2位のフォードと肩を並べた。トヨタの強みは、高級車から小型車までまんべんなく魅力のあるクルマを投入しているところ。高級車としては、レクサスが米国でメルセデス・ベンツとともに認められている。05年8月には、国内に導入し、ベンツ、BMWの顧客を狙う。

小型車は、カローラが相変わらず人気だが、さらにダイハツとの共同開発車パッソ（ダイハツではブーン）投入で激戦の小型車市場制覇をもくろむ。

一方、V字回復した日産も元気だ。最終利益の5000億円突破は、7兆円台の売上高から考えると立派。以下のメーカーもそれぞれ売上を伸ばしているが、三菱自だけは深刻。もともと再建計画を練っていたところに、子会社の三菱ふそうのリコール隠しが発覚。ダイムラーとの関係も微妙で、存亡の危機に立つとともに業界再編の起爆剤的存在になっている。

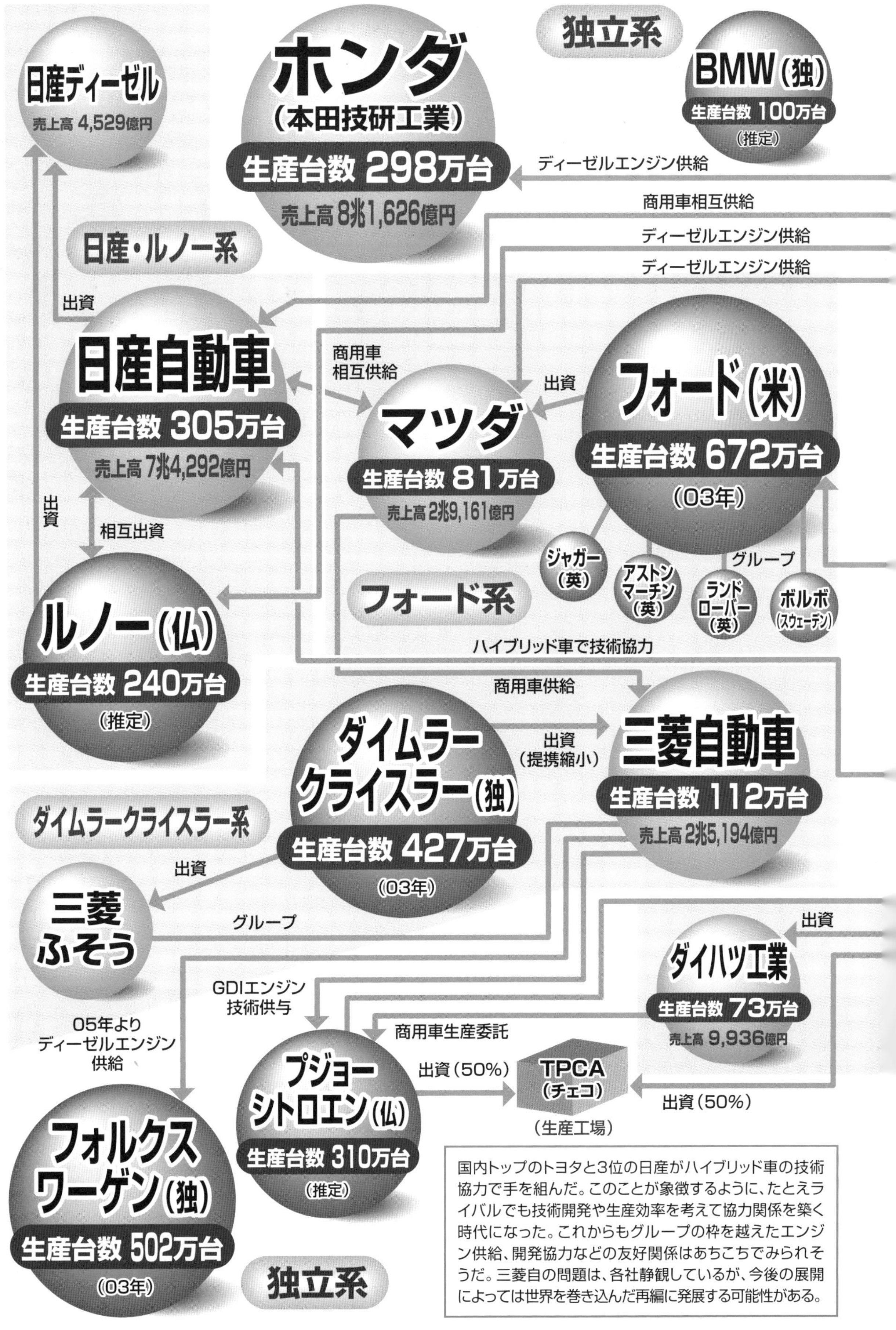
日産ディーゼル
売上高 4,529億円
ホンダ
（本田技研工業）
生産台数 298万台
売上高 8兆1,626億円
独立系
BMW（独）
生産台数 100万台
（推定）
ディーゼルエンジン供給
商用車相互供給
ディーゼルエンジン供給
ディーゼルエンジン供給
日産・ルノー系
出資
日産自動車
生産台数 305万台
売上高 7兆4,292億円
商用車
相互供給
マツダ
生産台数 81万台
売上高 2兆9,161億円
出資
フォード（米）
生産台数 672万台
（03年）
出資
相互出資
ジャガー（英）
アストンマーチン（英）
ランドローバー（英）
ボルボ（スウェーデン）
グループ
フォード系
ルノー（仏）
生産台数 240万台
（推定）
ハイブリッド車で技術協力
商用車供給
ダイムラークライスラー（独）
生産台数 427万台
（03年）
出資
（提携縮小）
三菱自動車
生産台数 112万台
売上高 2兆5,194億円
ダイムラークライスラー系
出資
三菱ふそう
グループ
出資
ダイハツ工業
生産台数 73万台
売上高 9,936億円
GDIエンジン
技術供与
05年より
ディーゼルエンジン
供給
商用車生産委託
プジョーシトロエン（仏）
生産台数 310万台
（推定）
出資（50%）
TPCA
（チェコ）
（生産工場）
出資（50%）
フォルクスワーゲン（独）
生産台数 502万台
（03年）
独立系

国内トップのトヨタと3位の日産がハイブリッド車の技術協力で手を組んだ。このことが象徴するように、たとえライバルでも技術開発や生産効率を考えて協力関係を築く時代になった。これからもグループの枠を越えたエンジン供給、開発協力などの友好関係はあちこちでみられそうだ。三菱自の問題は、各社静観しているが、今後の展開によっては世界を巻き込んだ再編に発展する可能性がある。

■ 日本企業と中国企業の主な提携図

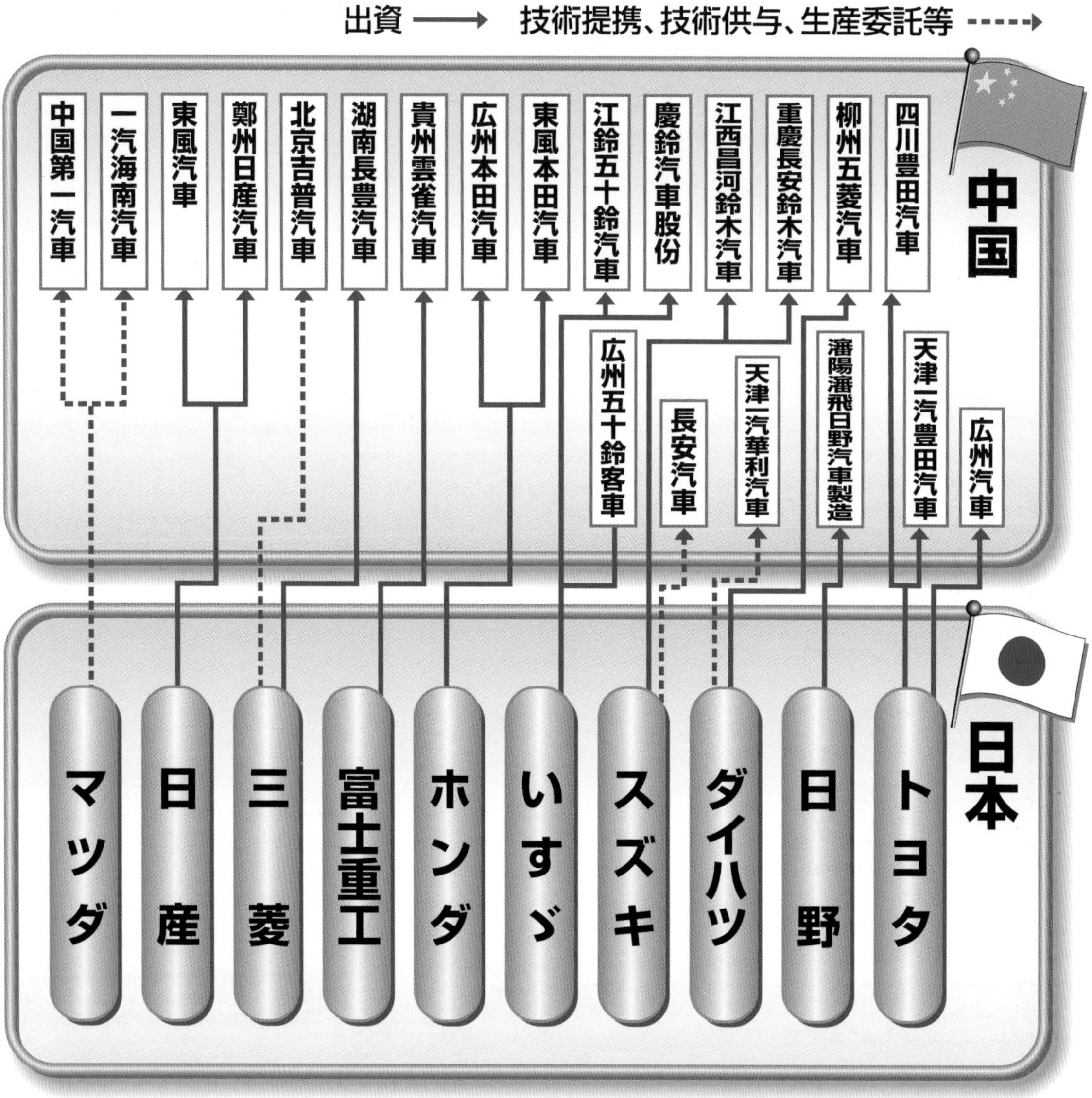
出資
技術提携、技術供与、生産委託等
中国
中国第一汽車
一汽海南汽車
東風汽車
鄭州日産汽車
北京吉普汽車
湖南長豊汽車
貴州雲雀汽車
広州本田汽車
東風本田汽車
江鈴五十鈴汽車
慶鈴汽車股份
江西昌河鈴木汽車
重慶長安鈴木汽車
柳州五菱汽車
四川豊田汽車
広州五十鈴客車
長安汽車
天津一汽華利汽車
瀋陽瀋飛日野汽車製造
天津一汽豊田汽車
広州汽車
日本
マツダ
日産
三菱
富士重工
ホンダ
いすゞ
スズキ
ダイハツ
日野
トヨタ

トヨタは、04年8月、広州汽車との合弁事業の認可がおり、04年内に新工場の着工に入る。日産は、中国自動車業界大手の東風汽車との合弁工場を04年5月に稼働させた。日本の各メーカーは、欧州車勢の攻勢に、日本の持ち味である高い技術で立ち向かおうとしている。

日本メーカーは中国内の主導権をにぎれるのか!?

世界の車メーカーが一斉に中国に乗り込んでいる。一歩リードしているのはフォルクスワーゲン（VW）で、04年5月に上海で新工場を建設すると発表。08年までに年間約160万台の生産能力を確保する。ダイムラーも北京汽車と合弁会社を設立、05年から高級車のベンツを生産する計画。

日本メーカーも提携関係を密にしているが、本格的市場開拓はこれから。各社3年をメドにVWやGMを追い上げる態勢。まさに「自動車王国日本」の腕の見せどころだ。

■ 中国でのメーカー別販売台数

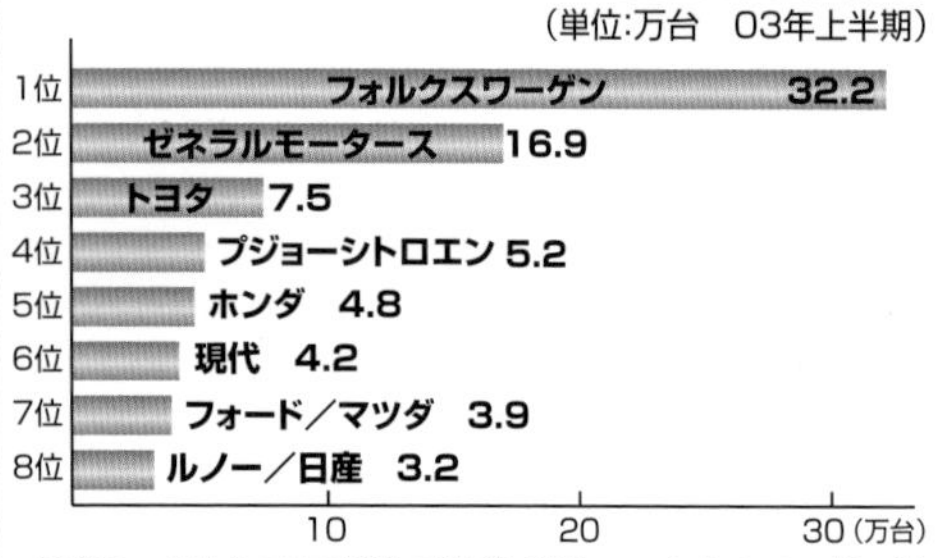
(単位:万台　03年上半期)
1位 フォルクスワーゲン 32.2
2位 ゼネラルモーターズ 16.9
3位 トヨタ 7.5
4位 プジョーシトロエン 5.2
5位 ホンダ 4.8
6位 現代 4.2
7位 フォード／マツダ 3.9
8位 ルノー／日産 3.2
10
20
30 (万台)

03年1～6月までの半期の数値だが、フォルクスワーゲンが大きくリード。トヨタはかろうじて3位で、中国における欧州勢の強さがわかる。

■ 国別の自動車生産台数と過去3年間の推移

(単位:万台　千単位は四捨五入。順位は03年の数値による。日本自動車工業会調べ)

9位 イギリス

03	185
02	182
01	169

3位 ドイツ

03	551
02	547
01	569

2位 日本

03	1,029
02	1,026
01	978

8位 カナダ

03	255
02	263
01	254

5位 フランス

03	362
02	370
01	363

6位 韓国

03	318
02	315
01	295

10位 ブラジル

03	183
02	179
01	180

1位 アメリカ

03	1,208
02	1,228
01	1,143

7位 スペイン

03	303
02	286
01	285

4位 中国

03	444
02	329
01	233

世界の総生産台数

03	6,066
02	5,895
01	5,577

自動車生産台数は、総数で確実に増えているが、上位の米国、日本、ドイツでは頭打ち状態。中国は、01年6位、02年5位、03年4位と毎年順位を上げている。(注:目盛りの長さは均一ではありません)

■ 国内の日本車と輸入車の販売台数

(単位:台数)

[国産車] (04年上半期　日本自動車販売協会連合会調べ)

順位	車名	台数
1位	カローラ(トヨタ)	94,446
2位	キューブ(日産)	82,174
3位	ウィッシュ(トヨタ)	71,679
4位	フィット(ホンダ)	69,000
5位	クラウン(トヨタ)	68,527
6位	マーチ(日産)	61,433
7位	オデッセイ(ホンダ)	60,919
8位	イスト(トヨタ)	49,136
9位	アルファード(トヨタ)	42,673
10位	デミオ(マツダ)	42,511

03年はフィットとカローラの首位争いが展開されていたが、04年になって日産のキューブが台頭。10台中5台ランクインのトヨタ、圧倒的強さは変わらない。

[輸入車] (03年度　日本自動車輸入組合調べ)

順位	車名	台数
1位	フォルクスワーゲン(独)	54,498
2位	メルセデス・ベンツ(独)	46,058
3位	BMW(独)	37,347
4位	プジョー(仏)	14,688
5位	ボルボ(スウェーデン)	14,316
6位	アウディ(独)	13,306
7位	BMW MINI(独/英)	12,833
8位	クライスラー(米)	6,010
9位	アルファロメオ(伊)	5,993
10位	ジャガー(英)	5,087

世界を制覇したゴルフを要するVWが1位に輝く。3位までが根強い信頼感を保持しているドイツ車だ。7位のMINIは英国製だが、今はBMWグループに入っている。

生産国、世界シェアとも大きく勢力図が変わる!

自動車の生産では、米国が長年トップを走り続けてきたが、03年は前年を下回った。ここにきて中国が大きく台数を伸ばしており、ベスト3に入る日も近そうだ。

世界シェアは、トヨタがグループで計算すると、すでに2位まで順位を上げており、GMをも脅かす存在となった。国内販売でも相変わらず強いトヨタは、隙のないグローバル企業だ。

■ 世界の自動車生産台数シェア

(03年1月〜12月　生産ベース)

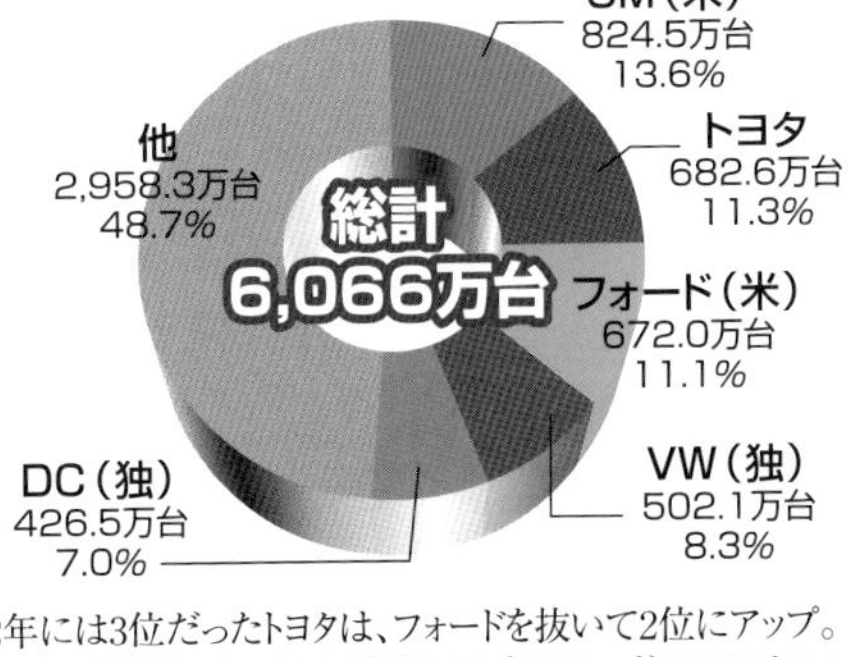
GM(米)
824.5万台
13.6%
トヨタ
682.6万台
11.3%
フォード(米)
672.0万台
11.1%
VW(独)
502.1万台
8.3%
DC(独)
426.5万台
7.0%
他
2,958.3万台
48.7%
総計
6,066万台

02年には3位だったトヨタは、フォードを抜いて2位にアップ。トップ3で世界のシェアの4割近くを占める。注:VWはフォルクスワーゲン、DCはダイムラークライスラーの略。

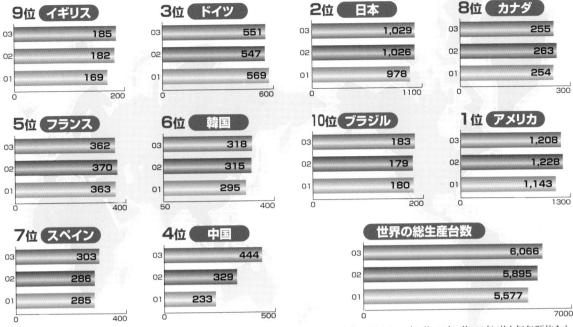

PART 5

22 二輪車業界

The motorcycle business world

業界規模
2兆1,418億円
(4大メーカーの二輪車事業総売上)

日本の4社は世界の4社。アジア市場で覇権争い勃発中！

67年、トヨタ200GTを共同開発して以来、提携

トヨタ

世界国内 2位 ヤマハ（ヤマハ発動機）

二輪車売上高 5,359億円

設立・本社	1955年　静岡県磐田市
資本金	434億3,900万円
総売上高	1兆202億円
主な株主	ヤマハ、トヨタ自動車、資産管理信託みずほ銀行退職給付信託口、日本トラスティ信託口
従業員数	8,078名（単）
特　徴	スポーツバイク13車種、スクーター15車種、ビジネスバイク4車種、競技用6車種の38車種ラインナップ。トヨタに供給するほどのエンジン技術には定評がある。マリンアイテムも製造。

世界国内 1位 ホンダ（本田技研工業）

二輪車売上高 9,962億円

設立・本社	1948年　東京都港区
資本金	860億6,700万円
総売上高	8兆1,626億円
主な株主	東京三菱銀行、日本トラスティ信託口 日本マスター信託口、東京海上
従業員数	27,187名（単）
特　徴	125cc以下=46車種、125-400cc以下=23車種、400-750cc以下=6車種、750cc以上=5車種の全80車種をラインナップしているトップメーカー。世界GPにも全カテゴリー参戦。

03年10月
電動ハイブリッド
自転車を共同開発

タカラ

生産拠点をもつ国（ヤマハ）

中国
04年6月 上海に二輪車開発の新会社を設立
03年8月 江蘇省に汎用エンジン製造の合弁会社を設立

ほか生産拠点のある国

台湾　タイ　インドネシア　マレーシア　インド　ベトナム　パキスタン

ホンダ

中国
03年4月 二輪車研究所「本田摩托研究開発」スタート
04年1月「本田技研工業（中国）」を設立、本部機能強化
04年5月「新大洲本田」の天津工場建設着工

インド
03年 研究開発子会社「本田R&Dインディア」設立

ベトナム
03年 ハノイに二輪車研究開発のための駐在員事務所設立

タイ
03年10月 二輪車研究所を拡大、ASEAN地域の拠点に
04年3月 二輪車累計1,000万台達成

ほか生産拠点のある国

インドネシア　フィリピン　パキスタン

二輪車業界は、日本のホンダ、ヤマハ、スズキ、カワサキの4社で世界シェア90％以上を占めている状況に変わりはない。しかし、各社とも国内の販売台数は減少気味。たとえば、トップ企業のホンダは、03年度は40万3000台と前期に比べ6.7％の減少、2位のヤマハにいたっては前期比12・2％と大きく減少している。

しかし各社とも海外の売上は微増している。これは中国、インドなどのアジア市場での販売が好調なのが要因である。ホンダで前期比15・1％増、ヤマハで30・2％増と大きく数字を伸ばしている。それに伴い、各社とも中国などのアジアに、生産拠点だけではなく研究開発・部品調達拠点も移しつつある。もはや二輪車産業の舞台は、日本からアジアに完全に移りつつある。

二輪車業界は4社体制でほぼ安定したといっていい。この業界はかなり早熟で、60年代から再編を繰り返し、70年代には現在の4社体制が確立した。03年には、スズキとカワサキが共同開発車を出すなどの動きがみえ、再編の最終章かと騒がれたが、これも企業間の再編には遠く及ばない。というのも両社とも総売上的には1兆円を超す日本有数のメーカーで、企業間の体制が動かないことは明らか。海外メーカーも大型モデルには一部ファンはいるものの、売上を稼げる小型車においては生産能力がなく、4メーカーを脅かす存在とはなり得ない。

■ 国内と世界の二輪車業界地図 （売上は04年3月期）

国内

提携 GM（米）

世界国内 4位

カワサキ（川崎重工業）

二輪車（汎用機含む）売上高 3,183億円

設立・本社	1896年　兵庫県神戸市中央区
資本金	814億2,700万円
総売上高	1兆1,602億円
主な株主	日本トラスティ信託口、日本生命、資産管理信託みずほ銀行退職給付信託口、東京海上
従業員数	10,937名（単）
特　徴	大型二輪車を中心にマニアに人気のメーカー。全39車種ラインナップ。ロケット、航空機、鉄道車両から、ジェットスキーまで製造している日本を代表する重工業企業。

二輪車事業で包括提携

03年9月 共同開発車を発売

世界国内 3位

スズキ

二輪車売上高 3,914億円

設立・本社	1920年　静岡県浜松市
資本金	1,202億1,000万円
総売上高	2兆1,989億円
主な株主	GMオブ・カナダ、チェース（ロンドン）UFJ銀行、日本マスター信託口
従業員数	10,953名（単）
特　徴	ロードスポーツ、スクーターなど全58車種ラインナップ。低価格スクーター「チョイノリ」も好評で国内二輪売上台数は14万2,000台に。世界GPは大排気量のモトGPクラスのみ参戦。

アジア

アジア市場における4大メーカーの最新動向と

ほか生産拠点のある国
中国　台湾　タイ　インドネシア　など

中国　02年9月 研究開発会社「鈴木摩托研究開発」設立
ベトナム　04年7月 二輪車新工場を設立

ほか生産拠点のある国
カンボジア　タイ　パキスタン　など

エンジン供給

エンジン供給

世界

ヤナセ
03年10月から販売
BMW（独）
BMWジャパン

カジバ（伊）
アプリリア（伊）
ドゥカティ（伊）
ドゥカティジャパン

ハーレーダビットソン（米）
ハーレーダビットソンジャパン

■国別二輪車保有台数

（単位=万台、千台以下は四捨五入　日本自動車工業会調査）

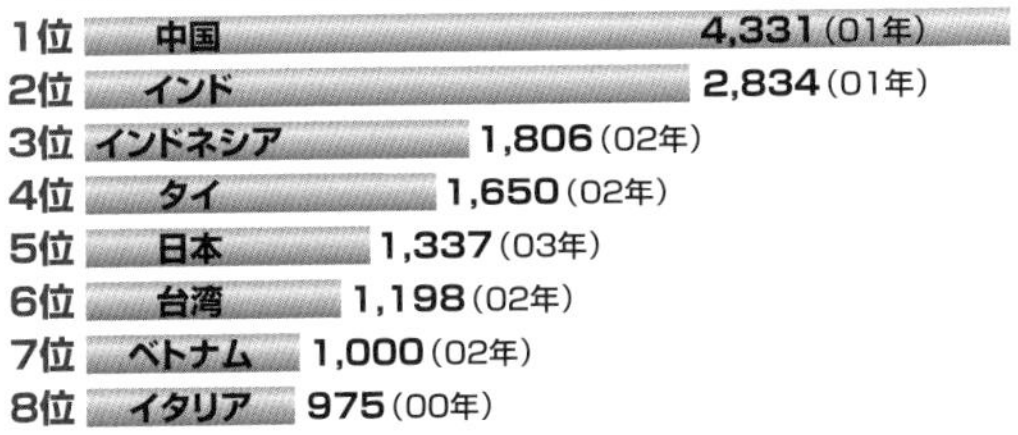
1位 中国 4,331（01年）
2位 インド 2,834（01年）
3位 インドネシア 1,806（02年）
4位 タイ 1,650（02年）
5位 日本 1,337（03年）
6位 台湾 1,198（02年）
7位 ベトナム 1,000（02年）
8位 イタリア 975（00年）

国別保有台数は二輪車の人気を示す数字ともいえる。中国に次ぐ広大な土地を持つインドは数字を伸ばしている。また、インドネシアも前回調査の5位から3位に上がり、各社ともインドネシアでの生産を拡大する予定。前回3位の日本は5位に下がった。

■ 国内の二輪車生産台数の推移

（単位=万台、千台以下は四捨五入　日本自動車工業会調査）

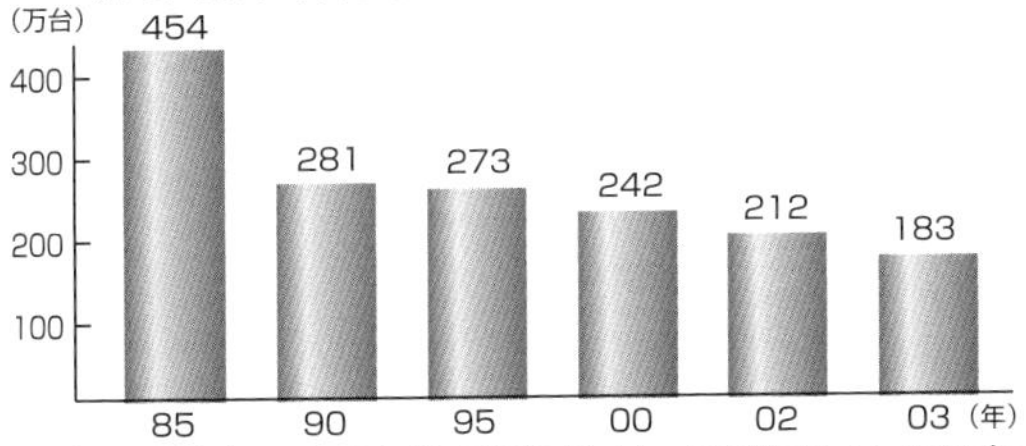
（万台）
400
300
200
100
454
281
273
242
212
183
85
90
95
00
02
03（年）

国内の二輪車の生産台数は毎年減少し、03年にはついに85年の40%にあたる200万台を割り込んだ数値だ。これは各メーカーが国内需要に見切りをつけ、需要の見込めるアジアに生産拠点を移していることの表れでもある。

AV・家電業界

The AV and home electrical business world

業界規模
約40兆円
（本書掲載企業の売上高合計）

薄型テレビやDVDで好況の市場。技術的な再編は韓国・中国がカギ！

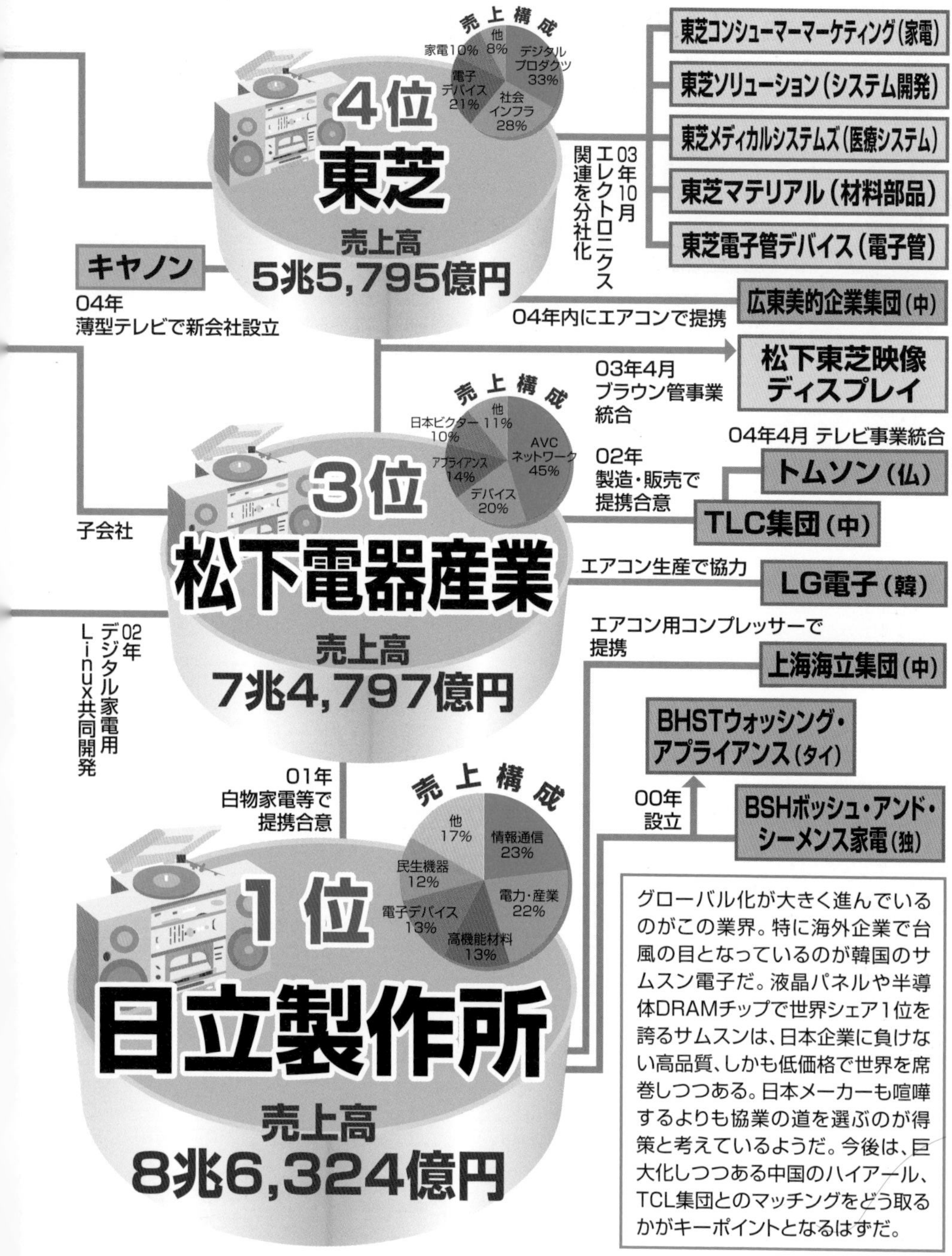
売上構成
他 8%
家電10%
デジタルプロダクツ 33%
電子デバイス 21%
社会インフラ 28%
4位
東芝
売上高
5兆5,795億円
03年10月 エレクトロニクス関連を分社化
東芝コンシューマーマーケティング（家電）
東芝ソリューション（システム開発）
東芝メディカルシステムズ（医療システム）
東芝マテリアル（材料部品）
東芝電子管デバイス（電子管）
キヤノン
04年 薄型テレビで新会社設立
広東美的企業集団（中）
04年内にエアコンで提携
松下東芝映像ディスプレイ
03年4月 ブラウン管事業統合
売上構成
他 11%
日本ビクター 10%
AVCネットワーク 45%
アプライアンス 14%
デバイス 20%
3位
松下電器産業
売上高
7兆4,797億円
04年4月 テレビ事業統合
トムソン（仏）
02年 製造・販売で提携合意
TLC集団（中）
子会社
エアコン生産で協力
LG電子（韓）
エアコン用コンプレッサーで提携
上海海立集団（中）
02年 デジタル家電用Linux共同開発
BHSTウォッシング・アプライアンス（タイ）
00年 設立
BSHボッシュ・アンド・シーメンス家電（独）
01年 白物家電等で提携合意
売上構成
他 17%
情報通信 23%
民生機器 12%
電力・産業 22%
電子デバイス 13%
高機能材料 13%
1位
日立製作所
売上高
8兆6,324億円

グローバル化が大きく進んでいるのがこの業界。特に海外企業で台風の目となっているのが韓国のサムスン電子だ。液晶パネルや半導体DRAMチップで世界シェア1位を誇るサムスンは、日本企業に負けない高品質、しかも低価格で世界を席巻しつつある。日本メーカーも喧嘩するよりも協業の道を選ぶのが得策と考えているようだ。今後は、巨大化しつつある中国のハイアール、TCL集団とのマッチングをどう取るかがキーポイントとなるはずだ。

家電業界の大手5社の04年度3月期の決算をみると、売上高で日立、ソニー、松下の上位3社は微増、東芝、三菱の2社はやや減っている。なんといっても03年の冷夏により、エアコン、冷蔵庫、洗濯機といういわゆる「白物家電」の売上が停滞し国内需要が伸びなかったことが痛い。

しかし、04年度は一転して好況が予想される。夏は歴史的猛暑でエアコンが飛ぶように売れた。加えて、アテネオリンピックに向けて各社が全面的にセールスしてきた薄型（プラズマ、液晶）テレビがブレイク。それに呼応するかのように、DVDレコーダーが売れ始めている。

薄型テレビにおいては、メーカー間の連携も活発で、液晶パネルでソニーとサムスン電子（韓）が共同で生産すれば、松下、日立、東芝が大型液晶パネルを05年1月にも共同生産に向け新会社を設立する。この業界は経営的再編というよりも、技術的な再編が新技術の商品化とともに活発になるのが特徴。

■ 国内と世界の家電業界地図（売上高は04年3月期）

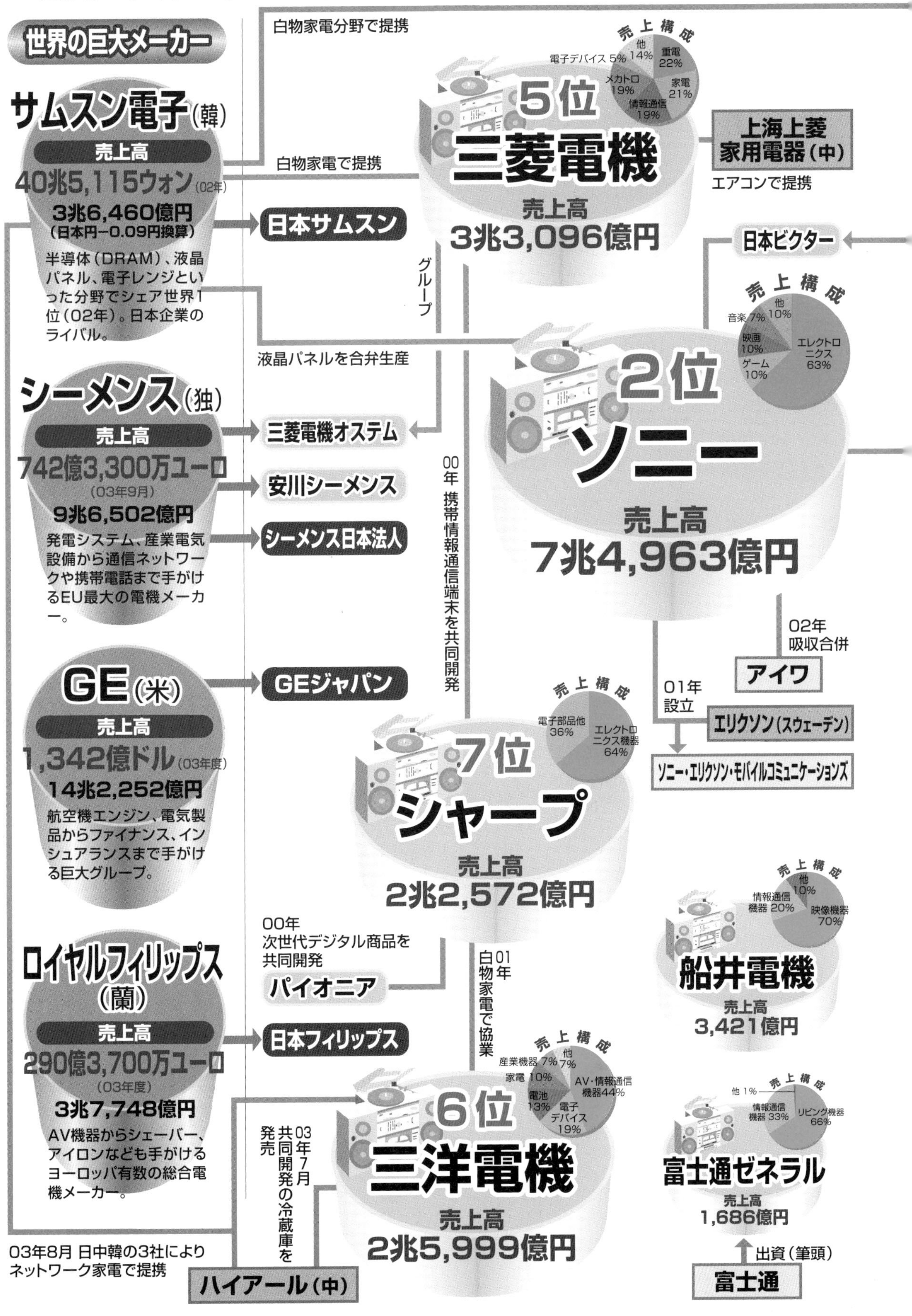
世界の巨大メーカー
サムスン電子（韓）
売上高
40兆5,115ウォン（02年）
3兆6,460億円
（日本円ー0.09円換算）
半導体（DRAM）、液晶パネル、電子レンジといった分野でシェア世界1位（02年）。日本企業のライバル。
シーメンス（独）
売上高
742億3,300万ユーロ
（03年9月）
9兆6,502億円
発電システム、産業電気設備から通信ネットワークや携帯電話まで手がけるEU最大の電機メーカー。
GE（米）
売上高
1,342億ドル（03年度）
14兆2,252億円
航空機エンジン、電気製品からファイナンス、インシュアランスまで手がける巨大グループ。
ロイヤルフィリップス（蘭）
売上高
290億3,700万ユーロ
（03年度）
3兆7,748億円
AV機器からシェーバー、アイロンなども手がけるヨーロッパ有数の総合電機メーカー。
03年8月 日中韓の3社によりネットワーク家電で提携
白物家電分野で提携
白物家電で提携
日本サムスン
グループ
液晶パネルを合弁生産
三菱電機オステム
安川シーメンス
シーメンス日本法人
GEジャパン
00年 携帯情報通信端末を共同開発
00年
次世代デジタル商品を共同開発
パイオニア
日本フィリップス
01年 白物家電で協業
03年7月 共同開発の冷蔵庫を発売
ハイアール（中）
売上構成
他 14%
重電 22%
電子デバイス 5%
メカトロ 19%
家電 21%
情報通信 19%
5位
三菱電機
売上高
3兆3,096億円
上海上菱家用電器（中）
エアコンで提携
日本ビクター
売上構成
他 10%
音楽 7%
映画 10%
ゲーム 10%
エレクトロニクス 63%
2位
ソニー
売上高
7兆4,963億円
02年 吸収合併
アイワ
01年 設立
エリクソン（スウェーデン）
ソニー・エリクソン・モバイルコミュニケーションズ
売上構成
電子部品他 36%
エレクトロニクス機器 64%
7位
シャープ
売上高
2兆2,572億円
売上構成
他 10%
情報通信機器 20%
映像機器 70%
船井電機
売上高
3,421億円
売上構成
他 7%
産業機器 7%
家電 10%
AV・情報通信機器44%
電池 13%
電子デバイス 19%
6位
三洋電機
売上高
2兆5,999億円
売上構成
他 1%
情報通信機器 33%
リビング機器 66%
富士通ゼネラル
売上高
1,686億円
出資（筆頭）
富士通

■ 日本メーカーの主な中国内開発・生産体制

大手6社とも中国での生産活動は盛んだ。生産体制を人件費の安い中国に移管しているというのは以前のもので、今やレベルの上がった中国家電業者と組んで設計・開発も含め共同製作している。豊富な資源と人材で完成度の高い製品が生まれている。

松下電器産業
- 北京で蛍光灯、ブラウン管生産
- 大連でビデオ、DVD生産
- 上海で電子レンジ生産
- 杭州で洗濯機、炊飯器生産
- 無錫で冷蔵庫生産
- 広州でエアコン生産
- アモイでラジオ、ラジカセ生産

ソニー
- 無錫でプラズマテレビ生産

東芝
- 大連で画像処理ソフト開発
- 無錫で洗濯機工場設立
- 西安で冷蔵庫工場設立

三洋電機
- 蘇州で白物家電の部材調達を一本化

シャープ
- 上海で白物家電の開発

パイオニア
- 上海でDVDプレーヤー開発

■ 次世代DVDの2陣営とその特徴

ブルーレイ・ディスク	HD DVD
松下電器　ソニー　日立　シャープ　パイオニア　LG電子(韓)　サムスン電子(韓)　フィリップス(蘭)　トムソン(仏)	東芝　NEC
●特徴：記録・再生用レーザーに青色レーザーを使用。記録容量が大きく長時間録画が可能（将来的にハイビジョンの大河ドラマを1年分収録可に）。ディスクの生産コストに多少難あり。	●特徴：記録・再生用レーザーに青色レーザーを使用。現行DVDとの互換性が高く、ソフト制作時も現行機材を使用できるのでトータルで生産コストが安い。ハードも薄くできるなどノートパソコンにも組み込み可。

HD DVDは、現行の持ち味を生かし安価に、ブルーレイ・ディスクは、将来を見据えたものということか。

■ VTRとDVDの国内出荷高の推移

（単位：万台　千単位四捨五入。JEITA調べ）

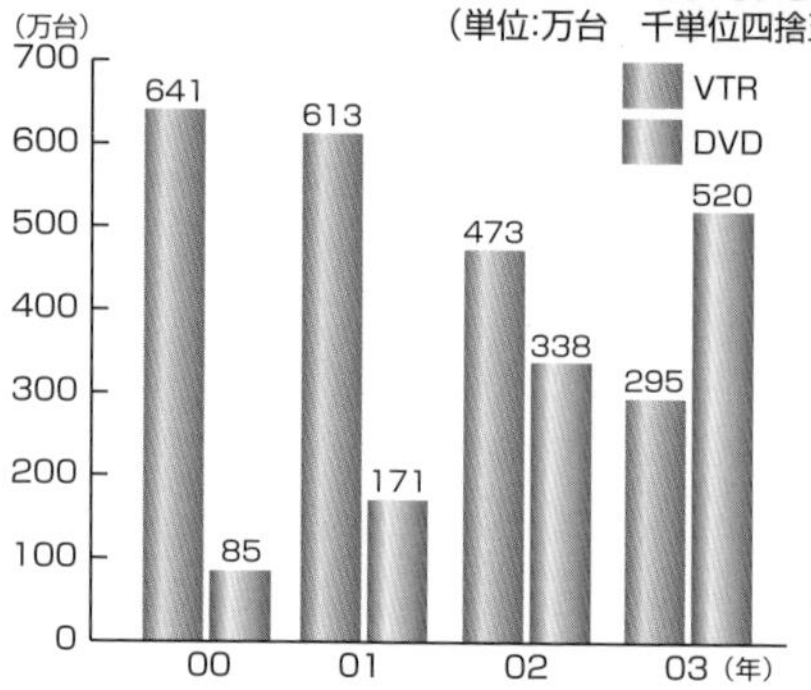

VTR（ビデオテープレコーダー）は00年から3年間で半減以下、逆にDVD（デジタルビデオディスク）は6倍以上に増え、03年にはついにDVDがVTRを大きく追い越した。

新しい巨大市場・中国と次世代DVD戦争に注目

AV・家電各社の明暗を分けるテーマは2つある。

ひとつは、急激な経済の発展で世界の〝工場〟から、世界の〝市場〟となった中国での商品の安定供給。国内メーカーは、中国に輸出というよりも、中国内で生産・販売という体制づくりに躍起。今のところ「白物家電」中心だが、これから売り上げ増が予想される薄型テレビやDVD関連などもこれから目に見えて進出していく気配だ。

そしてもうひとつが、「VHS対ベータ競争」の再燃か、と騒がれている次世代DVDの規格問題。上記のように、「ブルーレイ・ディスク陣営」と「HD DVD陣営」によるハイビジョン放送などを備えた長時間・高画質のDVD録画規格の世界的な覇権争いだ。これは、ソフト業界も巻き込み、明暗はハリウッドのメジャーの選択にかかっているとさえいわれている。ソニー、松下はすでに商品化しているが、低価格で供給できる東芝、NEC連合も勝ち目はある。

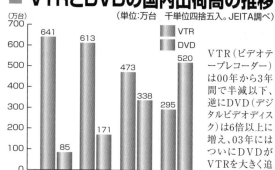

■ 国内のオーディオ業界地図

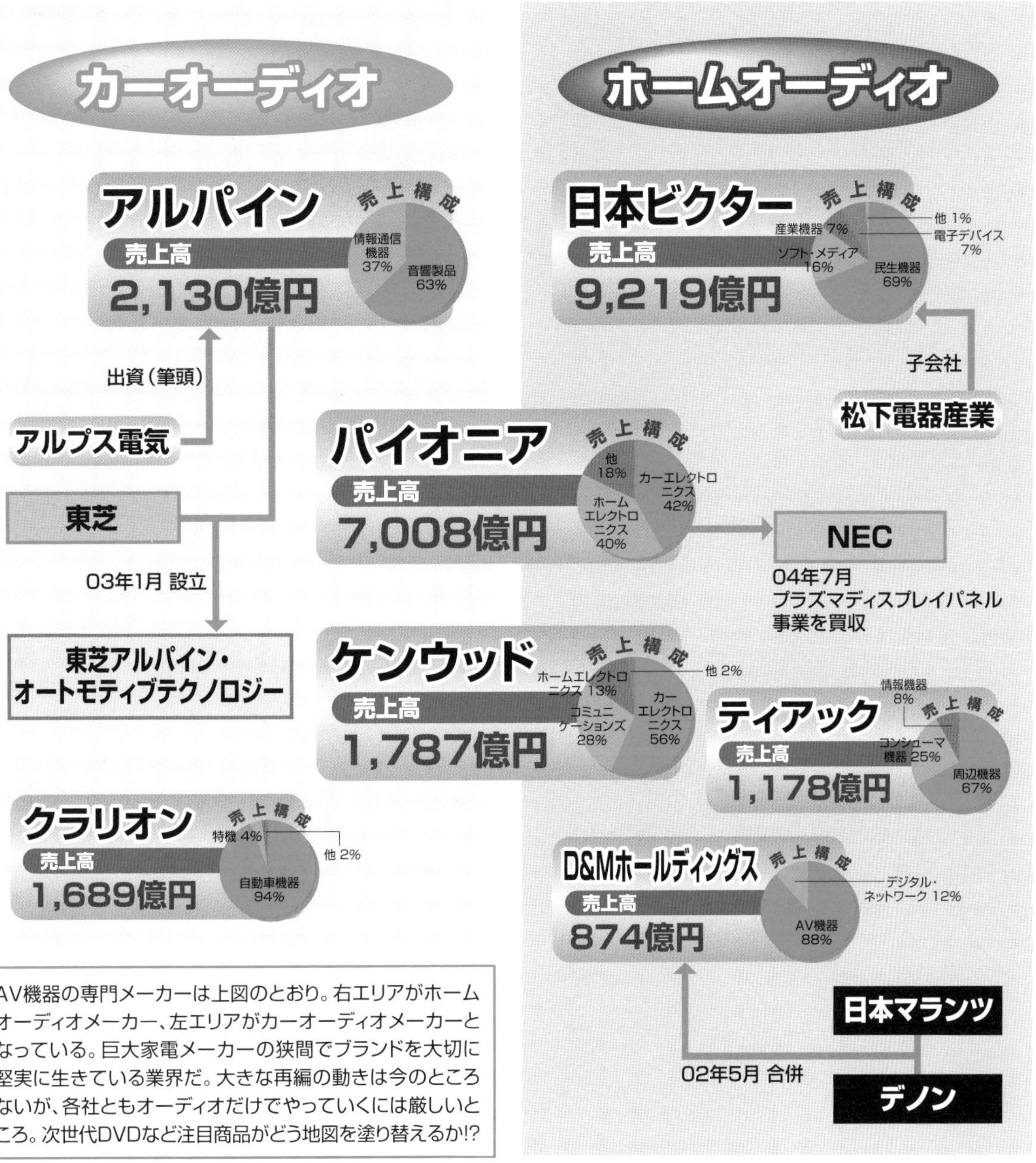
カーオーディオ
ホームオーディオ
アルパイン
売上高
2,130億円
売上構成
情報通信機器 37%
音響製品 63%
出資（筆頭）
アルプス電気
東芝
03年1月 設立
東芝アルパイン・オートモティブテクノロジー
日本ビクター
売上高
9,219億円
売上構成
他 1%
産業機器 7%
電子デバイス 7%
ソフト・メディア 16%
民生機器 69%
子会社
松下電器産業
パイオニア
売上高
7,008億円
売上構成
他 18%
カーエレクトロニクス 42%
ホームエレクトロニクス 40%
NEC
04年7月
プラズマディスプレイパネル事業を買収
ケンウッド
売上高
1,787億円
売上構成
ホームエレクトロニクス 13%
他 2%
コミュニケーションズ 28%
カーエレクトロニクス 56%
ティアック
売上高
1,178億円
売上構成
情報機器 8%
コンシューマ機器 25%
周辺機器 67%
クラリオン
売上高
1,689億円
売上構成
特機 4%
他 2%
自動車機器 94%
D&Mホールディングス
売上高
874億円
売上構成
デジタル・ネットワーク 12%
AV機器 88%
日本マランツ
02年5月 合併
デノン

AV機器の専門メーカーは上図のとおり。右エリアがホームオーディオメーカー、左エリアがカーオーディオメーカーとなっている。巨大家電メーカーの狭間でブランドを大切に堅実に生きている業界だ。大きな再編の動きは今のところないが、各社ともオーディオだけでやっていくには厳しいところ。次世代DVDなど注目商品がどう地図を塗り替えるか!?

■ カーステレオとカーナビの国内出荷高の推移

（単位:万台　千単位四捨五入。JEITA調べ）

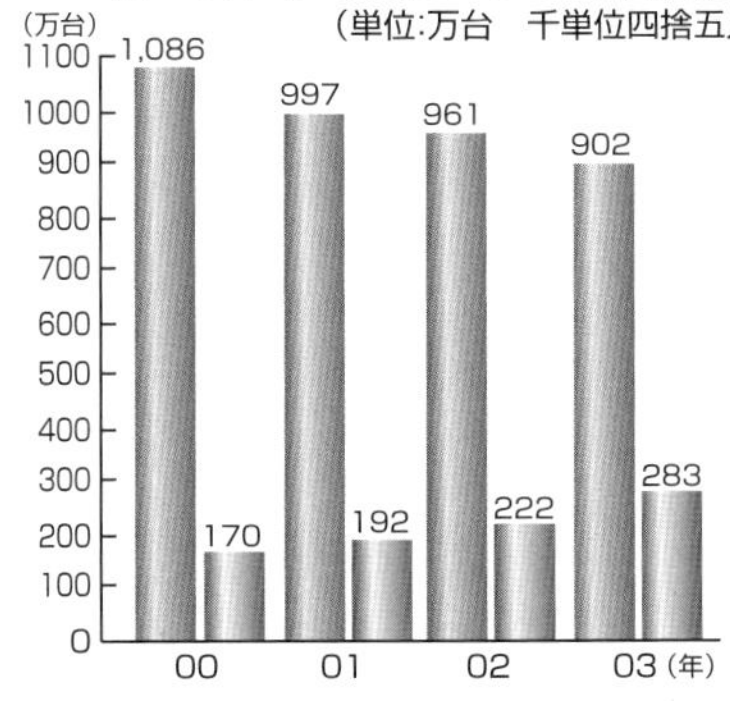
（万台）
1100
1000
900
800
700
600
500
400
300
200
100
0
1,086
170
997
192
961
222
902
283
00
01
02
03（年）
カーステレオ
カーナビ

カーステレオの数値は、ステレオ本体、カーラジオ、CD、MD単体の合計となっている。カーナビは順調に生産台数を伸ばしている。

音響だけではなく、映像で収益アップを図る

オーディオ業界の業績は、各社とも前年度の業績を下回った。これからのこの業界を支えていくには、映像を含めた分野を無視するわけにはいかない。薄型テレビにも強いパイオニアは、NECのプラズマディスプレイ事業を買収し量産体制を敷く。松下電器の子会社、日本ビクターも親会社の出方をみながら、VHSからDVDに切り替えるタイミングを図る。

また、カーオーディオ各社も低迷するカーステレオの売上をカーナビで挽回する。

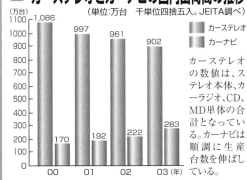

PART 5

24 コンピュータ業界

The computer business world

業界規模

約20兆円

（編集部推定）

シェア争いは首位NECと2位富士通が微減。デルが好調、3位に躍進！

昨年と同じく、シェアの首位はNEC、2位は富士通だが、どちらも微減となった。昨年4位のデル（米）は高い伸びを示し、3位に。効率的な生産・販売管理の「デルモデル」は、全世界にネットを通じて直販体制を敷き、コスト競争力でも優位に立っている。代わって、ソニーは4位に転落。

国内パソコン出荷台数は、景気回復基調に乗って個人消費・企業の設備投資が上向きになり、プラス成長となった。IT投資減税などを背景に、サポート終了のWindows95の買い換え需要、さらに2000年問題時に導入されたパソコンがリースアップ期を迎えるなど、見通しは明るさを増してきている。

■ 国内と世界のコンピュータ業界地図

（売上高は04年3月期。連結数値）

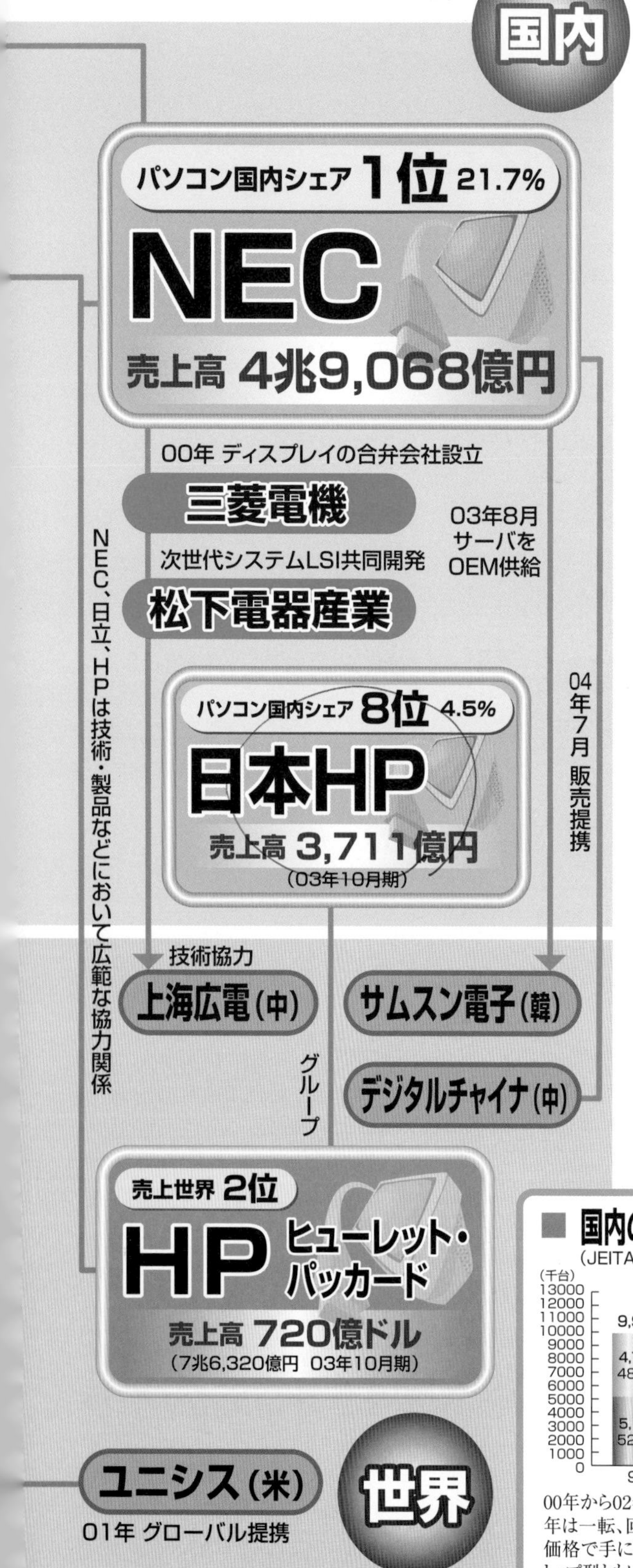
国内
パソコン国内シェア 1位 21.7%
NEC
売上高 4兆9,068億円
00年 ディスプレイの合弁会社設立
三菱電機
03年8月 サーバをOEM供給
次世代システムLSI共同開発
松下電器産業
NEC、日立、HPは技術・製品などにおいて広範な協力関係
04年7月 販売提携
パソコン国内シェア 8位 4.5%
日本HP
売上高 3,711億円
（03年10月期）
技術協力
上海広電（中）
サムスン電子（韓）
グループ
デジタルチャイナ（中）
売上世界 2位
HP ヒューレット・パッカード
売上高 720億ドル
（7兆6,320億円 03年10月期）
ユニシス（米）
世界
01年 グローバル提携

■ パソコンの国内（出荷台数）シェア

（03年　マルチメディア総合研究所調査）

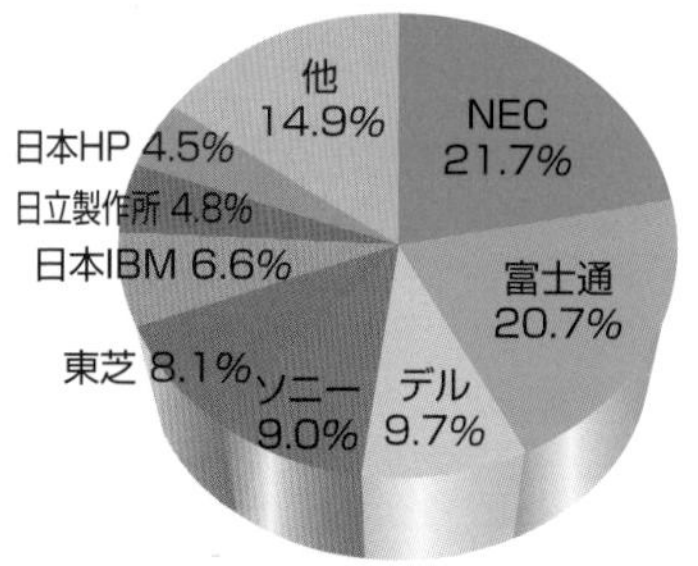
NEC 21.7%
富士通 20.7%
デル 9.7%
ソニー 9.0%
東芝 8.1%
日本IBM 6.6%
日立製作所 4.8%
日本HP 4.5%
他 14.9%

■ 国内のコンピュータ出荷台数の推移

（JEITA調査）

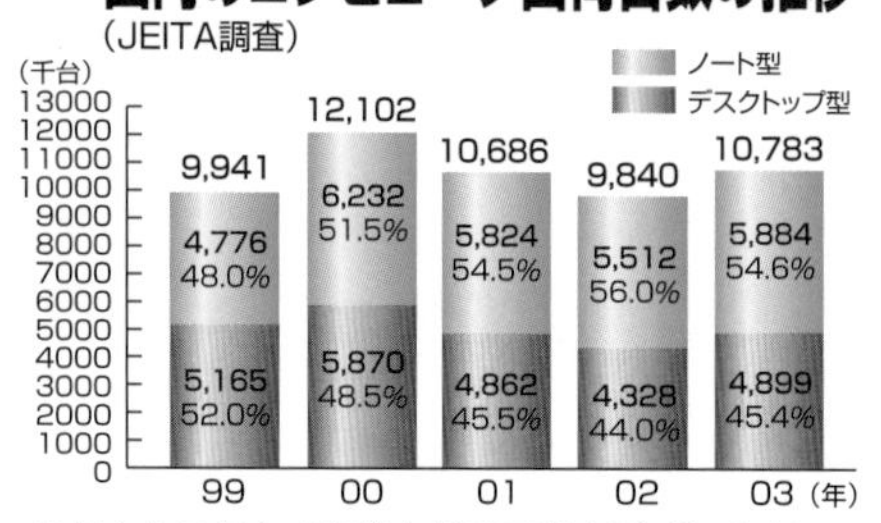
（千台）
13000
12000
11000
10000
9000
8000
7000
6000
5000
4000
3000
2000
1000
0
ノート型
デスクトップ型
9,941
4,776 48.0%
5,165 52.0%
12,102
6,232 51.5%
5,870 48.5%
10,686
5,824 54.5%
4,862 45.5%
9,840
5,512 56.0%
4,328 44.0%
10,783
5,884 54.6%
4,899 45.4%
99
00
01
02
03（年）

00年から02年まで出荷台数は下降気味だったが、03年は一転、回復した。高性能モデルがリーズナブルな価格で手に入るようになったためか、ノート型、デスクトップ型ともに前年を上回っている。

地上デジタル放送のスタートに伴い、液晶テレビが低価格化し、大画面テレビの需要が増加している。多機能のデジタル家電の伸長と並行して、個人向けパソコンもAV機能を充実させて迎え撃つ。AV機能搭載のパソコンとデジタル家電との競争は、今後も、ますます激化していく状況だ。

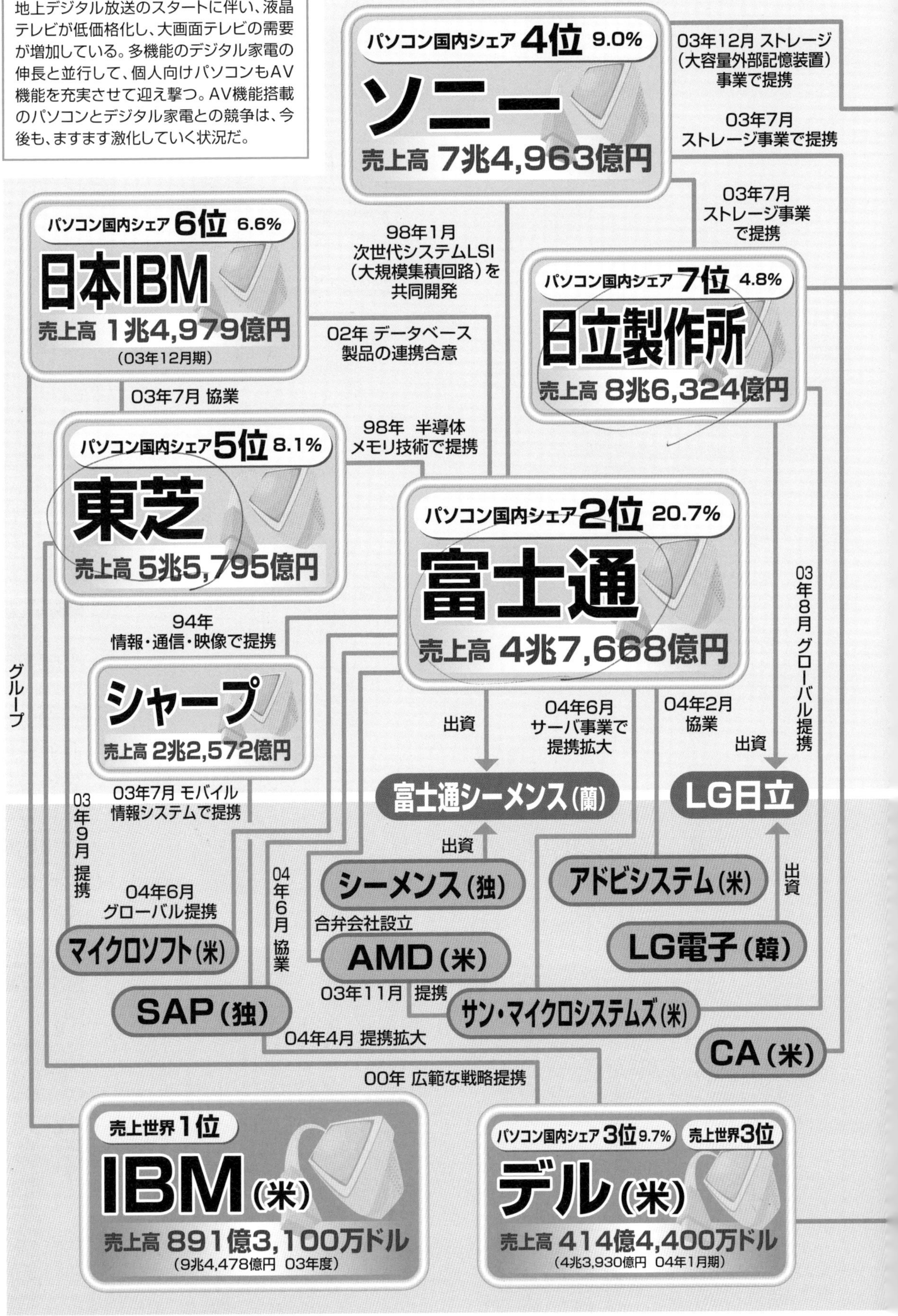
パソコン国内シェア 4位 9.0%
ソニー
売上高 7兆4,963億円
03年12月 ストレージ（大容量外部記憶装置）事業で提携
03年7月 ストレージ事業で提携
03年7月 ストレージ事業で提携
パソコン国内シェア 6位 6.6%
日本IBM
売上高 1兆4,979億円
(03年12月期)
98年1月 次世代システムLSI（大規模集積回路）を共同開発
02年 データベース製品の連携合意
パソコン国内シェア 7位 4.8%
日立製作所
売上高 8兆6,324億円
03年7月 協業
98年 半導体メモリ技術で提携
パソコン国内シェア 5位 8.1%
東芝
売上高 5兆5,795億円
パソコン国内シェア 2位 20.7%
富士通
売上高 4兆7,668億円
94年 情報・通信・映像で提携
シャープ
売上高 2兆2,572億円
グループ
03年8月 グローバル提携
出資
04年6月 サーバ事業で提携拡大
04年2月 協業
出資
富士通シーメンス（蘭）
LG日立
03年7月 モバイル情報システムで提携
03年9月 提携
出資
シーメンス（独）
アドビシステム（米）
出資
04年6月 協業
合弁会社設立
04年6月 グローバル提携
マイクロソフト（米）
AMD（米）
LG電子（韓）
03年11月 提携
SAP（独）
サン・マイクロシステムズ（米）
04年4月 提携拡大
CA（米）
00年 広範な戦略提携
売上世界 1位
IBM（米）
売上高 891億3,100万ドル
(9兆4,478億円 03年度)
パソコン国内シェア 3位 9.7%
売上世界3位
デル（米）
売上高 414億4,400万ドル
(4兆3,930億円 04年1月期)

OA・精密機械業界

業界規模
10兆4,000億円
(本書掲載企業の売上合計)

好調デジカメを中心に開発&販売合戦。1兆円超企業の動向には注目！

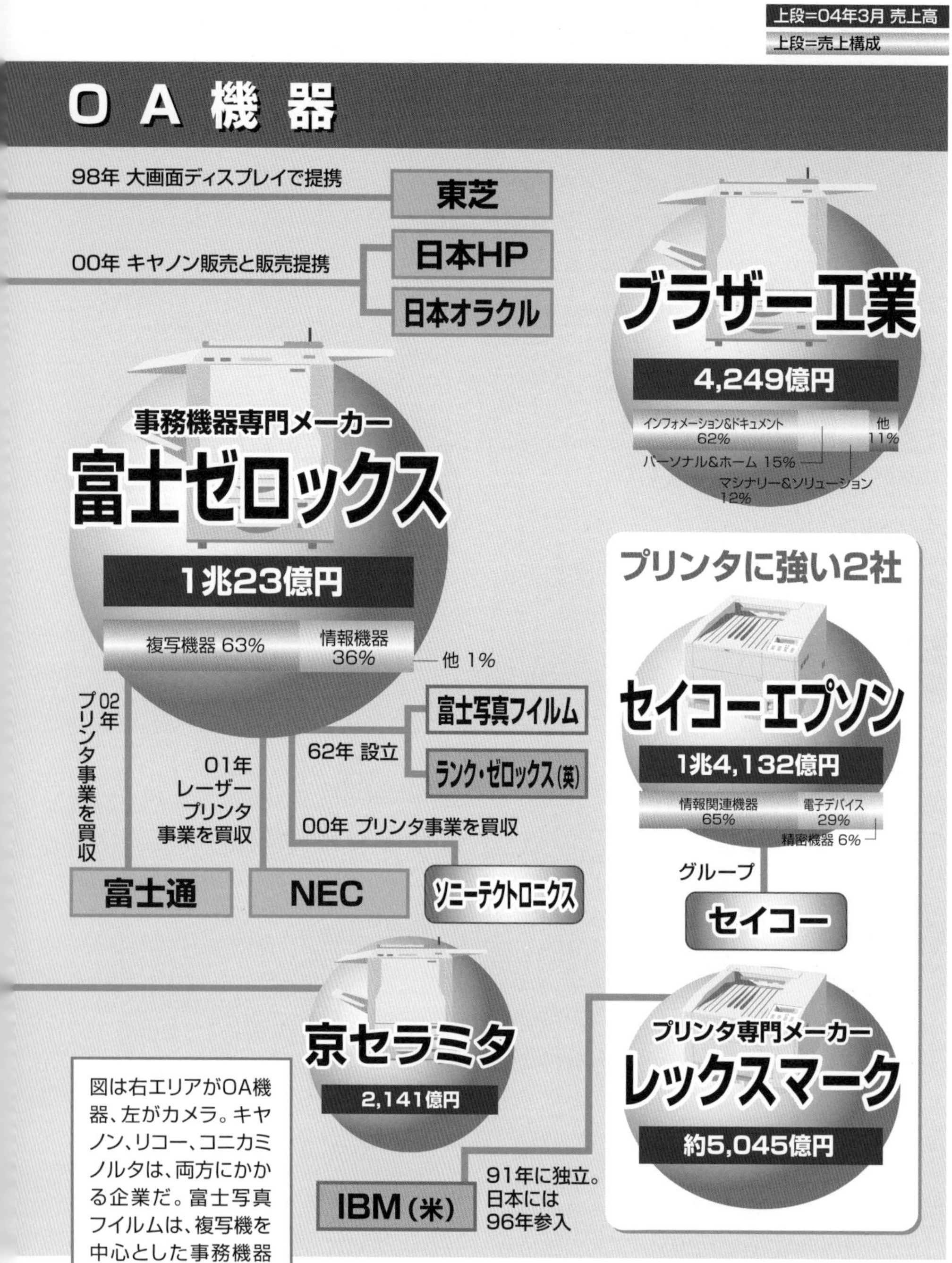
上段=04年3月 売上高
上段=売上構成
OA機器
98年 大画面ディスプレイで提携
東芝
00年 キヤノン販売と販売提携
日本HP
日本オラクル
ブラザー工業
4,249億円
インフォメーション&ドキュメント 62%
他 11%
パーソナル&ホーム 15%
マシナリー&ソリューション 12%
事務機器専門メーカー
富士ゼロックス
1兆23億円
複写機器 63%
情報機器 36%
他 1%
02年 プリンタ事業を買収
01年 レーザープリンタ事業を買収
62年 設立
富士写真フイルム
ランク・ゼロックス(英)
00年 プリンタ事業を買収
富士通
NEC
ソニーテクトロニクス
プリンタに強い2社
セイコーエプソン
1兆4,132億円
情報関連機器 65%
電子デバイス 29%
精密機器 6%
グループ
セイコー
京セラミタ
2,141億円
プリンタ専門メーカー
レックスマーク
約5,045億円
IBM(米)
91年に独立。日本には96年参入

図は右エリアがOA機器、左がカメラ。キヤノン、リコー、コニカミノルタは、両方にかかる企業だ。富士写真フイルムは、複写機を中心とした事務機器の専門メーカー、富士ゼロックスを擁し、この業界のトップを狙う。コニカミノルタは、販売網の整理などによってリストラ効果を上げ、次の段階では商品開発力に磨きをかける。OAエリアの右側のプリンタメーカー。セイコーエプソンは1兆円を超える大企業。他業界とも積極的に協力し合う姿勢で目が離せない。

この業界の巨大企業はキヤノン。04年4月期の決算では、2位の富士写真フイルムや3位のリコーの微増を尻目に、ついに売上高3兆円の大台を突破した。07年には5兆円企業をめざすと豪語するだけあって、企業の買収や合併は常に視野に入れているようだ。好調のデジタルカメラ分野でも、普及タイプデジタル一眼レフの先駆けとなった「EOSキス・デジタル」が成功し、業界のリーダーとなっている。

03年に統合した、コニカミノルタホールディングスは、統合によって収益構造を見直し、カラー事務機やデジカメ分野で健闘。富士写真フイルムもフィルムは続落だが、医療向け機器などを中心に売上を堅持した。

■ 国内のOA機器・カメラ（精密機器）業界地図

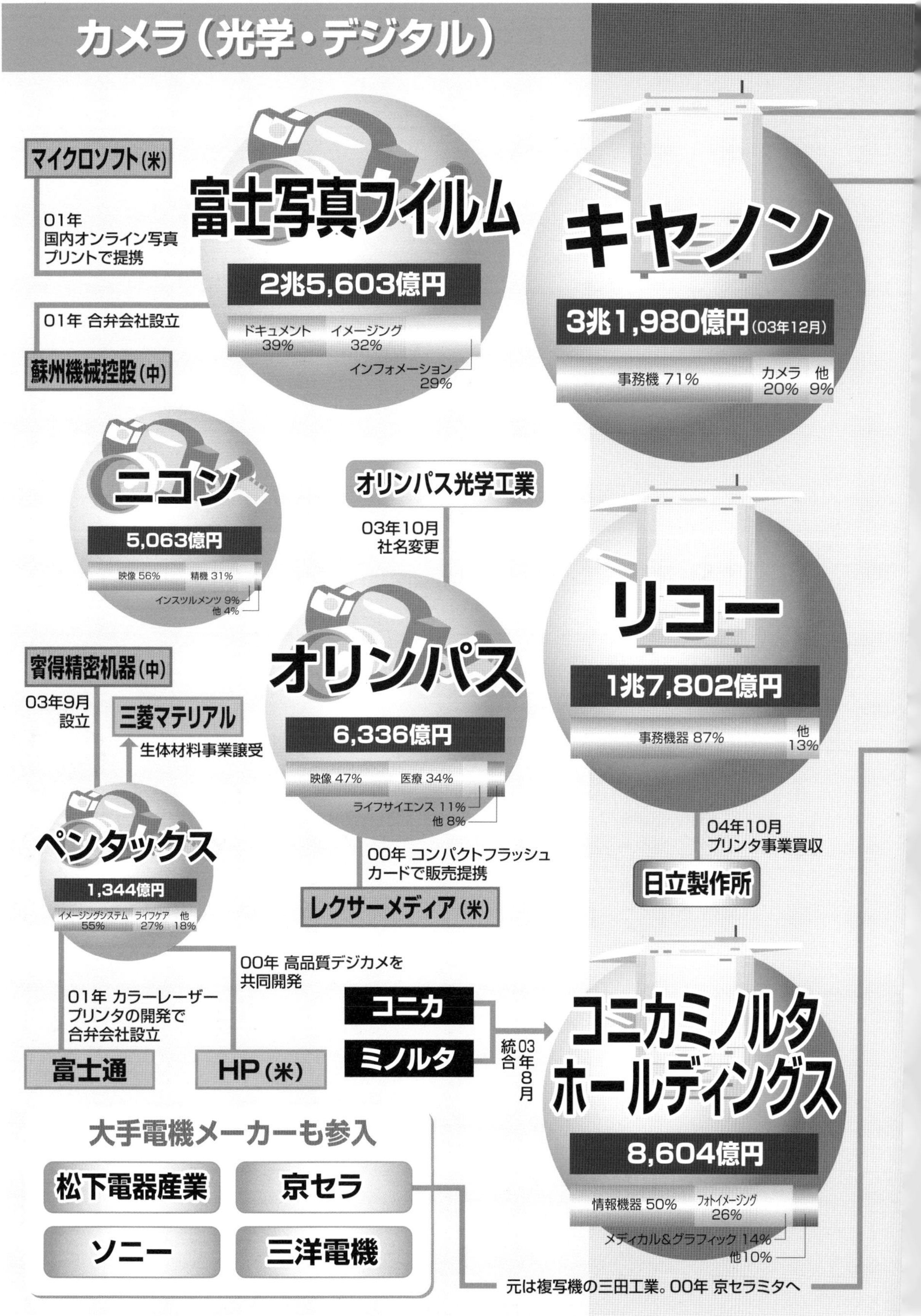
カメラ（光学・デジタル）
マイクロソフト（米）
01年
国内オンライン写真
プリントで提携
01年 合弁会社設立
蘇州機械控股（中）
富士写真フイルム
2兆5,603億円
ドキュメント
39%
イメージング
32%
インフォメーション
29%
キヤノン
3兆1,980億円（03年12月）
事務機 71%
カメラ 20%
他 9%
ニコン
5,063億円
映像 56%
精機 31%
インスツルメンツ 9%
他 4%
オリンパス光学工業
03年10月
社名変更
オリンパス
6,336億円
映像 47%
医療 34%
ライフサイエンス 11%
他 8%
00年 コンパクトフラッシュ
カードで販売提携
レクサーメディア（米）
リコー
1兆7,802億円
事務機器 87%
他 13%
04年10月
プリンタ事業買収
日立製作所
賓得精密机器（中）
03年9月
設立
三菱マテリアル
生体材料事業譲受
ペンタックス
1,344億円
イメージングシステム 55%
ライフケア 27%
他 18%
00年 高品質デジカメを
共同開発
01年 カラーレーザー
プリンタの開発で
合弁会社設立
富士通
HP（米）
コニカ
ミノルタ
03年8月
統合
コニカミノルタ
ホールディングス
8,604億円
情報機器 50%
フォトイメージング
26%
メディカル&グラフィック 14%
他10%
大手電機メーカーも参入
松下電器産業
京セラ
ソニー
三洋電機
元は複写機の三田工業。00年 京セラミタへ

■ 巨大企業3社の企業比較と海外生産拠点

Ⓒキヤノン　Ⓡリコー　Ⓕ富士写真フイルム

欧州
イギリス ⒸⓇⒻ
ドイツ ⒸⓇⒻ
フランス ⒸⓇ
ベルギー Ⓕ
オランダ Ⓕ
アジア・大洋州
中国 ⒸⓇⒻ
台湾 Ⓒ
香港 ⒸⓇ
韓国 ⒸⓇⒻ
マレーシア Ⓒ
タイ Ⓒ
シンガポール Ⓕ
ベトナム Ⓒ
オーストラリア Ⓒ
アメリカ ⒸⓇⒻ
北・南米
ブラジル Ⓒ

	キヤノン	リコー	富士写真フイルム
設立・本社	1937年　東京都大田区	1936年　東京都港区	1934年　東京都港区
資本金	1,688億9,200万円	1,353億6,400万円	403億6,300万円
売上高	3兆1,980億円(03年12月)	1兆7,802億円	2兆5,603億円
主な株主	ステート・ストリート・バンク&トラスト、第一生命、日本トラスティ信託口、日本マスター信託口	日本トラスティ信託口、日本マスター信託口、日本生命、UFJ銀行	日本トラスティ信託口、日本マスター信託口、日本生命、中央三井信託
従業員数	102,567名(連)　18,828名(単)	73,165名(連)　11,564名(単)	72,164名(連)　9,363名(単)
特　徴	主な扱い製品は、光学カメラ、交換レンズ、デジタルカメラ、デジタルビデオカメラ、通信関連機器、複写機、ファクシミリ、プリンター、液晶プロジェクター、電子辞書・計算機など。キヤノン販売は、全国57カ所の営業所を持つ。	主な扱い製品は、複写機、ファクシミリ、プリンター、デジタル印刷機、マルチボード、スキャナー、DVD+RW/+R、光学カメラ、デジタルカメラなど。全国14カ所の事業所と11カ所の研究拠点、約50社の販社を持つ。	主な扱い製品は、フィルム、デジタルカメラ、インスタントカメラ、35ミリコンパクトカメラ、プリンター、コンピュータメディア、ミニラボ機器、バイオ・医療用製品など。フィルムにおいては世界市場でコダックと拮抗。

■ 光学カメラとデジタルカメラの国内生産の推移

(単位=万台　千単位以下四捨五入。経済産業省「生産動態統計」)

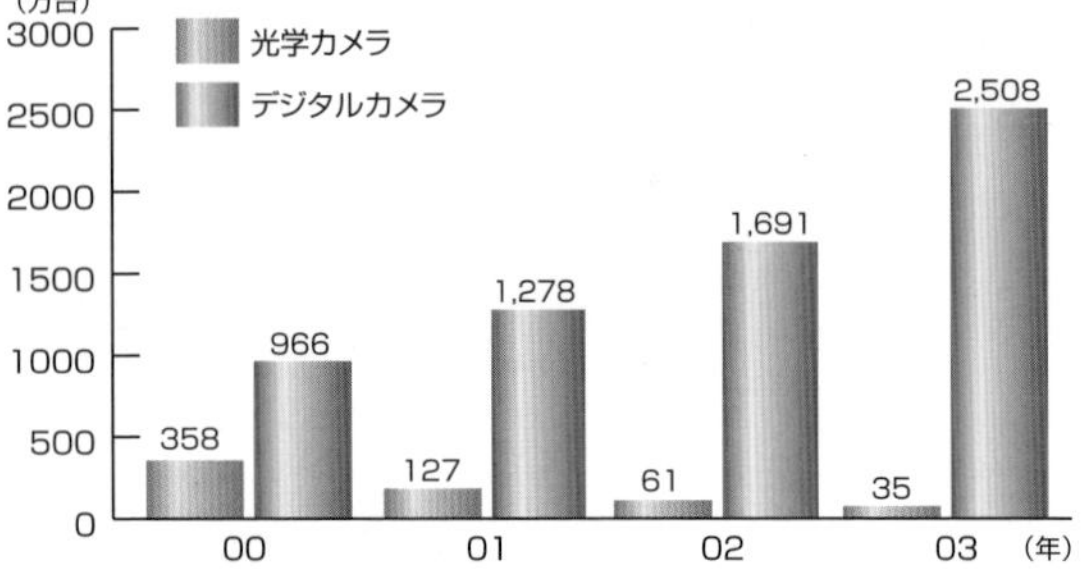
(万台)
3000
2500
2000
1500
1000
500
0
光学カメラ
デジタルカメラ
358
966
127
1,278
61
1,691
35
2,508
00
01
02
03
(年)

光学カメラとデジタルカメラは、ここ数年で完全に主役を交代した。光学カメラは、3年前の約10分の1に減少、デジタルカメラは、まだまだ天井知らずの勢いだ。

■ 複写機とファクシミリの国内生産の推移

(単位=万台　千単位以下四捨五入。経済産業省「生産動態統計」)

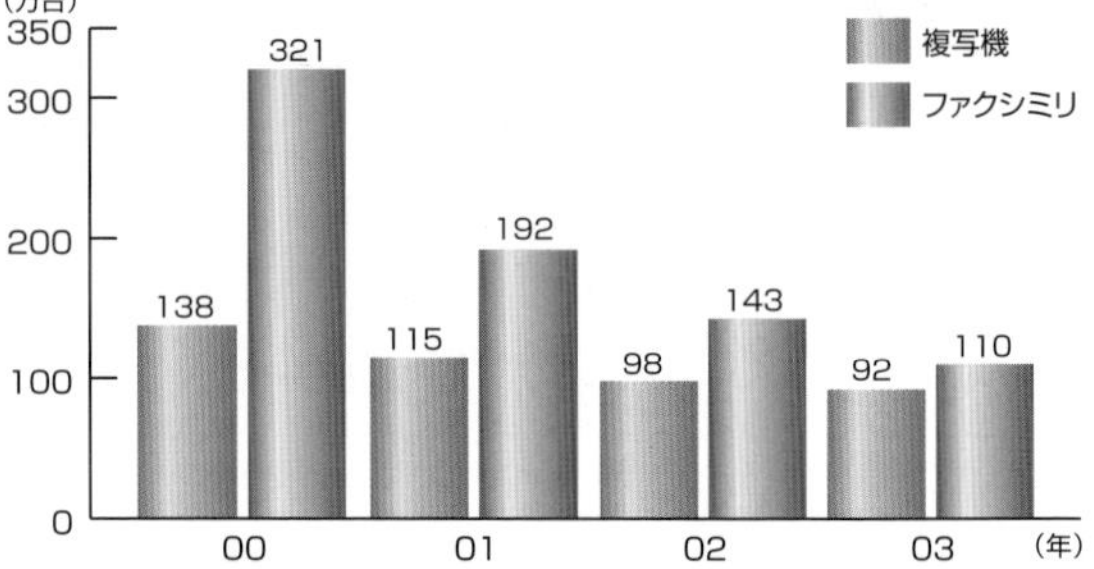
(万台)
350
300
200
100
0
複写機
ファクシミリ
138
321
115
192
98
143
92
110
00
01
02
03
(年)

複写機は、海外生産に回したぶんもあって、少しずつ減少。ファクシミリは、パソコンによるメールにとって代わられたのか03年時点で、3年前の約3分の1となっている。

国内と世界の時計業界地図

上段=04年3月 売上高
上段=売上構成

時計（ウオッチ＆クロック）
セイコーウオッチ
セイコープレシジョン
セイコークロック
アルプス電気
03年2月 事業提携
シチズン時計
3,757億円
情報・電子機器 48%
時計 34%
産業機器 7%
他11%
出資（11.8%筆頭）
セイコー
2,098億円
ウオッチ 48%
プレシジョン 18%
眼鏡 12%
クロック 5%
他 16%
03年8月 眼鏡レンズ販売事業を統合
セイコーエプソン
ペンタックス
子会社
カシオ計算機
5,235億円
エレクトロニクス機器 77%
デバイス他 23%
リズム時計
311億円
クロック 51%
電子部品・産業用機械 39%
他 10%
オリエント時計
319億円
情報関連 63%
時計 23%
電子デバイス 14%
三菱商事
03年4月 設立
カシオ（上海）貿易（中）
03年7月 携帯電話で提携
LGテレコム（韓）
04年4月 携帯電話開発で新会社設立
日立製作所
スイスの2大グループ
リシュモングループ
ピアジェ、カルティエ、ヴァンクリーフ&アーベル、ダンヒル、モンブランなど
スウォッチグループ
ブレゲ、ブランパン、グラスヒュッテ・オリジナル、オメガ、ロンジン、ラドーなど
日本の時計業界のライバルはやはりスイスで、リシュモン、スウォッチグループともに、ブランド力を生かし日本企業を脅かしている。ただし、技術的には世界のトップはやはり日本で、水晶（クオーツ）アナログでは世界シェアの7割を占める。時計以外の分野で売上を確保する方策はわかるが、小さなウオッチに込められた技術は、まだまだ“売れる”はずだ。

時計の不調で各社、技術力を生かし多角化！

この業界で売上を伸ばしたのは、カシオ計算機だ。カシオは、LGテレコム（韓）や日立と手を組み、好調の携帯電話分野に積極的に乗り出している。その効果が顕著に現れた。

逆にここ5年間、ジリジリと売上を減少させているのがセイコーだ。眼鏡レンズ販売事業をペンタックスと統合するなど打開策を図るが、本業の時計の売上が伸びず低迷。合併なども視野に入れたカンフル剤が必要な時期に来たようだ。シチズンは、電波時計が好調で、04年中にも中国に投入する予定だ。

世界のウオッチ生産高と日本のシェア

（03年　JCWA推定値）

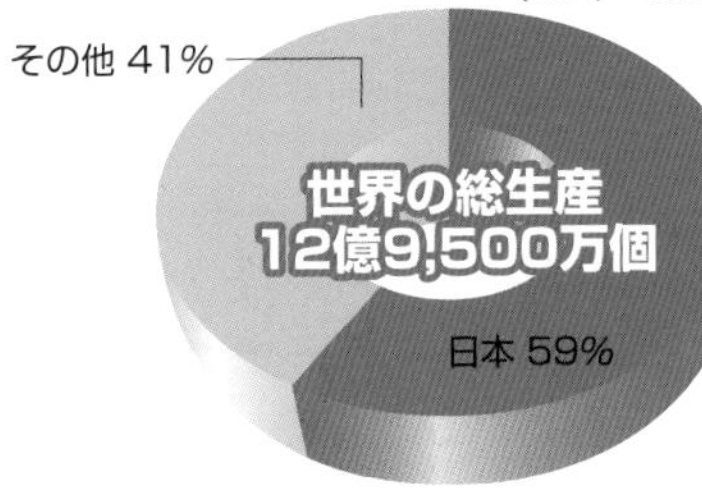
その他 41%
世界の総生産
12億9,500万個
日本 59%

世界のウオッチの生産で日本は約6割を占める。そのなかでも売れ線の水晶（クオーツ）アナログでは72%のシェアで、間違いなく世界のリーダーといえる。

食品業界

The foods business world

業界規模
14兆7,500億円
(本書掲載企業の売上合計)

デフレ、消費低迷の影響で厳しい環境。高付加価値の商品開発を強化

■ 国内の乳製品業界地図
(売上高は04年3月期)
雪印解体で首位へ
1位
明治乳業
売上高 7,218億円
総合乳業2位へ
2位
森永乳業
売上高 5,655億円
乳製品中心に再建へ
3位
雪印乳業
売上高 3,181億円
偽装事件で
解散
ハム・食肉
雪印食品
分離
アイスクリーム(02年10月から営業開始)
ロッテスノー
出資
ロッテ
育児品(02年10月から)
ビーンスターク・スノー
出資
大塚製薬
牛乳(03年1月から)
日本ミルクコミュニティ
統合
全国農協直販
ジャパンミルクネット
雪印乳業市乳事業部
出資
30%
50%
冷凍食品
アクリフーズ
乳酸菌飲料
ネスレ・スノー
出資70%
ニチロ
出資50%
ネスレジャパンホールディング
保有株86.72%から10.2%へ
雪印アクセス
04年4月 商号変更
乳酸菌飲料最大手
ヤクルト本社
売上高 2,388億円
乳酸菌飲料大手
カルピス
売上高 1,202億円(03年12月期)
冷蔵・冷凍食品最大手
日本アクセス
売上高 6,970億円
出資25%
伊藤忠商事
三菱商事、丸紅、三井物産、国分、豊田自動織機など

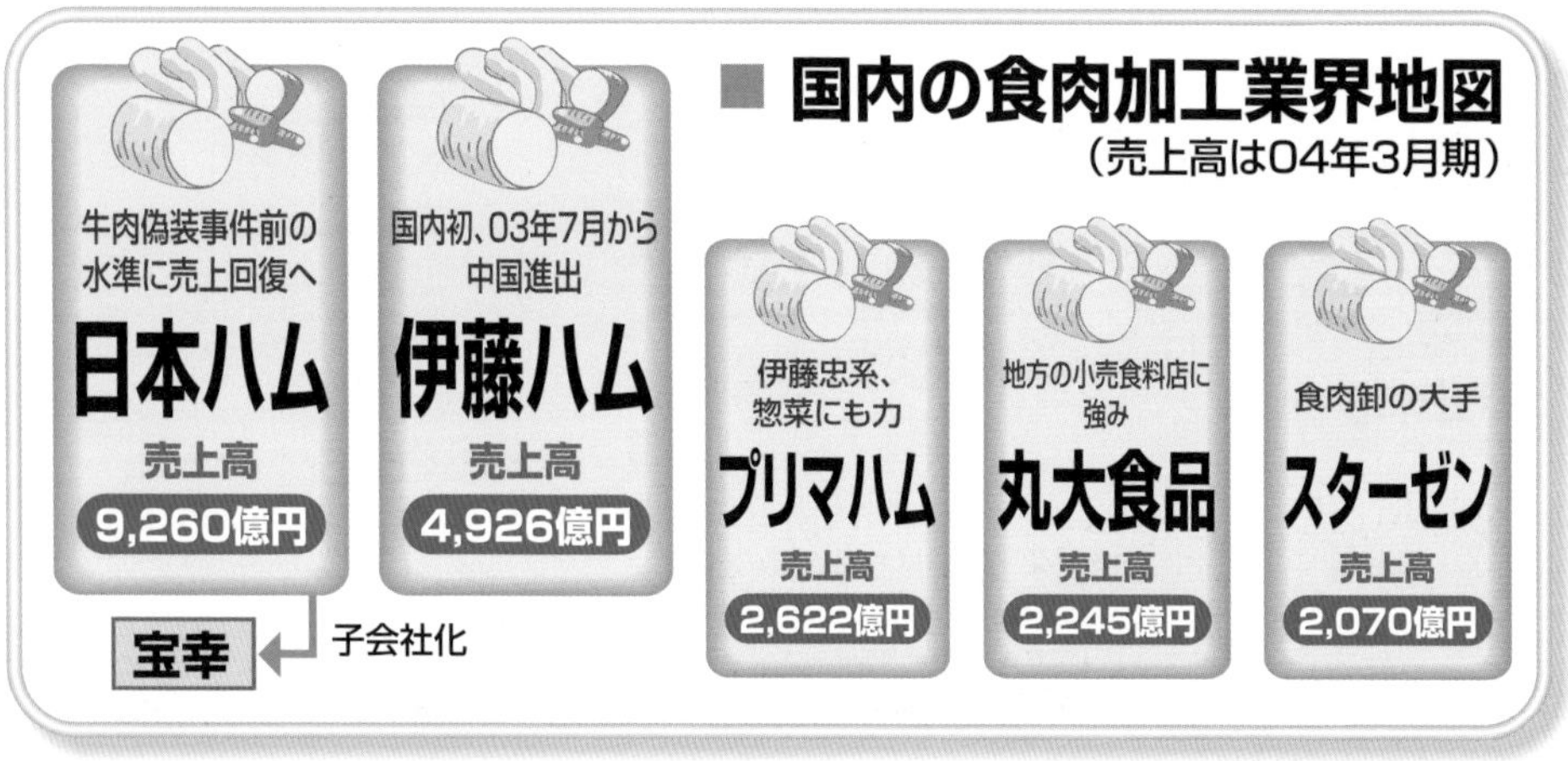
■ 国内の食肉加工業界地図
(売上高は04年3月期)
牛肉偽装事件前の水準に売上回復へ
日本ハム
売上高
9,260億円
国内初、03年7月から中国進出
伊藤ハム
売上高
4,926億円
伊藤忠系、惣菜にも力
プリマハム
売上高
2,622億円
地方の小売食料店に強み
丸大食品
売上高
2,245億円
食肉卸の大手
スターゼン
売上高
2,070億円
宝幸
子会社化

牛乳・乳製品は、デフレ、消費低迷が影響し、市乳類の消費は低迷。業界再編などで競争は激化している。各社とも高付加価値商品の開発を強化。明治乳業は、「明治おいしい牛乳」や「LG21」など収益力の高い商品と物流機能を効率化して利益率を高め、森永乳業は、03年秋に発売した「森永のおいしい牛乳」の拡販に注力している。雪印アクセスは、04年4月、日本アクセスに商号変更した。

食肉業界は、03年は、国内でのBSE(牛海綿状脳症)感染症確認などで業界環境は依然厳しいが、BSEに対する消費者の不安心理は落ち着き、食肉の消費量は回復傾向に。

03年秋、国産牛肉の生産履歴情報を管理・公開する「牛肉トレーサビリティ法」も施行され、大手食肉会社は、こぞって国産牛肉のトレーサビリティシステムを導入した。

食品業界の最大手、味の素は、03年度は全事業が増収。純利益は最高益に。海外進出も積極的で、タイに調味料工場を新設、05年に稼働予定だ。

■ 国内の調味料メーカー業界地図

（売上高は04年3月期）

総合食品最大手、売上高過去最高

1位 味の素
売上高 1兆395億円
タイに調味料工場新設、05年稼働予定。

出資 → AGF（味の素ゼネラルフーズ）
クラフトフーズ（米） 出資 → AGF
系列 カルピス
出資 → カルピス味の素ダノン
ダノン（仏） 出資 → カルピス味の素ダノン
買収 → オルサン（仏）（うまみ調味料メーカー）

国内グループ

〔加工食品〕
- クノール食品
- 味の素冷凍食品

〔調味料〕
- 味の素パッケージング
- 新日本コンマース

海外グループ

調味料16、冷凍食品5、加工食品10

しょう油最大手。国内シェア3割

3位 キッコーマン
売上高 3,346億円

子会社 日本デルモンテ
04年 資本提携 紀文グループ
技術提携 ネスレデルモンテ（米）

マヨネーズ首位

2位 キユーピー
売上高 4,370億円（03年11月期）
中国事業好調。06年、年商25億円に

トマト加工品大手

カゴメ
売上高 1,548億円
05年 独自の品種改良トマト「こくみ」を供給拡大へ

香辛料最大手

ヱスビー食品
売上高 1,089億円
03年9月 スナック菓子（20億円）から撤退

加工食品主力

理研ビタミン
売上高 707億円

カレー首位

4位 ハウス食品
売上高 1,883億円

05年春 東海岸に生産拠点 米子会社

■ 国内の製油業界地図

（売上高は04年3月期）

持ち株会社

日清オイリオグループ
売上高 2,128億円
03年10月 上海に統括会社設立

02年 経営統合 ← 日清オイリオ／リノール油脂／ニッコー製油

「エコナ」で参入

花王
9,026億円（総売上）

持ち株会社

J-オイルミルズ
売上高 1,809億円
生産拠点の再編に着手

03年4月 統合 ← 豊年味の素製油／吉原製油

02年4月 統合 豊年味の素製油 ← 味の素製油／ホーネンコーポレーション

■ 国内の冷凍食品業界地図 （売上高は04年3月期）

水産業界老舗

3位 日本水産
売上高 4,946億円

冷凍食品、冷蔵倉庫トップ

2位 ニチレイ
売上高 4,966億円

加工食品部門拡大中

1位 マルハグループ本社
売上高 7,578億円

水産物貿易中心に転換

極洋
売上高 1,515億円

陸上加工部門強化

ニチロ
売上高 2,503億円

日本たばこ産業（JT） 提携 加ト吉

味の素冷凍食品

フライ類、めん類が柱

4位 加ト吉
売上高 2,748億円

国内の製粉・パスタ製造業界地図

(売上高は04年3月期)

製粉トップ
1位
日清製粉グループ本社
売上高 4,341億円
株を持ち合う
製パントップ
山崎製パン
売上高 7,294億円(03年12月期)
分社独立
日清フーズ
海外事業
アメリカ、カナダ、インド、シンガポール、中国
製粉、油脂、冷食に展開
昭和産業
売上高 1,812億円
ツナ缶詰使用のパスタ
はごろもフーズ
売上高 759億円
加工食品、外食店など多角化
2位
日本製粉
売上高 2,157億円
グループ
オーマイ
冷凍食品
ニップン冷食
準大手、三菱商事系
日東製粉
売上高 318億円

国内の即席めん製造業界地図

(売上高は04年3月期)

海外展開、多角化に積極的
1位
日清食品
売上高 3,200億円
即席めん42%、総合食品業へ
2位
東洋水産
売上高 3,102億円
サッポロ一番がブランド
サンヨー食品
売上高 854億円(03年3月期)
中国1位
提携
康師傅(カンシーフ)
台湾食品大手
提携
統一企業(台)
中国2位
04年 資本提携
河北華龍麺業集団(中)
海外事業
ドイツ、オランダ、アメリカ、インド、中国他
即席めん8割
明星食品
売上高 756億円(03年9月期)
めん類強力
3位
加ト吉
売上高 2,748億円
スナックめん、乾めんも好調
エースコック
売上高 390億円(02年12月期)
合弁会社
ベトナムVIFON-ACECOOK

中国進出企業は2ケタ成長。三井物産系製糖3社合併

大手食品メーカーは、中国での市場開拓を強めている。都市部を中心に、消費・生活水準が上昇し、食品市場が拡大しているためだ。

04年3月期連結決算で売上高が過去最高（3200億円）となった日清食品は、04年4月、中国の即席めん2位の河北華龍麺業集団と資本提携。出資額は約200億円。食品業界では、過去最大規模の中国投資額だ。中国最大手の康師傅（カンシーフ）にはサンヨー食品が約3割を出資、合算すると中国の即席めん市場で半分以上のシェアを握るトップ2社がともに日本メーカーのグループになる。

菓子業界も中国での動きが活発。国内トップの明治製菓は、菓子の販売地域を広州市から北京市まで拡大。ロッテも北京市に「キシリトールガム」の新工場を開設。各社とも中国市場では2ケタ成長が続いている。

製糖最大手の新三井製糖は、同5位の台糖と、中堅のケイ・エス（福岡市）を05年4月に吸収合併する。社名は「三井精糖」。国内シェアは約23%。圧倒的な首位の誕生で、今後の中位、下位の再編は必至だ。

■ 国内の製菓業界地図

(売上高は04年3月期)
医食複合企業、菓子業最大手
1位
明治製菓
売上高 3,688億円
資本参加
スタウファー・ビスケット(米)
買収
ラグーナ・クッキー(米)
技術提携
ユナイテッド・ビスケット(英)
海外事業
米国明治製菓(米)
明治製菓シンガポール
慶州明治(中)他
チョコレート、冷菓が主体
2位
江崎グリコ
売上高 2,649億円
海外事業
タイ、中国、フランス他
摩利哪呻食品(上海)
03年5月 子会社
3位
森永製菓
売上高 1,731億円
製菓大手4社
トータル・ライフ・カンパニー
ロッテ
売上高 約3,500億円
グループ
ロッテリア
ロッテ冷菓
ロッテ商事
千葉ロッテマリーンズ
海外事業
韓国ロッテ
ロッテUSA
タイロッテ
スナック菓子、中国で拡大
カルビー
売上高 1,099億円
ビスケット、米菓大手
ブルボン
売上高 841億円
卸売・洋菓子・洋食店チェーン
不二家
売上高 886億円
B・Rサーティワンアイスクリーム
米菓最大手
亀田製菓
売上高 676億円
和菓子老舗
中村屋
売上高 435億円

■ 国内の製糖業界地図

(売上高は04年3月期)
日新製糖
売上高 433億円
日本甜菜精糖
売上高 477億円
三井精糖
(国内シェア23% 首位へ)
05年4月、合併予定
伊藤忠精糖
売上高 215億円(02年3月期)
大日本明治精糖
売上高 293億円(03年3月期)
ケイ・エス(福岡市)
売上高 67億円(03年3月期)
台糖
売上高 261億円
東洋精糖
売上高 130億円
塩水港精糖
売上高 183億円
新三井製糖
売上高 476億円

27 ビール業界

The beer business world

業界規模
約3兆円
（編集部推定）

業界復活の兆し。アジア・オセアニアへの進出、バイオ戦略が加速！

■ 国内と世界のビール業界地図（売上高は03年12月。シェアは04年上半期）

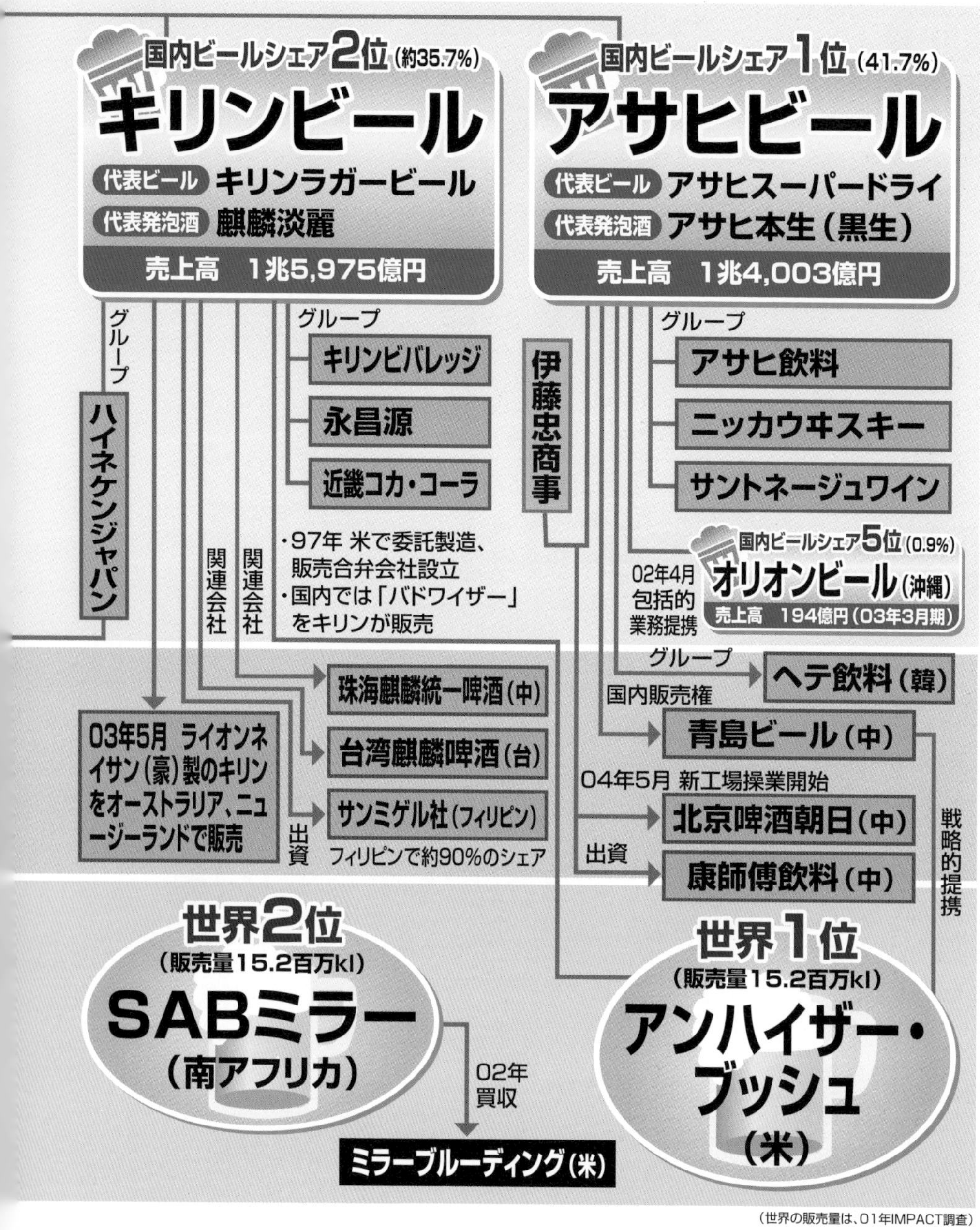
国内ビールシェア2位（約35.7%）
キリンビール
代表ビール キリンラガービール
代表発泡酒 麒麟淡麗
売上高 1兆5,975億円
国内ビールシェア1位（41.7%）
アサヒビール
代表ビール アサヒスーパードライ
代表発泡酒 アサヒ本生（黒生）
売上高 1兆4,003億円
グループ
ハイネケンジャパン
グループ
キリンビバレッジ
永昌源
近畿コカ・コーラ
伊藤忠商事
グループ
アサヒ飲料
ニッカウヰスキー
サントネージュワイン
関連会社
関連会社
・97年 米で委託製造、販売合弁会社設立
・国内では「バドワイザー」をキリンが販売
02年4月 包括的業務提携
国内ビールシェア5位（0.9%）
オリオンビール（沖縄）
売上高 194億円（03年3月期）
グループ
ヘテ飲料（韓）
国内販売権
青島ビール（中）
珠海麒麟統一啤酒（中）
台湾麒麟啤酒（台）
サンミゲル社（フィリピン）
03年5月 ライオンネイサン（豪）製のキリンをオーストラリア、ニュージーランドで販売
出資
フィリピンで約90%のシェア
04年5月 新工場操業開始
北京啤酒朝日（中）
出資
康師傅飲料（中）
戦略的提携
世界2位
（販売量15.2百万kl）
SABミラー
（南アフリカ）
02年買収
ミラーブルーディング（米）
世界1位
（販売量15.2百万kl）
アンハイザー・ブッシュ
（米）

（世界の販売量は、01年IMPACT調査）

近年、減少傾向に陥っていた業界だが、そろそろ底打ち感が出てきた。冷夏の03年とは違い、04年は猛暑にも後押しされ、「ビール復活」の兆しがみえる。トップのアサヒはシェアが初めて40％の大台を突破、2位のキリンとの差を徐々に広げつつある。サッポロ、サントリーは、ともにシェアを減らし、2強の背中が遠くなった。各社、海外での販売強化に乗り出し、台湾、中国などとの連携を深めている。特に、急激な経済成長を続ける中国の需要拡大は大きな魅力だ。キリンは、さらにオーストラリア、フィリピンを拠点に、グローバルな展開を推進。

発泡酒ブームは頭打ち感が否めないが、サッポロはエンドウ豆を使い、ビールでも発泡酒でもない第三のビール「ドラフトワン」を発売。低価格とスッキリ感が受けて大ヒットしている。ほぼ飽和状態にある市場だが、酒類自由化に伴い、各社、宅配業者などへ販路を拡大、さらに新製品開発戦略で競争は続く。

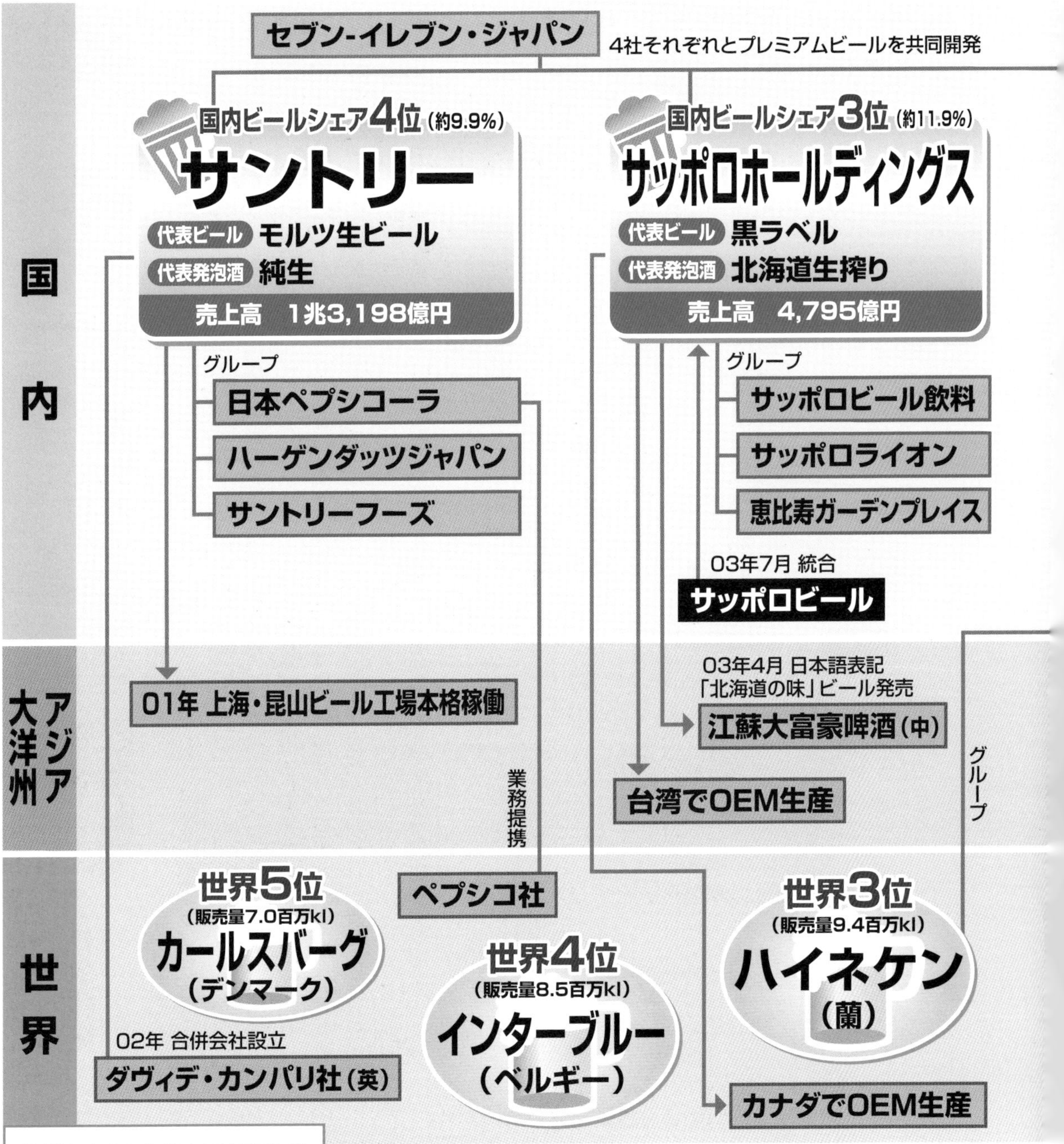
国内
アジア大洋州
世界
セブン-イレブン・ジャパン
4社それぞれとプレミアムビールを共同開発
国内ビールシェア4位（約9.9%）
サントリー
代表ビール モルツ生ビール
代表発泡酒 純生
売上高 1兆3,198億円
グループ
日本ペプシコーラ
ハーゲンダッツジャパン
サントリーフーズ
国内ビールシェア3位（約11.9%）
サッポロホールディングス
代表ビール 黒ラベル
代表発泡酒 北海道生搾り
売上高 4,795億円
グループ
サッポロビール飲料
サッポロライオン
恵比寿ガーデンプレイス
03年7月 統合
サッポロビール
01年 上海・昆山ビール工場本格稼働
03年4月 日本語表記「北海道の味」ビール発売
江蘇大富豪啤酒（中）
台湾でOEM生産
業務提携
グループ
世界5位（販売量7.0百万kl）
カールスバーグ（デンマーク）
ペプシコ社
世界4位（販売量8.5百万kl）
インターブルー（ベルギー）
世界3位（販売量9.4百万kl）
ハイネケン（蘭）
02年 合併会社設立
ダヴィデ・カンパリ社（英）
カナダでOEM生産

業界は、もともとバイオ方面にも強大な基盤を有する。サントリーは遺伝子組み換えにより、不可能といわれた「青いバラ」の開発に世界で初めて成功。将来的に、300億円の市場を夢みる。「ブルービール」が近未来に大ヒットする可能性も。サッポロのドラフトワンは、麦芽を使用しないため税率が低く、低価格を実現。予想を超える大ヒットにつながった。各社ともバイオの研究には、以前から力を注いでおり、ようやく日の目をみる“収穫”の時期がやってきたようだ。最先端のバイオ技術が、今後の市場を大きく変貌させ、各社の生き残りを鮮明にする主要因となりそうで要注目だ。

■国別ビール生産量ベスト10（03年 単位:万kl キリンビール調べ）

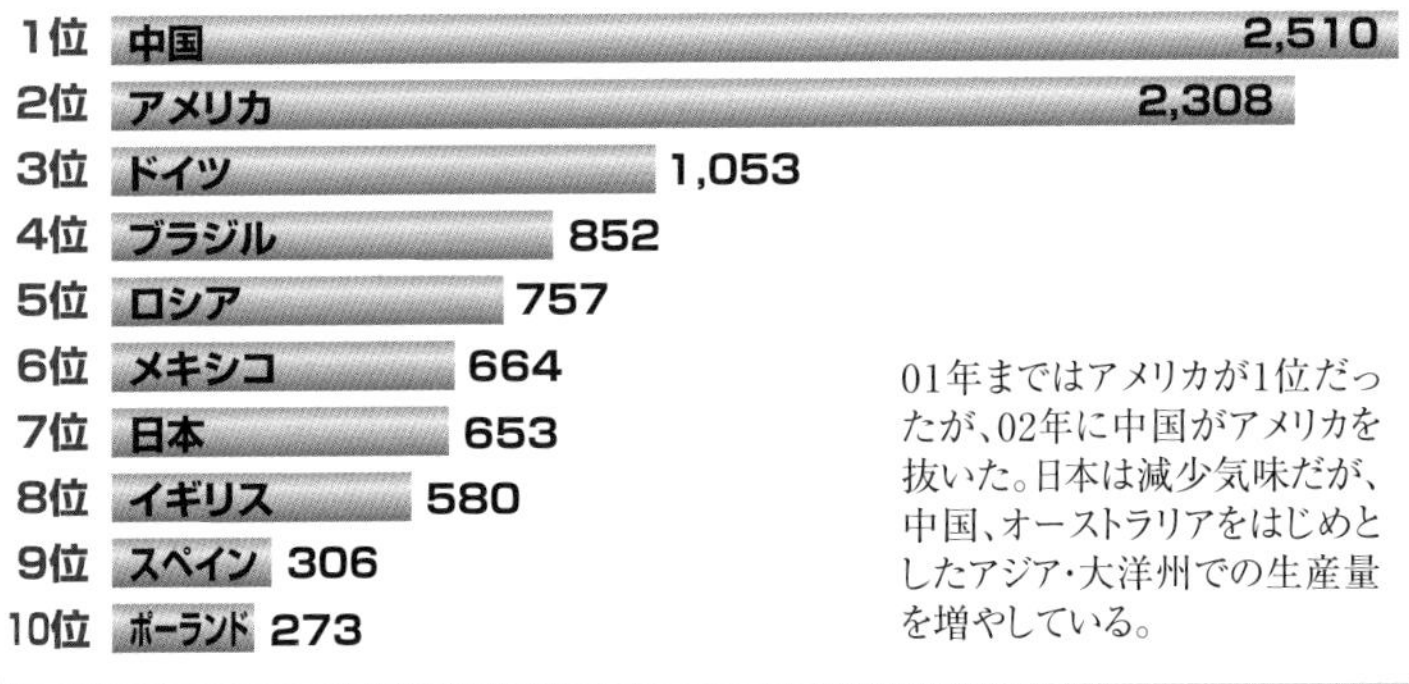
1位 中国 2,510
2位 アメリカ 2,308
3位 ドイツ 1,053
4位 ブラジル 852
5位 ロシア 757
6位 メキシコ 664
7位 日本 653
8位 イギリス 580
9位 スペイン 306
10位 ポーランド 273

01年まではアメリカが1位だったが、02年に中国がアメリカを抜いた。日本は減少気味だが、中国、オーストラリアをはじめとしたアジア・大洋州での生産量を増やしている。

PART 5

28 清涼飲料業界

The soft drink business world

業界規模

約3兆円

(編集部推定)

機能性飲料が好調。ドリンク・シーンの提案は、さらに細分化へ!

市場全体が飽和状態から抜け出せないなか、健康志向の浸透により、機能性飲料とミネラルウォーターが好調に推移している。キリンビバレッジの「アミノサプリ」、サントリーの「アミノ式」など、アミノ酸を前面に押し出し、需要が拡大。ミネラルウォーター市場も、依然として根強い勢いだ。業界の動向は、コカ・コーラグループが経営体制の効率化、営業力強化により、首位を維持した。アサヒ飲料は、ラインオペレーションの効率化、自社製造比率アップで健闘している。

あの手この手の戦略バリエーションとして、各社、ドリンク・シーンの提案があり、アサヒ飲料は「ワンダ モーニングショット」で朝専用を印象づけ、サントリーはBOSSブランドに「仕事中」「休憩中」のシチュエーション戦略で切り込んだ。企業間では、自販機設置エリアのスイート・スポットにおける販売提携がさらに進んでいる。

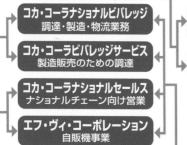

■ 国内の飲料業界地図 (売上高は03年12月期)

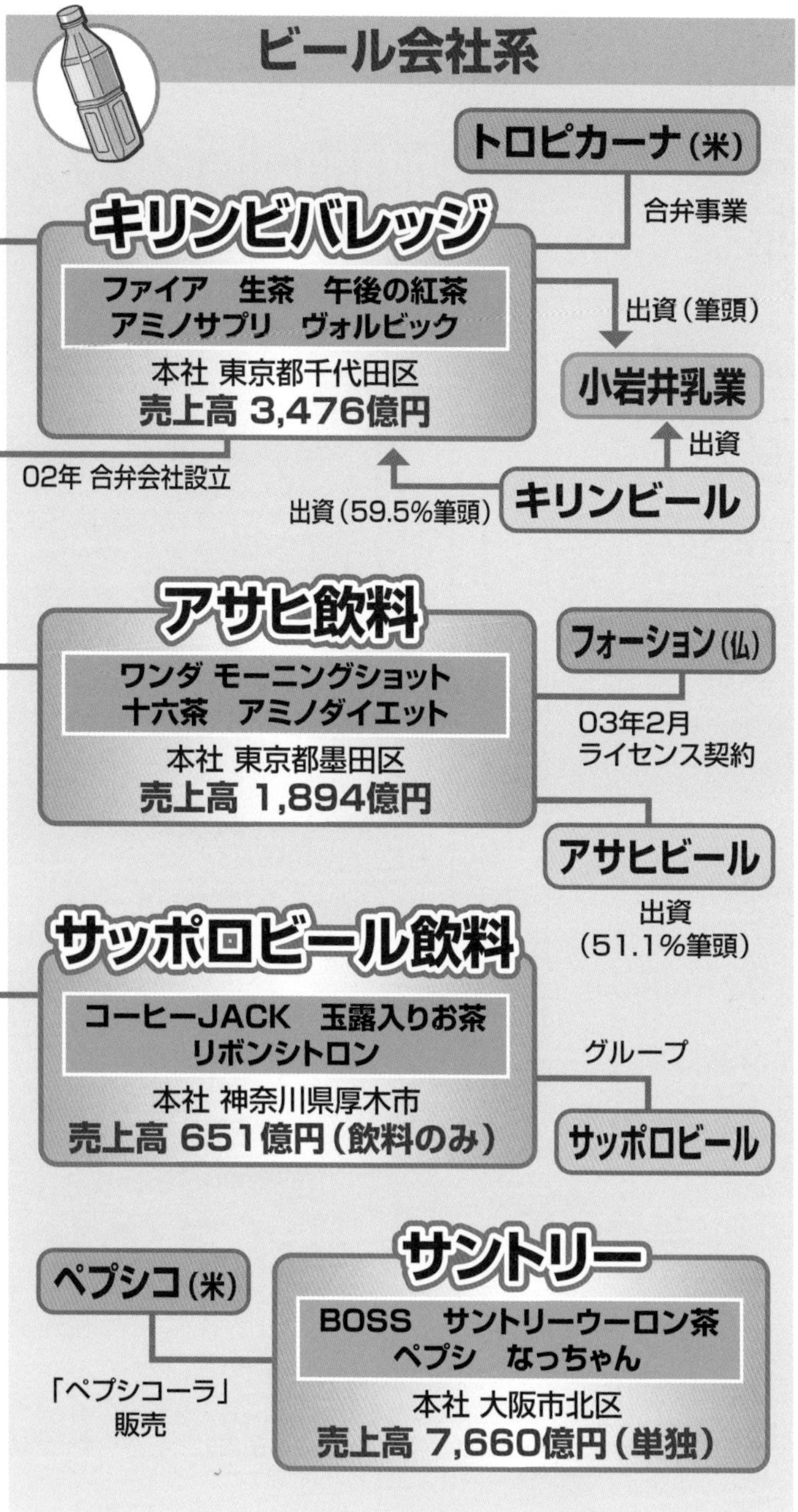
ビール会社系
トロピカーナ(米)
合弁事業
キリンビバレッジ
ファイア　生茶　午後の紅茶
アミノサプリ　ヴォルビック
本社 東京都千代田区
売上高 3,476億円
出資(筆頭)
小岩井乳業
出資
02年 合弁会社設立
出資(59.5%筆頭)
キリンビール
アサヒ飲料
ワンダ モーニングショット
十六茶　アミノダイエット
本社 東京都墨田区
売上高 1,894億円
フォーション(仏)
03年2月
ライセンス契約
アサヒビール
出資
(51.1%筆頭)
サッポロビール飲料
コーヒーJACK　玉露入りお茶
リボンシトロン
本社 神奈川県厚木市
売上高 651億円(飲料のみ)
グループ
サッポロビール
ペプシコ(米)
「ペプシコーラ」
販売
サントリー
BOSS　サントリーウーロン茶
ペプシ　なっちゃん
本社 大阪市北区
売上高 7,660億円(単独)

■ 日本のコカ・コーラシステム (04年2月現在)

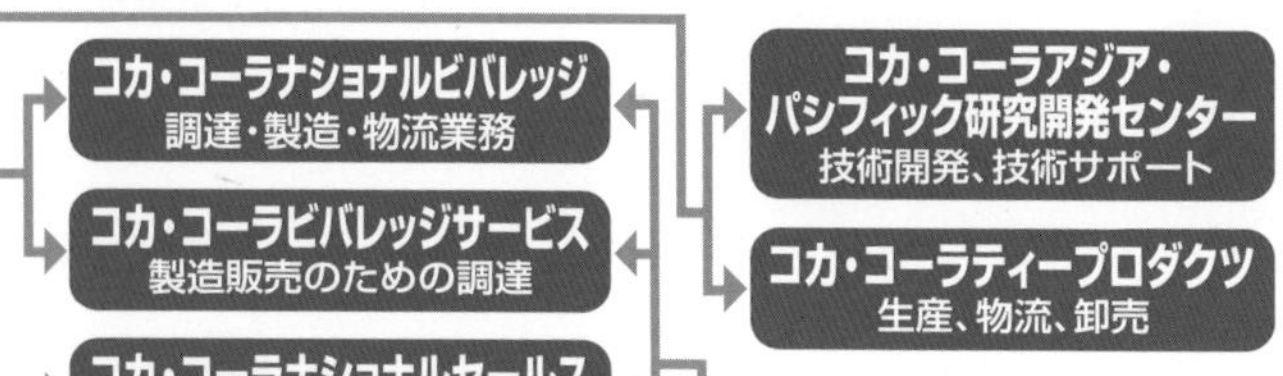
コカ・コーラナショナルビバレッジ
調達・製造・物流業務
コカ・コーラビバレッジサービス
製造販売のための調達
コカ・コーラナショナルセールス
ナショナルチェーン向け営業
エフ・ヴィ・コーポレーション
自販機事業
コカ・コーラアジア・パシフィック研究開発センター
技術開発、技術サポート
コカ・コーラティープロダクツ
生産、物流、卸売

数字でみる日本のコカ・コーラシステム／全従業員数:2万3,000人、営業所数:545ヵ所、セールスルート数:7,500ルート、取引顧客数:55万軒、自動販売機設置数:98万台

コーヒー・緑茶系

UCC上島珈琲
UCC COFFEEミルク&コーヒー缶
UCCブラック無糖
本社 神戸市中央区
売上高 1,235億円（単）

ライセンス契約 — タリーズコーヒーコーポレーション（米）

直営農園：アメリカ／ジャマイカ／インドネシア

伊藤園
お〜いお茶 緑茶　金の烏龍茶
天然系ジャスミン茶
本社 東京都渋谷区
売上高 2,392億円（04年4月期）

03年5月 自販機で販売提携（伊藤園―カルピス）

健康飲料系

ヤクルト本社
ヤクルト400　タフマン
蕃爽麗茶
本社 東京都港区
売上高 2,388億円（04年3月期）

03年7月 自販機で販売提携

グループ：ヤクルト球団／日本クロレラ

提携 — ダノン（仏） — 提携

カルピス
カルピス　健王茶
アミールS　エビアン
本社 東京都渋谷区
売上高 1,202億円

自販機で販売提携

味の素 → 出資（24.9%筆頭）

大塚製薬
オロナミンC　ポカリスエット
エネルゲン
本社 東京都千代田区
売上高 3,350億円（04年3月期）

自販機で販売提携

グループ：大塚ベバレジ → 出資（6.8%）（ポッカコーポレーション）

総合飲料系

ヴァージングループ — 「ヴァージンコーラ」販売

ポッカコーポレーション
ポッカコーヒーオリジナル
深煎りストレートラテ　アミノレモン
本社 名古屋市東区
売上高 953億円（04年3月期）

自動販売機で販売提携（大塚製薬）

出資（6.8%筆頭） — ネスレジャパンホールディング「ネスティー」販売

ダイドードリンコ
ダイドーブレンドコーヒー
葉の茶　ヤンロンチャ
本社 大阪市中央区
売上高 1,439億円（04年1月期）

グループ：大同薬品工業
業務提携：武田薬品工業

国内での閉塞状況打破のため、各社、海外とのリンクが拡大している。アサヒ陣営は、韓国の清涼飲料大手のヘテ飲料を連結子会社化。本格的な韓国市場参入に乗り出した。ダノン（仏）と連携しているキリンビバレッジ、ヤクルト、カルピスは、それぞれ新たな戦略にチャレンジする。新商品が乱立するなか、サントリーは京都の老舗・福寿園と共同開発で「伊右衛門」を発売。ネーミングの意外さもあって緑茶市場では過去最高の出足を記録し、大ヒットした。いずれにしても国内外での研究開発事業が、さらにヒートアップし、次期市場での明暗を左右することになりそう。市場としての中国も各社、無視できない存在だ。

国内のコカ・コーラボトラー（15社）

- 北海道コカ・コーラボトリング　札幌市清田区　売上高776億円
- 近畿コカ・コーラボトリング　大阪府摂津市　売上高1,828億円
- コカ・コーラウエストジャパン　福岡市東区　売上高2,408億円
- 四国コカ・コーラボトリング　香川県高松市　売上高601億円
- 三国コカ・コーラボトリング　埼玉県桶川市　売上高1,277億円
- コカ・コーラセントラルジャパン　横浜市西区　売上高2,051億円

持株会社：中京コカ・コーラボトリング／富士コカ・コーラボトリング

ほかコカ・コーラボトラー（8社）

ザ コカ・コーラ カンパニー（米・アトランタ）
↓
日本コカ・コーラ
製造・販売

PART 5

29 医薬品業界

The medicine business world

業界規模
約5兆7,200億円
(本書掲載企業の売上合計)

海外メーカーの買収攻勢に続き、いよいよ国内でも大型再編の兆し

　ここ数年、世界の医薬品業界は巨大メーカーが合併を繰り返し、大再編が行われた。また、ロシュによる中外製薬の買収、メルクによる万有製薬の子会社化など海外メーカーの日本への進出が続いた。現在、国内15位中、すでに4社が海外資本となっている。ほかにも世界2位のグラクソ・スミスクラインや4位のアベンティス、5位のアストラゼネカの日本法人なども売上を伸ばしており、近年中には売上の上位ランキングに入ってきそうだ。

　国内では大衆製薬など小さなメーカー同士の再編はあったがここにきてついに売上高の上位メーカー、3位の山之内製薬と5位の藤沢薬品工業の合併が決まった。売上高は2社合算で約9000億円強となり、2位に浮上する。首位の武田薬品は静観する構えだが、それ以外のメーカーではさらなる動きがありそうだ。

　また、ライオンや味の素などの異業種からの積極的な参入も目立つ。下位での再編も必至だ。

■ 国内の医薬品業界地図
(売上高は04年3月期)

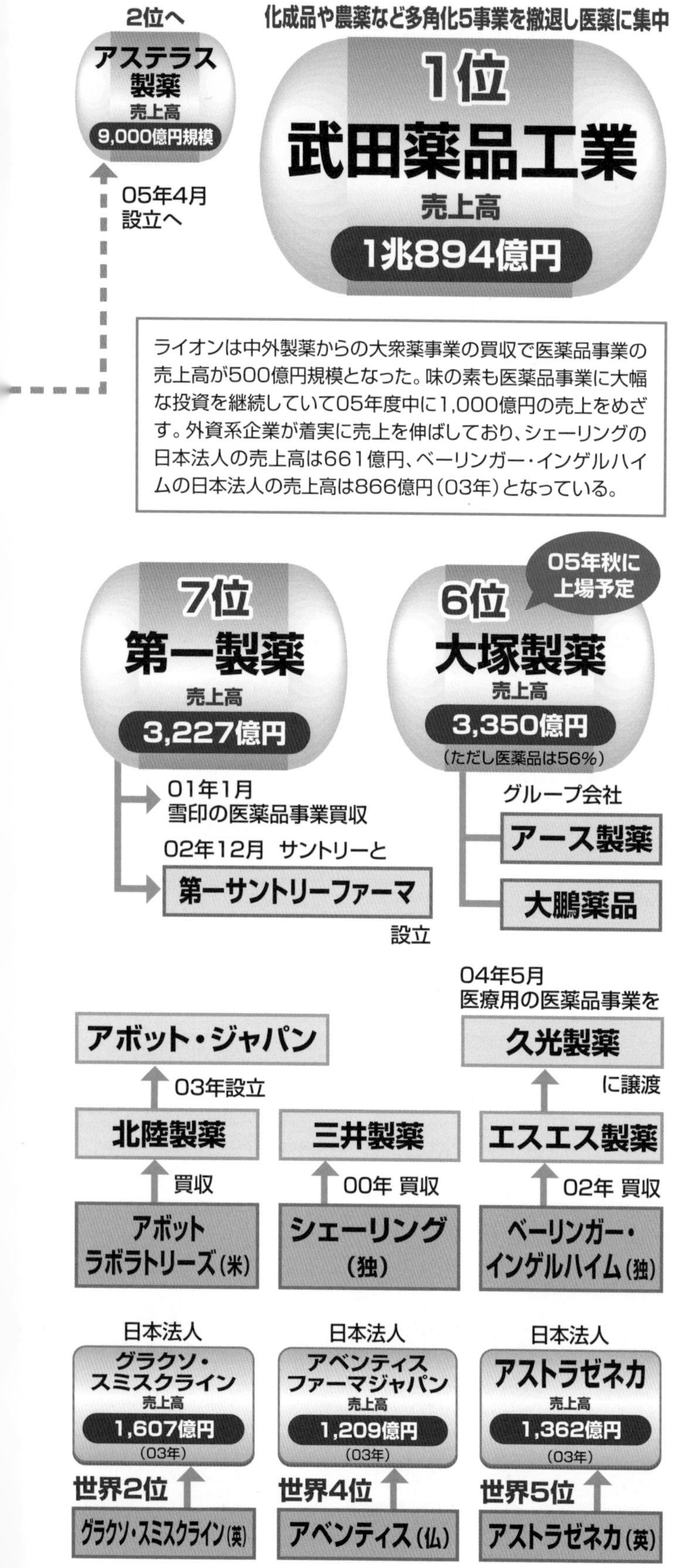
2位へ
アステラス製薬
売上高
9,000億円規模
05年4月設立へ
化成品や農薬など多角化5事業を撤退し医薬に集中
1位
武田薬品工業
売上高
1兆894億円
ライオンは中外製薬からの大衆薬事業の買収で医薬品事業の売上高が500億円規模となった。味の素も医薬品事業に大幅な投資を継続していて05年度中に1,000億円の売上をめざす。外資系企業が着実に売上を伸ばしており、シェーリングの日本法人の売上高は661億円、ベーリンガー・インゲルハイムの日本法人の売上高は866億円(03年)となっている。
7位
第一製薬
売上高
3,227億円
01年1月
雪印の医薬品事業買収
02年12月　サントリーと
第一サントリーファーマ
設立
05年秋に上場予定
6位
大塚製薬
売上高
3,350億円
(ただし医薬品は56%)
グループ会社
アース製薬
大鵬薬品
アボット・ジャパン
03年設立
北陸製薬
買収
アボット ラボラトリーズ(米)
三井製薬
00年 買収
シェーリング(独)
04年5月
医療用の医薬品事業を
久光製薬
に譲渡
エスエス製薬
02年 買収
ベーリンガー・インゲルハイム(独)
日本法人
グラクソ・スミスクライン
売上高
1,607億円
(03年)
世界2位
グラクソ・スミスクライン(英)
日本法人
アベンティス ファーマジャパン
売上高
1,209億円
(03年)
世界4位
アベンティス(仏)
日本法人
アストラゼネカ
売上高
1,362億円
(03年)
世界5位
アストラゼネカ(英)

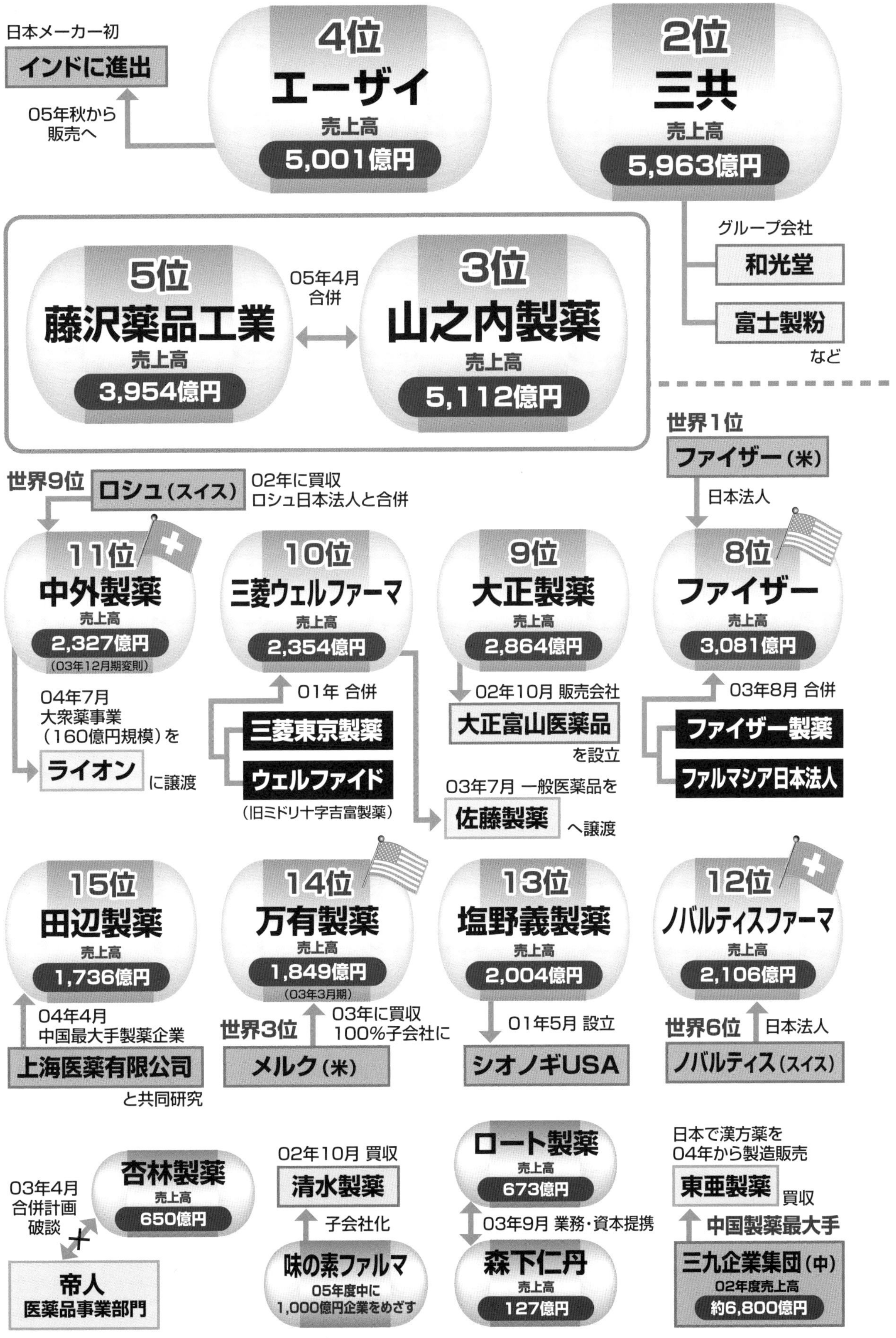
日本メーカー初
インドに進出
05年秋から販売へ
4位
エーザイ
売上高
5,001億円
2位
三共
売上高
5,963億円
グループ会社
和光堂
富士製粉
など
5位
藤沢薬品工業
売上高
3,954億円
05年4月
合併
3位
山之内製薬
売上高
5,112億円
世界1位
ファイザー（米）
日本法人
世界9位
ロシュ（スイス）
02年に買収
ロシュ日本法人と合併
11位
中外製薬
売上高
2,327億円
（03年12月期変則）
04年7月
大衆薬事業
（160億円規模）を
ライオン
に譲渡
10位
三菱ウェルファーマ
売上高
2,354億円
01年 合併
三菱東京製薬
ウェルファイド
（旧ミドリ十字吉富製薬）
03年7月 一般医薬品を
佐藤製薬
へ譲渡
9位
大正製薬
売上高
2,864億円
02年10月 販売会社
大正富山医薬品
を設立
8位
ファイザー
売上高
3,081億円
03年8月 合併
ファイザー製薬
ファルマシア日本法人
15位
田辺製薬
売上高
1,736億円
04年4月
中国最大手製薬企業
上海医薬有限公司
と共同研究
14位
万有製薬
売上高
1,849億円
（03年3月期）
世界3位
03年に買収
100%子会社に
メルク（米）
13位
塩野義製薬
売上高
2,004億円
01年5月 設立
シオノギUSA
12位
ノバルティスファーマ
売上高
2,106億円
世界6位
日本法人
ノバルティス（スイス）
杏林製薬
売上高
650億円
03年4月
合併計画
破談
帝人
医薬品事業部門
02年10月 買収
清水製薬
子会社化
味の素ファルマ
05年度中に
1,000億円企業をめざす
ロート製薬
売上高
673億円
03年9月 業務・資本提携
森下仁丹
売上高
127億円
日本で漢方薬を
04年から製造販売
東亜製薬
買収
中国製薬最大手
三九企業集団（中）
02年度売上高
約6,800億円

日本と海外の製薬会社の研究開発費

（編集部調べ）

	2001年	2002年	2003年
武田薬品工業	1,002	1,242	1,297
三共	816	866	819
山之内製薬	651	668	693
エーザイ	550	597	690
藤沢薬品工業	465	624	731
第一製薬	461	534	459
塩野義製薬	303	311	298
三菱ウェルファーマ	343	482	505
大正製薬	322	295	241
中外製薬	478	485	435

（億円）

●海外メーカー

グラクソ・スミスクライン	約4,500億円
ファイザー	約8,400億円
アベンティス	約3,340億円

海外メーカーと日本メーカーでは、金額が一桁違う。日本メーカーで1,000億円を超えているのは、武田薬品工業のみ。全体的に伸びも緩やかで、急増する気配もない。

世界の医薬品売上ベスト10

（03年 ユート・ブレーン調べ）

順位	商品名	一般名	薬効・薬理	メーカー名	売上高（百万ドル）
1	リピトール	アトルバスタチン	高脂血症薬スタチン	ファイザー／山之内	9,956
2	エポジェン／プロクリット／エスポー	エポエチンα	腎性貧血	アムジェン／J&J／キリン／三共	6,885
3	タケプロン／プレバシッド	ランソプラゾール	抗潰瘍剤PPI	武田／TAP／ワイス他	5,142
4	ゾコール（リポバス）	シンバスタチン	高脂血症薬	メルク	5,011
5	ノルバスク／アムロジン	アムロジピン	降圧剤Ca拮抗剤	ファイザー／住友他	4,768
6	メバロチン／プラバコール	プラバスタチン	高脂血症薬スタチン	三共／BMS	4,746
7	ジプレキサ	オランザピン	総合失調症薬	イーライ・リリー	4,277
8	プラビックス	クロピドグレル	抗血小板薬	サノフィ／BMS	4,131
9	セレタイド／アドベア	サロメテロール+フルチカゾン	抗喘息薬	GSK	3,938
10	パキシル／セロクサット	パロキセチン	抗うつ剤SSRI	GSK	3,338

各社研究開発費に予算をかけるのも、需要のある薬品を生み出し特許を取得することによって、覇権争いの勝者となれる可能性があるからだ。

世界市場に占める日本市場の規模

（01年）（『IMSヘルス・ワールドレビュー2002』より）

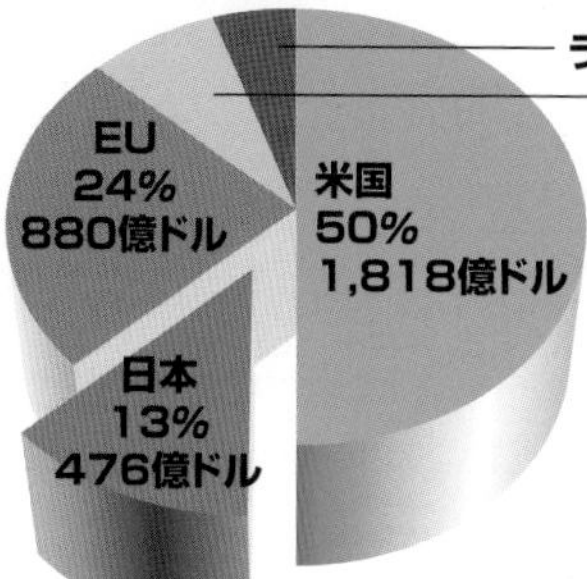
ラテンアメリカ 5%
アジア・アフリカ・オーストラリア 8%
EU 24% 880億ドル
米国 50% 1,818億ドル
日本 13% 476億ドル
合計 3,642億ドル

国別にみると日本はアメリカに次ぐ世界第2位の有力マーケット。アジアではダントツの消費国だ。世界のメーカーが注目するのもうなずける。

国内の医薬品、販売対象別シェア

（日本医薬品卸連合会「クレコンレポート」より）

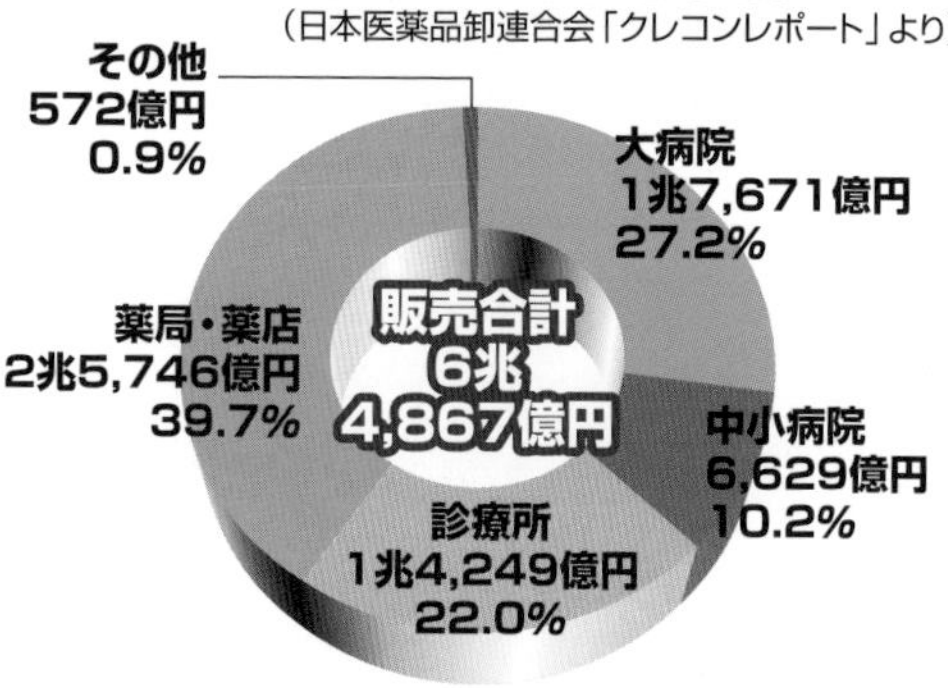
その他 572億円 0.9%
大病院 1兆7,671億円 27.2%
販売合計 6兆 4,867億円
薬局・薬店 2兆5,746億円 39.7%
中小病院 6,629億円 10.2%
診療所 1兆4,249億円 22.0%

02年の統計にみる医薬品の販売先別のシェア。薬局・薬店の中には一般用も含まれるが、販売額の約8割強が医療用だ。

国内の医薬品の用途別生産額の推移

（単位:億円　千万単位四捨五入。厚生労働省HPより）

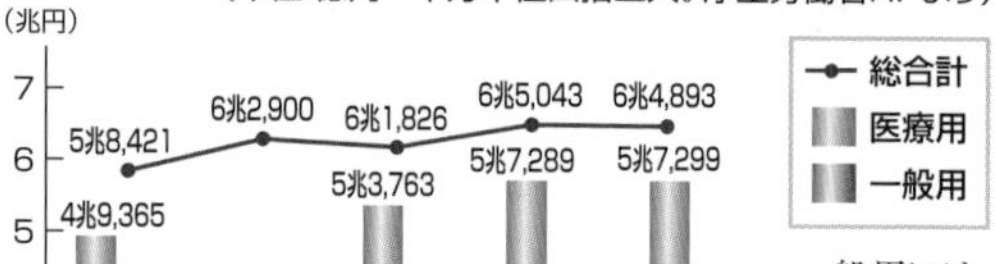
（兆円）
7
6
5
4
3
2
1
0
5兆8,421
6兆2,900
6兆1,826
6兆5,043
6兆4,893
4兆9,365
5兆3,763
5兆7,289
5兆7,299
9,056
5兆4,382
8,519
8,063
7,554
7,594
98
99
00
01
02（年）
総合計
医療用
一般用

一般用には、配置用家庭薬が含まれる。医療用は増えていき、家庭用は少しずつ減少の傾向だ。

研究開発や特許権なども企業再編の要因となる！

世界の医薬品業界は、まだ再編を繰り返している。最新の情報では、04年8月にフランスの製薬大手サノフィ・サンテラボが世界第4位のアベンティス（仏）の株式を89・84％取得し、買収したと発表。現在、3位のメルク（米）を抜いて3位に躍進する。

海外メーカーは左ページの図でもわかるように95年ごろから激しく買収、合併を繰り返し、現在のような順位づけができあがった。1位のファイザーは合併を繰り返し、02年末、世界10位のファルマシアを買収し、一躍5兆円を超える巨大企業となった。

医薬品大手が合併、再編を繰り返す要因として、財務状況はもちろんだが、医薬品の研究開発や開発薬品の特許権などの問題が大きく関わっているのも現実だ。内外のメーカーは膨大な研究開発費をかけ、注目の薬品を開発すれば大きなビジネスになる。また、すでに取得されている（他社の）特許権を掌中にすることは、その企業の業績を確実に飛躍させるからだ。

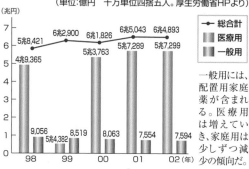

世界の医薬品業界再編図（売上高は02年度）

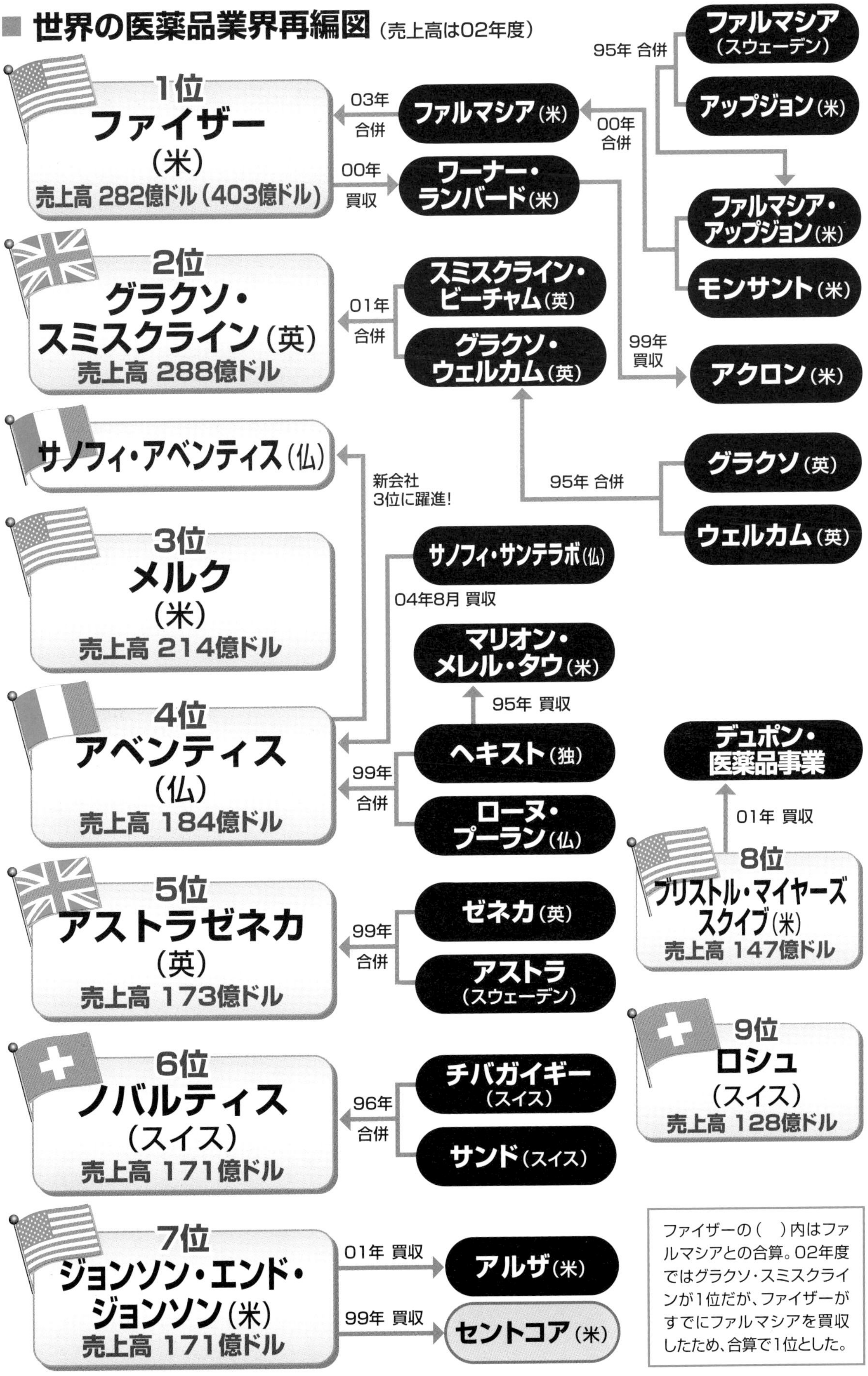
1位
ファイザー
（米）
売上高 282億ドル（403億ドル）
03年 合併
ファルマシア（米）
00年 買収
ワーナー・ランバード（米）
00年 合併
95年 合併
ファルマシア（スウェーデン）
アップジョン（米）
ファルマシア・アップジョン（米）
モンサント（米）
99年 買収
アクロン（米）
2位
グラクソ・スミスクライン（英）
売上高 288億ドル
01年 合併
スミスクライン・ビーチャム（英）
グラクソ・ウェルカム（英）
95年 合併
グラクソ（英）
ウェルカム（英）
サノフィ・アベンティス（仏）
新会社
3位に躍進！
3位
メルク
（米）
売上高 214億ドル
サノフィ・サンテラボ（仏）
04年8月 買収
マリオン・メレル・タウ（米）
95年 買収
4位
アベンティス
（仏）
売上高 184億ドル
99年 合併
ヘキスト（独）
ローヌ・プーラン（仏）
デュポン・医薬品事業
01年 買収
8位
ブリストル・マイヤーズスクイブ（米）
売上高 147億ドル
5位
アストラゼネカ
（英）
売上高 173億ドル
99年 合併
ゼネカ（英）
アストラ（スウェーデン）
9位
ロシュ
（スイス）
売上高 128億ドル
6位
ノバルティス
（スイス）
売上高 171億ドル
96年 合併
チバガイギー（スイス）
サンド（スイス）
7位
ジョンソン・エンド・ジョンソン（米）
売上高 171億ドル
01年 買収
アルザ（米）
99年 買収
セントコア（米）

ファイザーの（　）内はファルマシアとの合算。02年度ではグラクソ・スミスクラインが1位だが、ファイザーがすでにファルマシアを買収したため、合算で1位とした。

30 化粧品業界

The cosmetics business world

業界規模
約1兆4,000万円
(本書掲載企業の売上合計)

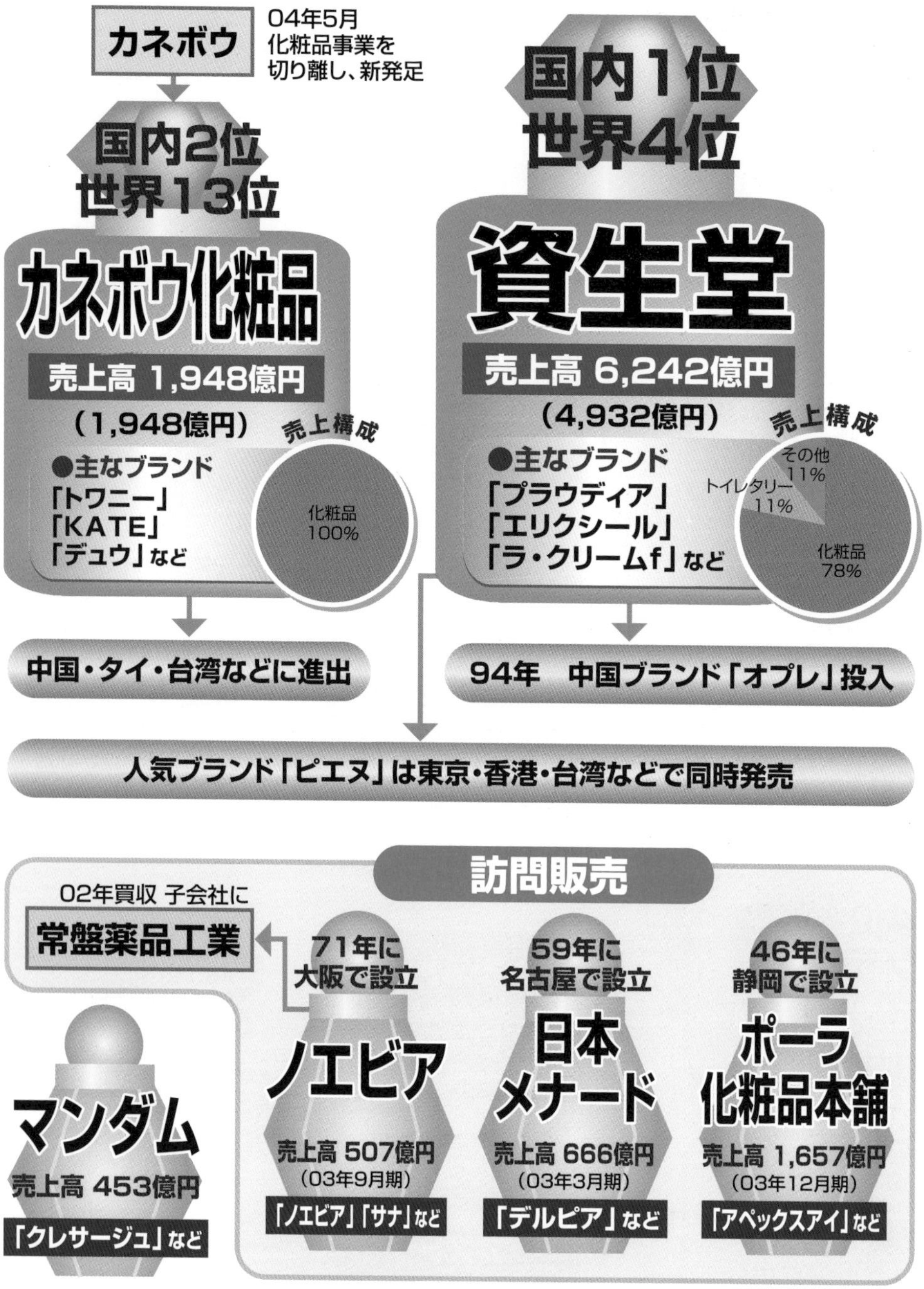
カネボウ
04年5月
化粧品事業を
切り離し、新発足
国内2位
世界13位
カネボウ化粧品
売上高 1,948億円
(1,948億円)
●主なブランド
「トワニー」
「KATE」
「デュウ」など
売上構成
化粧品
100%
国内1位
世界4位
資生堂
売上高 6,242億円
(4,932億円)
●主なブランド
「プラウディア」
「エリクシール」
「ラ・クリームf」など
売上構成
その他
11%
トイレタリー
11%
化粧品
78%
中国・タイ・台湾などに進出
94年　中国ブランド「オプレ」投入
人気ブランド「ピエヌ」は東京・香港・台湾などで同時発売
訪問販売
02年買収 子会社に
常盤薬品工業
71年に
大阪で設立
ノエビア
売上高 507億円
(03年9月期)
「ノエビア」「サナ」など
59年に
名古屋で設立
日本メナード
売上高 666億円
(03年3月期)
「デルピア」など
46年に
静岡で設立
ポーラ化粧品本舗
売上高 1,657億円
(03年12月期)
「アペックスアイ」など
マンダム
売上高 453億円
「クレサージュ」など

再生機構がカネボウに支援。「カネボウ化粧品」が誕生。大手は中国市場を拡大

業界の主要企業は、資生堂、カネボウ、ポーラ化粧品本舗だが、04年度は、創業117年の名門企業、カネボウの動向が注目された。

花王への化粧品事業売却から一転、産業再生機構の支援を要請。5月、本体から主力の化粧品事業を切り離し、新会社「カネボウ化粧品」に営業譲渡した。再生機構は、今後、経営に抜本的なメスを入れ、生き残りをかけたカネボウの化粧品事業再生に動く。カネボウ化粧品では、製品の整理統合でブランド力の強化を図り、再生機構の支援期限となる3年後に売上高2078億円をめざす。

化粧品市場は、新規参入する企業も多く、1000社以上のメーカーがあるという。ちなみに業界団体の日本化粧品工業連合会の加盟企業だけでも700社を超えている。大手企業は、各社とも国内での高級化粧品販売の強化と、海外市場での成長によって売上拡大を狙う。アジア、特に中国市場が拡大。コーセーは中国の百貨店の販売が好調だ。

■ 国内と海外の化粧品業界地図

（売上高は04年3月期。かっこ内の数字は化粧品部門の売上高）

海外メーカー＆ブランド

世界1位
ロレアル（仏）
63年にコーセーと提携。日本進出
→ 96年設立 **日本ロレアル**
「ランコム」「ヘレナルビニ」「ビオテルム」など
↓ 00年資本参加
シュウウエムラの35%の株取得

世界2位
プロクター・アンド・ギャンブル・アソシエイツ（米）
49年に日本進出
→ 91年買収 **MAX FACTOR**
「マックスファクター」「イリューム」など

世界3位
ユニリーバ（英・蘭）
64年に豊年製油と提携。日本進出
→ **日本リーバ**
「ポンズ」「ダウ」など

世界5位
エスティ・ローダ（米）
76年に日本進出
→ **エスティローダグループ・オブ・カンパニー**
→ **クリニークラボラトリーズ**
「エスティローダ」「スティラ」「クリニーク」など

世界6位
エイボン（米）
68年に日本進出
→ **エイボンプロダクツ**

世界15位
モエヘネシールイヴィトン（仏）
→ **ディオール**
→ **ゲラン**

国内メーカー

アルビオン
「EXAGE」など
← 94.9%の株保有子会社

国内3位 世界22位
コーセー
売上高 1,606億円
（1,206億円）
●主なブランド
「ルティーナ」
「マリクレール」
「VISEE」など

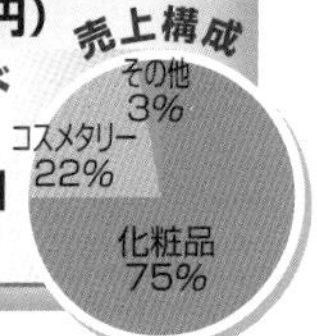
売上構成
その他 3%
コスメタリー 22%
化粧品 75%

国内4位
花王
売上高 9,026億円
（776億円）
●主なブランド
「ソフィーナ」
「AUBE」
「RISE」など

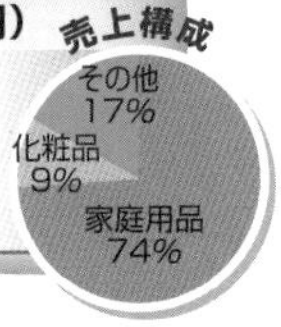
売上構成
その他 17%
化粧品 9%
家庭用品 74%

香港・台湾向けブランド「ファシオ」投入

03年秋 香港・タイ・シンガポール・マレーシアなどで、高級ブランド「ボーテドコーセー」販売

通信販売

82年販売開始
ファンケル
売上高 849億円
（349億円）
「ファンケル」「アテニア」など

83年販売開始
DHC
売上高 977億円
（03年7月期）
「DHC」など

その他のメーカー

ロート製薬　「オバジ」
ソニー　「ワトゥサ」など
味の素　「Jino」
ヤクルト　「ヤクルト化粧品」
東洋水産　「ロゼット」

国内ではトップの資生堂も世界では4位。1位のロレアルは、150ヵ国に進出。売上高は1兆6,000億円に迫り、世界ランクでは突出状態。また、コンビニやドラッグストアなどの販売チャンネルが多様化し、DHCやファンケルなどが売上高を伸ばしている。訪問販売メーカーも顧客に支持され、コンスタントに売り上げている。

PART 5

31 家庭用品業界

The utensil store business world

業界規模
約1兆4,700億円
(本書掲載企業の売上合計)

■ 国内と世界の家庭用品(トイレタリー)業界地図

(売上高は04年3月期。家庭用品部門の売上高)

洗剤
家庭用品の総合企業。紙おむつ、化粧品も注力
花王
売上高 6,704億円
海外子会社
中国、香港、台湾、シンガポール、タイ、アメリカ、スペイン、フランス、ドイツなど
アンドリュー・ジャーゲンズ(米)
KPSS(独)
KMSリサーチ(米)
洗剤
歯みがき首位。洗剤・ヘアケア製品も強力
ライオン
売上高 2,311億円
(03年12月期)
台湾獅王化工股份有限公司など8ヵ国・地域
04年8月 買収
CJ(韓)
中国・台湾で合弁会社
紙おむつ、生理用品で首位
ユニ・チャーム
売上高 2,052億円
化粧品首位。トイレタリー、医薬品に多角化
資生堂
売上高 673億円
芳香剤最大手
小林製薬
売上高 720億円
歯みがき大手
サンスター
売上高 482億円
多角経営
カネボウ
売上高 402億円
芳香消臭剤に注力
エステー化学
売上高 450億円
入浴剤でトップ
ツムラ
売上高 141億円
中国・タイ・オランダなど9カ国に子会社

厳しい事業環境が続く。大手企業は海外戦略で世界ブランドの確立をめざす

業界の主要企業は、花王、ライオン、ユニ・チャームなどがある。一定量の需要は確実に期待できるが、近年下げ止まり傾向にあった市場も、ドラッグストアを中心に価格競争がエスカレートし、価格の下落と販売数量も鈍化して国内出荷額は減少している。依然、事業環境は厳しい状況にあるといわざるを得ない。

コストの削減で収益構造の改善を図り、店頭で販売価格が維持できるような高付加価値商品の投入が必要だ。各企業は、商品開発力、ブランド力の向上が求められている。

事業環境が厳しい中、業界の最大手・花王が発表した04年3月期連結決算は、経常利益が前期比4.4%増の1226億円で23期連続の増益となり、デフレ知らずの勢い。

花王をはじめライオンや資生堂など国内企業は、将来の有望市場・中国をはじめ海外展開に活路を見いだし、大手企業間の海外戦略が本格化。P&Gやユニリーバに対抗でき得る世界ブランドの確立をめざしている。

■日欧米3大メーカー売上高比較

●花王

（1940年設立、資本金854億円、従業員5,724名）

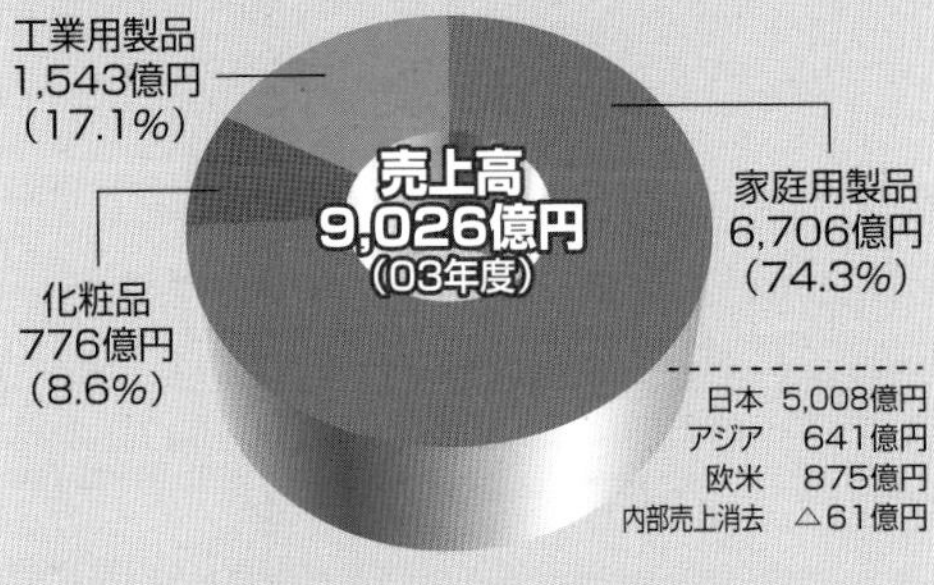
工業用製品
1,543億円
（17.1%）
家庭用製品
6,706億円
（74.3%）
化粧品
776億円
（8.6%）
売上高
9,026億円
（03年度）
日本 5,008億円
アジア 641億円
欧米 875億円
内部売上消去 △61億円

●ユニリーバ

（英・蘭、1930年設立、従業員総数24万7,000名）

マーガリン・
調理用食品他
22%
パーソナル
ケア製品
25%
アイスクリーム・
冷凍食品
15%
ホームケア
製品
18%
調味食品・
ドレッシング
19%
売上高
487億ユーロ
（6兆3,310億円）※
（02年度）

●P&G

（米、1837年設立、従業員9万8,000名）

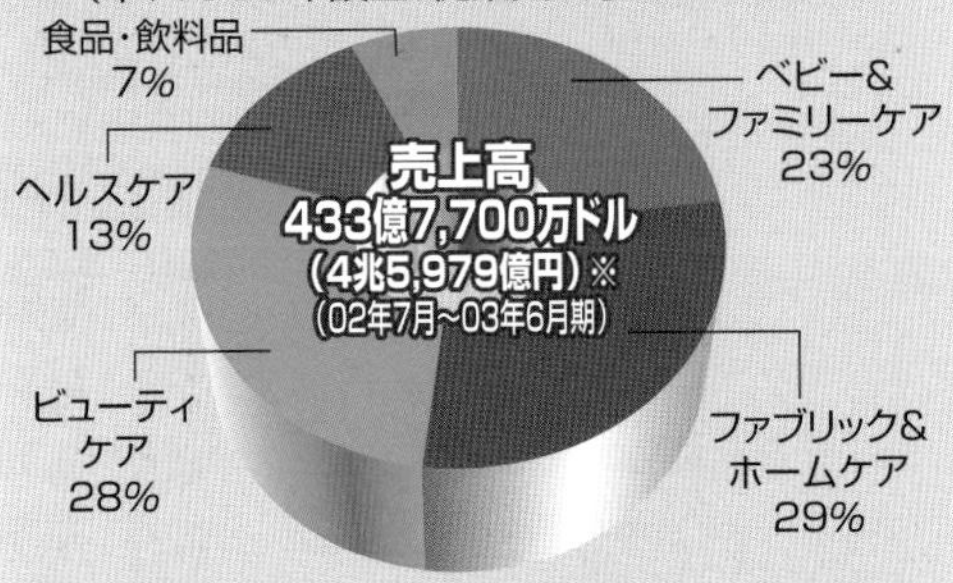
食品・飲料品
7%
ベビー&
ファミリーケア
23%
ヘルスケア
13%
ビューティ
ケア
28%
ファブリック&
ホームケア
29%
売上高
433億7,700万ドル
（4兆5,979億円）※
（02年7月〜03年6月期）

※1ドル=106円　1ユーロ=130円で算出

衣料品・家庭用洗剤　衛生用品
シャンプー・リンス・洗顔料・歯みがき他

外資系企業

P&G（米）

家庭用洗剤で高シェア

プロクター・アンド・ギャンブル・ファー・イースト・インク（P&G）

売上高 106億ドル（03年6月期）
（1兆1,236億円）

ユニリーバ（英・蘭）

シャンプー・リンス首位

日本リーバ

売上高 1,100億円
（BBLジャパン含む）

ジョンソン・エンド・ジョンソン（米）

スキンケア、オーラルケア好調

ジョンソン・エンド・ジョンソン

花王は、03年度も新製品を中心に積極的にマーケティング活動を実施、原料価格上昇の影響を受けたが、工業用製品の拡充や、コストダウン活動などに注力、利益を上昇させた。パーソナルケア製品では、シャンプー・リンスで、03年秋に発売した「アジエンス」が好調、台所用洗剤と衣料用合成洗剤は花王、P&G、ライオンの3強が90%以上のシェア。シャンプー・リンスは日本リーバが1位で花王、資生堂と続く。

花王と世界のトップ2、ユニリーバ、P&Gとの売上を比較すると、花王の家庭用品は、アジアや欧米に進出しているとはいえ、トップ2には及ばない。総売上に占める家庭用品の割合は、ユニリーバが43%、洗顔クリームや脱臭剤では世界のリーダー。

■洗浄剤等の製品販売額の推移（日本石鹸洗剤工業会調べ）

（単位:億円 千万以下は四捨五入）

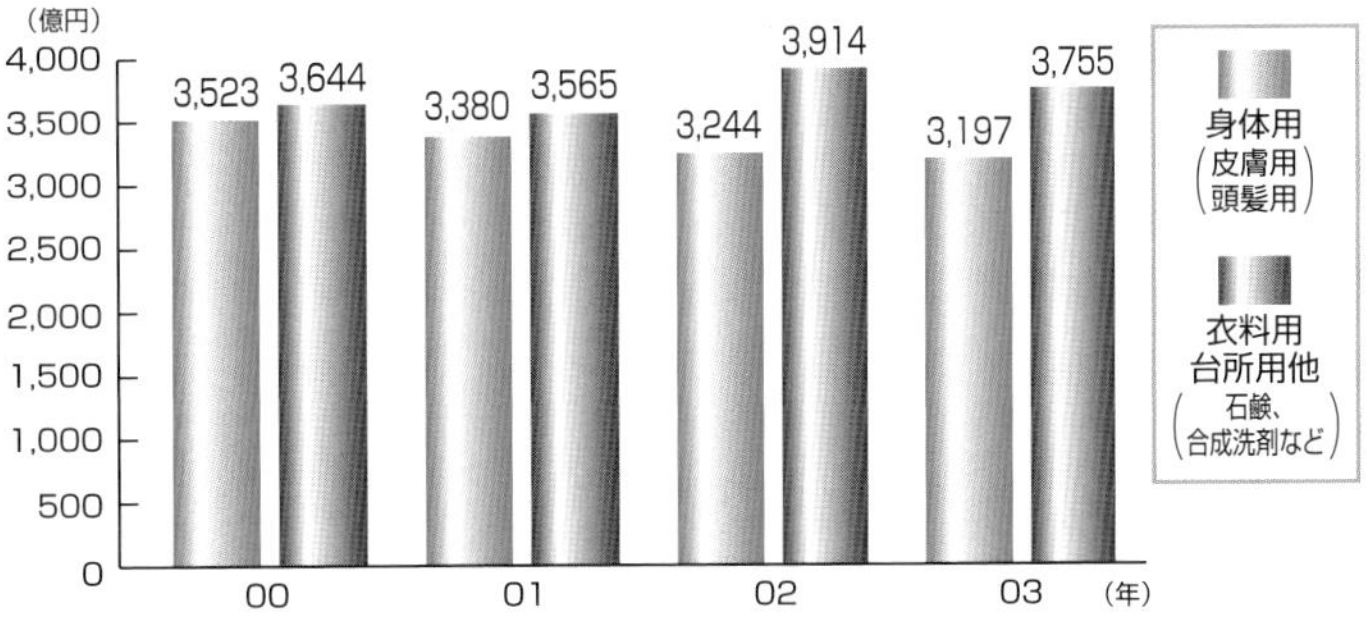
（億円）
4,000
3,500
3,000
2,500
2,000
1,500
1,000
500
0
3,523
3,644
3,380
3,565
3,244
3,914
3,197
3,755
00
01
02
03
（年）
身体用
（皮膚用 頭髪用）
衣料用
台所用他
（石鹸、合成洗剤など）

身体洗浄剤、合成洗剤ともに前年より減少。身体洗浄剤では皮膚用（浴用固形石鹸など）が減り、頭髪用（シャンプーなど）が増えた。合成洗剤では、漂白剤、合成洗剤などが増えた。

■ 国内と世界の業界地図（売上高は04年3月期）

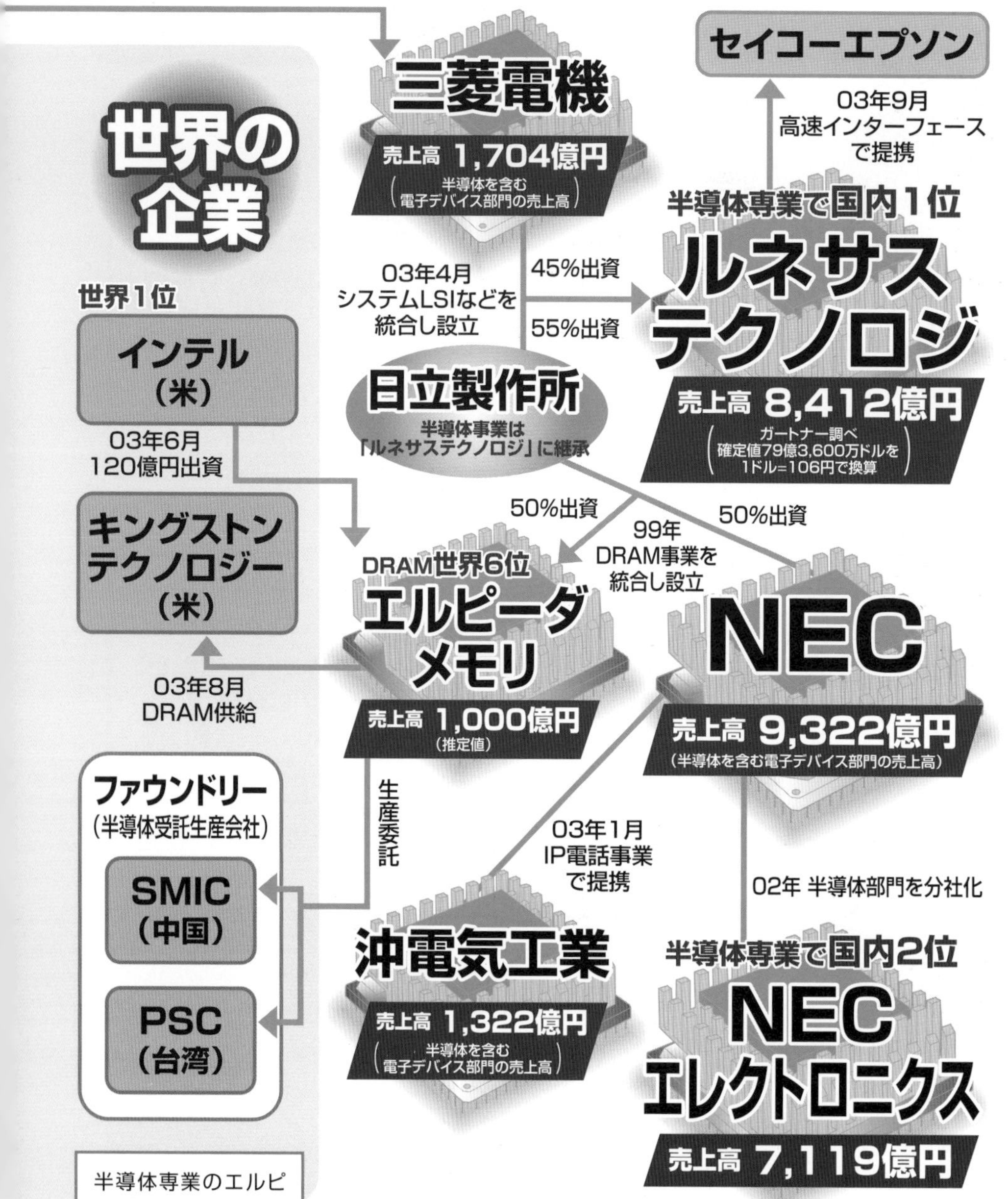
世界の企業
世界1位
インテル（米）
03年6月
120億円出資
キングストンテクノロジー（米）
03年8月
DRAM供給
ファウンドリー（半導体受託生産会社）
SMIC（中国）
PSC（台湾）
生産委託
三菱電機
売上高 1,704億円
（半導体を含む電子デバイス部門の売上高）
セイコーエプソン
03年9月
高速インターフェースで提携
03年4月
システムLSIなどを統合し設立
45%出資
55%出資
半導体専業で国内1位
ルネサステクノロジ
売上高 8,412億円
（ガートナー調べ 確定値79億3,600万ドルを1ドル=106円で換算）
日立製作所
半導体事業は「ルネサステクノロジ」に継承
50%出資
99年
DRAM事業を統合し設立
50%出資
DRAM世界6位
エルピーダメモリ
売上高 1,000億円
（推定値）
NEC
売上高 9,322億円
（半導体を含む電子デバイス部門の売上高）
03年1月
IP電話事業で提携
02年 半導体部門を分社化
沖電気工業
売上高 1,322億円
（半導体を含む電子デバイス部門の売上高）
半導体専業で国内2位
NECエレクトロニクス
売上高 7,119億円

業界規模
約4兆4,000億円
（経済産業省03年生産動態統計より）

刻々と発展・進化する業界。世界最大のDRAM工場が国内に誕生予定！

今や半導体は国内の中心的産業のひとつであり、電機・機械をはじめとして、あらゆるジャンルへの需要は急拡大を遂げている。IT不況を経て、現在、デジタル家電などの隆盛で市場は回復傾向にあるが、競争激化に伴ない、各社、再編の動きが進んでいる。

三菱電機と日立製作所が設立したルネサステクノロジは、半導体専業で国内トップ。世界ランクでも、インテル、サムスンに次いで3位と健闘している。NECと日立製作所がDRAM事業で統合したエルピーダメモリは、DRAMで世界6位。

市場全体の動向は、カメラ付き携帯電話、デジタル家電などの需要急進と、地上デジタル放送、アテネ五輪が追い風になり、今後も好調に推移する見込み。

半導体専業のエルピーダメモリは、世界最大のDRAM工場を建設予定。カメラ付き携帯電話、デジタル家電などのDRAM需要が今後も増大すると判断、生産体制をアップさせる。現在の市場シェアは6位だが、首位のサムスンを視野に入れて追い上げを図る。新工場では、処理速度の高い先端DRAMを量産。第三世代携帯電話、高精細のデジタルテレビなどへの需要拡大に備える。

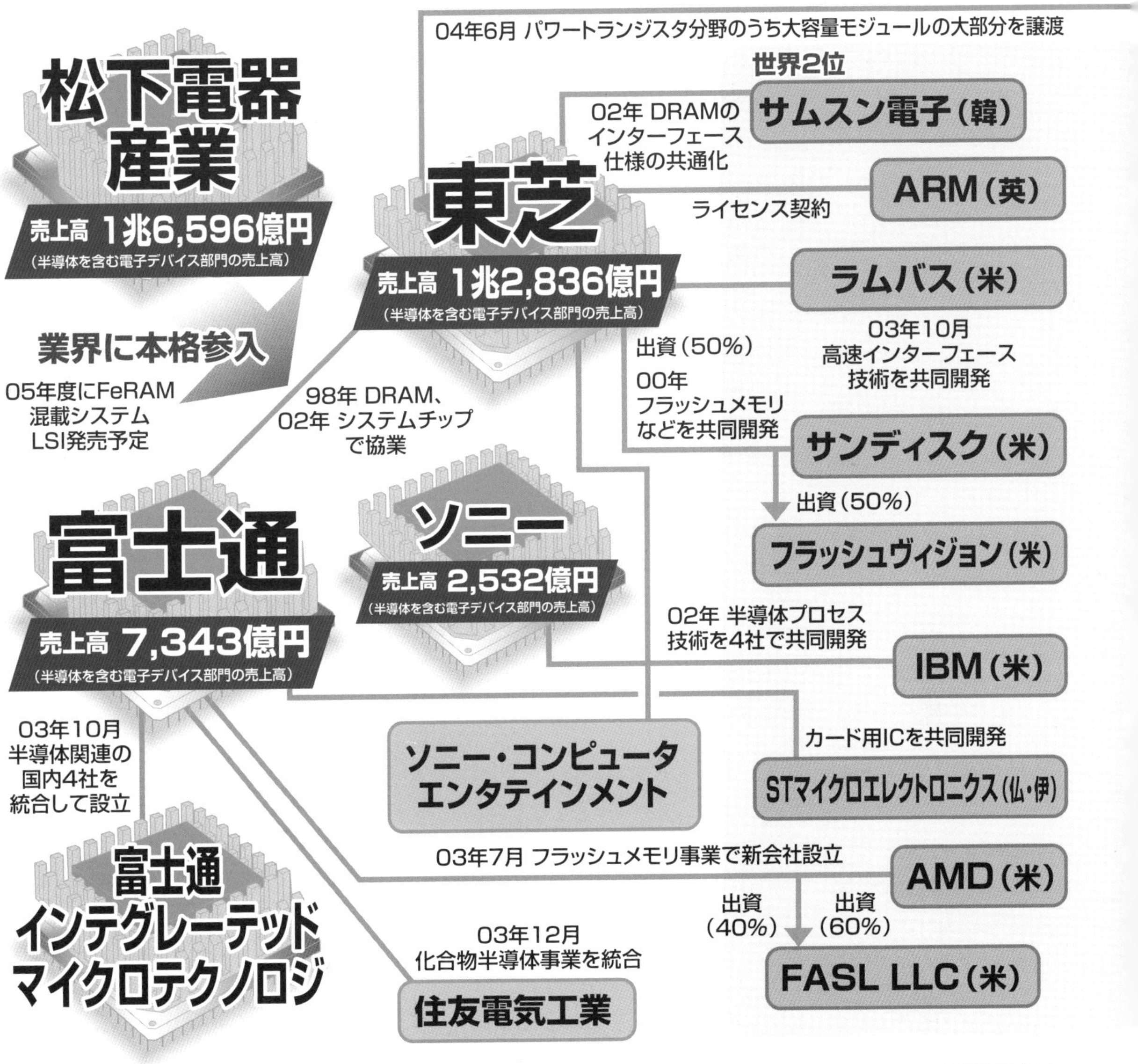
松下電器産業
売上高 1兆6,596億円
（半導体を含む電子デバイス部門の売上高）
業界に本格参入
05年度にFeRAM
混載システム
LSI発売予定
東芝
売上高 1兆2,836億円
（半導体を含む電子デバイス部門の売上高）
04年6月 パワートランジスタ分野のうち大容量モジュールの大部分を譲渡
世界2位
サムスン電子（韓）
02年 DRAMの
インターフェース
仕様の共通化
ARM（英）
ライセンス契約
ラムバス（米）
03年10月
高速インターフェース
技術を共同開発
出資（50％）
00年
フラッシュメモリ
などを共同開発
サンディスク（米）
出資（50％）
フラッシュヴィジョン（米）
98年 DRAM、
02年 システムチップ
で協業
ソニー
売上高 2,532億円
（半導体を含む電子デバイス部門の売上高）
02年 半導体プロセス
技術を4社で共同開発
IBM（米）
富士通
売上高 7,343億円
（半導体を含む電子デバイス部門の売上高）
ソニー・コンピュータ
エンタテインメント
カード用ICを共同開発
STマイクロエレクトロニクス（仏・伊）
03年10月
半導体関連の
国内4社を
統合して設立
富士通
インテグレーテッド
マイクロテクノロジ
03年7月 フラッシュメモリ事業で新会社設立
AMD（米）
出資
（40％）
出資
（60％）
FASL LLC（米）
03年12月
化合物半導体事業を統合
住友電気工業

■ 再編のキーワードとなる半導体用語解説

DRAM ダイナミック・ランダム・アクセス・メモリ。書き込み、読み出しが何度でもできる半導体チップ。ただし、電源を切るとデータは失われてしまう。パソコンなどに使われ半導体の中心的存在。

MPU マイクロ・プロセッサー。超小型処理装置と訳され、コンピュータ内で演算処理を行う心臓部の半導体チップ。今ではパソコンだけではなく、携帯電話・デジタル家電などにも使われ始めている。

SRAM スタティック・ランダム・アクセス・メモリ。DRAMに比べて低消費電力で、主に携帯電話のメモリとして使われている。これから携帯電話の普及が期待される中国などでの消費が期待される。

フラッシュメモリ 記憶の書き込み・消去が何度でもできる半導体チップ。電気的に行うが電源を切っても記憶は消えない。デジタルカメラや家庭用ゲームなどに使われる。デジカメが売れセンの今、注目の半導体だ。

FeRAM DRAMと機能は似ているが、こちらは電源を切っても記憶内容が消えない。フラッシュメモリと似ているが、それより10倍以上速い読み書きが可能だ。DRAMに次ぐ、中心的半導体だ。

システムLSI 異なる機能の半導体を集めた大規模集積回路。汎用というよりは、ある製品用に専用に開発することが多く、その分高度な技術力が必要で価格も高く売れる。日本企業の技術を生かせる部分でもある。

■ DRAMの世界シェア上位5社

（03年 米アイサプライ調べ）

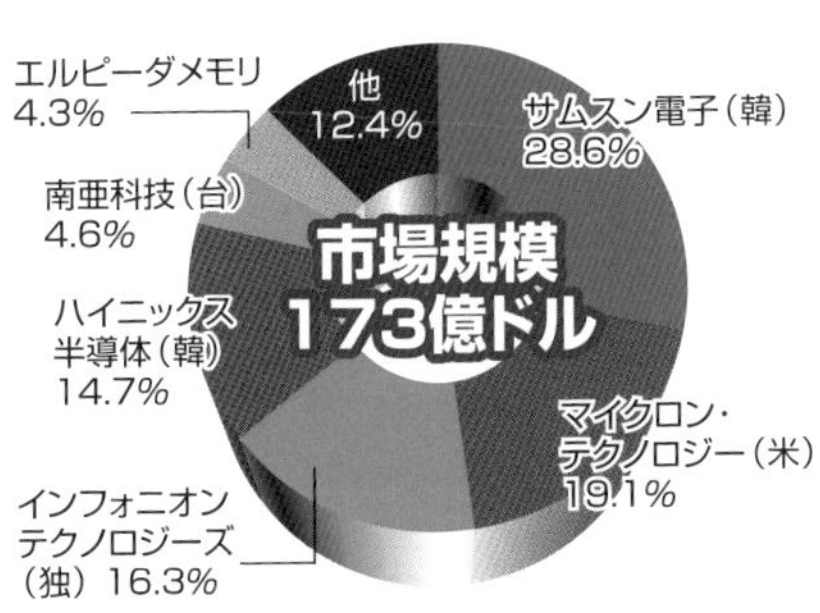
エルピーダメモリ
4.3％
他
12.4％
サムスン電子（韓）
28.6％
南亜科技（台）
4.6％
市場規模
173億ドル
ハイニックス
半導体（韓）
14.7％
マイクロン・
テクノロジー（米）
19.1％
インフォニオン
テクノロジーズ
（独）16.3％

03年、4位だったインフォニオンテクノロジーズ（独）が3位に躍進。同社はシーメンスの半導体事業から独立した企業。エルピーダメモリは4.3％で6位だった。

電子部品業界

The electronic parts business world

業界規模
約4兆7,000億円
(本書掲載企業の売上合計)

■ 国内の電子部品業界地図（売上高は04年3月期）

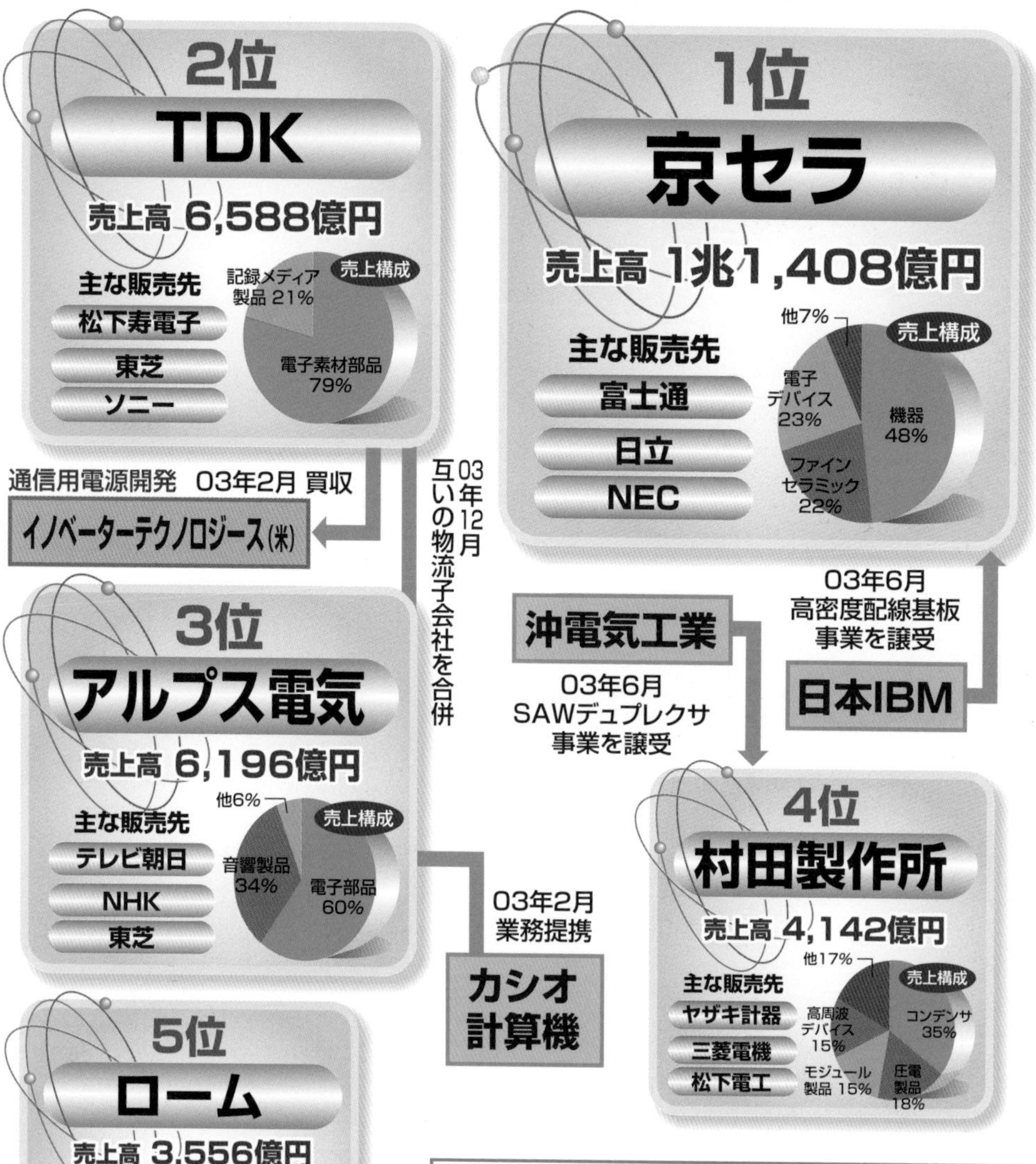
1位
京セラ
売上高 1兆1,408億円
主な販売先
富士通
日立
NEC
売上構成
他7%
電子デバイス 23%
機器 48%
ファインセラミック 22%
2位
TDK
売上高 6,588億円
主な販売先
松下寿電子
東芝
ソニー
売上構成
記録メディア製品 21%
電子素材部品 79%
通信用電源開発 03年2月 買収
イノベーターテクノロジース(米)
03年12月 互いの物流子会社を合併
3位
アルプス電気
売上高 6,196億円
主な販売先
テレビ朝日
NHK
東芝
売上構成
他6%
音響製品 34%
電子部品 60%
03年2月 業務提携
カシオ計算機
沖電気工業
03年6月 SAWデュプレクサ事業を譲受
03年6月 高密度配線基板事業を譲受
日本IBM
4位
村田製作所
売上高 4,142億円
主な販売先
ヤザキ計器
三菱電機
松下電工
売上構成
他17%
高周波デバイス 15%
コンデンサ 35%
モジュール製品 15%
圧電製品 18%
5位
ローム
売上高 3,556億円
主な販売先
松下G
ソニーG
日立G
売上構成
受動部品7%
ディスプレイ 10%
集積回路 44%
半導体素子 39%

京セラは「多結晶シリコン」を使った低コストの太陽電池を開発。不純物を低減するなどして電池性能をアップさせることで、変換効率は世界最高となる。磁気ヘッドなどでシェアを競っているTDKとアルプス電気は互いの物流子会社を合併、海外事業のインフラを充実させる。

精密化技術は世界一！ 携帯電話・パソコンなどで需要は堅調に推移

抵抗器、コンデンサ、コネクタ、電子回路基板などの生産に携わるのが電子部品業界だ。国内企業の精密化・小型化技術は世界的にも優秀で、独立系や中小企業が多い。

トップの京セラは、携帯電話や自動車向けのファインセラミックが好調に推移。2位のTDKは、磁気ヘッドやコンデンサの価格が下落し伸び悩む。昨年4位のアルプス電気は、TDKと互いの物流子会社を合併し、3位に躍進した。入れ替わって、村田製作所は4位転落。

市場の見通しとしては、パソコン、携帯電話向けなどの需要は好調だが、価格下落傾向は続行しており、明暗を分けている。コンデンサ、磁気ヘッドなどの単価下落にブレーキがかかるかどうかが業績拡大へのポイントだ。モーター専業では、日本電産が小型精密モーターに強い三協精機製作所を傘下に収めた。小型精密モーターはデジタル家電・携帯端末向けに需要が拡大中で、開発バトルが激化しそうだ。

モーター専業

マブチモーター

売上高 1,057億円

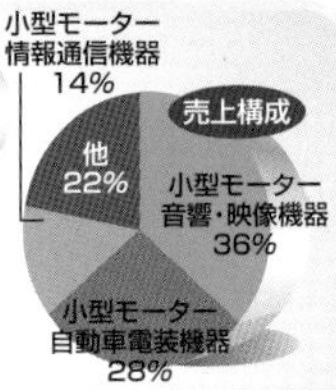
売上構成
小型モーター 情報通信機器 14%
他 22%
小型モーター 音響・映像機器 36%
小型モーター 自動車電装機器 28%

6位 日本電産

売上高 3,290億円

主な販売先

日立G　シーゲイト

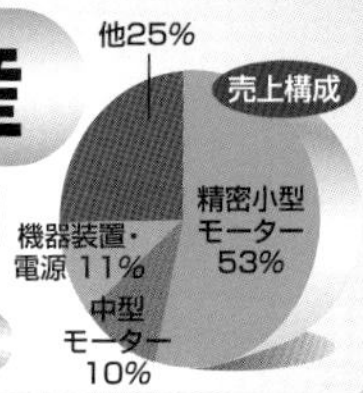
他25%
売上構成
精密小型モーター 53%
機器装置・電源 11%
中型モーター 10%

コンデンサ専業

日本ケミコン

売上高 1,022億円

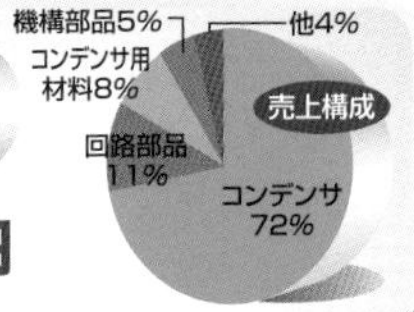
機構部品5%
他4%
コンデンサ用材料8%
売上構成
回路部品 11%
コンデンサ 72%

ニチコン

売上高 1,008億円

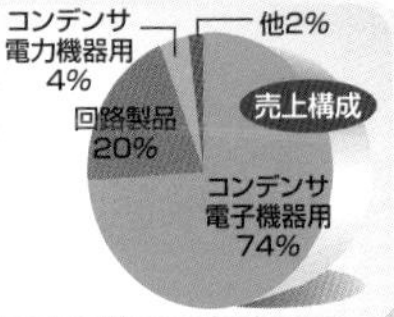
コンデンサ電力機器用 4%
他2%
売上構成
回路製品 20%
コンデンサ電子機器用 74%

7位 ホシデン

売上高 2,253億円

主な販売先

松下電器　シャープ

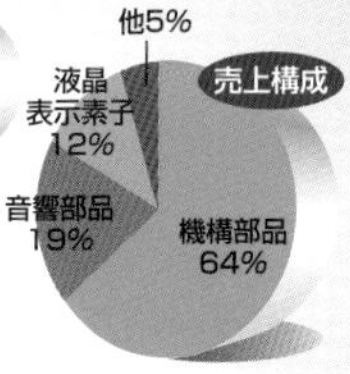
他5%
液晶表示素子 12%
売上構成
音響部品 19%
機構部品 64%

8位 イビデン

売上高 2,205億円

主な販売先

インテル　ノキア

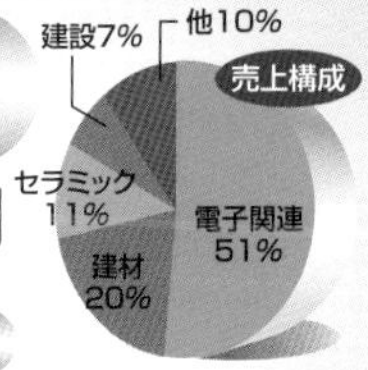
建設7%
他10%
売上構成
セラミック 11%
電子関連 51%
建材 20%

9位 ミツミ電機

売上高 2,142億円

主な販売先

HP　任天堂

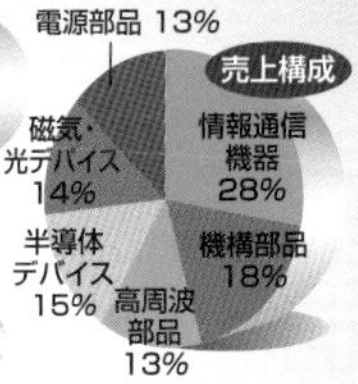
電源部品 13%
売上構成
磁気・光デバイス 14%
情報通信機器 28%
半導体デバイス 15%
機構部品 18%
高周波部品 13%

10位 太陽誘電

売上高 1,633億円

主な販売先

日立メディコ　住友商事

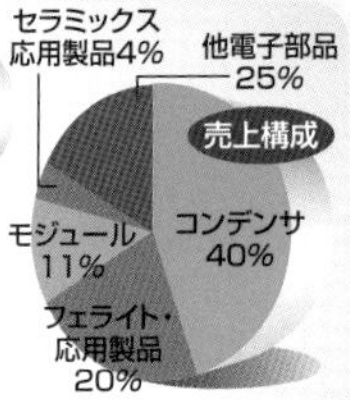
セラミックス応用製品4%
他電子部品 25%
売上構成
モジュール 11%
コンデンサ 40%
フェライト・応用製品 20%

■ 液晶とプラズマパネルにおける大手各社の動き

プラズマパネル

共同生産：サムスン電子（韓）、ソニー

富士通 → 03年7月 5社で共同開発する新会社「次世代PDP開発センター」設立 ← パイオニア

日立 →（同上）← NEC

富士通・日立：事業統合

松下電器 →（同上）

東芝・松下電器：液晶事業統合

ソニー　05年1月 3社で液晶パネルの合弁会社設立　シャープ

液晶パネル

最先端ディスプレイ

東芝	FED	電解放出型ディスプレイ＝ブラウン管と最新の電子技術を組み合わせたディスプレイ	キヤノン
三菱電機	DLP	デジタルライト・プロセッシング＝100万枚以上の微細な鏡に光を反射させて画像を作る	TI（米）
三洋電機	有機EL	有機エレクトロ・ルミネッセンス＝数十マイクロメートルの微細な画素自体が発光する。	コダック

■ 国内の電子部品の種類と生産額

（03年　経済産業省「生産動態統計」　千万単位は四捨五入）

受動部品とは抵抗器、トランスなど。接続部品とはコネクタ、スイッチなど。その他には光ディスクなどの記憶部品が含まれる。ただし、ここでは液晶パネルや半導体は除外されている。

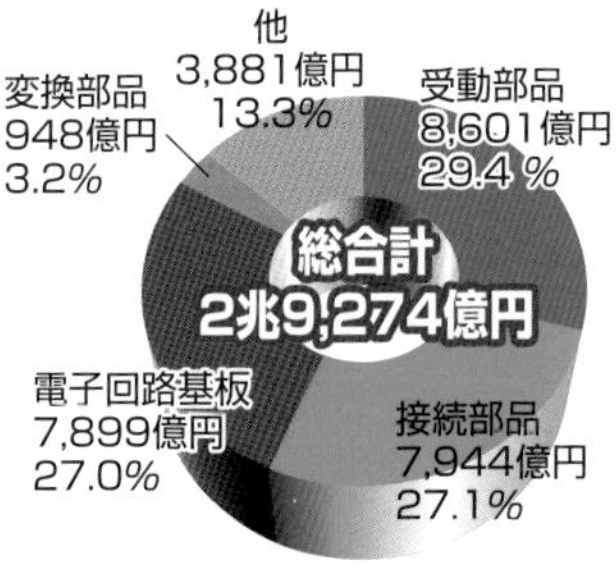
他 3,881億円 13.3%
変換部品 948億円 3.2%
受動部品 8,601億円 29.4％
総合計 2兆9,274億円
電子回路基板 7,899億円 27.0%
接続部品 7,944億円 27.1%

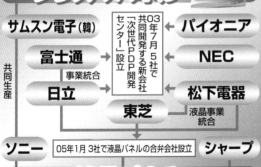

化学業界

The chemical industry business world

業界規模
15兆3,605億円
（経済産業省「工業統計」02年）

海外販売が伸び、ＩＴ関連素材が好調。各社の対中投資が本格化

■ 国内と世界の化学業界地図（売上高は04年3月期）

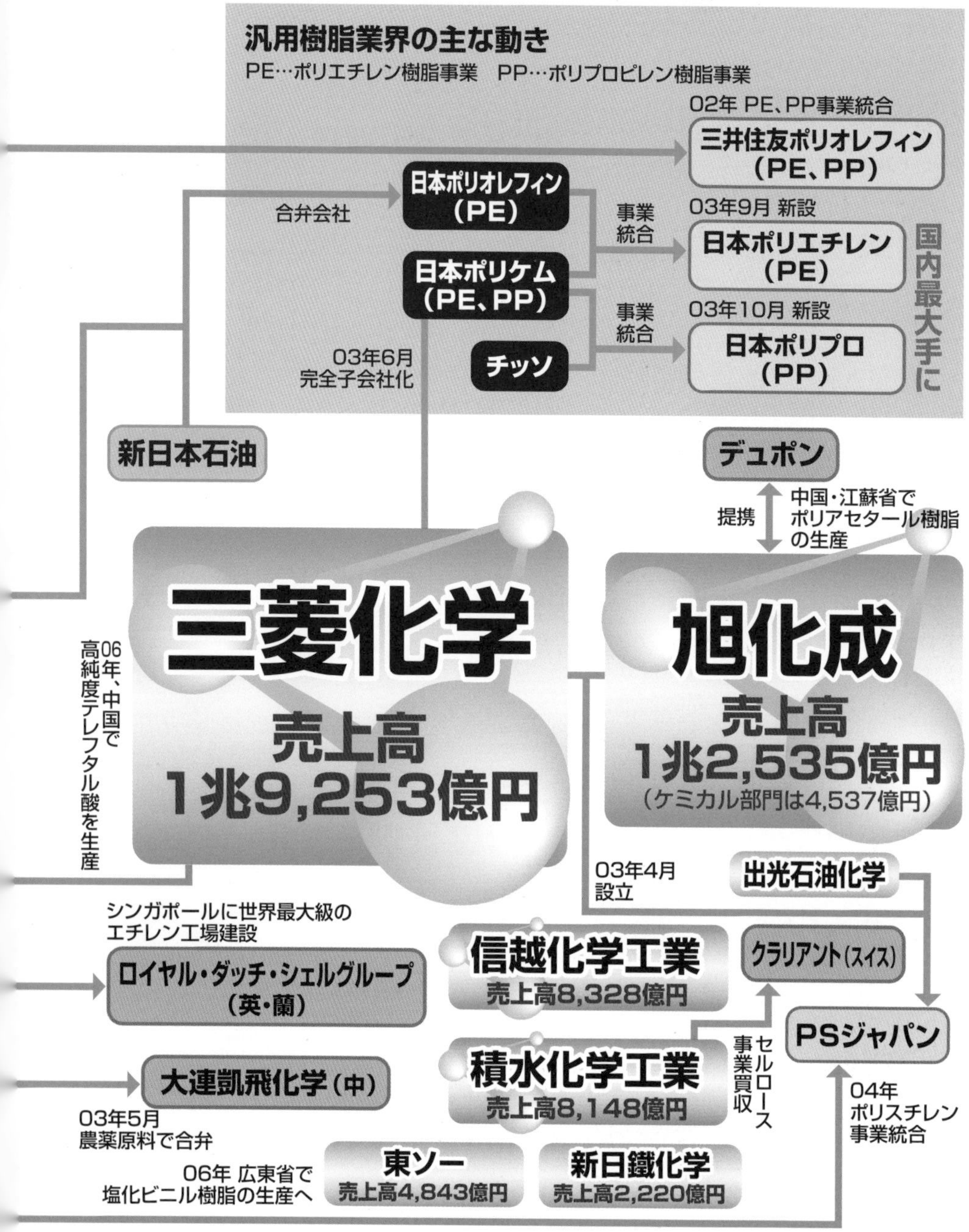
汎用樹脂業界の主な動き
PE…ポリエチレン樹脂事業　PP…ポリプロピレン樹脂事業
02年 PE、PP事業統合
三井住友ポリオレフィン（PE、PP）
合弁会社
日本ポリオレフィン（PE）
事業統合
03年9月 新設
日本ポリエチレン（PE）
日本ポリケム（PE、PP）
事業統合
03年10月 新設
日本ポリプロ（PP）
国内最大手に
03年6月 完全子会社化
チッソ
新日本石油
デュポン
提携
中国・江蘇省でポリアセタール樹脂の生産
三菱化学
売上高 1兆9,253億円
06年、中国で高純度テレフタル酸を生産
旭化成
売上高 1兆2,535億円
（ケミカル部門は4,537億円）
03年4月 設立
出光石油化学
シンガポールに世界最大級のエチレン工場建設
ロイヤル・ダッチ・シェルグループ（英・蘭）
信越化学工業
売上高8,328億円
クラリアント（スイス）
セルロース事業買収
PSジャパン
積水化学工業
売上高8,148億円
大連凱飛化学（中）
03年5月 農薬原料で合弁
04年 ポリスチレン事業統合
06年 広東省で塩化ビニル樹脂の生産へ
東ソー
売上高4,843億円
新日鐵化学
売上高2,220億円

化学大手6社の04年3月期の連結決算では、三菱化学、旭化成、住友化学、三井化学、東ソーの売上高が過去最高となった。世界的な景気回復を背景に、海外販売が伸び、国内では、デジタル家電向けのＩＴ（情報技術）関連素材が好調だった。

三菱は、ＤＶＤ関連製品を中心に増収。旭化成は、デジタル製品に使われるリチウム電池用素材が増加。住友化学は、液晶向け偏光フィルムの販売が伸びた。三井化学と東ソーは、中国向け輸出が大幅に増加。各社とも、05年3月にデジタル向けの売上が引き続き伸びると予測する。

世界的に需要が冷え込んでいる今、化学メーカー各社は、経済成長著しい中国での設備投資を本格化している。三菱化学は、06年から浙江省でポリエステル繊維やペットボトルの原料となる高純度テレフタル酸を生産する。旭化成も04年8月からデュポンとタイアップし、江蘇省で自動車部品に使われるポリアセタール樹脂の生産を開始する。活発な投資が続きそうだ。

世界の企業

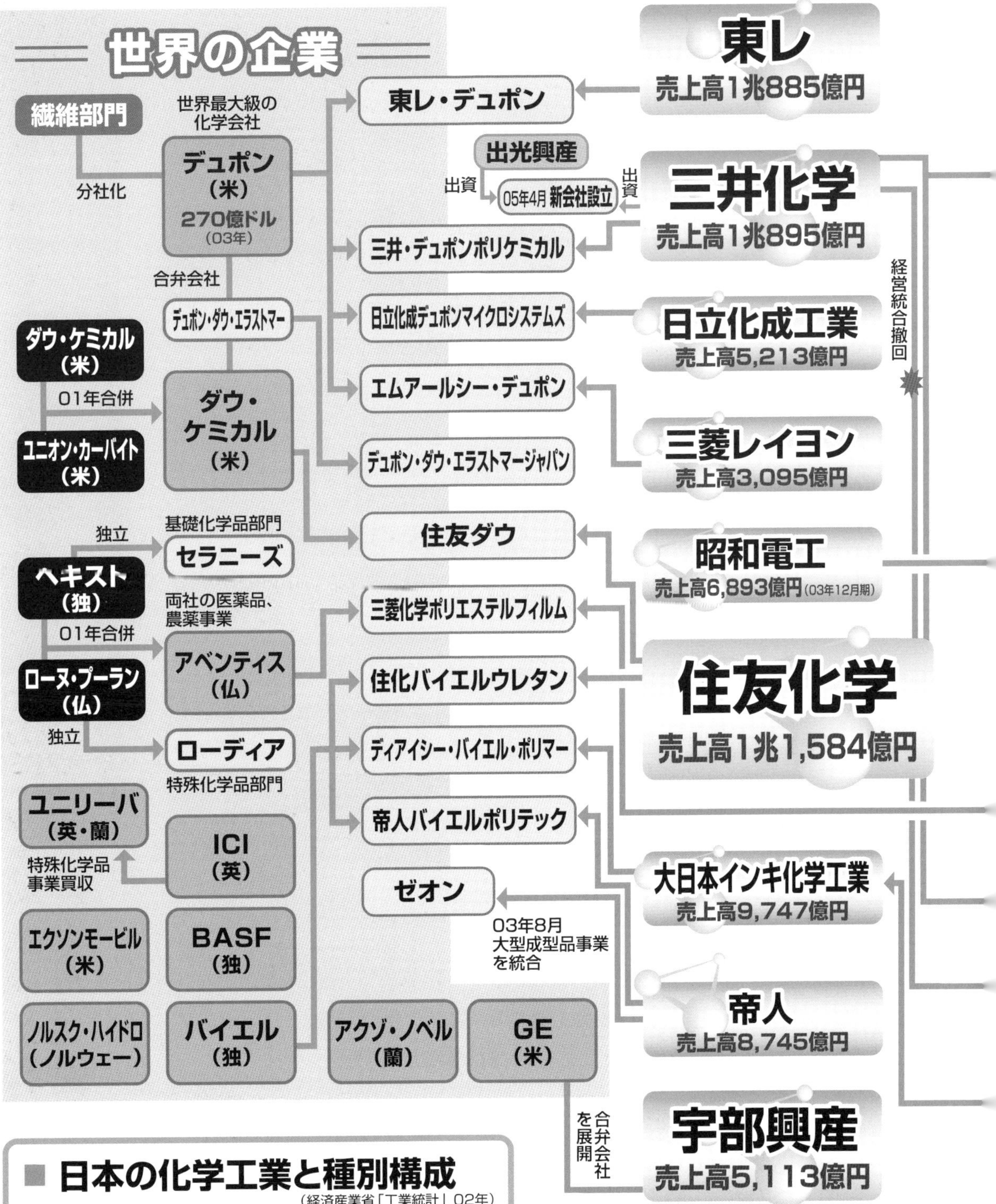
繊維部門
分社化
世界最大級の化学会社
デュポン（米）
270億ドル（03年）
合弁会社
デュポン・ダウ・エラストマー
ダウ・ケミカル（米）
01年合併
ユニオン・カーバイト（米）
ダウ・ケミカル（米）
基礎化学品部門
独立
セラニーズ
ヘキスト（独）
両社の医薬品、農薬事業
01年合併
アベンティス（仏）
ローヌ・プーラン（仏）
独立
ローディア
特殊化学品部門
ユニリーバ（英・蘭）
特殊化学品事業買収
ICI（英）
エクソンモービル（米）
BASF（独）
ノルスク・ハイドロ（ノルウェー）
バイエル（独）
アクゾ・ノベル（蘭）
GE（米）
東レ・デュポン
三井・デュポンポリケミカル
日立化成デュポンマイクロシステムズ
エムアールシー・デュポン
デュポン・ダウ・エラストマージャパン
住友ダウ
三菱化学ポリエステルフィルム
住化バイエルウレタン
ディアイシー・バイエル・ポリマー
帝人バイエルポリテック
ゼオン
03年8月 大型成型品事業を統合
合弁会社を展開
出光興産
出資
05年4月 新会社設立
出資
経営統合撤回
東レ 売上高1兆885億円
三井化学 売上高1兆895億円
日立化成工業 売上高5,213億円
三菱レイヨン 売上高3,095億円
昭和電工 売上高6,893億円（03年12月期）
住友化学 売上高1兆1,584億円
大日本インキ化学工業 売上高9,747億円
帝人 売上高8,745億円
宇部興産 売上高5,113億円

■ 日本の化学工業と種別構成

（経済産業省「工業統計」02年）

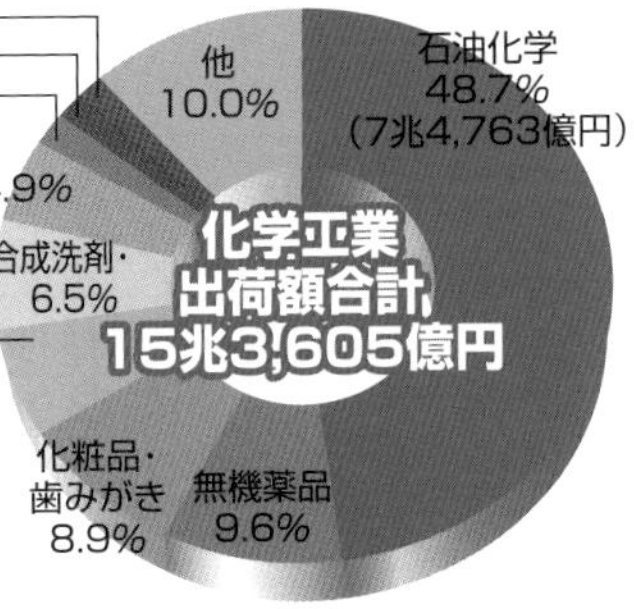
接着剤 1.5%
化学肥料 1.5%
農薬 1.9%
写真感光剤 4.9%
塗料 6.5%
油脂・石鹸・合成洗剤・界面活性剤 6.5%
他 10.0%
石油化学 48.7%（7兆4,763億円）
化学工業出荷額合計 15兆3,605億円
化粧品・歯みがき 8.9%
無機薬品 9.6%

この化学工業出荷額合計からは、化学繊維製造業および医薬品製造業を除いている。石油化学が約半数を占め、化学工業の中心となっている。

化学業界は、伝統的に外資との提携が活発だ。世界最大級の化学会社デュポン（米）をはじめ、ダウ・ケミカル、GE（米）、ICI（英）、BASF、バイエル（独）などは、日本を代表する化学会社と合弁事業を展開し、シェアの拡大を狙っている。世界では、デュポンやBASFなど、トップ企業の売上は200億ドルを超える。日本勢の2〜3倍の規模となり、石油化学製品、医薬品などの広い分野で高い競争力を誇っている。

PART 5

35 繊維業界

The textile goods business world

業界規模
約1兆7,786億円
(本書掲載企業の繊維売上合計)

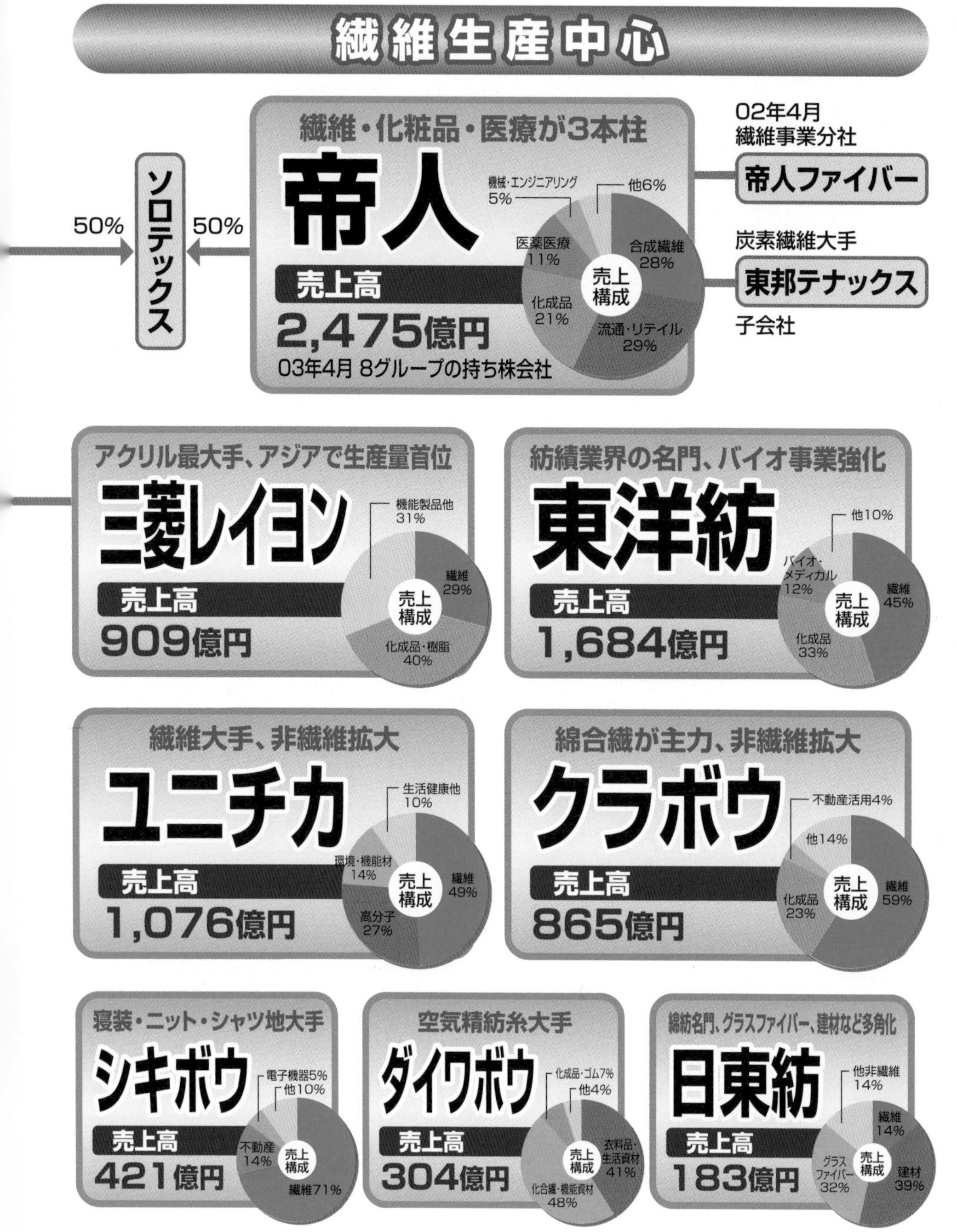
繊維生産中心
50%
ソロテックス
50%
繊維・化粧品・医療が3本柱
帝人
売上高
2,475億円
03年4月 8グループの持ち株会社
機械・エンジニアリング 5%
他6%
合成繊維 28%
医薬医療 11%
化成品 21%
流通・リテイル 29%
売上構成
02年4月
繊維事業分社
帝人ファイバー
炭素繊維大手
東邦テナックス
子会社
アクリル最大手、アジアで生産量首位
三菱レイヨン
売上高
909億円
機能製品他 31%
繊維 29%
化成品・樹脂 40%
売上構成
紡績業界の名門、バイオ事業強化
東洋紡
売上高
1,684億円
他10%
バイオ・メディカル 12%
繊維 45%
化成品 33%
売上構成
繊維大手、非繊維拡大
ユニチカ
売上高
1,076億円
生活健康他 10%
環境・機能材 14%
繊維 49%
高分子 27%
売上構成
綿合繊が主力、非繊維拡大
クラボウ
売上高
865億円
不動産活用4%
他14%
化成品 23%
繊維 59%
売上構成
寝装・ニット・シャツ地大手
シキボウ
売上高
421億円
電子機器5%
他10%
不動産 14%
繊維71%
売上構成
空気精紡糸大手
ダイワボウ
売上高
304億円
化成品・ゴム7%
他4%
衣料品・生活資材 41%
化合繊・機能資材 48%
売上構成
綿紡名門、グラスファイバー、建材など多角化
日東紡
売上高
183億円
他非繊維 14%
繊維 14%
グラスファイバー 32%
建材 39%
売上構成

需要低迷と海外製品に押され縮小傾向。繊維事業の再編、多角化事業で活路

市場は需要低迷と海外製品に押され縮小傾向。ナイロンは東レと旭化成、アクリルは三菱レイヨン、ポリエステルは帝人、生糸は東洋紡や日本毛織などが大手。繊維大手の04年3月期の連結決算では、全社で営業増益を達成した。コストダウン効果に加え、電機や自動車向けの樹脂・フィルムが拡大したためだ。

最大手の東レは、情報通信向けの樹脂・フィルムが大幅に伸び、営業利益が7割拡大した。クラレは、液晶用光学フィルムが好調で、営業利益が5期ぶりに過去最高。三菱レイヨンも最終利益が過去最高となった。

近年は、繊維事業の再編や分社化、完全撤退や規模縮小、大手同士による合弁会社の設立などで生き残りをかけている。また、持ち株会社制への動きも活発だ。今後、各社とも多角化事業をどれだけ高収益事業につなげるかが明暗を分ける。中国勢より技術力が優る炭素繊維、アラミド繊維、産業用途を狙った高強力繊維など、付加価値の高い事業に取り組んでいる。

■ 国内と世界の繊維業界地図（売上高は04年3月期。繊維部門の売上高）

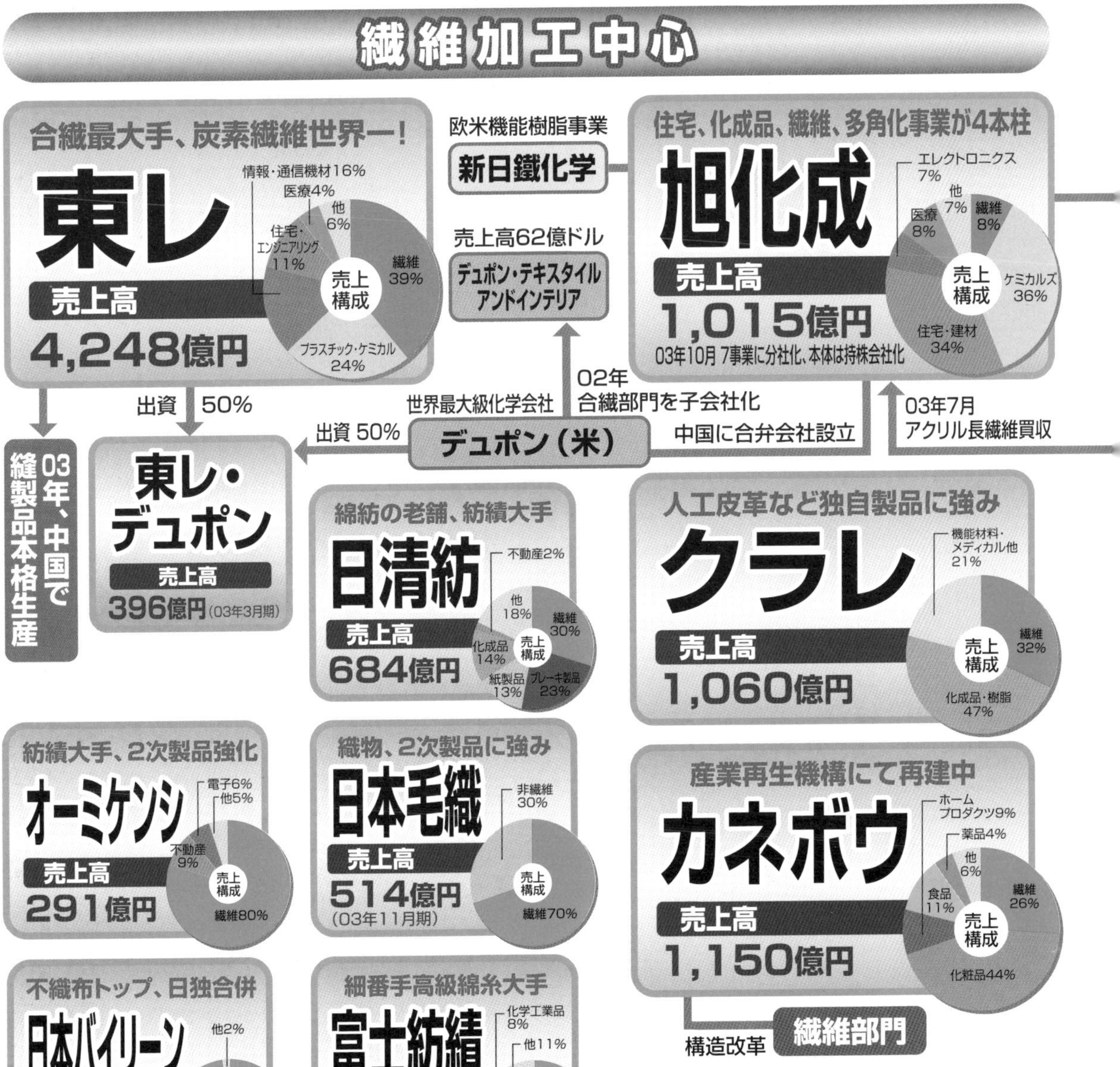
繊維加工中心
合繊最大手、炭素繊維世界一！
東レ
売上高
4,248億円
情報・通信機材16%
医療4%
他 6%
住宅・エンジニアリング 11%
売上構成
繊維 39%
プラスチック・ケミカル 24%
出資 50%
03年、中国で縫製品本格生産
東レ・デュポン
売上高
396億円（03年3月期）
欧米機能樹脂事業
新日鐵化学
売上高62億ドル
デュポン・テキスタイル アンドインテリア
02年 合繊部門を子会社化
世界最大級化学会社
出資 50%
デュポン（米）
中国に合弁会社設立
住宅、化成品、繊維、多角化事業が4本柱
旭化成
売上高
1,015億円
03年10月 7事業に分社化、本体は持株会社化
エレクトロニクス 7%
他 7%
医療 8%
繊維 8%
ケミカルズ 36%
住宅・建材 34%
売上構成
03年7月 アクリル長繊維買収
綿紡の老舗、紡績大手
日清紡
売上高
684億円
不動産2%
他 18%
繊維 30%
化成品 14%
売上構成
紙製品 13%
ブレーキ製品 23%
人工皮革など独自製品に強み
クラレ
売上高
1,060億円
機能材料・メディカル他 21%
繊維 32%
売上構成
化成品・樹脂 47%
紡績大手、2次製品強化
オーミケンシ
売上高
291億円
電子6%
他5%
不動産 9%
売上構成
繊維80%
織物、2次製品に強み
日本毛織
売上高
514億円
（03年11月期）
非繊維 30%
売上構成
繊維70%
産業再生機構にて再建中
カネボウ
売上高
1,150億円
ホームプロダクツ9%
薬品4%
他 6%
食品 11%
繊維 26%
売上構成
化粧品44%
構造改革
繊維部門
不織布トップ、日独合併
日本バイリーン
売上高
476億円
他2%
売上構成
不織布 98%
細番手高級綿糸大手
富士紡績
売上高
385億円
化学工業品 8%
他11%
不織布 8%
売上構成
繊維73%

需要が低迷している繊維業界の成長分野は非繊維部門。各社とも多角化事業（円グラフ参照）に注力。液晶表示装置用カラーフィルター、炭素繊維などのIT関連、医薬品などに重点を移し、掲載16社のうち10社の非繊維部門が売上の5割を超えて好調。東レは包装用フィルム、クラレは機能性樹脂、シキボウは電子機器事業が伸びている。東洋紡は、80億円を投資、犬山工場に1万tのポリエステルフィルムの生産設備を増設、05年秋に完成。ユニチカも繊維は分社化、フィルムや樹脂など非繊維を拡大、繊維は分社化。生活健康事業へとシフトし、5月にハナビラタケの新商品を発売、売上高10億円をめざす。オーミケンシは、ファッション子会社など2次製品を強化している。

また、05年より世界貿易機関（WTO）の繊維輸入に対する国別の数量規制が撤廃されることにより、中国から世界に向けての輸出制限がなくなるため、日本勢にとっても中国生産や現地企業との連携が重要になってくる。現にダイワボウが04年7月、上海に事務所を設立するなど体制を整えている。

■ 世界の主要繊維の生産

（03年　日本化学繊維協会調べ）

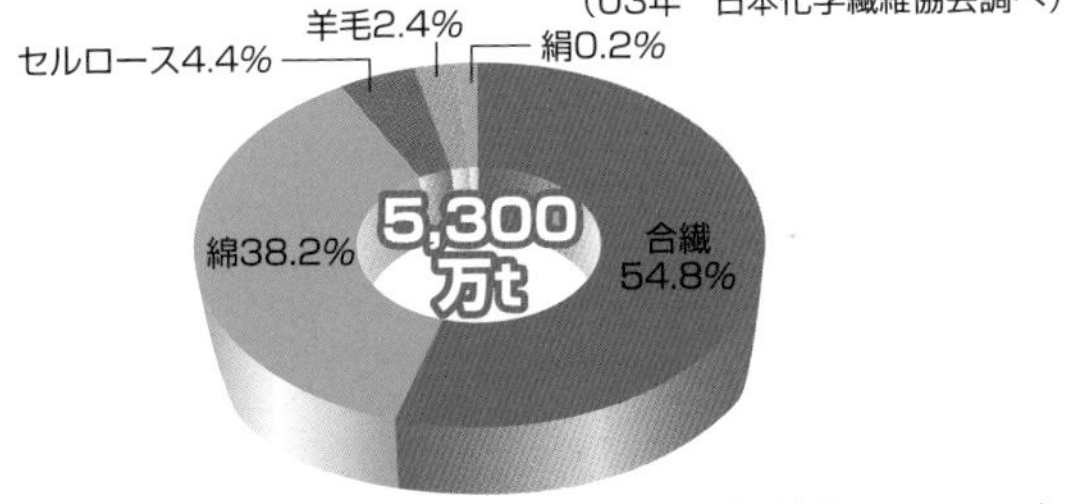
セルロース4.4%
羊毛2.4%
絹0.2%
綿38.2%
5,300万t
合繊 54.8%

03年の世界の繊維生産は5,300万t（推定）。化学繊維（合繊、セルロース）が2年連続の増産、前年大幅減産となった綿花が増産に転じ、繊維全体で再び増産となった。化学繊維の繊維全体に占める割合は59%強。

業界規模
約4兆円
（編集部推定）

国内のアパレル業界地図（売上高は04年3月期）

アパレルメーカー

1位 総合アパレル
23区　五大陸　組曲
オンワード樫山
1947年9月設立／本社 東京
売上高 2,677億円（04年2月期）
- 03年12月 国内で紳士服事業 → ダックス（英）
- 04年5月 新事業スタート → カルバン・クライン（米）
- 海外進出：アメリカ・中国・香港・韓国・フランス・イタリア・イギリスなどに関連会社

2位 総合アパレル
OZOC　TAKEO KIKUCHI
ワールド
1959年1月設立／本社 神戸市
売上高 2,362億円
- 03年3月 中国で合弁会社設立 → 寧波洛兹集団（中）
- → タブルジェイ
- 海外進出：中国・台湾・香港・韓国などに関連会社

3位 総合アパレル
コムサデモード　ペイントンプレイス
ファイブフォックス
1976年12月設立／本社 東京
売上高 1,750億円（03年10月期）

4位 レディースインナートップ
ワコールウイング　ブロス
ワコール
1949年11月設立／本社 京都
売上高 1,631億円
- 02年8月 合弁会社設立 → タブルジェイ
- 03年2月 マレーシアに設立 → ワコールマレーシア
- 海外進出：タイ・台湾・中国・香港・シンガポール・インドネシア・フィリピン・ベトナムなどに関連会社

再編の動きでは04年3月にレナウンとダーバンが持ち株会社を設立、合併した。すでに効果が出ており、物流の一本化や商品発注体制の整備、新ブランドの投入などで、売上高・収益ともに統合前の2社合算より上回る勢い。一方、衣料品小売りでは低迷が伝えられていたユニクロが業績を回復。未開拓だった女性インナーウエアでさらなる拡大をめざす。しまむら、青山商事も新業態が好調で売上高を大きく伸ばしている。

売上高を伸ばす上位メーカーと企業淘汰が進む下位メーカー

景気低迷による需要減退でマーケットは縮小方向にある。そんななか勝ち組と負け組との格差がはっきりと広がりつつある。

本書掲載のアパレルメーカーはすべて売上を伸ばした。特に1位のオンワード樫山は経常利益も252億円と業界一の収益性を誇る。

一方、下位では熾烈な生き残り戦が繰り広げられている。03年だけでも準大手6社が民事再生法を申請。1月には婦人服製造卸のジャンメールが負債総額約56億円を抱え申請している。

続いて3月にはアトリエ・サブ（同約122億円）、4月には國光（同約82億円）、6月には福助（同約426億円）と東京ブラウス（同約75億円）、8月にはトレンザ（同約49億円）、11月にはライカ関連4社（5社で同約603億円）が民事再生法の申請を行った。市場自体にまだまだ回復基調の兆しはなく、今後も上位と下位の格差は広がり、淘汰される企業も増えてきそうだ。

7位 総合アパレル

ポールスチュワート　バーバリー

三陽商会

1943年5月設立／本社 東京

売上高 1,445億円(04年12月予想)

6位 アパレル・インテリア

a.v.v　クレージュ

イトキン

1950年8月設立／本社 大阪

売上高 1,449億円

海外進出
- 中国に15ヵ所の工場を展開
- 中国・香港・台湾・タイ・シンガポールに関連会社

5位 メンズインナートップ

BODY DRY　快適工房

グンゼ

1896年8月設立／本社 大阪・京都

売上高 1,599億円

03年8月「セリーヌ」ライセンス契約

LVJ（ルイヴィトン・モエ・ヘネシー社）

海外進出 タイ・アメリカ・シンガポールなどに関連会社

レナウン 999億円（04年1月）

ダーバン 301億円（03年12月）

04年3月 経営統合

8位 総合アパレル

J.CREW　アーノルドパーマー

レナウンダーバンホールディングス

2004年3月設立／本社 東京

売上高 1,300億円(合算値)

9位 総合アパレル

abx　BOSCH　Dizzy

サンエー・インターナショナル

1949年8月設立／本社 東京

売上高 910億円(04年8月予想)

●その他のメーカー

タキヒョー	クロスプラス
ナイガイ	フランドル
東京スタイル	ルック
ジュン	小杉産業

など

■百貨店での衣料品等の売上高の推移

（日本百貨店協会資料より）

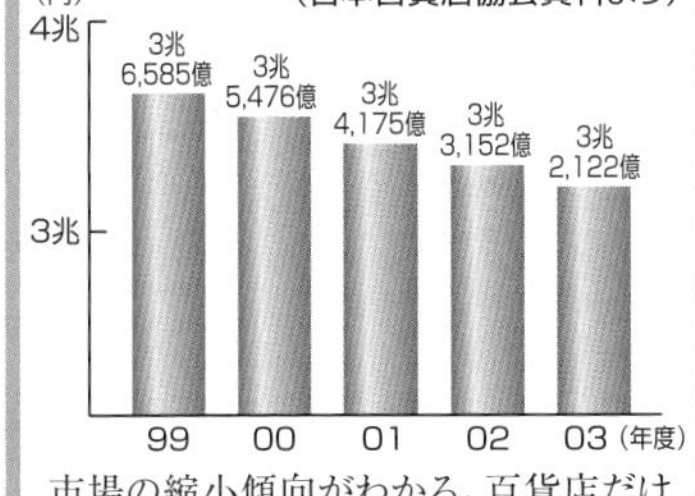
(円)
4兆
3兆
3兆6,585億
3兆5,476億
3兆4,175億
3兆3,152億
3兆2,122億
99
00
01
02
03
(年度)

市場の縮小傾向がわかる。百貨店だけで5年で4,000億円以上も売上高が減少している。

衣料品小売

2位 「しまむら」など約800店舗を展開

しまむら

1953年設立／本社 さいたま市

売上高 3,005億円(04年2月期)

- 97年 若者向け アベイル スタート
- 99年 雑貨の シャンブル スタート
- 99年 ベビー用品 バースティ スタート

1位 「ユニクロ」を直営603、FC14店舗を展開

ファーストリテイリング

1963年5月設立／本社 山口市

売上高 3,342億円(04年8月予想)

- 02年9月 中国で6店舗営業中 上海ユニクロ
- 04年8月 英国に設立 ユニクロUKリミテッド

21店中16店を閉鎖。5店を引き継ぐ

4位 全国60店舗を展開

赤ちゃん本舗

1932年4月設立／本社 大阪

売上高 1,031億円(03年12月期)

3位 「洋服の青山」を海外7店含む736店舗を展開

青山商事

1964年5月設立／本社 広島

売上高 1,864億円

- 00年11月 ザ・スーツ・カンパニー 出店
- 01年9月 青山スーツ工房 出店
- 03年2月 ザ・シャツカンパニー 出店

海外進出 台湾4店、上海3店舗出店

5位 紳士服のほかカラオケ、ブライダル事業も展開

アオキインターナショナル

1976年8月設立　本社／横浜市

売上高 890億円

6位 全国391店舗を展開

西松屋チェーン

1956年10月設立／本社 姫路市

売上高 778億円(04年2月期)

●その他のメーカー

ライトオン	レリアン
さが美	はるやま商事
マックハウス	こなか

など

業界規模
約7兆7,394億円
（本書掲載企業の売上合計）

国内は新日鐵とJFEの2大勢力。企業存続をかけた再編の動きが加速

■ 国内と世界の鉄鋼業界地図

（売上高は04年3月期。世界ランキングは02年の粗鋼生産量、国内ランキングは売上高）

世界1位
アルセロール（仏）
粗鋼生産量
4,403万t
提携
合弁会社設立
国内1位
世界2位
新日本製鐵
売上高 2兆9,258億円
粗鋼生産量 3,086万t
資本金 4,195億円
化学・非鉄素材 8%
エンジニアリング 8%
他 11%
製鉄 73%
住友金属
04年7月、中国で自動車用鋼管の共同事業
旭化成
04年7月、合弁会社設立
旭化成エヌエスエネルギー
04年提携
リオ・ティント社（英）
輸送船の共同配船
世界4位
ポスコ
（韓国・浦項総合製鉄所）
粗鋼生産量
2,886万t
提携
世界6位
上海宝山製鋼（中）
粗鋼生産量
1,948万t
提携
上海宝鋼新日鐵汽車板（中）
提携
ステンレス事業統合
新日鐵住金ステンレス
国内3位
神戸製鋼所
売上高
1兆2,191億円
提携
提携
世界10位
USスチール（米）
粗鋼生産量
1,445万t
国内4位
住友金属工業
売上高
1兆1,208億円
03年 合併
台湾最大手
中国鋼鉄
提携
世界8位
コーラス（英・蘭）
粗鋼生産量
1,684万t

世界規模で業界再編が進むなか、国内は新日本製鐵とJFEスチールを軸とした2大勢力へと集約され、その後も、合併や事業別の統合、組織再編などの動きが活発だ。

新日本製鐵は、神戸製鋼所、住友金属工業との間で資本・業務提携を行い、さらに、住友金属工業とのステンレス事業の統合を発表、日本最大の「新日鐵住金ステンレス」が発足した。

一方、JFEグループでは、04年10月をめどに川鉄商事とエヌケートレーディングの統合を発表。企業存続をかけた再編の動きは、今後一段と加速する見込みだ。

大手鉄鋼各社が、今強化しているのが海上輸送力だ。中国の旺盛な鉄鋼需要を背景に、鉄鋼各社は輸送力を強化することで資源の安定確保につなげる狙いがある。

JFEスチールが今後4年間で計21隻の鉄鉱石専用船を導入、新日鐵が英資源大手のリオ・ティント社と輸送船の共同配船に乗り出す。

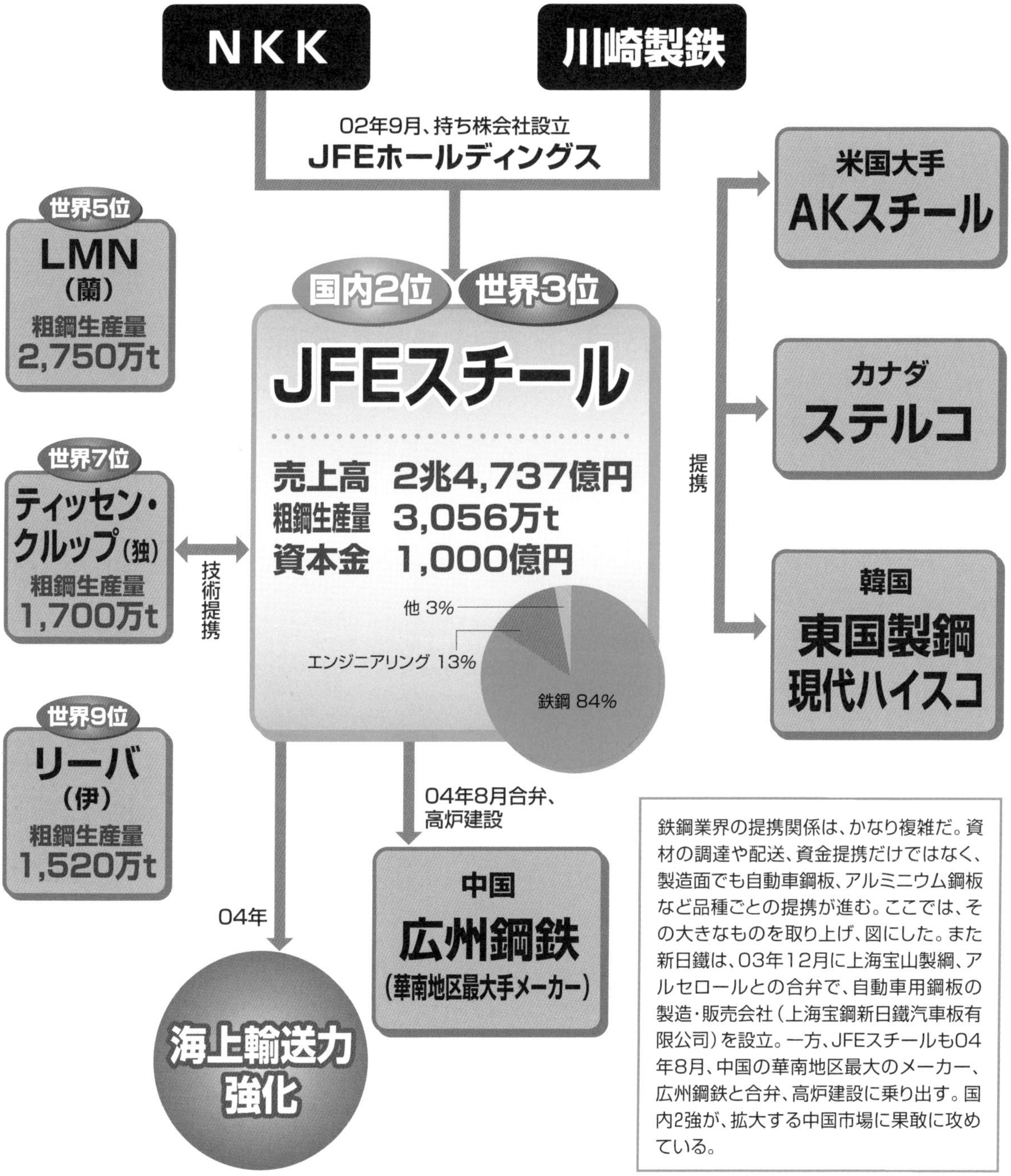
NKK
川崎製鉄
02年9月、持ち株会社設立
JFEホールディングス
国内2位
世界3位
JFEスチール
売上高 2兆4,737億円
粗鋼生産量 3,056万t
資本金 1,000億円
他 3%
エンジニアリング 13%
鉄鋼 84%
世界5位
LMN
(蘭)
粗鋼生産量
2,750万t
世界7位
ティッセン・クルップ(独)
粗鋼生産量
1,700万t
技術提携
世界9位
リーバ
(伊)
粗鋼生産量
1,520万t
提携
米国大手
AKスチール
カナダ
ステルコ
韓国
東国製鋼
現代ハイスコ
04年8月合弁、高炉建設
中国
広州鋼鉄
(華南地区最大手メーカー)
04年
海上輸送力強化

鉄鋼業界の提携関係は、かなり複雑だ。資材の調達や配送、資金提携だけではなく、製造面でも自動車鋼板、アルミニウム鋼板など品種ごとの提携が進む。ここでは、その大きなものを取り上げ、図にした。また新日鐵は、03年12月に上海宝山製綱、アルセロールとの合弁で、自動車用鋼板の製造・販売会社（上海宝鋼新日鐵汽車板有限公司）を設立。一方、JFEスチールも04年8月、中国の華南地区最大のメーカー、広州鋼鉄と合弁、高炉建設に乗り出す。国内2強が、拡大する中国市場に果敢に攻めている。

■ 国内粗鋼生産量推移（日本鉄鋼連盟調べ）

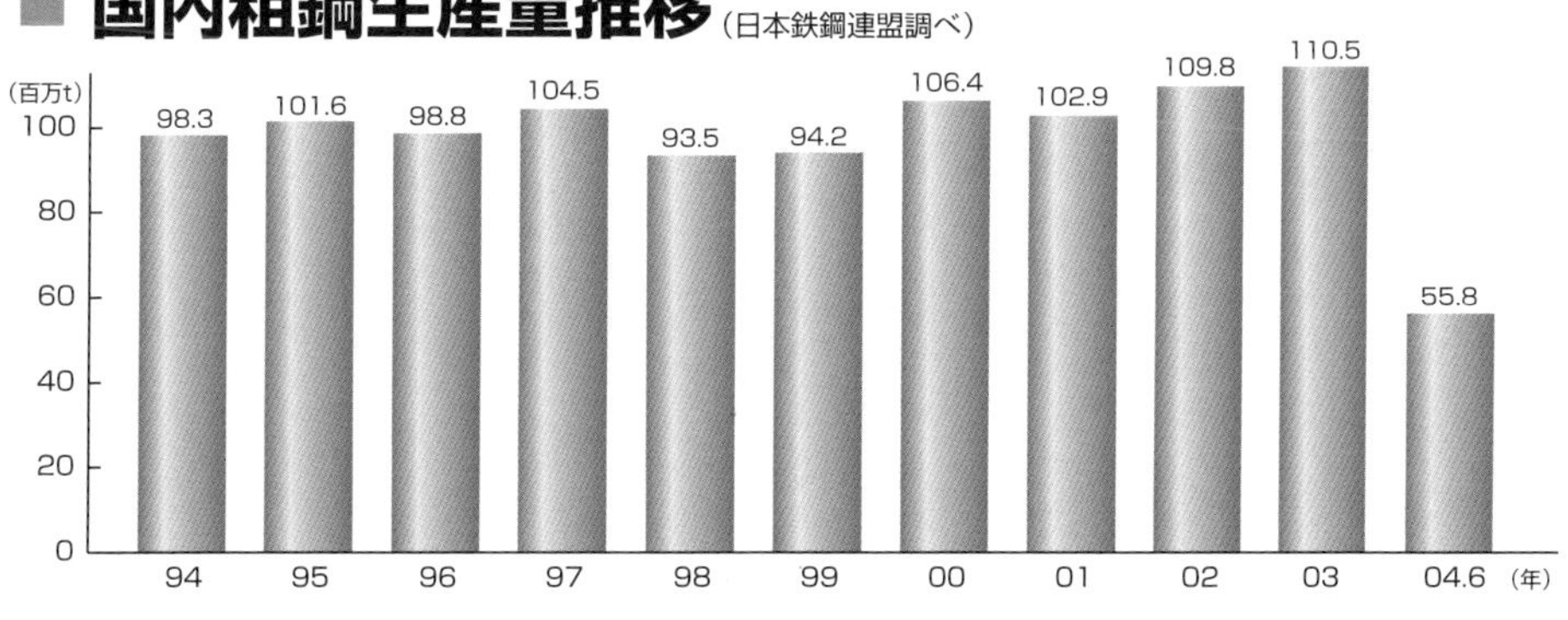
(百万t)
100
80
60
40
20
0
98.3
101.6
98.8
104.5
93.5
94.2
106.4
102.9
109.8
110.5
55.8
94
95
96
97
98
99
00
01
02
03
04.6
(年)

生産量ではさほど変わらないようにみえるが、国内では再編後、余剰設備の圧縮などの合理化が進み、需給バランスが改善した。中国市場拡大もあって収益率でみれば各社とも大幅に伸長している。

PART 5

38 セメント業界

The cement business world

業界規模
約1兆3,000億円
(本書掲載企業の売上合計)

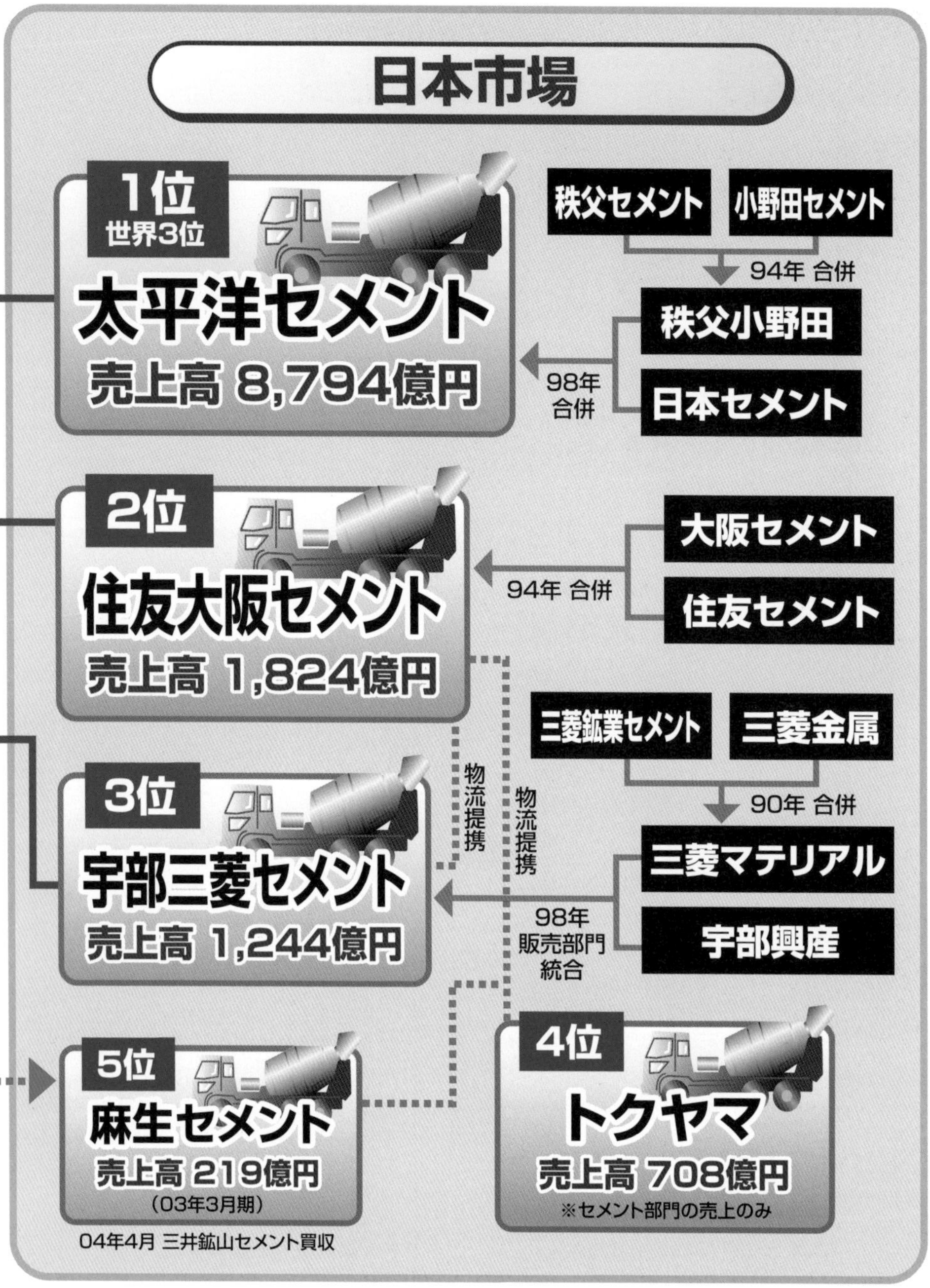
日本市場
1位
世界3位
太平洋セメント
売上高 8,794億円
秩父セメント
小野田セメント
94年 合併
秩父小野田
日本セメント
98年
合併
2位
住友大阪セメント
売上高 1,824億円
大阪セメント
住友セメント
94年 合併
物流提携
物流提携
三菱鉱業セメント
三菱金属
90年 合併
三菱マテリアル
宇部興産
98年
販売部門
統合
3位
宇部三菱セメント
売上高 1,244億円
5位
麻生セメント
売上高 219億円
(03年3月期)
04年4月 三井鉱山セメント買収
4位
トクヤマ
売上高 708億円
※セメント部門の売上のみ

国内販売低迷で厳しい経営環境。世界メジャーとの提携の可能性も!?

セメント産業は、鉄と並び、インフラ整備に欠かせない基幹産業だが、国内販売の低迷を受けて、依然、この業界の経営環境に明るい兆しはみえない。大手の太平洋セメント、住友大阪セメント、宇部三菱セメントはいずれも減収が続く。

日本では、80年代までは各地に中小のセメントメーカーが乱立していたが、構造的な不況に陥り、90年代半ばには、一気に合併・再編が進んだ。現在は、再編は一段落しているが、麻生セメントと提携した世界トップのラファージュ(仏)、日本進出を表明した同4位のセメックス(メキシコ)との間で激しいシェア争いが起こるのは必至。

セメントメジャーと呼ばれるラファージュ、ホルシム、ハイデルベルグ、セメックス、イタルチェメンティは、いずれも提携・買収を繰り返し、世界のシェアを拡大してきた。国内トップの太平洋セメントと合わせると、世界のトップ6社で世界のシェア20%超を占めている。

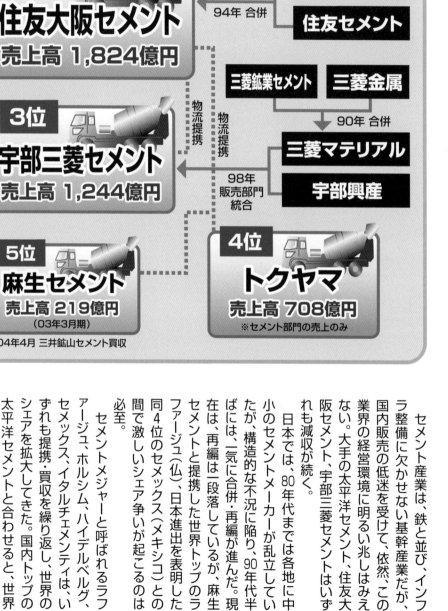

国内と世界のセメント業界地図（売上高は04年3月期、海外の企業は03年3月期）

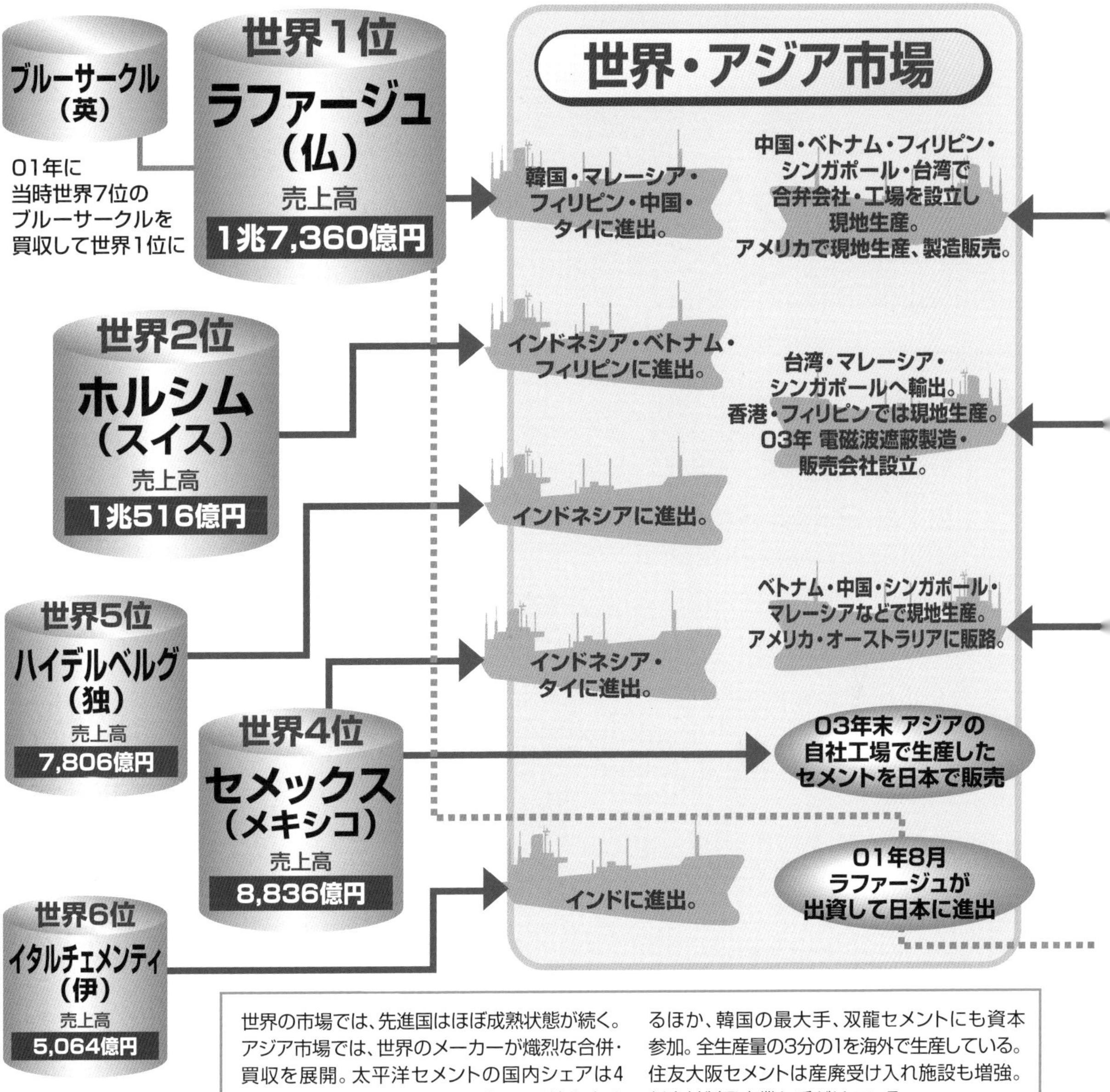
ブルーサークル（英）
01年に当時世界7位のブルーサークルを買収して世界1位に
世界1位 ラファージュ（仏） 売上高 1兆7,360億円
世界2位 ホルシム（スイス） 売上高 1兆516億円
世界5位 ハイデルベルグ（独） 売上高 7,806億円
世界4位 セメックス（メキシコ） 売上高 8,836億円
世界6位 イタルチェメンティ（伊） 売上高 5,064億円
世界・アジア市場
韓国・マレーシア・フィリピン・中国・タイに進出。
中国・ベトナム・フィリピン・シンガポール・台湾で合弁会社・工場を設立し現地生産。アメリカで現地生産、製造販売。
インドネシア・ベトナム・フィリピンに進出。
台湾・マレーシア・シンガポールへ輸出。香港・フィリピンでは現地生産。03年 電磁波遮蔽製造・販売会社設立。
インドネシアに進出。
ベトナム・中国・シンガポール・マレーシアなどで現地生産。アメリカ・オーストラリアに販路。
インドネシア・タイに進出。
03年末 アジアの自社工場で生産したセメントを日本で販売
インドに進出。
01年8月 ラファージュが出資して日本に進出

※世界の企業の売上高は、02年セメント協会調査。

世界の市場では、先進国はほぼ成熟状態が続く。アジア市場では、世界のメーカーが熾烈な合併・買収を展開。太平洋セメントの国内シェアは4割弱。中国、ベトナム、フィリピンで現地生産するほか、韓国の最大手、双龍セメントにも資本参加。全生産量の3分の1を海外で生産している。住友大阪セメントは産廃受け入れ施設も増強。新素材製品事業も手がけている。

海外と国内大手のセメント生産能力比較

海外大手3社（単位/百万t）	
ラファージュ（仏）	150.9
ホルシム（スイス）	148.1
ハイデルベルグ（独）	83

VS

国内大手3社（単位/百万t）	
太平洋セメント	38.6
宇部三菱セメント	21.4
住友大阪セメント	※13.5

※は販売量

生産能力だけを比較すると世界と日本のメーカー規模が一目瞭然の格差。売上規模では6位のイタルチェメンティでも、生産能力は年間5,000万tを超えており、太平洋セメントの3,800万tをはるかに上回っている。

国内メーカー・セメント生産推移

（セメント協会調査）

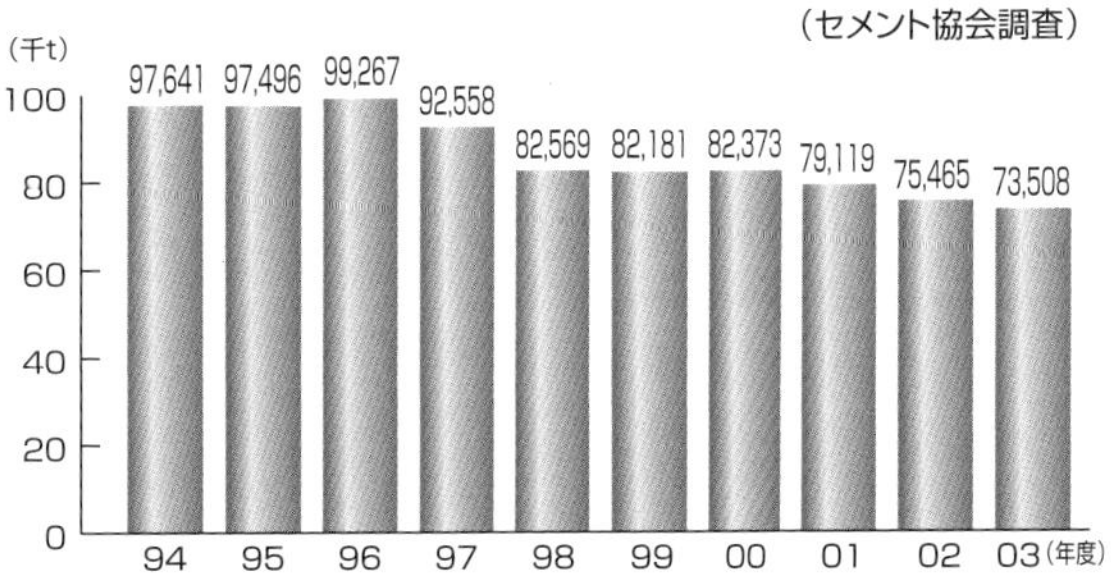
（千t）
100
80
60
40
20
0
97,641
97,496
99,267
92,558
82,569
82,181
82,373
79,119
75,465
73,508
94
95
96
97
98
99
00
01
02
03（年度）

国内市場での需要は官需である道路・トンネルなどの公共事業の抑制が続き、年々縮小している。03年度の内訳は国内販売が5,886万t、輸出が988万t、他は在庫。

業界規模
約7兆円
(大手13社の売上合計)

■ 国内の非鉄金属業界地図 (売上高は04年3月期)

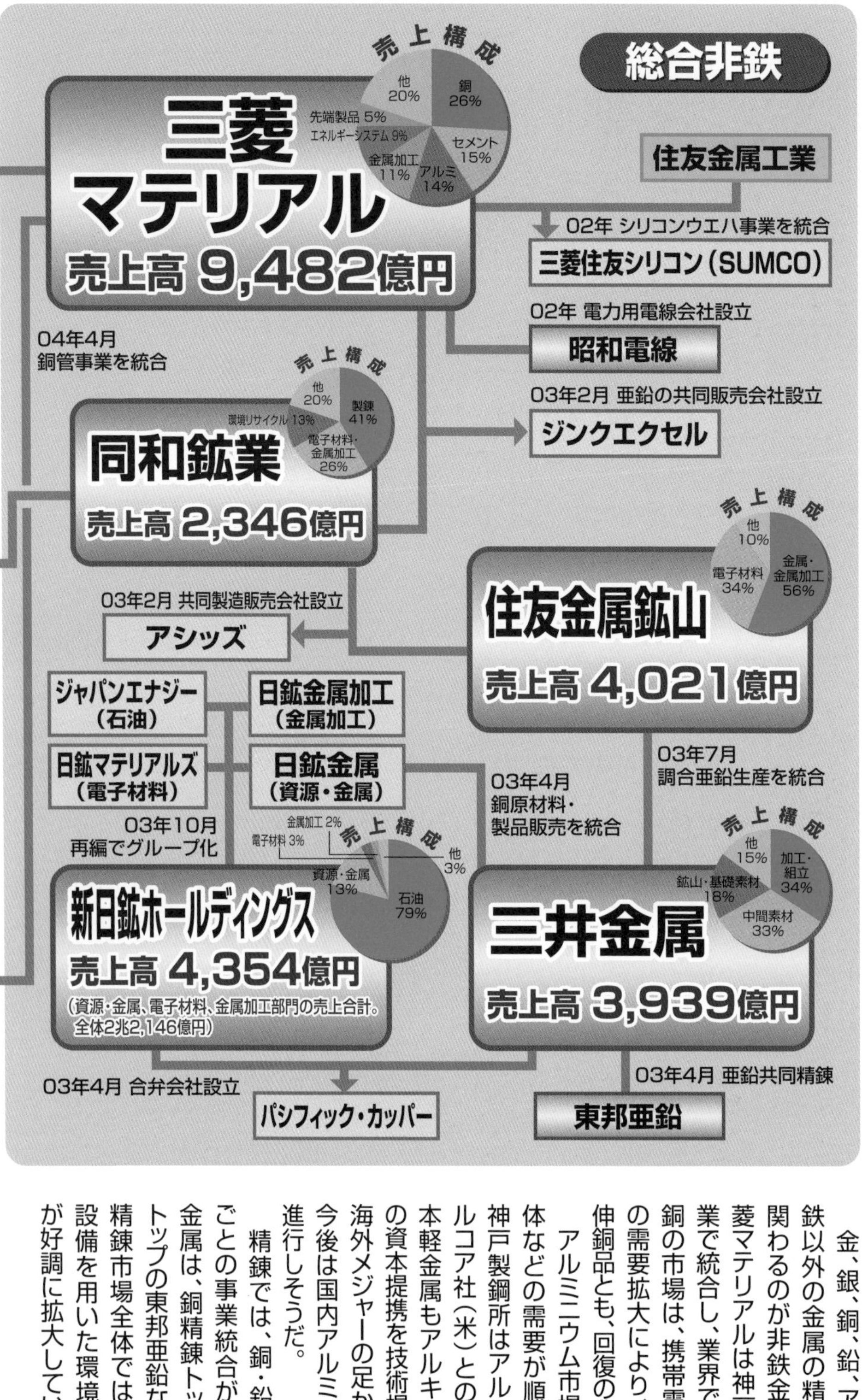
総合非鉄
三菱マテリアル
売上高 9,482億円
売上構成
他 20%
銅 26%
先端製品 5%
エネルギーシステム 9%
セメント 15%
金属加工 11%
アルミ 14%
住友金属工業
02年 シリコンウエハ事業を統合
三菱住友シリコン(SUMCO)
02年 電力用電線会社設立
昭和電線
04年4月
銅管事業を統合
03年2月 亜鉛の共同販売会社設立
ジンクエクセル
同和鉱業
売上高 2,346億円
売上構成
他 20%
製錬 41%
環境リサイクル 13%
電子材料・金属加工 26%
住友金属鉱山
売上高 4,021億円
売上構成
他 10%
電子材料 34%
金属・金属加工 56%
03年2月 共同製造販売会社設立
アシッズ
ジャパンエナジー (石油)
日鉱金属加工 (金属加工)
日鉱マテリアルズ (電子材料)
日鉱金属 (資源・金属)
03年10月
再編でグループ化
03年4月
銅原材料・
製品販売を統合
03年7月
調合亜鉛生産を統合
新日鉱ホールディングス
売上高 4,354億円
(資源・金属、電子材料、金属加工部門の売上合計。全体2兆2,146億円)
売上構成
金属加工 2%
電子材料 3%
他 3%
資源・金属 13%
石油 79%
三井金属
売上高 3,939億円
売上構成
他 15%
加工・組立 34%
鉱山・基礎素材 18%
中間素材 33%
03年4月 合弁会社設立
パシフィック・カッパー
03年4月 亜鉛共同精錬
東邦亜鉛

携帯電話、デジタル家電の牽引で回復基調。原料相場急騰が不安材料か!?

金、銀、銅、鉛、アルミニウムなど、鉄以外の金属の精錬・製品化などに関わるのが非鉄金属業界。大手の三菱マテリアルは神戸製鋼所と銅管事業で統合し、業界での主導権を獲得。銅の市場は、携帯電話、デジタル家電の需要拡大により、主要用途の電線、伸銅品とも、回復の兆しをみせている。

アルミニウム市場も、自動車、半導体などの需要が順調に伸びている。神戸製鋼所はアルミ世界最大手のアルコア社(米)との提携を縮小化、日本軽金属もアルキャン社(カナダ)との資本提携を技術提携にシフトした。海外メジャーの足かせを外すことで、今後は国内アルミメーカーの再編が進行しそうだ。

精錬では、銅・鉛・亜鉛など、素材ごとの事業統合が進んでいる。三井金属は、銅精錬トップの日鉱金属、鉛トップの東邦亜鉛などと提携を推進。精錬市場全体では、精錬技術や既存設備を用いた環境・リサイクル事業が好調に拡大している。

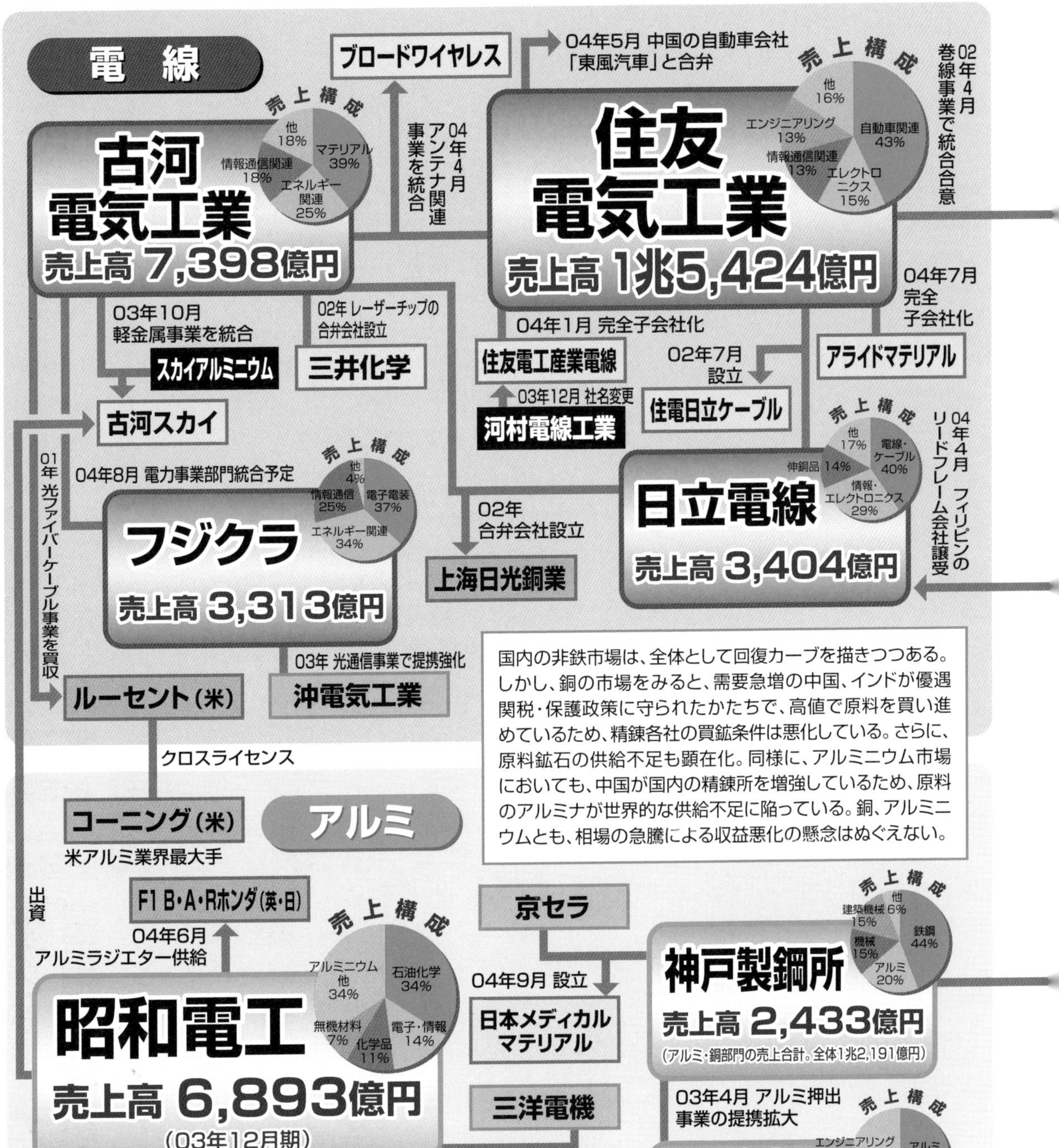
電線
古河電気工業
売上構成
他 18%
マテリアル 39%
情報通信関連 18%
エネルギー関連 25%
売上高 7,398億円
ブロードワイヤレス
04年4月 アンテナ関連事業を統合
04年5月 中国の自動車会社「東風汽車」と合弁
住友電気工業
売上構成
他 16%
エンジニアリング 13%
自動車関連 43%
情報通信関連 13%
エレクトロニクス 15%
売上高 1兆5,424億円
02年4月 巻線事業で統合合意
04年7月 完全子会社化
アライドマテリアル
03年10月 軽金属事業を統合
スカイアルミニウム
02年 レーザーチップの合弁会社設立
三井化学
古河スカイ
04年1月 完全子会社化
住友電工産業電線
03年12月 社名変更
河村電線工業
02年7月 設立
住電日立ケーブル
日立電線
売上構成
他 17%
電線・ケーブル 40%
伸銅品 14%
情報・エレクトロニクス 29%
売上高 3,404億円
04年4月 フィリピンのリードフレーム会社譲受
01年 光ファイバーケーブル事業を買収
04年8月 電力事業部門統合予定
フジクラ
売上構成
他 4%
情報通信 25%
電子電装 37%
エネルギー関連 34%
売上高 3,313億円
02年 合弁会社設立
上海日光銅業
03年 光通信事業で提携強化
沖電気工業
ルーセント（米）
クロスライセンス
コーニング（米）
米アルミ業界最大手
アルミ
出資
F1 B・A・Rホンダ（英・日）
04年6月 アルミラジエター供給
昭和電工
売上構成
アルミニウム他 34%
石油化学 34%
無機材料 7%
化学品 11%
電子・情報 14%
売上高 6,893億円
（03年12月期）
京セラ
04年9月 設立
日本メディカルマテリアル
三洋電機
02年 設立
三洋昭和パネルシステム
神戸製鋼所
売上構成
他 6%
建築機械 15%
鉄鋼 44%
機械 15%
アルミ 20%
売上高 2,433億円
（アルミ・銅部門の売上合計。全体1兆2,191億円）

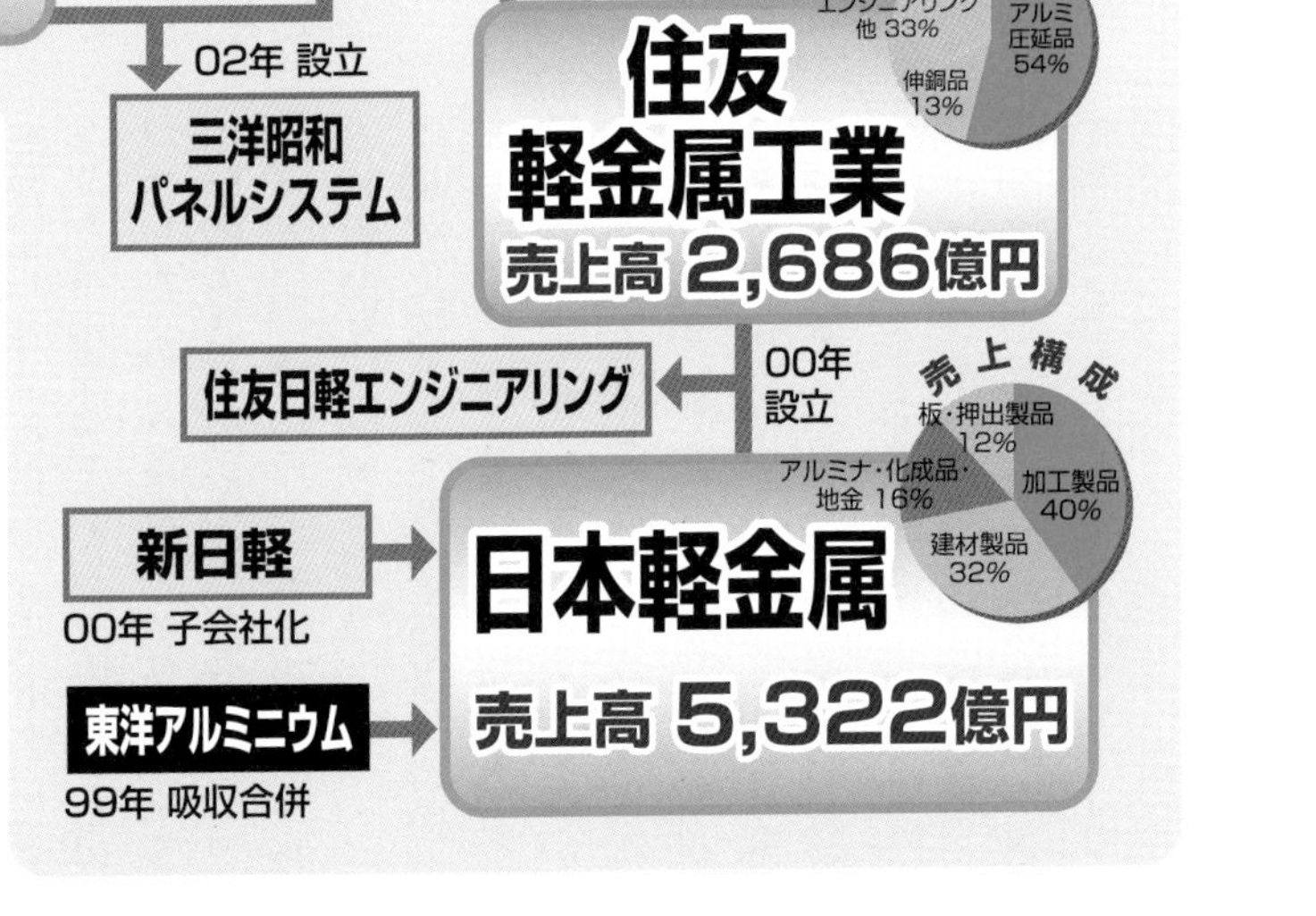
03年4月 アルミ押出事業の提携拡大
住友軽金属工業
売上構成
エンジニアリング他 33%
アルミ圧延品 54%
伸銅品 13%
売上高 2,686億円
00年 設立
住友日軽エンジニアリング
日本軽金属
売上構成
板・押出製品 12%
アルミナ・化成品・地金 16%
加工製品 40%
建材製品 32%
売上高 5,322億円
新日軽
00年 子会社化
東洋アルミニウム
99年 吸収合併

国内の非鉄市場は、全体として回復カーブを描きつつある。しかし、銅の市場をみると、需要急増の中国、インドが優遇関税・保護政策に守られたかたちで、高値で原料を買い進めているため、精錬各社の買鉱条件は悪化している。さらに、原料鉱石の供給不足も顕在化。同様に、アルミニウム市場においても、中国が国内の精錬所を増強しているため、原料のアルミナが世界的な供給不足に陥っている。銅、アルミニウムとも、相場の急騰による収益悪化の懸念はぬぐえない。

■ 主な非鉄製品の生産高

（03年　経済産業省「生産経済動態統計」）

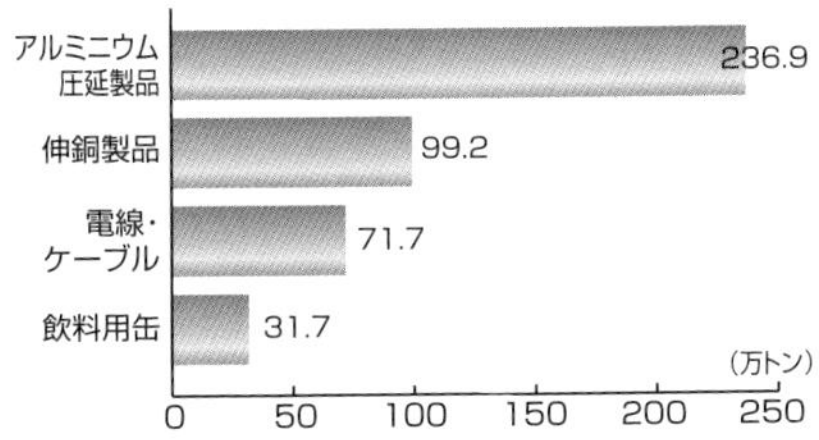
アルミニウム圧延製品 236.9
伸銅製品 99.2
電線・ケーブル 71.7
飲料用缶 31.7
（万トン）
0
50
100
150
200
250

電線・ケーブルのなかには、銅電線、通信用ケーブル、電力用ケーブルが含まれる。飲料用缶の材質はアルミニウムだ。

造船・重機業界

The shipbuilding and heavy industries machine business world

業界規模
約6兆円
（本書掲載企業の売上合計）

■ 国内の造船・重機業界地図

（売上高は04年3月期。カッコ内は売上構成比－単位：％）

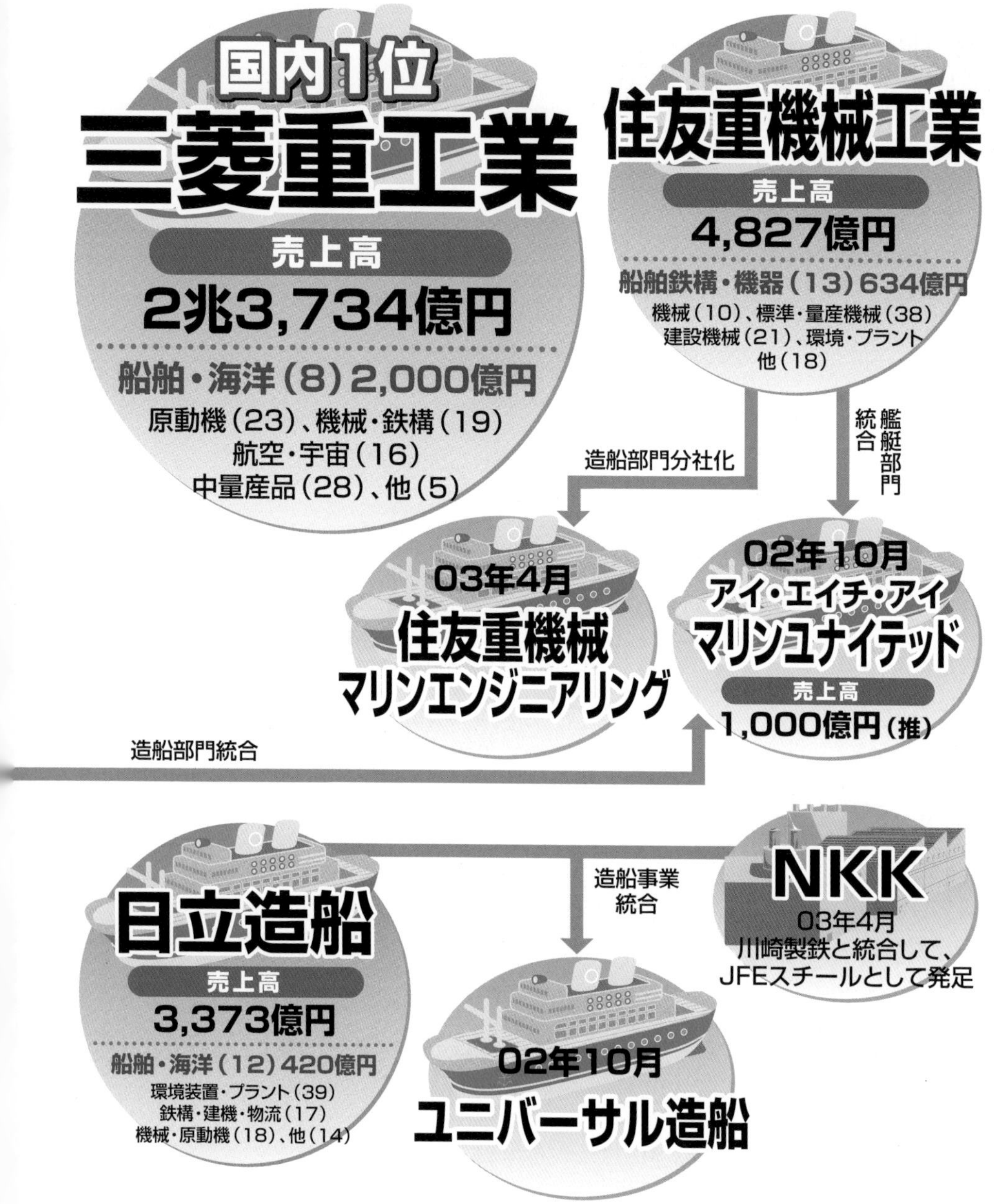
国内1位
三菱重工業
売上高
2兆3,734億円
船舶・海洋（8）2,000億円
原動機（23）、機械・鉄構（19）
航空・宇宙（16）
中量産品（28）、他（5）
住友重機械工業
売上高
4,827億円
船舶鉄構・機器（13）634億円
機械（10）、標準・量産機械（38）
建設機械（21）、環境・プラント
他（18）
造船部門分社化
艦艇部門統合
03年4月
住友重機械
マリンエンジニアリング
02年10月
アイ・エイチ・アイ
マリンユナイテッド
売上高
1,000億円（推）
造船部門統合
日立造船
売上高
3,373億円
船舶・海洋（12）420億円
環境装置・プラント（39）
鉄構・建機・物流（17）
機械・原動機（18）、他（14）
造船事業統合
NKK
03年4月
川崎製鉄と統合して、
JFEスチールとして発足
02年10月
ユニバーサル造船

韓国とトップ争いを展開する造船大国日本。「中国特需」で船舶需要が拡大へ

02年から03年にかけて急ピッチで再編が進む造船業界。02年は、日立造船とNKK（03年4月、川崎製鉄と統合、JFEとして発足）の造船事業を統合した「ユニバーサル造船」、石川島播磨重工業の造船海洋事業と住友重機械工業の艦艇部門を統合した「アイ・エイチ・アイマリンユナイテッド」。川崎重工業の造船事業を分社化した「川崎造船」。03年は、住友重機械工業の造船部門が分社化し、「住友重機械マリンエンジニアリング」として新たに出発した。

66年に建造量で欧州を抜き、世界一の造船国になった日本も、近年は、韓国に追い上げられ激しいトップ争いを演じている。今後は、世界の超大国として台頭してきた中国との活発な交易がカギを握る。大手・中堅造船メーカーは、「中国特需」によって物資輸送に必要な船舶需要も増大した。また、LNG船や大型クルーズ船など、より付加価値が高く、高い技術力を必要とする船舶の建造を次のターゲットにしている。

石川島播磨重工業

売上高
1兆474億円

船舶・海洋（11）1,180億円
物流・鉄構（18）、機械（11）
エネルギー・プラント（24）
航空・宇宙（22）、他（14）

02年10月
川崎造船

造船部門分離

川崎重工業、
石川島播磨重工業、
三井造船は船舶の
共同設計などで
業務提携

川崎重工業

売上高
1兆1,602億円

船舶（8）949億円
車両（10）、航空・宇宙（15）
タービン・機械（12）
環境・プラント・鉄構（16）
汎用機（27）、他（11）

新造船竣工量
世界4位／国内1位

今治造船

本　社　愛媛県今治市
設　立　1942年
資本金　9億7,800万円
従業員数　799名（02年8月）
新造船竣工量　1,780,380
（単位:G/T　01年 日本造船工業会調べ）

三井造船

売上高
4,761億円

船舶（41）1,976億円
鉄構建設（9）、機械（33）
プラント（10）
他（7）

買収

03年4月
新潟造船

日本と韓国の新造船受注量トップ争い!

（03年日本造船工業会調べ）

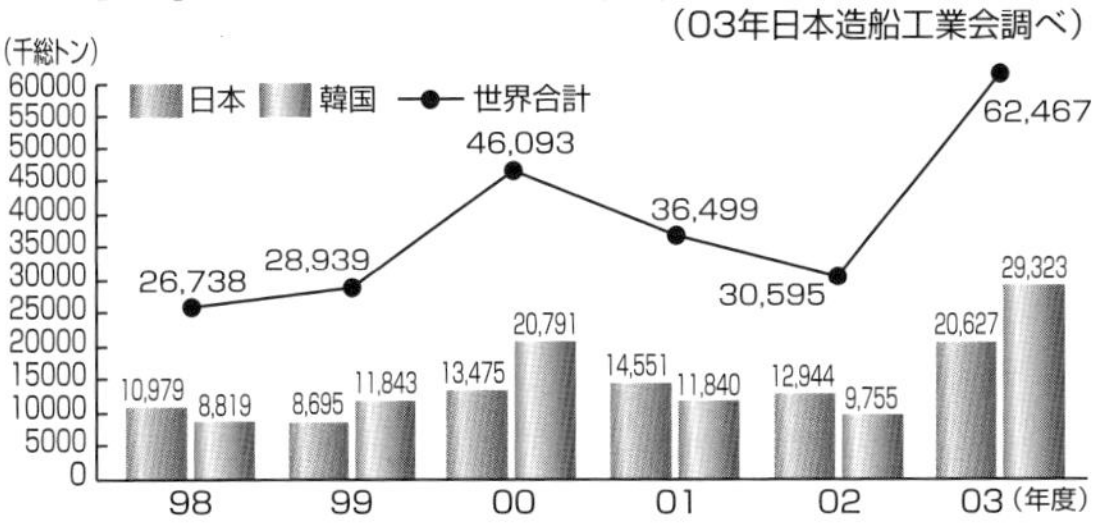
(千総トン)
60000
55000
50000
45000
40000
35000
30000
25000
20000
15000
10000
5000
0
日本
韓国
世界合計
26,738
28,939
46,093
36,499
30,595
62,467
10,979
8,819
8,695
11,843
13,475
20,791
14,551
11,840
12,944
9,755
20,627
29,323
98
99
00
01
02
03
(年度)

新造船受注量は、世界の中でも日本と韓国が激しいトップ争いを繰り広げている。01～02年は日本がリードしたが、03年に韓国に逆転されている。世界の総量としては、03年は02年の2倍以上に成長している。

造船重機大手メーカーの総売上に占める船舶・海洋事業の比率は低く、各社とも機械・鉄構、航空・宇宙、環境など事業を多角化しているのが大きな特徴だ。石川島播磨重工業は、06年に打ち上げ予定の国内初の民間ロケット「GX」を、米ロッキードマーチンなどと開発。ボーイングの次世代旅客機7E7のエンジン開発（就航は08年）に参加。
また、環境部門にも乗り出し、三菱重工業がサウジアラビアで太陽熱を利用した砂漠緑化事業に着手する。日立造船も環境事業が中核事業に。蒸着装置など有機EL製造装置を量産化、将来の主要事業に育成している。世界4位になった造船専業メーカーの今治造船グループ（愛媛）。日本では25年ぶりといわれる超大型新造船ドックを建設するなど、積極経営が結実した。

41 建設機械業界

The construction machinery business world

■ 国内と世界の建設機械業界地図（売上は04年3月期）

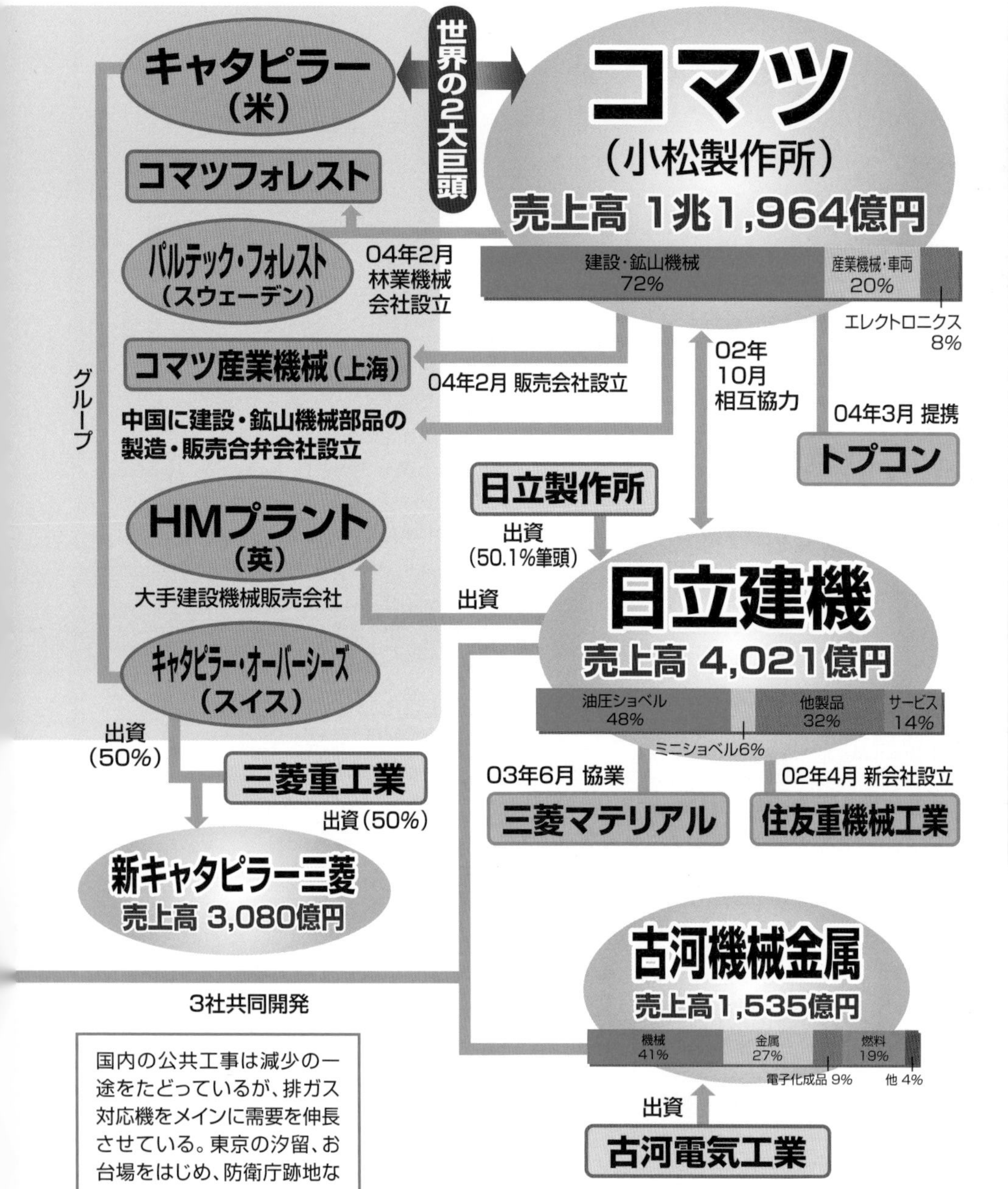
キャタピラー（米）
世界の2大巨頭
コマツ（小松製作所）
売上高 1兆1,964億円
建設・鉱山機械 72%
産業機械・車両 20%
エレクトロニクス 8%
コマツフォレスト
パルテック・フォレスト（スウェーデン）
04年2月 林業機械会社設立
コマツ産業機械（上海）
04年2月 販売会社設立
中国に建設・鉱山機械部品の製造・販売合弁会社設立
02年10月 相互協力
04年3月 提携
トプコン
グループ
日立製作所
出資（50.1%筆頭）
HMプラント（英）
大手建設機械販売会社
出資
日立建機
売上高 4,021億円
油圧ショベル 48%
他製品 32%
サービス 14%
ミニショベル6%
キャタピラー・オーバーシーズ（スイス）
出資（50%）
三菱重工業
出資（50%）
新キャタピラー三菱
売上高 3,080億円
03年6月 協業
三菱マテリアル
02年4月 新会社設立
住友重機械工業
3社共同開発
古河機械金属
売上高1,535億円
機械 41%
金属 27%
燃料 19%
電子化成品 9%
他 4%
出資
古河電気工業

生活関連整備へ工事をシフト。北京五輪などに向け、海外需要が増大！

国内経済の底打ち感はあるが、トップ独走のコマツは中国を中心に需要を伸ばし、売上をアップさせた。日立建機も、コスト削減、北米・中国市場の開拓により、堅調に推移。古河機械金属は、オーストラリアの精錬所休止が水を差し、伸びが鈍化している。

業界全体としては、バブル崩壊などの影響で長期低迷を余儀なくされていたが、景気回復の兆しを受け、油圧ショベル、ミニショベルを中心に需要が増加基調。工事内容も、産業基盤整備から生活関連整備へのシフトが顕著になってきている。各社、コスト削減などを図り、円高の為替差損を吸収。海外事業は、このまま高水準を維持していきそうだ。

国内の公共工事は減少の一途をたどっているが、排ガス対応機をメインに需要を伸長させている。東京の汐留、お台場をはじめ、防衛庁跡地などを含めた首都圏再開発の大型プロジェクトも、市場を後押ししている。
海外的には、キャタピラーグループ(米) とリンクしているコマツは、08年の北京五輪に向けた事業などに積極的に参入し、中国市場でさらなる大展開を狙う。日立建機も中国進出だけではなく、HMプラント(英) に出資し、ヨーロッパ地域での進展をもくろんでいる。各社、海外市場への投資意欲が向上し、一時落ち込んでいたこの業界の見通しは一層、明るさを増しそうだ。

業界規模

約3兆円

（本書掲載企業の売上合計）

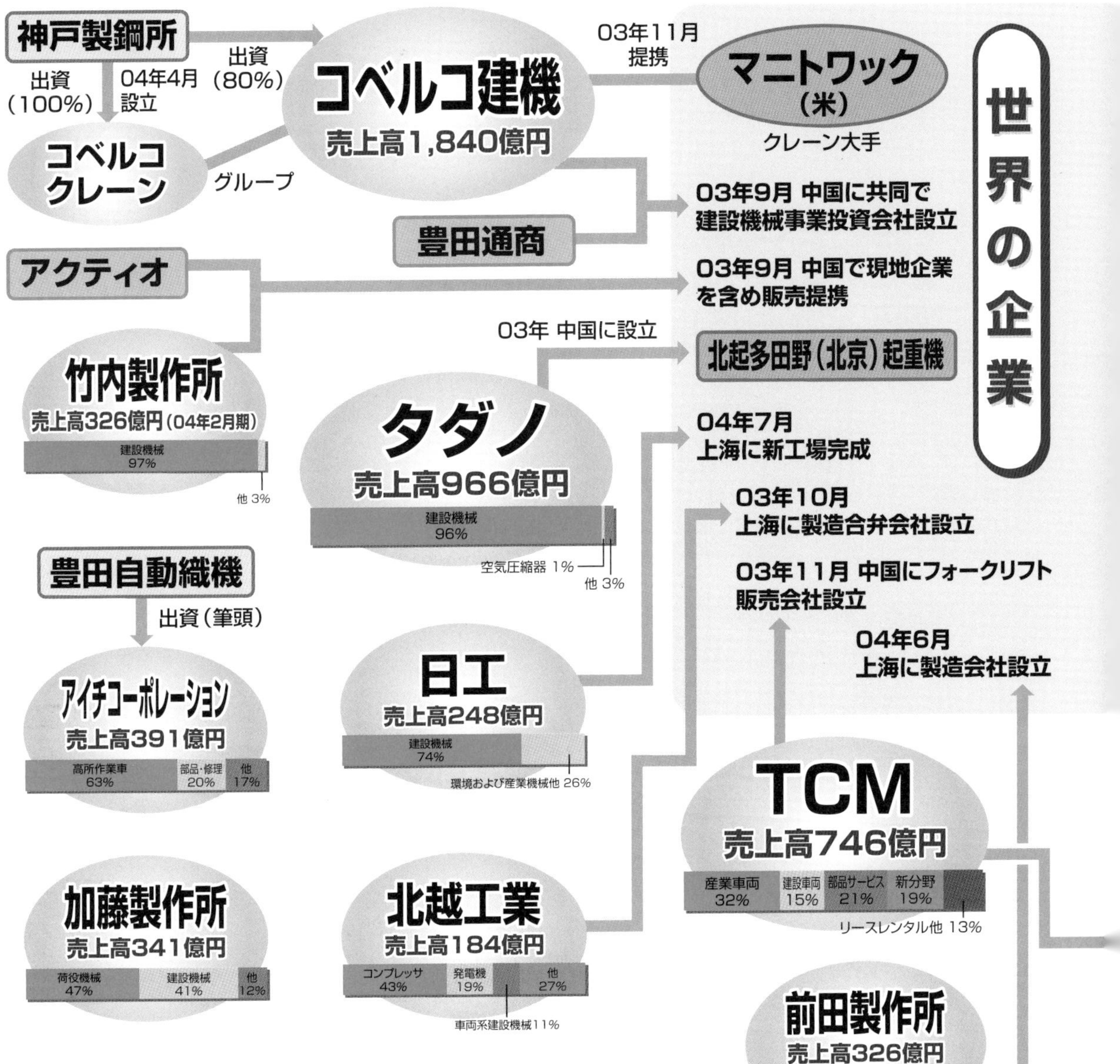
神戸製鋼所
出資（100%）
04年4月設立
出資（80%）
コベルコ建機
売上高1,840億円
03年11月提携
マニトワック（米）
クレーン大手
コベルコクレーン
グループ
豊田通商
03年9月 中国に共同で建設機械事業投資会社設立
アクティオ
03年9月 中国で現地企業を含め販売提携
世界の企業
竹内製作所
売上高326億円（04年2月期）
建設機械 97%
他 3%
03年 中国に設立
北起多田野（北京）起重機
タダノ
売上高966億円
建設機械 96%
空気圧縮器 1%
他 3%
04年7月 上海に新工場完成
03年10月 上海に製造合弁会社設立
03年11月 中国にフォークリフト販売会社設立
04年6月 上海に製造会社設立
豊田自動織機
出資（筆頭）
アイチコーポレーション
売上高391億円
高所作業車 63%
部品・修理 20%
他 17%
日工
売上高248億円
建設機械 74%
環境および産業機械他 26%
TCM
売上高746億円
産業車両 32%
建設車両 15%
部品サービス 21%
新分野 19%
リースレンタル他 13%
加藤製作所
売上高341億円
荷役機械 47%
建設機械 41%
他 12%
北越工業
売上高184億円
コンプレッサ 43%
発電機 19%
他 27%
車両系建設機械11%
前田製作所
売上高326億円
建設機械販売サービス 76%
鉄構機械等製造 22%
他 2%
グループ
前田建設
北川鉄工所
売上高323億円
産業機械 31%
工作機器 20%
素形材 31%
住環境 18%
酒井重工業
売上高142億円
建設機械 94%
産業機械他 6%

■ 建設機械国内出荷額（内需）と国外出荷額（輸出）の推移（日本建設機械工業会調べ）

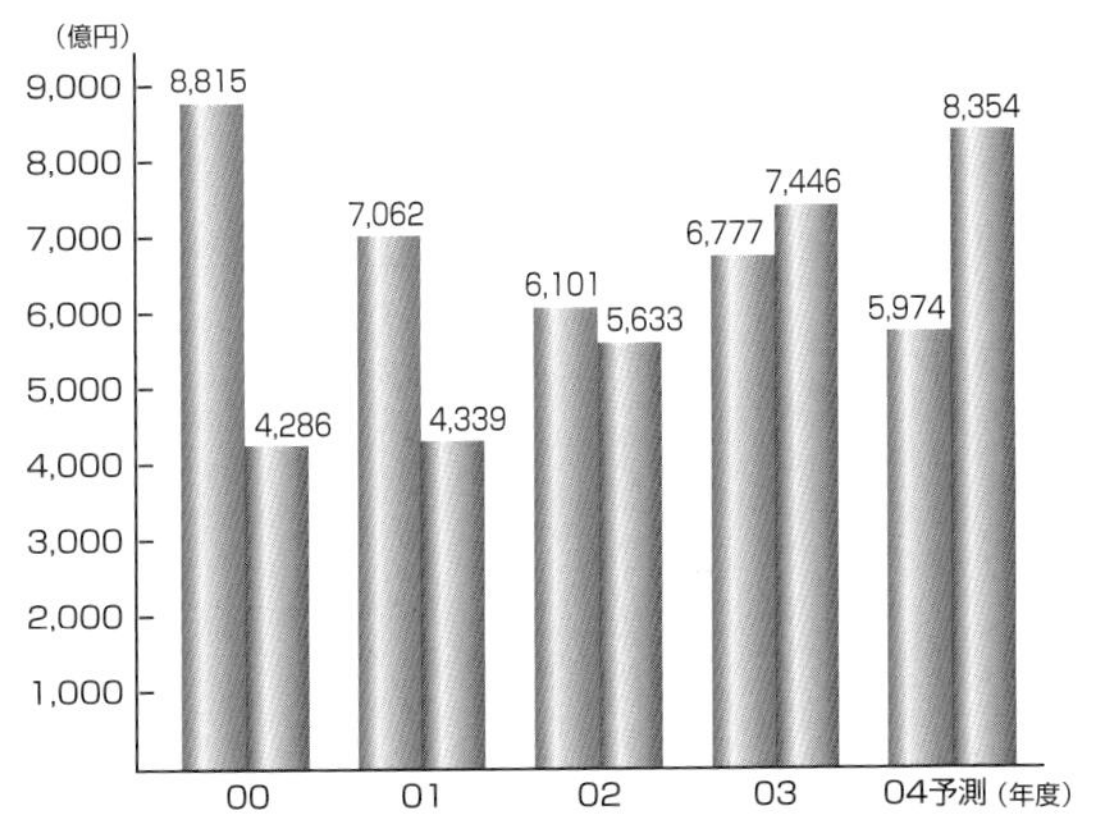
（億円）
9,000
8,000
7,000
6,000
5,000
4,000
3,000
2,000
1,000
8,815
4,286
7,062
4,339
6,101
5,633
6,777
7,446
5,974
8,354
00
01
02
03
04予測
（年度）
内需
輸出

ここ3年ほど内需が6,000億～7,000億円を推移しているのに対して、輸出は毎年1,000億円以上の伸びをみせている。主な要因としては、中国を中心としたアジアでの需要が好調なせいだ。

PART 5

42 工作機械・産業用ロボット業界

The machine tool and the industrial robot business world

業界規模
約7兆9,000億円
（本書掲載企業の売上合計）

海外需要が明るい工作機械製造業。日本が独壇場の産業用ロボット業界

■ 国内の工作機械業界地図（売上高は04年3月期）

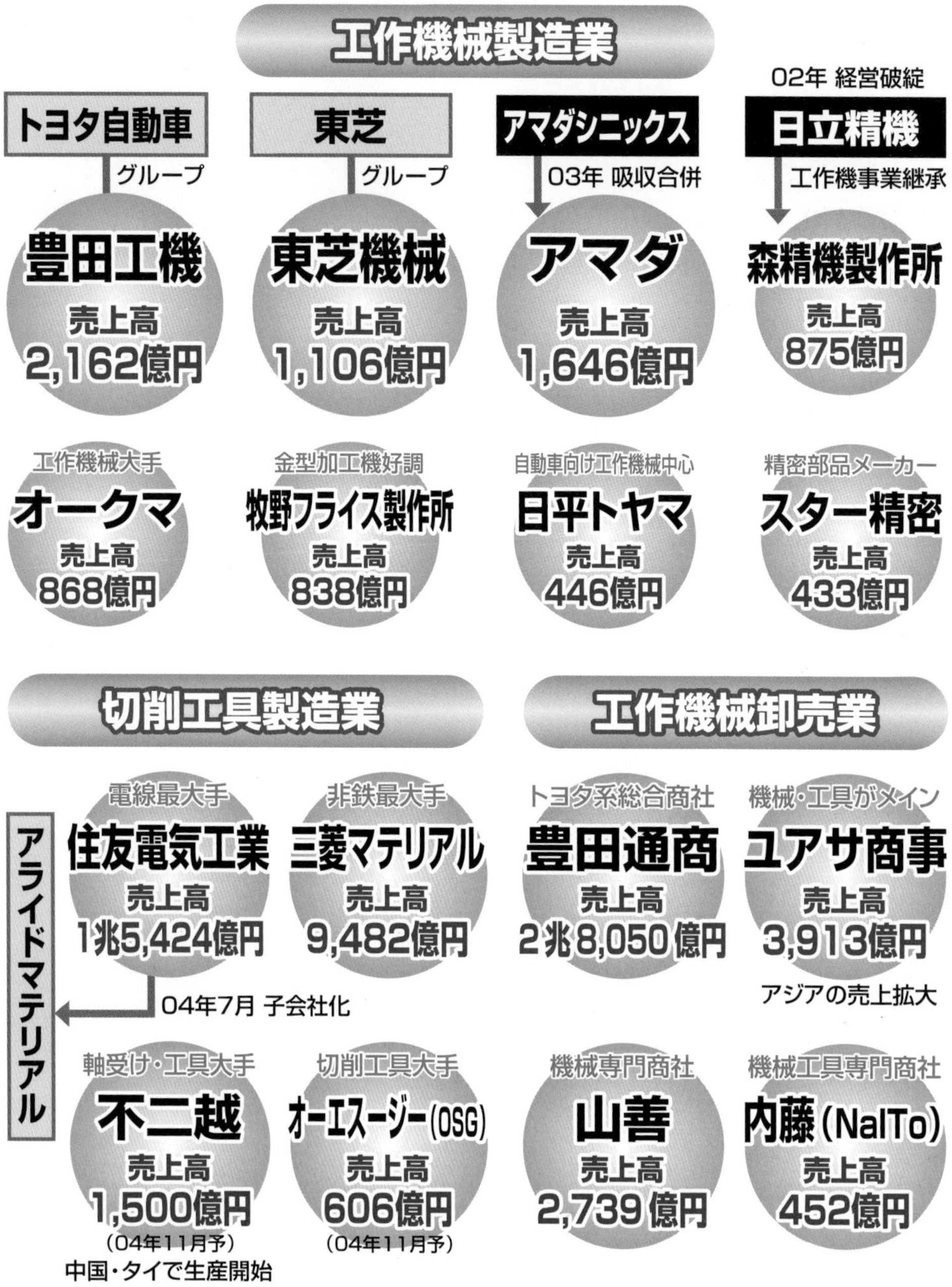
工作機械製造業
トヨタ自動車
グループ
豊田工機
売上高 2,162億円
東芝
グループ
東芝機械
売上高 1,106億円
アマダシニックス
03年 吸収合併
アマダ
売上高 1,646億円
02年 経営破綻
日立精機
工作機事業継承
森精機製作所
売上高 875億円
工作機械大手
オークマ
売上高 868億円
金型加工機好調
牧野フライス製作所
売上高 838億円
自動車向け工作機械中心
日平トヤマ
売上高 446億円
精密部品メーカー
スター精密
売上高 433億円
切削工具製造業
電線最大手
住友電気工業
売上高 1兆5,424億円
04年7月 子会社化
アライドマテリアル
非鉄最大手
三菱マテリアル
売上高 9,482億円
軸受け・工具大手
不二越
売上高 1,500億円
（04年11月予）
中国・タイで生産開始
切削工具大手
オーエスジー（OSG）
売上高 606億円
（04年11月予）
工作機械卸売業
トヨタ系総合商社
豊田通商
売上高 2兆8,050億円
機械・工具がメイン
ユアサ商事
売上高 3,913億円
アジアの売上拡大
機械専門商社
山善
売上高 2,739億円
機械工具専門商社
内藤（NaITo）
売上高 452億円

工作機械の分野では、NC旋盤とマシニングセンター（MC）、さらにロボットの分野では、日本の競争力が強く、生産高でも世界のトップを誇る。工作機械製造業では、アジア諸国などの需要が堅調なため、主要各社の売上が増加している。

トヨタ系列の豊田工機、東芝機械、アマダがトップ3だが、アマダは、中国の拠点を生かして中国市場販売に力を入れ、さらに生産部門を担当していたアマダマシニックスを吸収合併し、生産効率の向上をめざす。

切削工具製造業は、自動車業界関連からの受注が伸び、さらにアジア向け輸出が好調。中国の景気拡大やアジア諸国での大型プロジェクトなど、海外需要は明るい要素もある。

産業用ロボットも日本の独壇場。国内では、安川電機、ファナック、松下溶接システムが3強。世界でもトップクラスの技術力を生かす場は多く、NC装置や溶接ロボットなどのほかに、介護、医療、セキュリティ、家事、ペットなど裾野は広い。

■ 国内の産業用ロボット業界地図（売上高は04年3月期）

安川電機製作所

↓ 91年 社名変更

溶接用ロボットで世界トップ!

安川電機

売上高　2,630億円

経常利益	120億円
売上構成	モーションコントロール（40%）、ロボティクスオートメーション（31%）、システムエンジニアリング（15%）、他（14%）
設立	1915年
本社	福岡県北九州市
資本金	155億4,000万円
従業員	2,925名（単）
特徴	産業用ロボット全機種を刷新。03年3月期に700億円弱だったロボット事業の売上高を新製品投入で、06年3月期に1,000億円まで増やし、世界シェア20%を狙う。

↓ 1999年 塗装ロボット事業買収

トキコ

富士通ファナック

↓ 82年社名変更

NC装置トップ、世界シェア50%!

ファナック

売上高　2,648億円

経常利益	899億円
売上構成	FA（41%）、ロボット（52%）、サービス（8%）
設立	1972年
本社	山梨県南都留郡
資本金	690億1,400万円
従業員	1,736名（単）
特徴	主力の産業用ロボットは堅調。4年以内に連結売上高が5,000億円、単独売上高で3,000億円の達成をめざす。中国・インドで拠点拡充。03年からロシアでも営業活動を再開した。

GEファナックオートメーション

↑ 合弁会社

GE（米）

シーメンス（独）

合弁会社

安川シーメンスエヌシー

安川シーメンスオートメーションドライブ

電子部品自動車組立が主力

富士機械製造

売上高　610億円

松下電器産業

グループ

溶接機、溶接ロボット関連商品好調

松下溶接システム

売上高　2,991億円

設立	1999年
本社	大阪府豊中市
資本金	4億5,000万円
特徴	第二の創業として新たにスタートした松下溶接システム(株)が、溶接機・産業用ロボットの開発、設計、販売を担当。 ※松下電器産業総売上（7兆4,797億円）のうち、インダストリアル・イクイップメント分野の4%で算出。

■ 産業用ロボットの出荷額の推移

（単位:億円　千万以下は四捨五入　日本ロボット協会調べ）

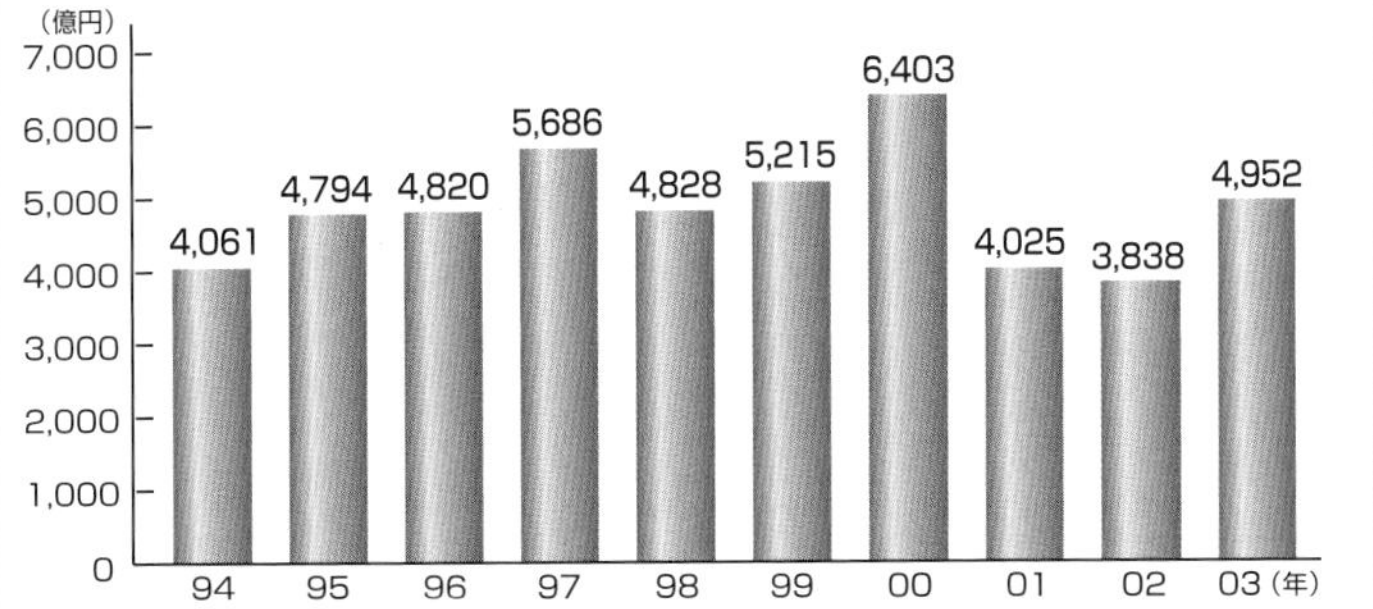
（億円）
7,000
6,000
5,000
4,000
3,000
2,000
1,000
0
4,061
4,794
4,820
5,686
4,828
5,215
6,403
4,025
3,838
4,952
94
95
96
97
98
99
00
01
02
03（年）

産業用ロボットの出荷台数は、01年、02年と連続ダウンしていたが、03年は前年比129%に回復している。中国を中心としたアジア需要の好調さが表れた数値だ。

工作機械は、「機械を作る機械」である。別名「マザーマシン」と呼ばれ、NC旋盤、マシニングセンター（MC）、放電加工機などがある。工作機械のメーカー数は約100社あり、シェア分散型の市場だ。大手は豊田工機、東芝機械、アマダなどだが、突出したリーダー企業はない。産業用ロボットのメーカー数は、約150社。上位から下位までのシェア争いは激しいが、3強は抜群の業績を誇る。安川電機は溶接用ロボットでは世界トップ。ファナックはNC装置が世界シェア50%。

ガラス業界

業界規模
約2兆4,000億円
(本書掲載企業の売上合計)

■ 国内と世界のガラス業界地図 (売上高は03年12月期)

業界 (3社で国内シェア90%以上)

世界のトップメーカー
(世界シェア:板ガラス21% 自動車用安全ガラス30%)

旭硝子

売上高
1兆2,429億円

資本金 904億7,200万円
従業員数 6,063名(単)

売上構成

ガラス	電子ディスプレイ	化学	他
53%	27%	18%	2%

◆ 子会社

国内
旭テクノグラス
旭ファイバーグラス
旭硝子建材販売
ほか

海外(世界戦略)
サイアム旭テクノグラス株式会社(タイ)
アサヒマス板硝子株式会社(インドネシア)
旭テクノビジョン(シンガポール)
旭インディア硝子(印)
旭硝子汽車玻璃(中)
韓国電気硝子(韓)
AFGインダストリーズ(米・加)
AGCオートモーティブグループ(米・英ほか)
グラバーベルグループ(ベルギー・蘭ほか)

04年、海外の主な動向
04年5月
韓国で大型ガラス基板の生産拠点新設
04年7月
ハンガリーに自動車用ガラス会社新設

国内3強の国際戦略が活発化。シェア拡大へ競争激化のガラス製品業界

国内の板ガラス業界は、旭硝子、日本板硝子、セントラル硝子の3強体制が続く。この3強が、国際戦略を強化、グローバル化を推進中だ。

旭硝子は、欧米の有力企業を次々に買収、世界規模で経営の二元化を図っている。04年5月には、韓国で大型ガラス基板の生産拠点を、7月にはハンガリーに自動車用ガラス会社を新設した。

日本板硝子もピルキントン(英)と技術提携、06年からベトナムでフロート板ガラスの生産を開始。セントラル硝子もサンゴバン(仏)と自動車用ガラスで提携を結ぶなど、世界の主力メーカー同士の国際提携も活発化している。今後は住宅用や自動車用の高機能ガラス、省エネ対策では複層ガラスに普及の見込みがあり、各社のバトルが展開されそうだ。

ガラス製品業界では、薄型テレビの需要が拡大し、各メーカーは、大型化、省スペース・省エネルギー、高精密な画像の開発など、シェア拡大に向けて競争が激化している。

板ガラス

◆ 世界の主要メーカー

- ピルキントン（英）　技術提携
- サンゴバン（仏）　ガラス繊維事業合弁
- ガーディアン（米）
- コーニング（米）
- カーディナル（米）　複層ガラスで提携

自動車用ガラスで提携

ガラス・建材事業が主力
日本板硝子

売上高
2,691億円

資本金　410億6,000万円
従業員数　2,521名（単）

売上構成

ガラス・建材
63%
情報電子18%
他
19%

06年 ベトナムでフロート板ガラス生産

自動車用ガラス大手
セントラル硝子

売上高
1,818億円

資本金　181億6,800万円
従業員数　1,879名（単）

売上構成

ガラス
63%
化成品
37%

ガラス製品製造業界（上場企業）

ブラウン管用ガラス大手
日本電気硝子
売上高2,973億円

ガラス瓶トップ
日本山村硝子
売上高721億円

ペットボトル大手
石塚硝子
売上高562億円

液晶ガラス基板加工
倉元製作所
売上高366億円
（03年12月）

電子材料メーカー
有沢製作所
売上高486億円

■ 国内のガラス市場（03年　ガラス産業連合会推定）

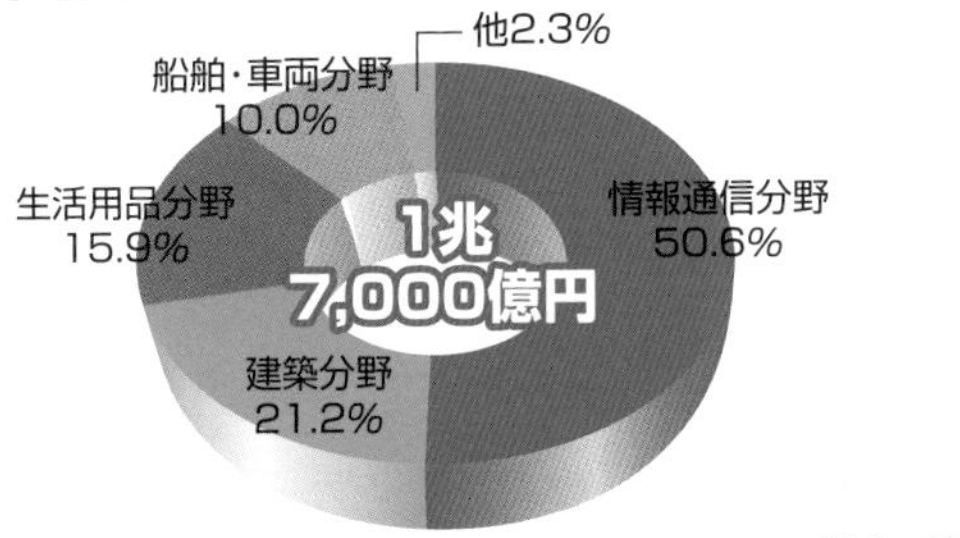
他2.3%
船舶・車両分野
10.0%
生活用品分野
15.9%
情報通信分野
50.6%
1兆
7,000億円
建築分野
21.2%

情報通信分野はブラウン管用ガラス、光ファイバー・レンズなど。建築分野は窓ガラス、グラスファイバー製品など。生活用品分野はビン、食器、照明器具など。船舶・車両分野は自動車用ガラスなど。

ガラス産業には、板ガラス、容器ガラス、電気用ガラス、光学ガラスなどがある。最大の市場は板ガラス業界で、旭硝子、日本板硝子、セントラル硝子の大手3強が国内シェア9割以上を確保している。世界市場でも旭硝子、ピルキントン（英）、サンゴバン（仏）、ガーディアン（米）の4グループが、世界の高品質板ガラスの生産量の約6割を占め、寡占化が進む。対して、ガラス製品製造業界では、日本電気硝子など大手のほか、中小規模事業者が乱立している。03年から04年にかけて、液晶やプラズマ・ディスプレイ・パネル（PDP）テレビなどに薄型テレビの需要が拡大。03年12月からは地上デジタル放送が開始され、薄型テレビ需要によってガラス基板市場が急速に拡大。企業業績に大きく寄与している。

業界規模
約3兆5,242億円
（主要6社の売上合計）

日本ユニパックが王子を抜いて国内トップに。2強が中国市場で激突！

■ 国内と世界の紙・パルプ業界地図（売上高は04年3月期）

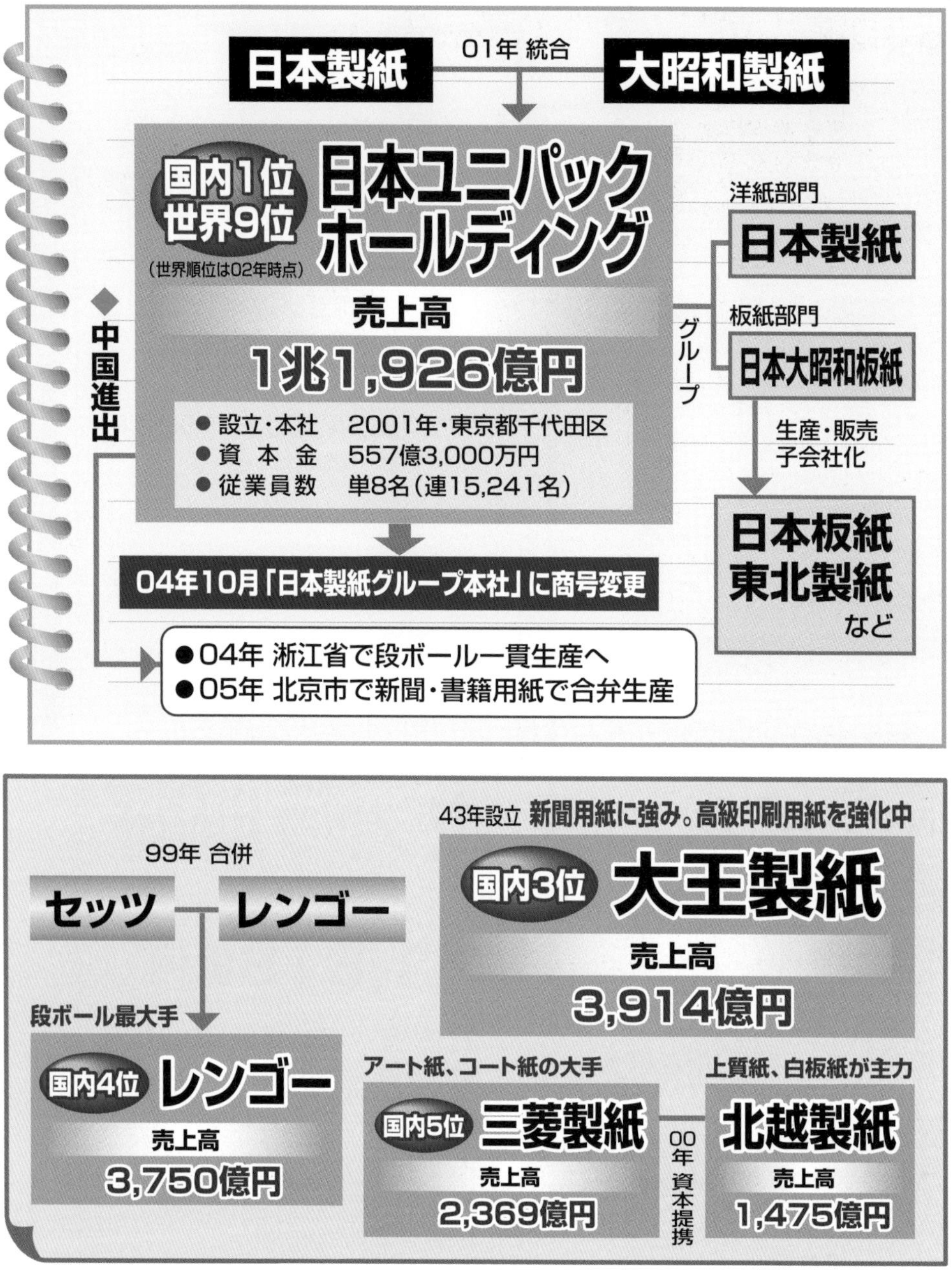
日本製紙
01年 統合
大昭和製紙
国内1位
世界9位
（世界順位は02年時点）
日本ユニパックホールディング
売上高
1兆1,926億円
● 設立・本社　2001年・東京都千代田区
● 資本金　557億3,000万円
● 従業員数　単8名（連15,241名）
グループ
洋紙部門
日本製紙
板紙部門
日本大昭和板紙
生産・販売子会社化
日本板紙
東北製紙
など
◆中国進出
04年10月「日本製紙グループ本社」に商号変更
●04年 浙江省で段ボール一貫生産へ
●05年 北京市で新聞・書籍用紙で合弁生産
43年設立 新聞用紙に強み。高級印刷用紙を強化中
国内3位
大王製紙
売上高
3,914億円
99年 合併
セッツ
レンゴー
段ボール最大手
国内4位
レンゴー
売上高
3,750億円
アート紙、コート紙の大手
国内5位
三菱製紙
売上高
2,369億円
00年 資本提携
上質紙、白板紙が主力
北越製紙
売上高
1,475億円

04年3月期連結決算では、アジアからの安価な輸入紙が流れて用紙価格が下落するなど、環境面では厳しかったが、人件費の削減や生産効率の見直しなどによって、王子製紙、日本ユニパック、大王製紙、三菱製紙が経常増益となった。売上高は各社とも総じて伸び悩んだが、そのなかで日本ユニパックが王子を抜いてトップとなり、国内2強の熾烈な戦いが続いている。日本ユニパックは、04年10月、「日本製紙グループ本社」に商号変更、グループの結束を固める。

国内ビッグ2は、紙の需要が急増している中国市場に進出、「多国籍企業」へと踏み出す。王子製紙は、「本籍日本のアジア国籍企業へ」がスローガン。中国江蘇省に紙・パルプ一貫工場を建設し、06年にも稼働する。日本ユニパックホールディングも04年秋をめどに浙江省で段ボールを一貫生産、05年には北京で新聞・書籍用紙を生産する。今後は、中国を舞台にした欧米各社とのシェア争いが激化する。

新王子製紙 ― 96年 合併 ― 本州製紙

王子製紙

国内2位 世界7位
(世界順位は02年時点)

売上高
1兆1,804億円

- 設立・本社　1949年・東京都中央区
- 資本金　1,038億8,000万円
- 従業員数　単5,967名（連19,417名）

特殊紙を分社化し、合併後の事業再編を完了。

グループ
王子ネピア　王子板紙　チューエツ　富士製紙

◆ 中国進出
- 中国江蘇省に紙パルプ一貫工場を建設、06年稼働へ
- 04年衣料用繊維事業に本格進出

国内2強

世界の企業 (02年 日本製紙連合会HPより)

- 1位 インターナショナルペーパー（米） 売上高 203億ドル
- 2位 ジョージア・パシフィック（米） 売上高 162億ドル
- 3位 プロクター・アンド・ギャンブル（米） 売上高 118億ドル
- 4位 ストーラエンソ（フィンランド・スウェーデン） 売上高 108億ドル
- 5位 スヴェンスカ・セルロサ（スウェーデン） 売上高 90億ドル
- 6位 キンベリークラーク（米） 売上高 86億ドル
- 8位 ユーピーエムキムメン（フィンランド） 売上高 84億ドル
- 10位 ウェイヤーハイザー（米） 売上高 79億ドル

■紙・板紙品種別出荷量 (出荷額03年 日本製紙連合会)

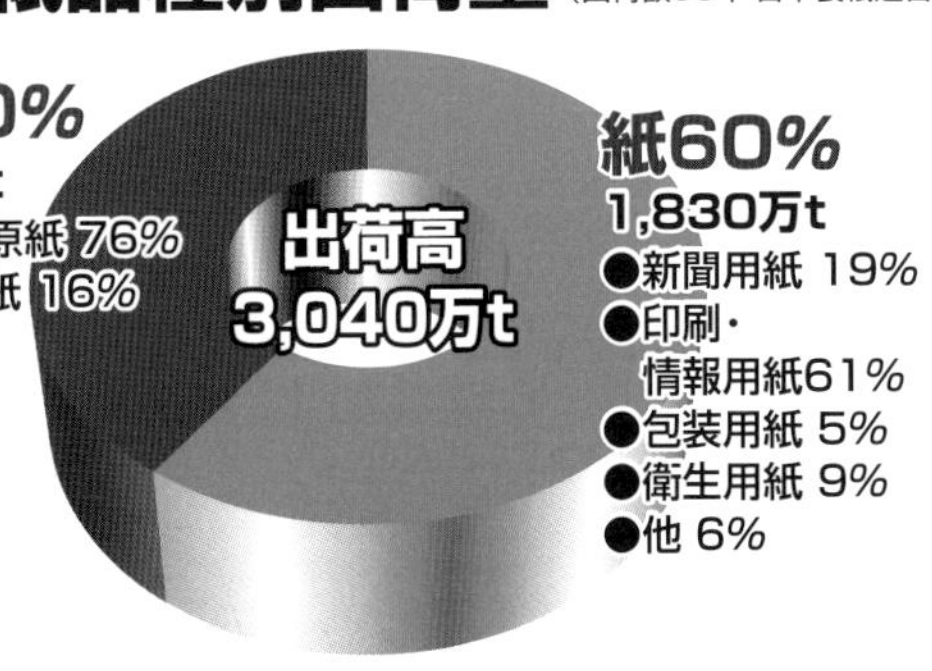

板紙40% 1,210万t
- 段ボール原紙 76%
- 紙器用板紙 16%
- 他 7%

紙60% 1,830万t
- 新聞用紙 19%
- 印刷・情報用紙61%
- 包装用紙 5%
- 衛生用紙 9%
- 他 6%

一般に紙と板紙に分かれる。総出荷量は紙6割、板紙4割。最も多いのは、印刷・情報用紙で約1,110万t。次いで、段ボール原紙約924万t。この2品種で約7割を占めている。

売上は、王子製紙と日本ユニパックの2強が突出。世界規模の企業として、業界をリードしている（世界の順位は02年の売上を対象）。03年度の売上は、日本ユニパックが王子製紙を抜いてトップに。日本ユニパックは、07年3月期以降には、生産体制再構築で合併効果の実現を図り、経常利益1,000億円をめざす。国内の品目別シェア争いは激しい。板紙は王子製紙、印刷・情報用紙は日本ユニパック、2強以外でも衛生用紙は国内3位の大王製紙が首位をキープ。大王製紙は新聞用紙に強く、高級印刷用紙を強化している。段ボール原紙は4位のレンゴー、大王製紙と三菱・北越連合も生き残りをかけた戦略を模索中。各社、持ち味を生かしつつ戦っている。

45 陸運業界

The land transport business world

業界規模
約8兆円
（編集部推定）

宅配便で独走のヤマトに佐川が猛追。郵政公社の参入で新たな戦いが開始

■ 国内と世界の陸運業界地図（売上は04年3月）

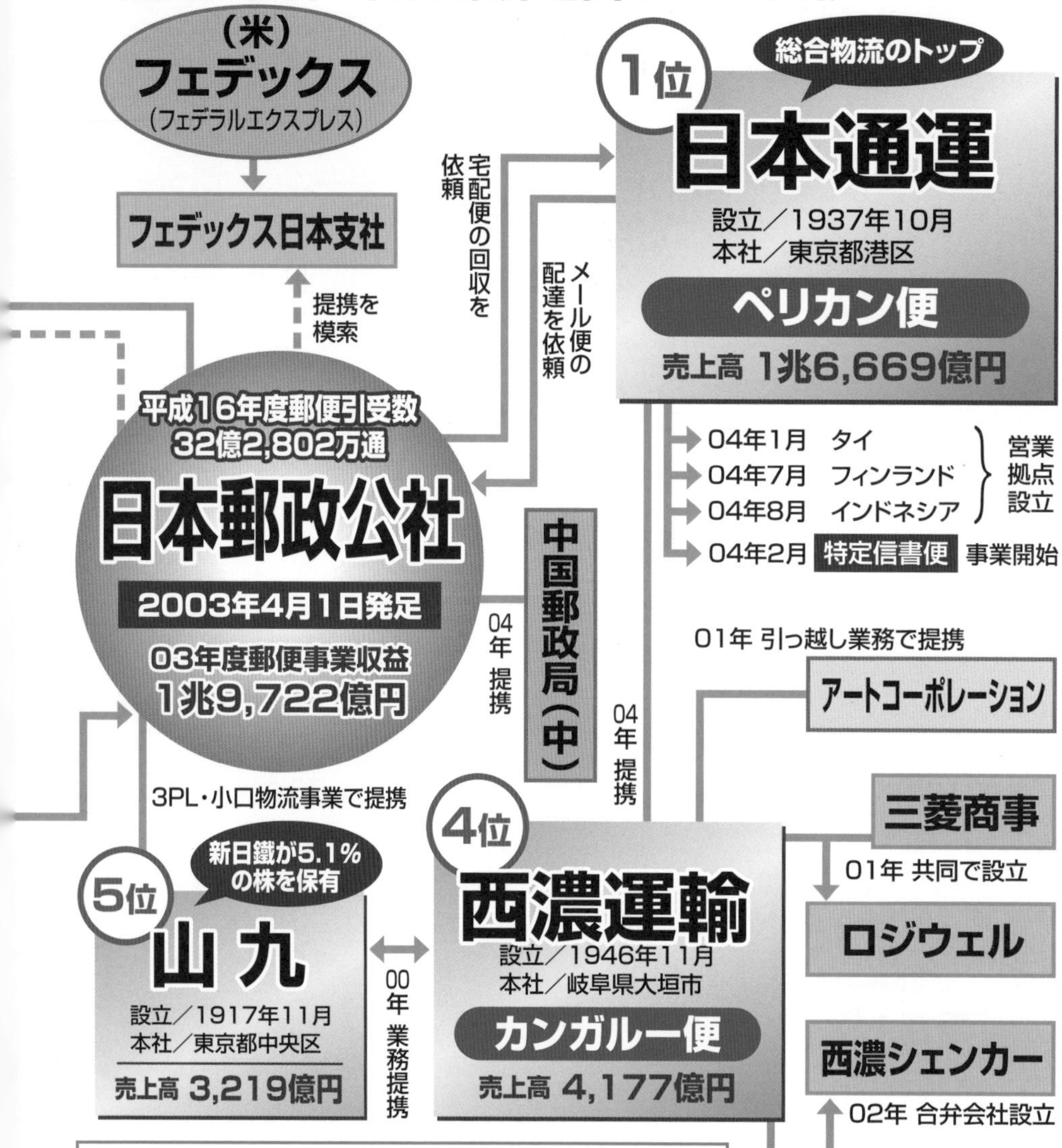
（米）
フェデックス
（フェデラルエクスプレス）
フェデックス日本支社
提携を模索
平成16年度郵便引受数
32億2,802万通
日本郵政公社
2003年4月1日発足
03年度郵便事業収益
1兆9,722億円
宅配便の回収を依頼
メール便の配達を依頼
1位
総合物流のトップ
日本通運
設立／1937年10月
本社／東京都港区
ペリカン便
売上高 1兆6,669億円
04年1月 タイ
04年7月 フィンランド
04年8月 インドネシア
営業拠点設立
04年2月 特定信書便 事業開始
中国郵政局（中）
04年 提携
04年 提携
01年 引っ越し業務で提携
アートコーポレーション
三菱商事
01年 共同で設立
ロジウェル
3PL・小口物流事業で提携
5位
新日鐵が5.1%の株を保有
山九
設立／1917年11月
本社／東京都中央区
売上高 3,219億円
00年 業務提携
4位
西濃運輸
設立／1946年11月
本社／岐阜県大垣市
カンガルー便
売上高 4,177億円
西濃シェンカー
02年 合弁会社設立
（独）
シェンカー

国土交通省の調べによると、03年度の「宅配便等取扱個数実績（トラック）」はヤマトが10億693万個、佐川急便が9億2,535万個と佐川が猛追している。以下はペリカン便が3億6,763万個、フクツー便が2億9,880万個、カンガルー便が1億3,546万個、名鉄宅配便が2,892万個と続く。メール便ではヤマト、佐川、中越運送、日通、福山通運と続く。ヤマトの取り扱いは9億9,437万冊。

景気の低迷により、建設資材や工業製品などの輸送需要が伸びず、貨物輸送中心の会社の苦戦が目立つ一方、宅配便を中心とする宅配貨物に強い会社の躍進が目立つ。なかでも全国で8000を超える事業拠点を持つ宅配便トップのヤマト運輸は、ついに売上高が1兆円を突破する大企業に成長した。佐川急便も03年度と比べ約500億円も売上を伸ばしている。

03年4月に公社化された日本郵政公社の動きも注目。公社は他社、特にヤマトへの対抗手段として、ヤマトと提携のないコンビニ2社（デイリーヤマザキ、am／pm）と提携。郵便小包「ゆうパック」が2社の窓口でも利用できるようになった。さらにはヤマトと提携していたローソンとも、提携を合意した（ヤマトは提携を解消する）。また、メール便の配送委託や3PL（左記参照）業務での提携など、業界に強い影響を与えている。

陸運業界もアジアに注目しているが、他社に先駆け中国に進出している佐川急便の動きは、要注目。

■ 営業用トラックの保有台数の推移

（国土交通省自動車交通局調べ）

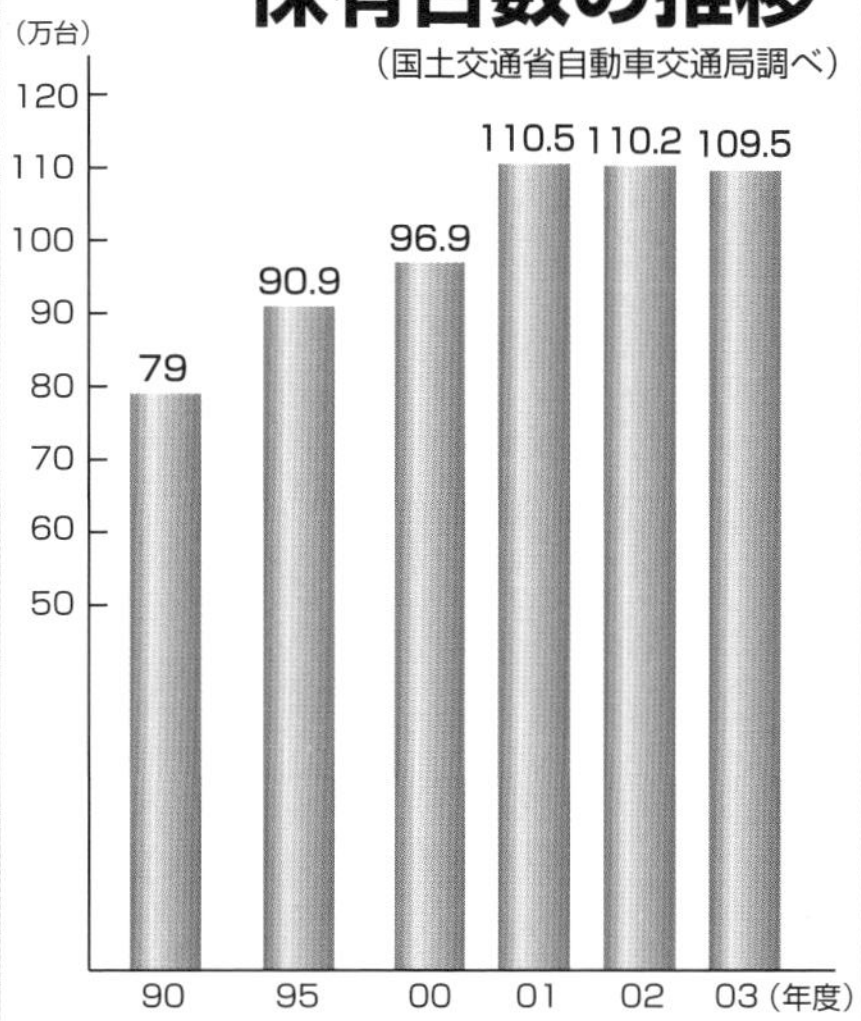

営業用トラックの保有台数は01年の110万5,000台をピークとしてここ3年間ほぼ同じ数で推移。国内貨物の約9割がトラック輸送に頼っている現状では、ここ数年はこのレベルで推移すると思われる。

宅急便 VS 小包

（米）
UPS
（ユナイテッド・パーセル・サービス）

04年1月 合併契約から業務提携に

6位 日立物流
日立が53.1％の株を保有
設立／1959年8月
本社／東京都江東区
売上高 2,648億円

提携を模索

3PL事業で提携

2位 ヤマト運輸
国内8,267店あり宅配便トップ
設立／1929年4月
本社／東京都中央区
クロネコヤマトの宅急便
売上高 1兆113億円

03年10月 中国で「雅瑪多（上海）物流」営業開始
04年5月 A4サイズの「メール便」コンビニでの受付開始

「メール便」の配達の委託を検討

3位 佐川急便
積極的にアジアに進出
設立／1965年11月
本社／京都市南区
飛脚便
売上高 7,625億円

03年1月 「上海大衆佐川急便物流」営業開始
03年7月 韓国のCJGLS社と業務提携
03年9月 中国の「保利佐川物流」営業開始
03年10月 中国の「北京住商佐川急便物流」営業開始

01年1月 業務提携（近鉄エクスプレス ⇔ 佐川急便）

94年 業務提携（DHLジャパン → 佐川急便）

DHLジャパン

傘下のDHL（ベルギー）

（独）
DPWN
（ドイツポスト・ワールドネット）

7位 福山通運
路線トラック大手
設立／1948年9月
本社／広島県福山市
フクツー便
売上高 2,559億円

8位 近鉄エクスプレス
近鉄が36.8％の株を保有
設立／1970年1月
本社／東京都千代田区
売上高 2,029億円

9位 日 新
設立／1938年12月
本社／神奈川県横浜市
売上高 1,780億円

10位 センコー
設立／1946年7月
本社／大阪市北区
売上高 1,729億円

11位 トナミ運輸
設立／1943年6月
本社／富山県高岡市
売上高 1,267億円

12位 日本梱包運輸倉庫
設立／1950年12月
本社／東京都中央区
売上高 1,181億円

提携

西濃運輸

13位 名鉄運輸
名古屋鉄道が47.5％の株を保有
設立／1943年6月
本社／名古屋市東区
売上高 937億円

「3PL」「メール便」とは？
「3PL」とは企業の流通機能全般を一括して請け負うアウトソーシングサービスのこと。「メール便」とは普通郵便と同じように自宅のポストに届ける封書便のこと。04年4月から信書配達への民間の参入が許可されたが、「メール便」ではまだ信書の配達は認可されていない。

PART 6

46 海運業界

The sipping trade world

業界規模
約3兆4,000億円
（本書掲載企業の売上合計）

■ 国内と世界の海運業界地図（売上高は04年3月期）

1位

日本郵船

売上高 1兆3,983億円

設立	1885年
資本金	885億3,100万円
従業員数	単1,058名（連20,660名）

三菱海運
64年合併

昭和海運
98年合併

カタール
LNG輸送

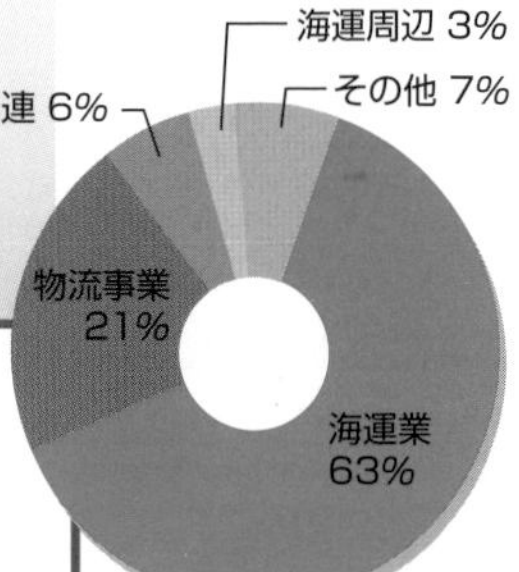
海運周辺 3%
その他 7%
ターミナル関連 6%
物流事業
21%
海運業
63%

グループ

太平洋海運	90億円
新和海運	726億円
共栄タンカー	102億円

03年7月、アジア―欧州新グループ開設
04年7月、アジア―黒海間新サービス開始

協力関係

●世界の海運会社

グランドアライアンスグループ（GA）
ハパグ・ロイド（独）
P&Oネドロイド（蘭）
OOCL（香）
M1SC（マレーシア）

04年3月
木材チップ
輸送契約締結

世界トップの製紙会社
インターナショナルペーパー（米）

経済成長続く中国向け輸送量急増。大手海運3社とも過去最高の収益

現在、3社体制の海運業界は、経済成長が続く中国向けの輸送量の急増などで、定期船・不定期船部門ともに堅調だ。大手3社の04年3月期連結決算では、売上高は各社とも過去最高。商船三井、川崎汽船は最終利益も過去最高となった。

各社増収益の要因は、定期船部門が世界的に好調を持続し、運賃が安定的に推移したこと、さらに不定期船部門も中国向け原材料輸送が急増し、運賃が高騰したことなどが増収益に直結した。世界的に船舶供給力も限界がみられるため、運賃が高値で推移することを見込んで、各社とも今後の増収益が期待できる。

世界の海運業界では、企業による事業拡大と、アライアンス（企業連合）による商圏拡大が同時に進んでおり、競争が激化している。1社だけでは、世界の基幹航路網を巡らせるには限界があり、コスト削減とサービス向上を高めるため、世界的規模で連合を組み生き残る戦略で、国内3社はその中心となっている。

ナビックスライン　**大阪商船・三井商船**

99年合併

04年7月
中国広州で
自動車船荷役
の技術供与

2位 商船三井

売上高　9,972億円

設　立　1884年
資本金　649億1,500万円
従業員数　単946名（連7,033名）

グループ	
明治海運	138億円
乾汽船	95億円
関西汽船	128億円
第一中央汽船	698億円

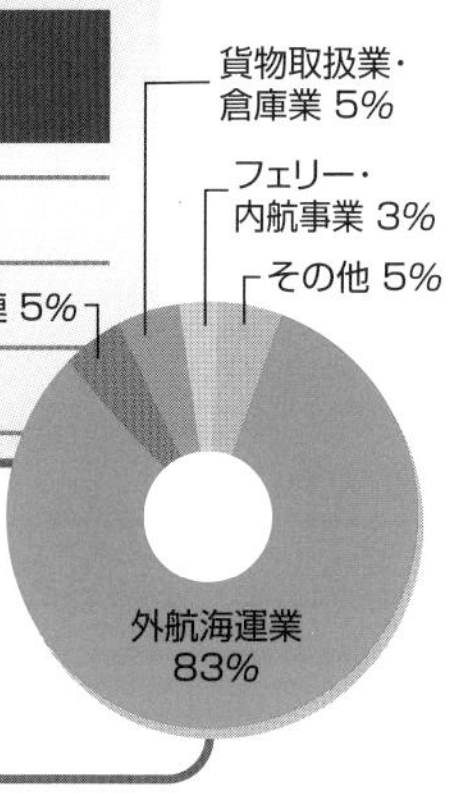
貨物取扱業・
倉庫業 5%
フェリー・
内航事業 3%
その他 5%
運送関連 5%
外航海運業
83%

●世界の海運会社

協力関係

ザ・ニューワールド・アライアンス（TNA）
現代商船（韓）
NOL／APL（シンガポール）

04年6月
LNG輸送合弁会社設立

伊藤忠商事
アルジェリア

●世界の海運会社

協力関係

COSCO（中）
陽明海運（台）
韓進海運（韓）

3位 川崎汽船

売上高　7,246億円

設　立　1919年
資本金　296億8,900万円
従業員数　単538名（連6,088名）

グループ	
飯野海運	582億円
川崎近海汽船	275億円

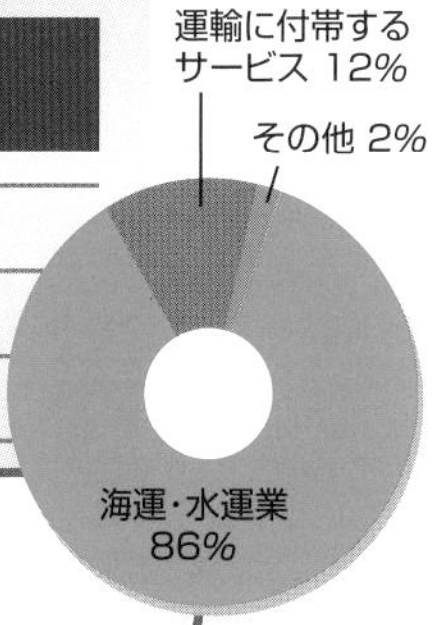
運輸に付帯する
サービス 12%
その他 2%
海運・水運業
86%

独立系

マークスシーランド（米）
エバーグリーン（台）
NORASIA,MSC（スイス）

■ 世界主要船籍国別船腹量

（02年 造船統計要覧2003より）

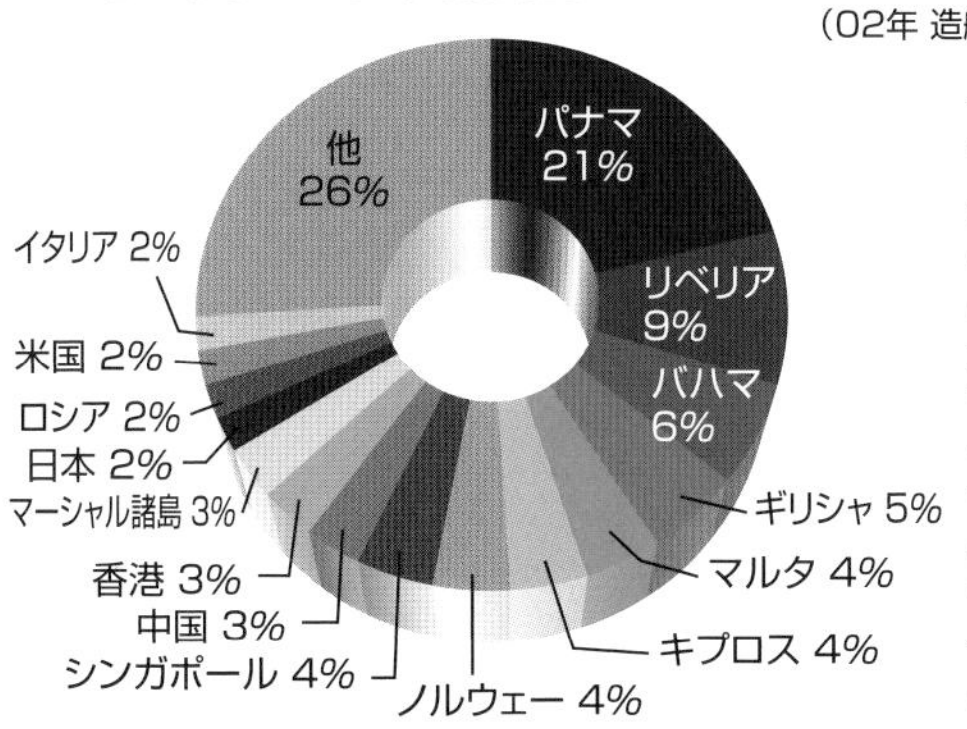
パナマ
21%
リベリア
9%
バハマ
6%
ギリシャ 5%
マルタ 4%
キプロス 4%
ノルウェー 4%
シンガポール 4%
中国 3%
香港 3%
マーシャル諸島 3%
日本 2%
ロシア 2%
米国 2%
イタリア 2%
他
26%

世界の主要海運会社では、その国の籍の船舶は少なく、パナマなどに籍を置いているため、パナマなどの船腹量が多い。労賃の安い船員を雇用し、世界の価格競争に勝ち抜いていくために必要な措置。リベリア、バハマ、マルタ、キプロスなどの発展途上国が多いのはそのためだ。

日本のエネルギー資源の80％以上は海上輸送だけに、海運業界が日本のライフラインを支えている。不定期船、タンカーに市況変動が激しい中、近年では、電力・ガス会社向けのLNG（液化天然ガス）船などでの安定収益の確保を図っている。商船三井はオマーン政府と海運事業支援の契約を締結し、LNG事業にも積極的に乗り出した。また、04年6月には伊藤忠商事と、アルジェリアのLNG輸送に関する合弁会社を設立した。一方、日本郵船はカタールでのLNG輸送に着手し、さらに04年3月、新航路の開発とともに、世界トップの製紙会社、インターナショナルペーパー（米）と木材チップ輸送契約を結ぶなど、グローバルな商圏拡大のため躍起となっている。

業界規模
3兆1,492億円
（上位2社の売上合計）

■ 国内と世界の航空業界地図（売上高は04年3月期）

スターアライアンス〔グループ18社〕

エア・カナダ
ニュージーランド航空
ANA
アシアナ航空
オーストリア航空グループ
ブリティッシュ・ミッドランド航空
LOTポーランド航空
ルフトハンザドイツ航空
メキシカーナ航空
スカンジナビア航空
シンガポール航空
スパンエアー
タイ国際航空
ユナイテッド航空
ヴァリグ・ブラジル航空
新規 USエアウェイズ
新規 南アフリカ航空
新規 ポルトガル航空

99年10月 加盟

ANA
全日本空輸
営業収入
1兆2,175億円
輸送実績
国内線 4,478万人
国際線 330万人

収益構成：航空運送 75%　旅行 12%　他 8%　└ホテル 5%

●販売
ANAセールス&ツアーズ（グループ）

●ホテル
ANAホテルズ（グループ）

グループ
エアーニッポン ANK
エアージャパン AJX
日本貨物航空 NCA

●小型機会社
エアーネクスト（04年8月設立）

支援
出資・コードシェアなど

ADO
エア・ドゥ
02年6月破綻
民事再生法による再建中
札幌
旭川 ⇔ 羽田

複数社で便を共同運航する「コードシェア」、空港施設の共同利用や機材の共同購入、予約・発券システムやマイレージの共通化などを目的に複数の航空会社がアライアランス（連合）を組んでいるが、ポルトガル航空も加盟を表明するなど「スターアライアンス」グループへの新規加盟が相次いでいる。一方では、ワールドパークスとスカイチームの統合の話もあるが進展していない。JALとJASとの統合で、売上高では世界3位、旅客数では世界6位の航空会社が誕生した。

■ 世界の再編

エールフランス ← 買収 ← KLMオランダ航空

エールフランスはKLMオランダ航空の株83.22%を取得した。買収額は約1,100億円。旅客数で世界3位となる。同グループにはアリタリア航空も合流の意向を表明している。

新規参入会社の苦戦&破綻が続く。世界でも合併・再編の動きが進む

最近いちばんの注目は04年4月に発表したエールフランス航空によるKLMオランダ航空の買収だろう。SARS、テロ、イラク戦争などの影響でデルタ航空（米）、アリタリア航空（伊）が経営破綻の危機に陥るなど世界の航空会社が苦戦するなか、この大型買収が再編の要となりそうだ。

国内も上位2社がともに減益。特に国際線に強いJALは、SARSがたたるなど旅客が前年に比べ300万人弱も減り、03年度はついに886億円の赤字となった。

新規参入組の苦戦も続いている。スカイマークエアラインズはインターネット事業会社ゼロが設立した新会社が筆頭株主となり、経営陣が刷新。スカイネットアジアは04年6月に産業再生支援機構の支援が決定した。02年に民事再生法の手続きをしたエア・ドゥはANAの支援のもと、04年3月期決算で初の黒字となった。

今後は、ANAが小型機新会社エアーネクストを設立するなど、ローカル線での提携や参入が進みそう。

ワンワールド
〔グループ8社〕
アメリカン航空
ブリティッシュ・エアウェイズ
キャセイパシフィック航空
カンタス航空
イベリア航空
フィンランド航空
エアーリンガス・アイルランド航空
ラン・チリ航空
ワールドパークス
〔グループ6社〕
コンチネンタル航空
ノースウエスト航空
マレーシア航空
ガルーダ・インドネシア航空
(KLMオランダ航空)
新規 エアタヒチヌイ
提携
スカイチーム
〔グループ6社〕
デルタ航空
エールフランス航空
大韓航空
アエロメヒコ航空
CSAチェコ航空
アリタリア航空
加盟せずに提携
世界の航空グループ
JAL
日本航空
(04年6月社名変更)
営業収入
1兆9,317億円
輸送実績
国内線 4,650万人
国際線 1,175万人
収益構成
航空運送 71%
旅行 17%
他 8%
航空関連 4%
日本アジア航空 JAA
日本トランスオーシャン JTA
JALエキスプレス JEX
北海道エアシステム HAC
日本エアコミューター JAC
グループ
グループ
●販売
JALセールズ
04年4月に分社
グループ
●国際線
日本航空インターナショナル
●国内&不定期便
日本航空ジャパン
04年4月 名称変更
JAS
グループ
●ホテル
JALホテルズ
エイチ・アイ・エス
出資
スカイマークエアラインズ
98年9月就航
羽田 ⟷ 福岡 鹿児島 青森 徳島
インターネット事業会社のゼロが出資。04年11月に合併
旭化成・宮崎銀行・九州電力
出資
スカイネットアジア
02年8月就航
羽田 ⟷ 宮崎 熊本
経営不振により産業再生機構が04年6月に支援決定
破綻
羽田⇔那覇
レキオス
03年6月就航断念
貨物専門
オレンジカーゴ
03年10月発足
04年3月廃業

業界規模
13兆8,851億円
(本書掲載企業の売上合計)

各社、本業の鉄道事業は好調！本体以外の事業で明暗を分ける

■ 国内の鉄道業界地図（売上高は04年3月期）

1位 JR東日本
（東日本旅客鉄道・東京）

売上高 2兆5,422億円
営業キロ 7,526.8km

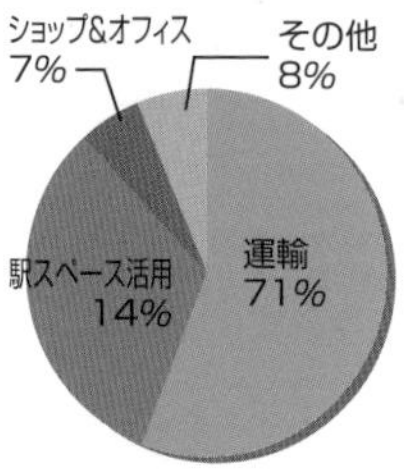
ショップ&オフィス 7%
その他 8%
運輸 71%
駅スペース活用 14%

- ホテルメトロポリタン
- ルミネ
- 東京モノレール
- ジェフユナイテッド市原

2位 JR東海
（東海旅客鉄道・愛知）

売上高 1兆3,840億円
営業キロ 1,977.8km

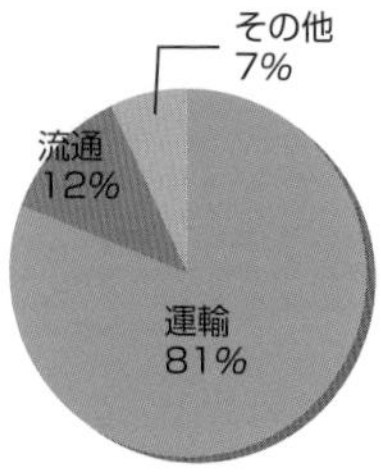
その他 7%
流通 12%
運輸 81%

- JR東海ツアーズ
- JR名古屋髙島屋
- JR東海ホテルズ
- JR東海バス

3位 近鉄
（近畿日本鉄道・大阪）

売上高 1兆2,978億円
営業キロ 573.7km

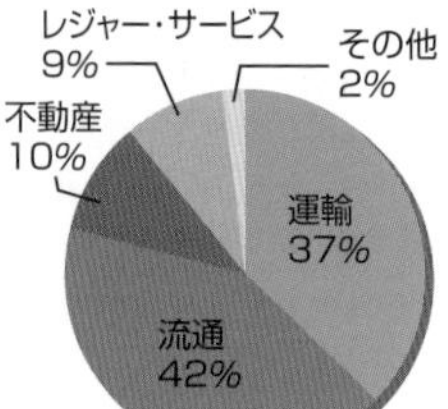
レジャー・サービス 9%
その他 2%
不動産 10%
運輸 37%
流通 42%

- 近鉄百貨店
- 近畿日本ツーリスト
- 都ホテルズ&リゾーツ
- 大阪近鉄バファローズ（オリックスブルーウェーブと合併へ）

4位 東急
（東京急行電鉄・東京）

売上高 1兆2,234億円
営業キロ 100.1km

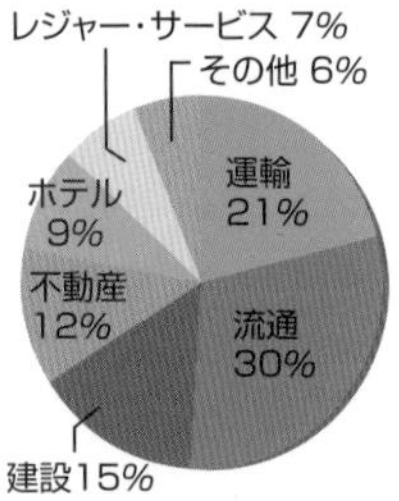
レジャー・サービス 7%
その他 6%
運輸 21%
ホテル 9%
不動産 12%
流通 30%
建設15%

- 東急百貨店
- 東急不動産
- 東急ホテルズ
- 東急観光

トラックから鉄道に輸送手段をシフトする産業界の動きを受け、JR貨物も売上高を前年比で5.3%伸ばした。コンテナ輸送量は5.6%増。経常利益も前期の3.8倍となった。阪神は阪神タイガース優勝効果で関西私鉄で唯一、輸送人員を0.3%伸ばし、売上高も前年比で166億円増となった。一方、鉄道事業本体では合併・再編の動きは少ないが、04年10月に東急が伊豆急行を完全子会社化する予定。名鉄は05年1月から中部空港と常滑駅を結ぶ全長4.2kmの新線を開業する。

日本民営鉄道協会の調べによると03年度の私鉄大手15社の輸送人員実績は前年比0.2%増とわずかだが12年ぶりに増加するなど、私鉄各社の鉄道事業は全社好調のようだ。

相鉄は事業再編効果と新たに連結決算となった相鉄ローゼン、横浜地下街の売上が寄与、経常利益ともに過去最高益となった。東急は東急建設が連結対象から外れたことによって売上高が下がったが、鉄道事業は好調で、02年度と同じ4位を死守。西武は鉄道事業で売上高が伸びたが、ホテル、ゴルフ場などの事業が振るわず、わずかだが減収。南海も傘下の南海辰村建設の不振により大幅減となった。鉄道業界は各社、百貨店、ホテル、不動産、ゴルフ場など多角化しているが、その収益が明暗を分けた結果となった。

JR東海は品川新駅効果もあり、収益を伸ばした。JR西日本も「のぞみ」の増発効果で増収。JR東日本も人員削減など経費削減効果が現れ、経常利益が2253億円と過去最高益となっている。

7位 東武

（東武鉄道・東京）

売上高 6,647億円
営業キロ 463.3km

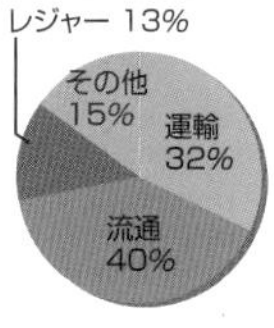
レジャー 13%
その他 15%
運輸 32%
流通 40%

東武百貨店
東武トラベル
東武建設

6位 名鉄

（名古屋鉄道・愛知）

売上高 7,835億円
営業キロ 477.8km

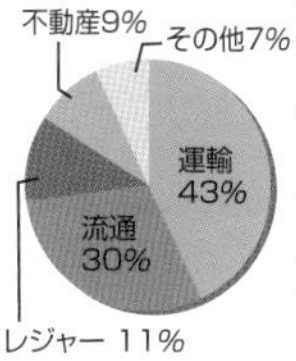
不動産9%
その他7%
運輸 43%
流通 30%
レジャー 11%

名鉄百貨店
名鉄不動産
太平洋フェリー

5位 JR西日本

（西日本旅客鉄道・大阪）

売上高 1兆2,157億円
営業キロ 5,078.3km

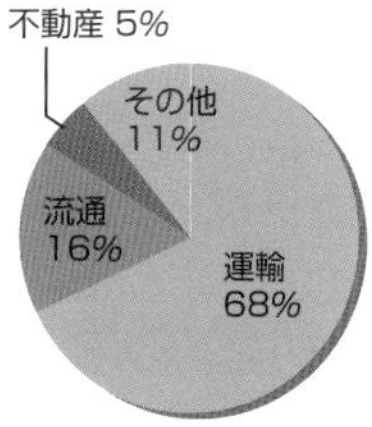
不動産 5%
その他 11%
流通 16%
運輸 68%

日本旅行
JR京都伊勢丹
JR西日本ホテルズ
西日本JRバス

9位 阪急

（阪急電鉄・大阪）

売上高 4,714億円
営業キロ 146.5km

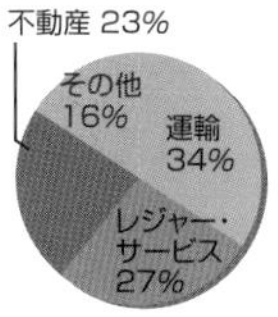
不動産 23%
その他 16%
運輸 34%
レジャー・サービス 27%

阪急百貨店グループ
阪急東宝グループ
阪急交通社

8位 小田急

（小田急電鉄・東京）

売上高 6,249億円
営業キロ 120.5km

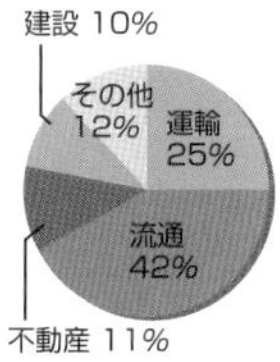
建設 10%
その他 12%
運輸 25%
流通 42%
不動産 11%

小田急百貨店
小田急トラベル
小田急不動産

その他のJR各線

JR北海道

（北海道旅客鉄道・北海道）

売上高 892億円
営業キロ 2,499.8km

JR四国

（四国旅客鉄道・香川）

売上高 367億円
営業キロ 855km

JR九州

（九州旅客鉄道・福岡）

売上高 1,503億円
営業キロ 2,101.1km

11位 西武

（西武鉄道・埼玉）

売上高 4,147億円
営業キロ 179.8km

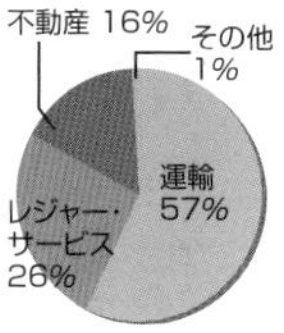
不動産 16%
その他 1%
運輸 57%
レジャー・サービス 26%

西武百貨店
西武不動産販売
西武ライオンズ

10位 京王

（京王電鉄・東京）

売上高 4,277億円
営業キロ 84.7km

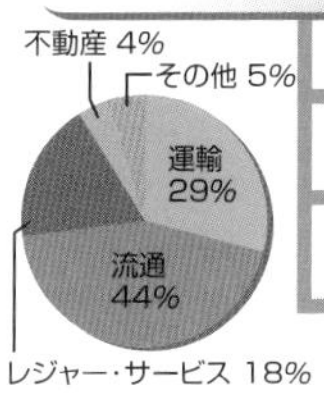
不動産 4%
その他 5%
運輸 29%
流通 44%
レジャー・サービス 18%

京王百貨店
京王プラザホテル
京王不動産

15位 阪神

（阪神電気鉄道・大阪）

売上高 3,073億円
営業キロ 45.1km

14位 京急

（京浜急行電鉄・東京）

売上高 3,125億円
営業キロ 87.0km

13位 西鉄

（西日本鉄道・福岡）

売上高 3,138億円
営業キロ 115.9km

12位 東京メトロ

（東京地下鉄・東京）

売上高 3,236億円
営業キロ 183.2km

20位 JR貨物

（日本貨物鉄道・東京）

売上高 1,657億円
営業キロ 9,230.7km

19位 南海

（南海鉄道・大阪）

売上高 2,163億円
営業キロ 169.1km

18位 京成

（京成電鉄・東京）

売上高 2,294億円
営業キロ 102.4km

17位 京阪

（京阪電気鉄道・大阪）

売上高 2,535億円
営業キロ 88.1km

16位 相鉄

（相模鉄道・神奈川）

売上高 2,629億円
営業キロ 38.1km

PART 6

49 人材派遣業界

The temporary staff business world

業界規模
1兆5,000億円
(編集部推定)

2年ごとの規制緩和で年々規模が拡大。上位6社が大きなシェアを占める

■ 国内の人材派遣業界地図 (売上高は04年3月期)

大手

1位 スタッフサービス・ホールディングス
登録者数 105万人
売上高 2,527億円

本社	東京 90年2月設立
資本金	4億9,500万円
社員数	6,078人(グループ総数)

2位 テンプスタッフ
登録者数 75万人
売上高 1,717億円

本社	東京 73年5月設立
資本金	6億1,563万円
社員数	3,031人(グループ総数)

3位 アデコ(スイス)
登録者数 63万人
売上高 1,550億円

本社	東京 85年7月設立
資本金	55億6,200万円
社員数	約2,100人

キャリアスタッフ・アデコジャパン → 99年合併 → 04年 社名変更 → アデコ

4位 パソナ
登録者数 59万人 (03年10月末)
売上高 1,569億円(04年5月期)

本社	東京・大阪 89年9月設立
資本金	79億円
社員数	2,308人(グループ総数)

テンポラリーセンター → 93年 社名変更 → パソナ

5位 リクルートスタッフィング
登録者数 29万人
売上高 883億円

本社	東京 87年6月設立
資本金	9億9,940万円
社員数	888人

リクルートスタッフィング → 03年10月買収 → オリファ

オリファはオリエントコーポレーションの人材派遣の子会社だった。川商スタッフサービスは川鉄商事の100%子会社だった。準大手以下の企業・事業所の数が多く、下位同士での活発な合併・提携・買収の再編も起きそうだ。

日本の人材派遣は米マンパワー社が66年に日本法人を設立したことから始まった。当初は専門的な事務職のみという限定的なスタートだったが、86年に労働者派遣法が施行され、以来、2年ごとの法改正で規制緩和が行われ、対象職種が広がった。00年には一般事務、営業、販売職の派遣も認可。04年3月に条件面での緩和と製造ラインへの派遣も認可された。

事業者数は、日本人材派遣協会に加盟しているところだけでも485社あり、事業所数にすると9599もある。上場しているところが少なく、本書では業界規模を1兆5000億円としたが2兆円という意見もある。わずか40年弱で化粧品業界や二輪車業界を超える規模に成長した。

04年には医師や看護師などの派遣も認可された。景気の低迷と規制緩和でそのニーズと市場は広がり、03年にはライオンが参入するなど大企業の進出や買収も予想される。今後も再編の動きがありそうだ。

■ 派遣労働者の実稼働者数の推移

（日本人材派遣協会調べ）

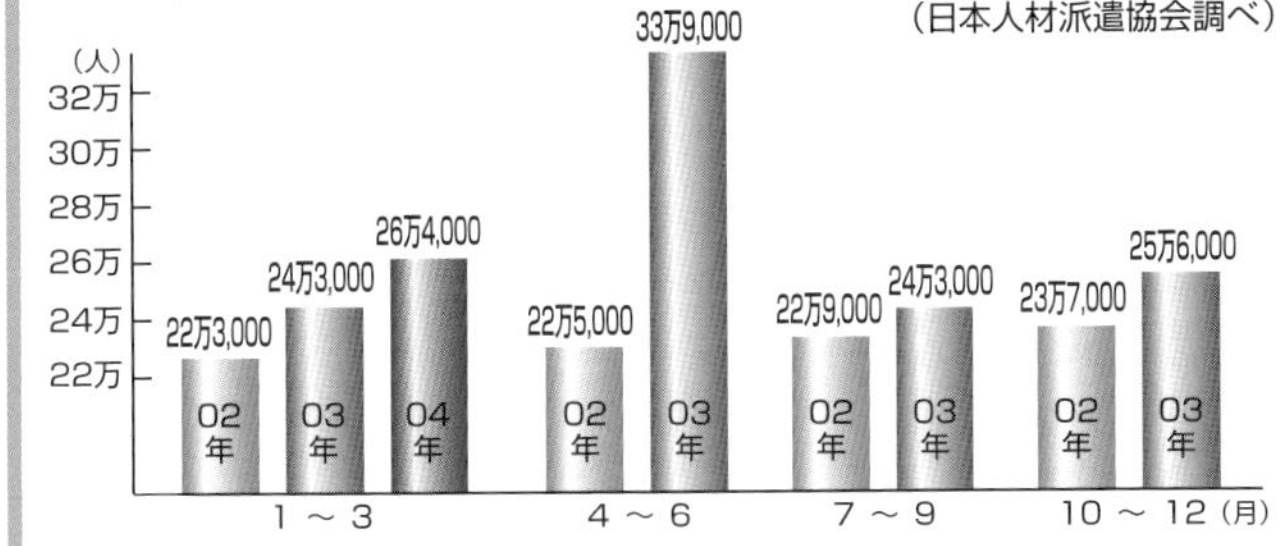

年間平均でも年ごとに2万人ずつの月間稼働者数が増えている。必要なときに雇える派遣社員は企業にとっても効率的だ。

登録者数 33万人

6位

マンパワージャパン

売上高 800億円程度（編集部推定）

本社	東京 66年11月設立
資本金	40億円
社員数	未公開

マンパワー（米） → 完全子会社

中堅

（順不同）

フジスタッフ

売上高352億円
80年 設立

プロフェシオ、フジスタッフ → 02年 合併 → 03年 社名変更 → フジスタッフ

ヒューマンリソシア

売上高508億円（うち人材派遣部門は289億円）
88年 設立

インテリジェンス

売上高288億円（03年9月期。グループ総売上）
89年 設立

フォーラムエンジニアリング

売上高242億円（02年度）
81年 設立

ピープルスタッフ

売上高202億円
1983年 設立

04年1月 買収 → 川商スタッフサービス

アヴァンティスタッフ

売上高は未公開
84年 設立

日本キャリエール、丸紅パーソナルサポート → 02年 合併 → アヴァンティスタッフ

東京海上日動キャリアサービス

売上高248億円
84年 設立

東京海上キャリアサービス、トウカイビジネスサービス、フローラスタッフ、日動火災キャリアサービス → 03年7月 合併 → 東京海上日動キャリアサービス

その他

日本マンパワー

ヒューマントラスト

アシスト

ニスコム

日総ブレイン

ライオンコーディアルサポート

03年2月 ライオンが参入

グッドウィル

買収 → 東邦アドライズ

50 建設業界

The construction business world

業界規模
約60兆円
（編集部推定値）

市場規模が縮小し、淘汰・再編が進む。各社、経営効率化で生き残りめざす

建設投資を支えていた公共事業費の削減傾向に拍車がかかり、さらに民間需要が低水準にとどまるなど、依然、厳しい環境が続く建設業界。その上、有利子負債が経営基盤を圧迫している。90年代半ばからゼネコンに対する債務免除などの金融支援が続いているが、スーパーゼネコン4社の財務内容は改善しているものの、市場規模が急速に縮小しているため、準大手、中堅以下はますます厳しい。

主力取引銀行の金融支援を受け、再建中の準大手ゼネコンの熊谷組では、5000億円を超えた有利子負債を今期末までに789億円まで圧縮。その熊谷組と05年に経営統合する飛島建設も、同負債を1000億円強からほぼ半減させた。このように各社とも得意分野に経営資源を集中し、業務の効率化を図ることで増益を見込む。

中位・下位ではむしろこれから破綻する企業が出るなど、再編が進むのは必至。各社とも受注機会の確保よりも経営効率化による生き残りをめざす動きがみえ始めた。

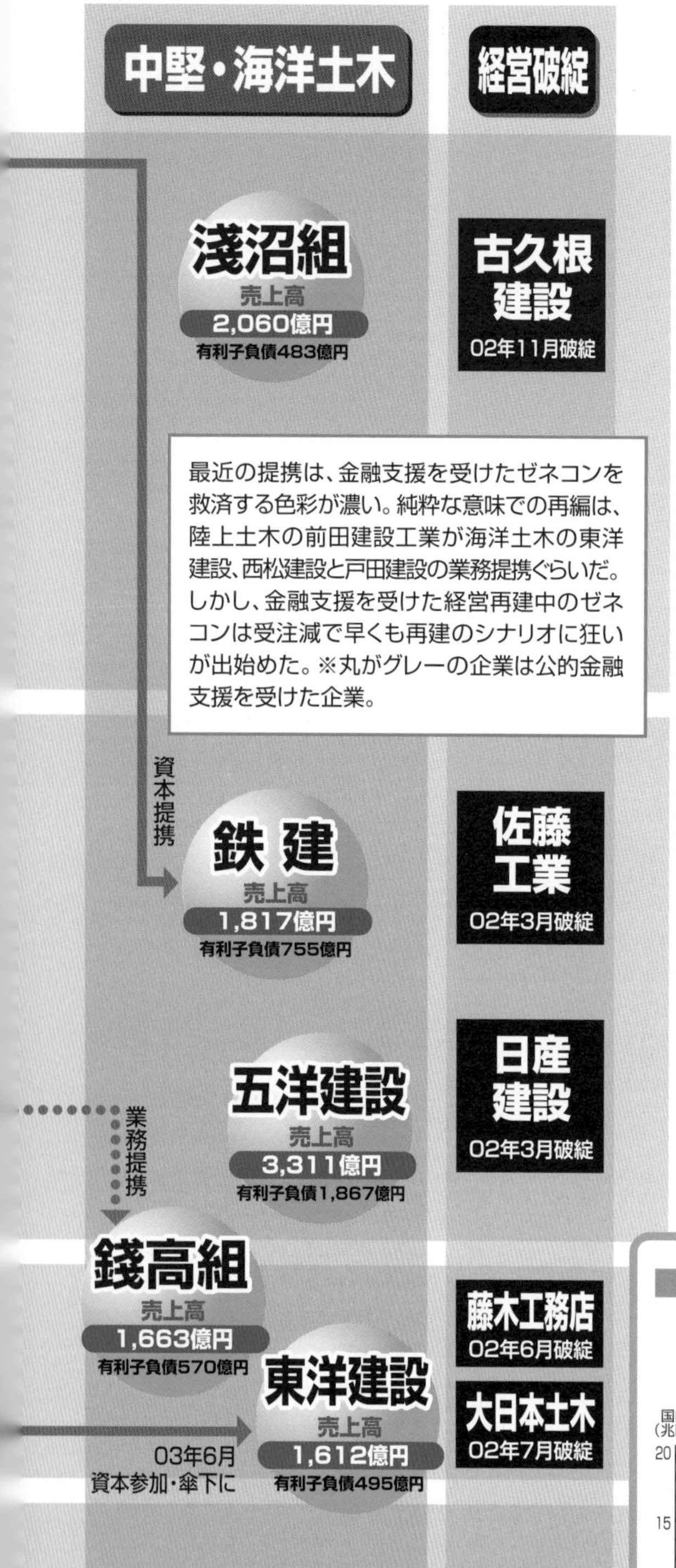
中堅・海洋土木
経営破綻
浅沼組
売上高
2,060億円
有利子負債483億円
古久根建設
02年11月破綻
資本提携
鉄建
売上高
1,817億円
有利子負債755億円
佐藤工業
02年3月破綻
五洋建設
売上高
3,311億円
有利子負債1,867億円
日産建設
02年3月破綻
業務提携
錢高組
売上高
1,663億円
有利子負債570億円
藤木工務店
02年6月破綻
東洋建設
売上高
1,612億円
有利子負債495億円
03年6月
資本参加・傘下に
大日本土木
02年7月破綻
青木建設
01年12月破綻

最近の提携は、金融支援を受けたゼネコンを救済する色彩が濃い。純粋な意味での再編は、陸上土木の前田建設工業が海洋土木の東洋建設、西松建設と戸田建設の業務提携ぐらいだ。しかし、金融支援を受けた経営再建中のゼネコンは受注減で早くも再建のシナリオに狂いが出始めた。※丸がグレーの企業は公的金融支援を受けた企業。

大手50社の海外・国内受注高推移

（国土交通省 建設調査統計課）

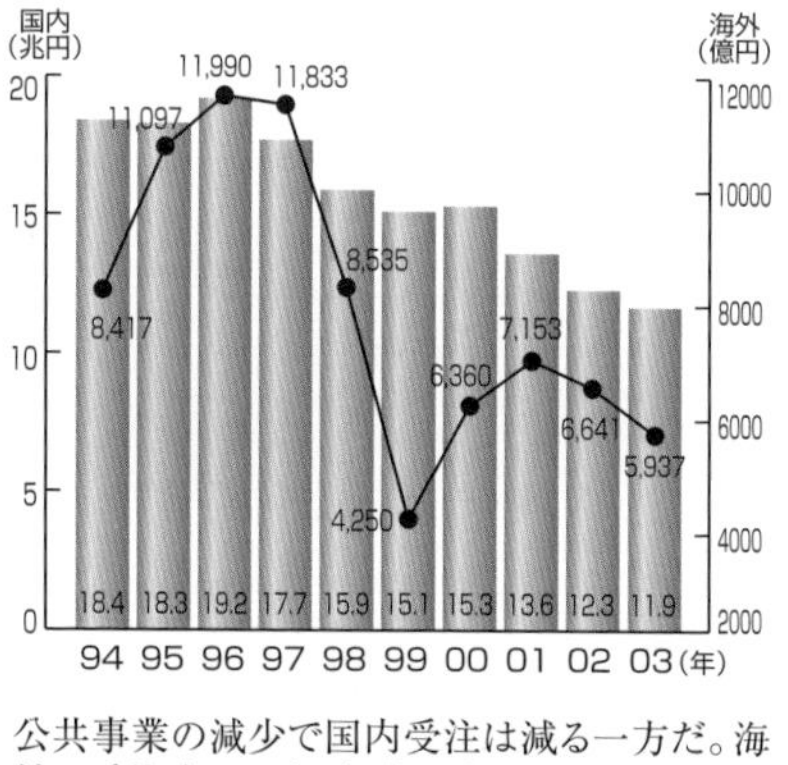
国内（兆円）
海外（億円）
20
15
10
5
0
12000
10000
8000
6000
4000
2000
18.4
18.3
19.2
17.7
15.9
15.1
15.3
13.6
12.3
11.9
8,417
11,097
11,990
11,833
8,535
4,250
6,360
7,153
6,641
5,937
94 95 96 97 98 99 00 01 02 03（年）

公共事業の減少で国内受注は減る一方だ。海外の受注高では大手4社の占める割合がかなり大きい。

■ 国内の建設業界地図（売上高は04年3月期）

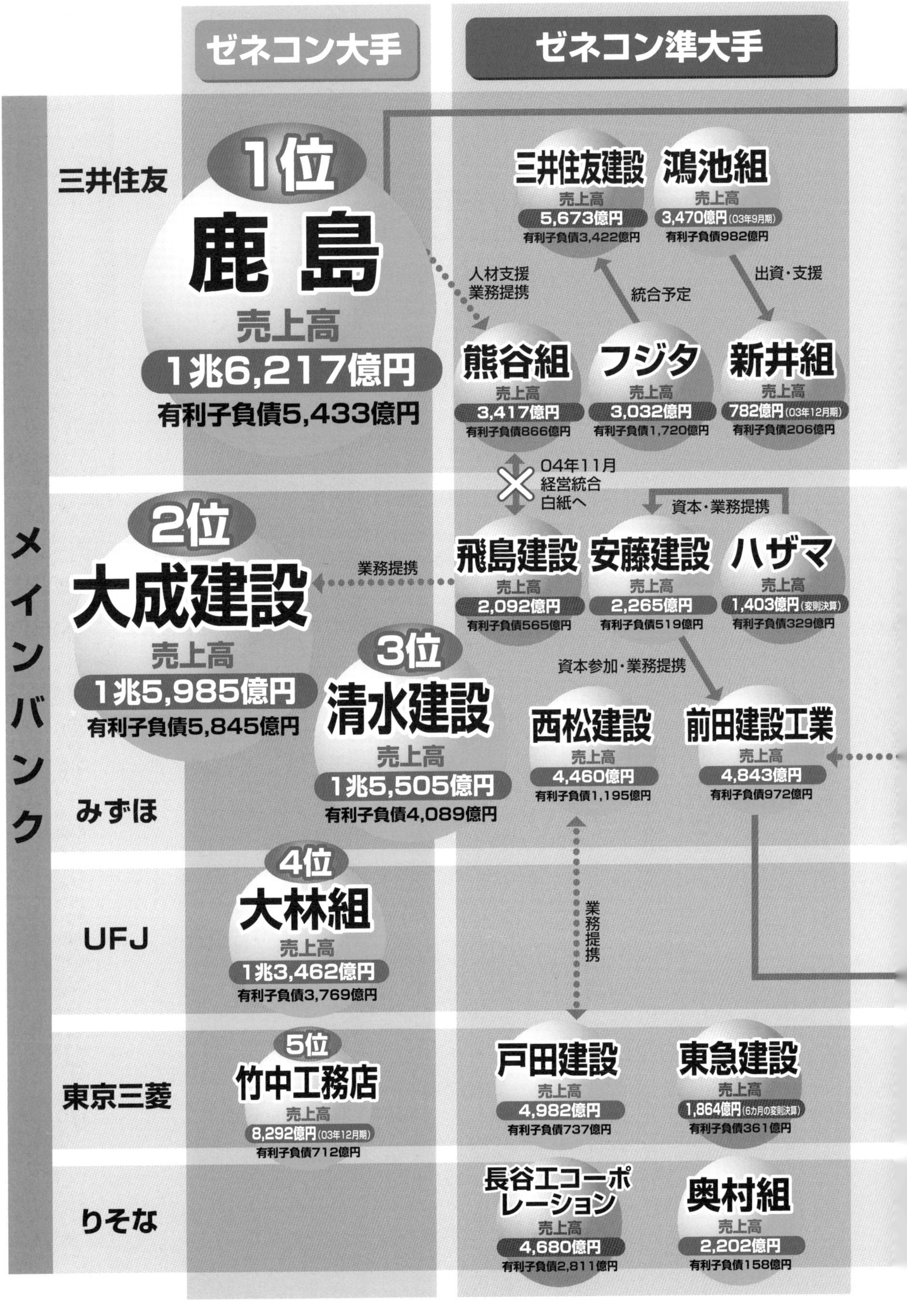
ゼネコン大手
ゼネコン準大手
メインバンク
三井住友
みずほ
UFJ
東京三菱
りそな
1位
鹿島
売上高
1兆6,217億円
有利子負債5,433億円
2位
大成建設
売上高
1兆5,985億円
有利子負債5,845億円
3位
清水建設
売上高
1兆5,505億円
有利子負債4,089億円
4位
大林組
売上高
1兆3,462億円
有利子負債3,769億円
5位
竹中工務店
売上高
8,292億円（03年12月期）
有利子負債712億円
三井住友建設
売上高
5,673億円
有利子負債3,422億円
鴻池組
売上高
3,470億円（03年9月期）
有利子負債982億円
人材支援
業務提携
統合予定
出資・支援
熊谷組
売上高
3,417億円
有利子負債866億円
フジタ
売上高
3,032億円
有利子負債1,720億円
新井組
売上高
782億円（03年12月期）
有利子負債206億円
04年11月
経営統合
白紙へ
資本・業務提携
業務提携
飛島建設
売上高
2,092億円
有利子負債565億円
安藤建設
売上高
2,265億円
有利子負債519億円
ハザマ
売上高
1,403億円（変則決算）
有利子負債329億円
資本参加・業務提携
西松建設
売上高
4,460億円
有利子負債1,195億円
前田建設工業
売上高
4,843億円
有利子負債972億円
業務提携
戸田建設
売上高
4,982億円
有利子負債737億円
東急建設
売上高
1,864億円（6カ月の変則決算）
有利子負債361億円
長谷工コーポレーション
売上高
4,680億円
有利子負債2,811億円
奥村組
売上高
2,202億円
有利子負債158億円

業界規模

約5兆円

(本書掲載企業の売上合計)

■ 国内の住宅業界地図

(売上高は04年3月期決算。※1は04年1月期。※2は04年2月期。※3は04年10月期予定)

1位

積水ハウス

年間販売戸数 5万7,439戸

売上高 1兆3,260億円※1

資本金/1,865億円
従業員数/単13,928名・連19,498名

(プレハブ・鉄骨)

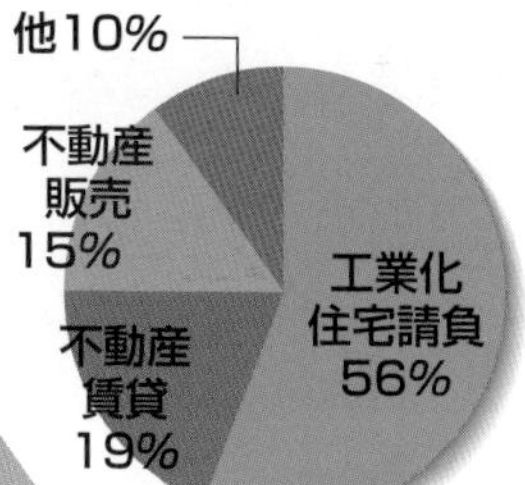
他10%
不動産販売 15%
工業化住宅請負 56%
不動産賃貸 19%

5位

住友林業

年間販売戸数 9,883戸

売上高 3,906億円
(住宅部門の売上)

(木造在来工法)

4位

ミサワホームホールディングス

年間販売戸数 2万4,658戸

売上高 4,034億円

資本金/807億円
従業員数/単141名
連8,425名

(プレハブ・木質)

近年の再編

- 木下工務店 → サーベラス傘下に
- 日本電建 → 02年8月、大東建託が子会社化。03年7月社名変更 → 大東住宅
- クボタハウス → 三洋ホームズ
- ペイントハウス → 02年2月子会社設立 → ホーメスト

ダントツの2強に挑む中堅メーカー、景気低迷の中で淘汰が進む

景気低迷の影響で、減益が続いている住宅業界は、大手上位企業、中堅企業、新興企業の3層に分かれ、「勝ち組」と「負け組」が鮮明になっているといってもいいだろう。

国土交通省によると、03年度の新設住宅着工数は、3年ぶりに前年を上回り、着工数は116万戸。しかし、3年連続の減少を回避したとはいえ、依然景気の不透明感はぬぐえず、楽観できない状況に変化はない。

都心回帰など、超高層・高級マンションは人気が高いが、かつてほどの数は見込めないと予想され、頭打ち傾向。消費者の物件に対する「目」も厳しく、高付加価値、差別化を明確にできない企業は苦戦が続いている。また、この業界では、今後どのように生き残っていくか、ポジショニングをはっきりさせない企業は厳しい。

さらに、リフォームの需要が急増しており、この対応も明暗を分ける。今後も市場縮小の中で淘汰が進むだろう。

3位

積水化学工業

年間販売戸数 1万5,840戸

売上高 4,109億円
（住宅部門の売上）
資本金／1,000億円
従業員数／単2,553名
連16,987名
（プレハブ・鉄骨）

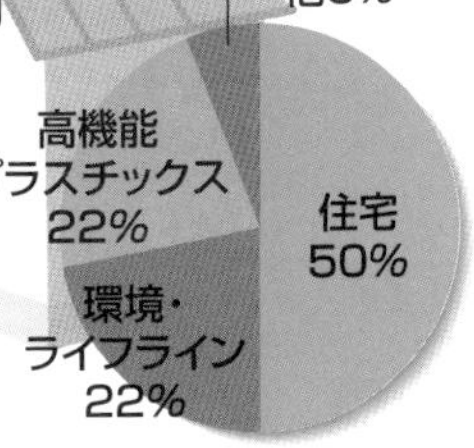
他6%
高機能プラスチックス 22%
住宅 50%
環境・ライフライン 22%

2位

大和ハウス工業

年間販売戸数 4万970戸

売上高 1兆2,246億円
資 本 金／1,101億円
従業員数／単11,293名
連17,814名
（プレハブ・鉄骨）

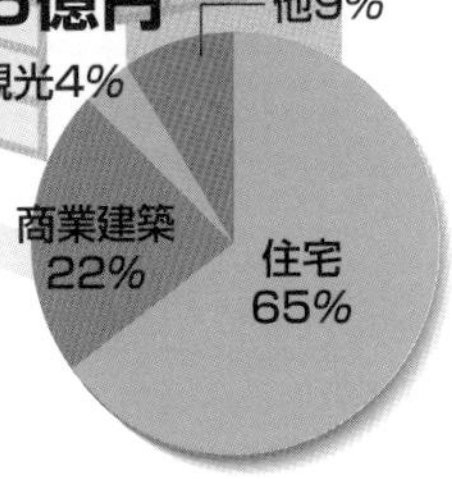
他9%
観光4%
商業建築 22%
住宅 65%

8位

三井ホーム

年間販売戸数 7,427戸

売上高 2,201億円
（ツー・バイ・フォー）

7位

パナホーム

年間販売戸数 1万4,660戸

売上高 2,637億円
（プレハブ・鉄骨）

6位

旭化成

年間販売戸数 1万3,200戸

売上高 3,635億円
（住宅部門の売上）
（プレハブ・コンクリート）

その他の住宅メーカー

一条工務店
売上高 1,680億円※2
（木造在来工法）

東日本ハウス
売上高 972億円※3
（木造在来工法）

エス・バイ・エル
売上高 968億円
（プレハブ木質）

アイフルホームテクノロジー
売上高 278億円
（木造在来工法）

■ 新設住宅着工件数推移 （国土交通省調べ）

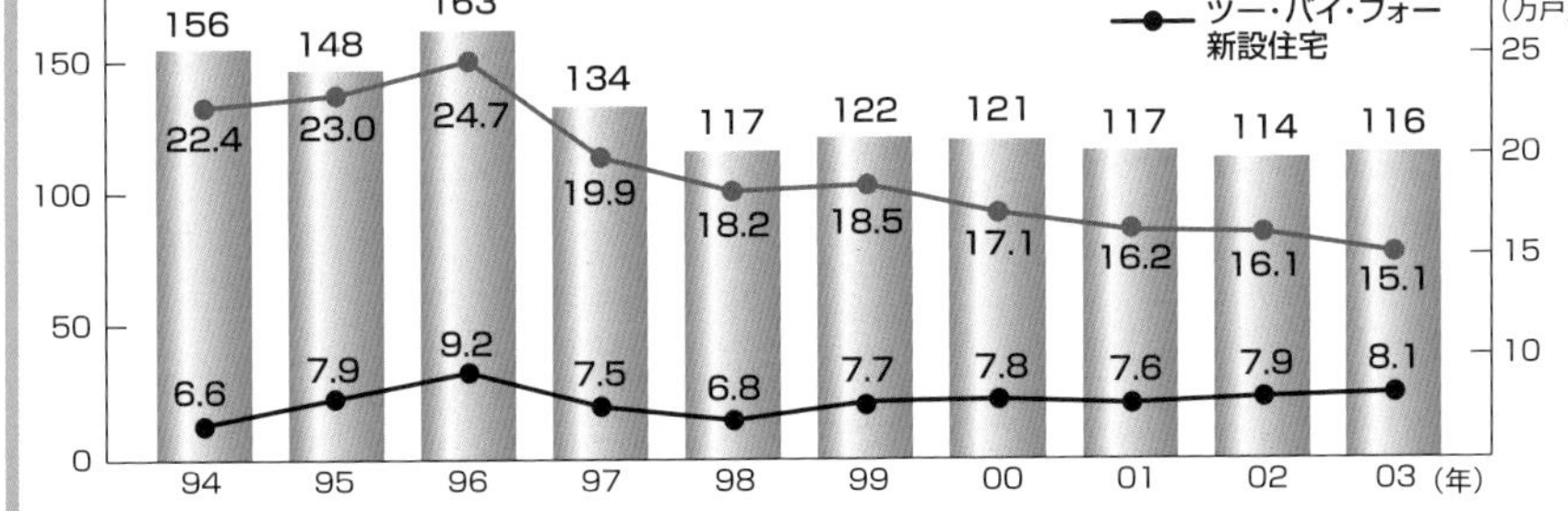
（万戸）
200
150
100
50
0
総戸数
プレハブ新設住宅
ツー・バイ・フォー新設住宅
（万戸）
25
20
15
10
156
148
163
134
117
122
121
117
114
116
22.4
23.0
24.7
19.9
18.2
18.5
17.1
16.2
16.1
15.1
6.6
7.9
9.2
7.5
6.8
7.7
7.8
7.6
7.9
8.1
94
95
96
97
98
99
00
01
02
03
（年）

リフォーム分野の需要が急増しているのに対して、住宅の新規着工件数は年々減少していたが、03年度は4年ぶりに前年を上回り、着工数は116万戸。

住宅業界は、積水ハウスと大和ハウス工業が売上高、年間販売戸数ともに図抜けている。この2強に8位までの大手6社が挑むといった構図だ。さらに、この下には売上高1,000億円規模の中堅メーカーが続く。また、住友林業が海外に進出。米シアトル近郊で宅地造成に乗り出し、カリフォルニア州でも宅地造成や建て売り販売を始める計画を進めている。

業界規模
8兆2,000億円
(03年 住宅リフォーム推進協議会)

リフォームがビッグ産業に発展。大手のゼネコンも参入し、群雄割拠

■ 国内の住設&建材・リフォーム業界地図

(売上高は04年3月期決算。※1は03年8月期決算)

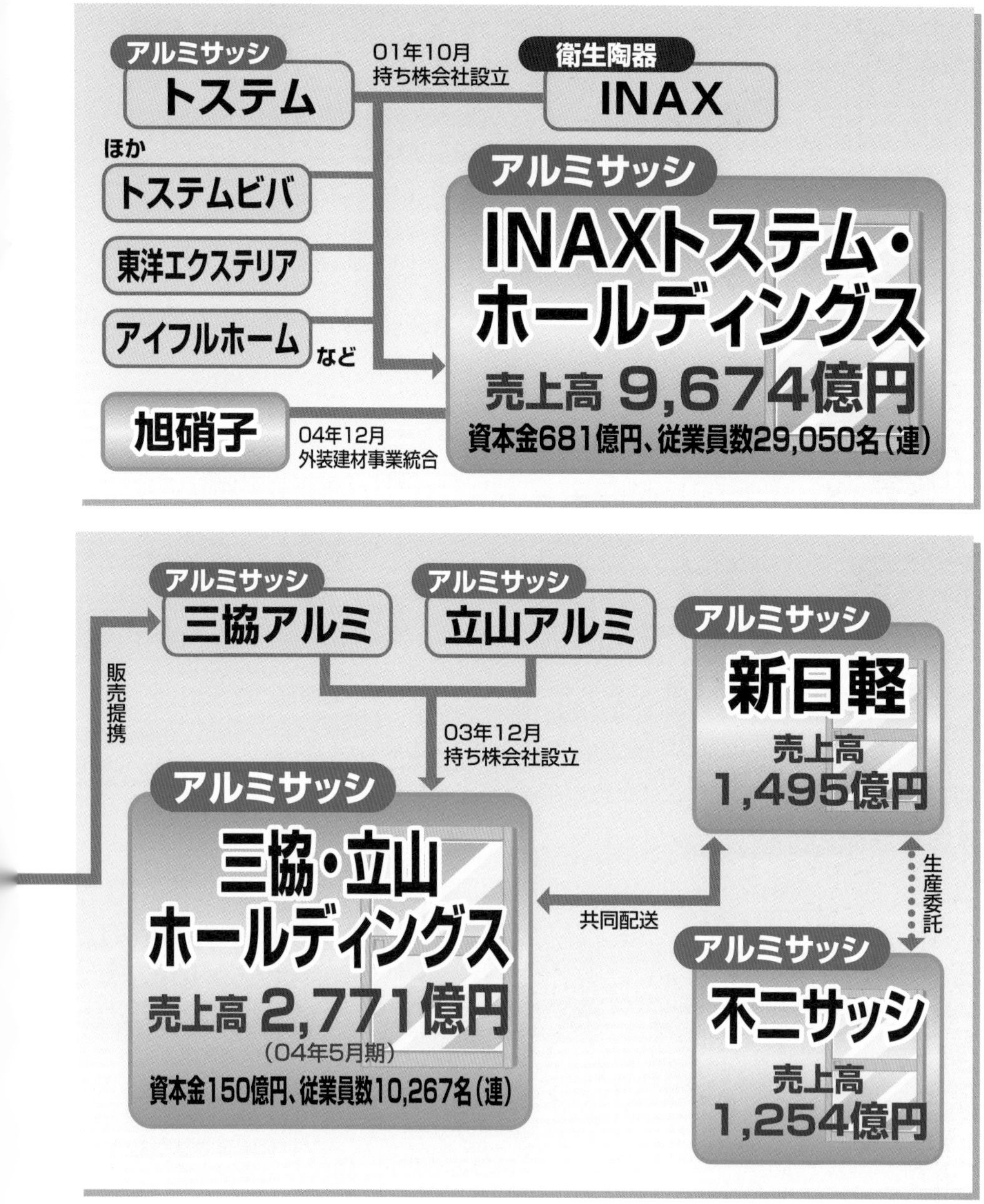
アルミサッシ
トステム
01年10月
持ち株会社設立
衛生陶器
INAX
ほか
トステムビバ
東洋エクステリア
アイフルホーム
など
旭硝子
04年12月
外装建材事業統合
アルミサッシ
INAXトステム・ホールディングス
売上高 9,674億円
資本金681億円、従業員数29,050名(連)
アルミサッシ
三協アルミ
アルミサッシ
立山アルミ
販売提携
03年12月
持ち株会社設立
アルミサッシ
三協・立山ホールディングス
売上高 2,771億円
(04年5月期)
資本金150億円、従業員数10,267名(連)
アルミサッシ
新日軽
売上高
1,495億円
共同配送
生産委託
アルミサッシ
不二サッシ
売上高
1,254億円

リフォームの市場規模は、核家族化、高齢化の影響やリフォーム適齢住宅ストックの増加によって拡大傾向にある。住宅リフォーム推進協議会のデータでは、03年の市場規模は8兆2000億円。単なる人気だけでなく、大きな需要を伴った一大産業にも発展してきている。

しかし、市場での競争が、ここ2〜3年で激しくなっており、撤退淘汰されるところも出ている。これまで売上も小さく手間のかかるリフォームなど相手にしなかった大手のハウスメーカーやゼネコン、不動産会社などが新築住宅の着工減少により、リフォーム市場に参入してきたからだ。そのマーケットを狙って統合、提携の動きが活発化している。

01年10月のINAXとトステムの経営統合、持ち株会社の設立を皮切りに、TOTOとYKK AP、大建工業がリフォーム分野での業務提携を結んだ。各陣営とも新たなビジネスモデルを構築するため提携先の拡充を図っている。

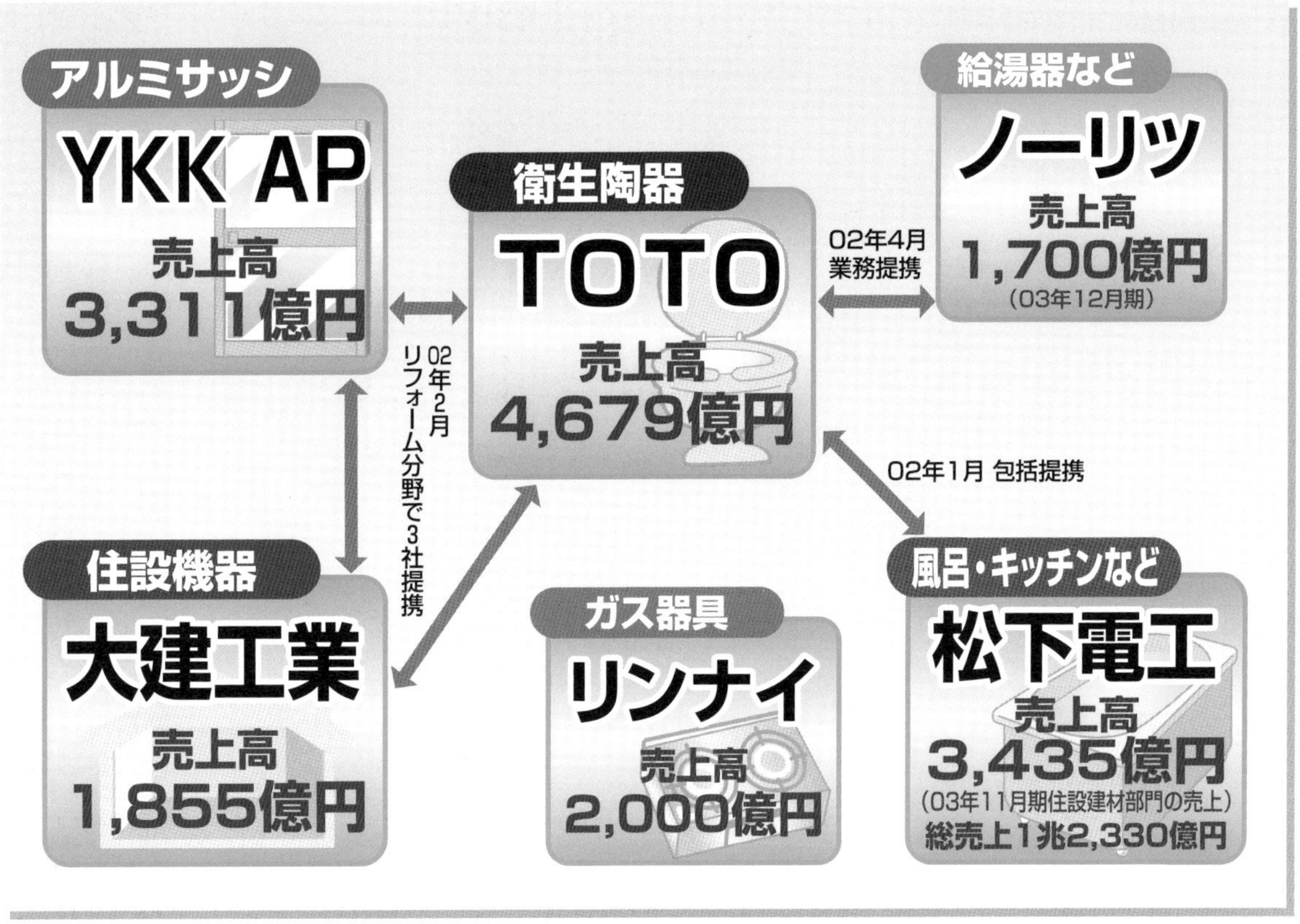
アルミサッシ
YKK AP
売上高
3,311億円
衛生陶器
TOTO
売上高
4,679億円
給湯器など
ノーリツ
売上高
1,700億円
（03年12月期）
02年4月
業務提携
02年2月
リフォーム分野で3社提携
02年1月 包括提携
住設機器
大建工業
売上高
1,855億円
ガス器具
リンナイ
売上高
2,000億円
風呂・キッチンなど
松下電工
売上高
3,435億円
（03年11月期住設建材部門の売上）
総売上1兆2,330億円

リフォーム業界では

急成長
ペイントハウス
売上高
320億円 ※1

リフォーム専業
新興産業
03年1月、経営破綻

シャッターメーカーTOP3	塗料メーカーTOP3	システムキッチンメーカーTOP3
三和シヤッター工業 売上高 2,504億円	日本ペイント 売上高 1,986億円	タカラスタンダード 売上高 1,465億円
文化シヤッター 売上高 1,150億円	関西ペイント 売上高 1,857億円	クリナップ 売上高 1,160億円
東洋シヤッター 売上高 192億円	大日本塗料 売上高 727億円	サンウェーブ工業 売上高 930億円

住宅リフォームの市場規模推移

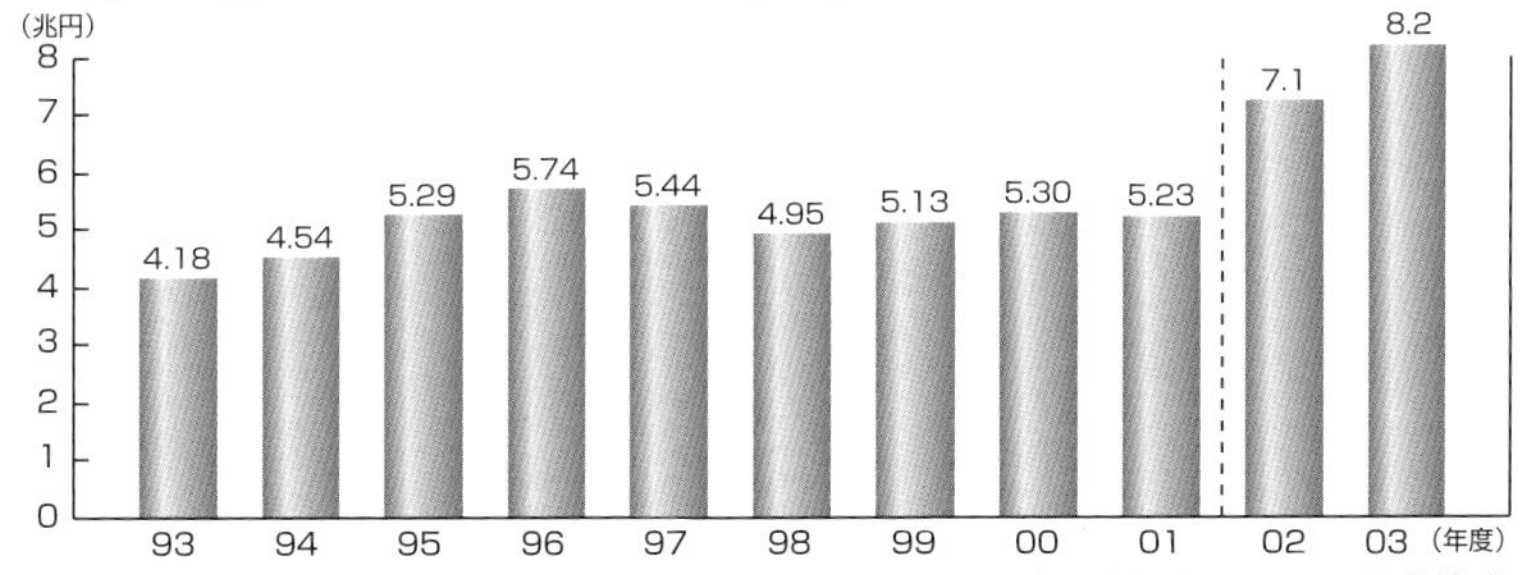
(兆円)
8
7
6
5
4
3
2
1
0
4.18
4.54
5.29
5.74
5.44
4.95
5.13
5.30
5.23
7.1
8.2
93
94
95
96
97
98
99
00
01
02
03
(年度)

93年度から01年度までは「住宅リフォームセンター」調べ。02・03年は「住宅リフォーム推進協議会」のデータ。市場規模はおよそ8兆2,000億円。

現時点では、「INAXトステム」「TOTO」「三協・立山」の3つのグループに分かれているが、TOTOとINAXのような経営統合、資本提携などが起こるかどうかは疑問だ。今後は、INAXトステムホールディングスとTOTOを基軸に業務提携の形で業界再編が考えられる。再編に向けての動向は、こうした企業と関係の深い建設、住宅メーカーの動きと合わせて注目されている。

不動産業界

The real estate business world

業界規模

約8兆円

（本書掲載企業の売上合計）

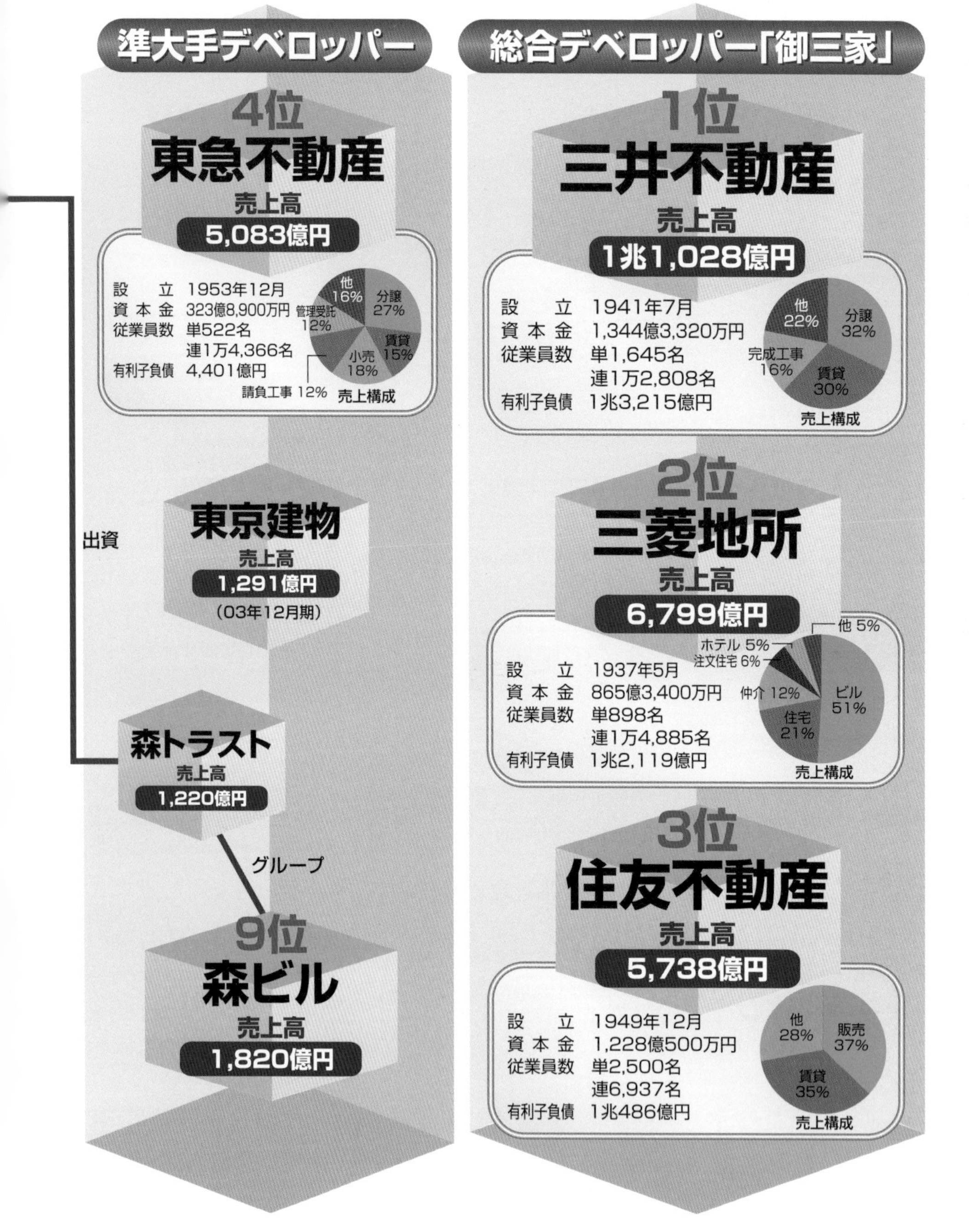
総合デベロッパー「御三家」
1位
三井不動産
売上高
1兆1,028億円
設立 1941年7月
資本金 1,344億3,320万円
従業員数 単1,645名
連1万2,808名
有利子負債 1兆3,215億円
他 22%
分譲 32%
完成工事 16%
賃貸 30%
売上構成
2位
三菱地所
売上高
6,799億円
設立 1937年5月
資本金 865億3,400万円
従業員数 単898名
連1万4,885名
有利子負債 1兆2,119億円
他 5%
ホテル 5%
注文住宅 6%
仲介 12%
ビル 51%
住宅 21%
売上構成
3位
住友不動産
売上高
5,738億円
設立 1949年12月
資本金 1,228億500万円
従業員数 単2,500名
連6,937名
有利子負債 1兆486億円
他 28%
販売 37%
賃貸 35%
売上構成
準大手デベロッパー
4位
東急不動産
売上高
5,083億円
設立 1953年12月
資本金 323億8,900万円
従業員数 単522名
連1万4,366名
有利子負債 4,401億円
他 16%
分譲 27%
管理受託 12%
賃貸 15%
小売 18%
請負工事 12%
売上構成
東京建物
売上高
1,291億円
（03年12月期）
出資
森トラスト
売上高
1,220億円
グループ
9位
森ビル
売上高
1,820億円

元気そうだが、需給バランスが悪化。03年問題に続き07年問題も勃発？

不動産大手4社の04年3月期連結決算によると、三井不動産、東急不動産、住友不動産の3社が過去最高益となった。三井と東急は、マンションやビルの仲介、管理受託事業が好調で金融収支も改善された。住友も高層マンションを中心とした販売事業や仲介、注文住宅も好調。一方、三菱は、マンション戸数を減らしたことで売上高は微減となった。

六本木ヒルズ、汐留、品川、防衛庁跡開発、……。首都圏では、ビッグプロジェクト（左頁下図参照）が進行中。ここにゼネコントップの鹿島が参入。都心の虎ノ門で大規模な複合開発（約1ヘクタールのオフィス・住宅で超高層2棟）に着手し、06年完成予定。

こうしてみると、この業界は、一見元気そうだが、本格化していない。各社とも多額の有利子負債を抱え、さらにオフィスビル供給量が2倍になった「2003年問題」で需給バランスは悪化。この状況が今後も続き、「07年」「10年」もさらなる大幅供給過剰が指摘されている。

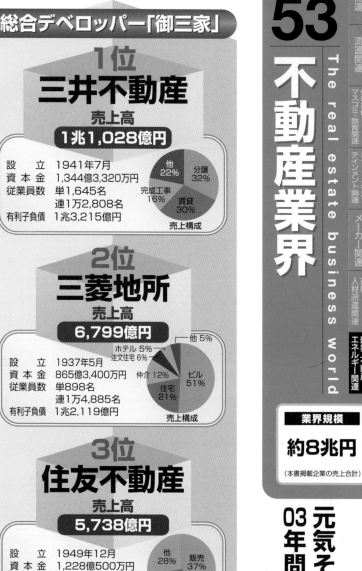

■ 国内の不動産業界地図

（売上高は04年3月期）

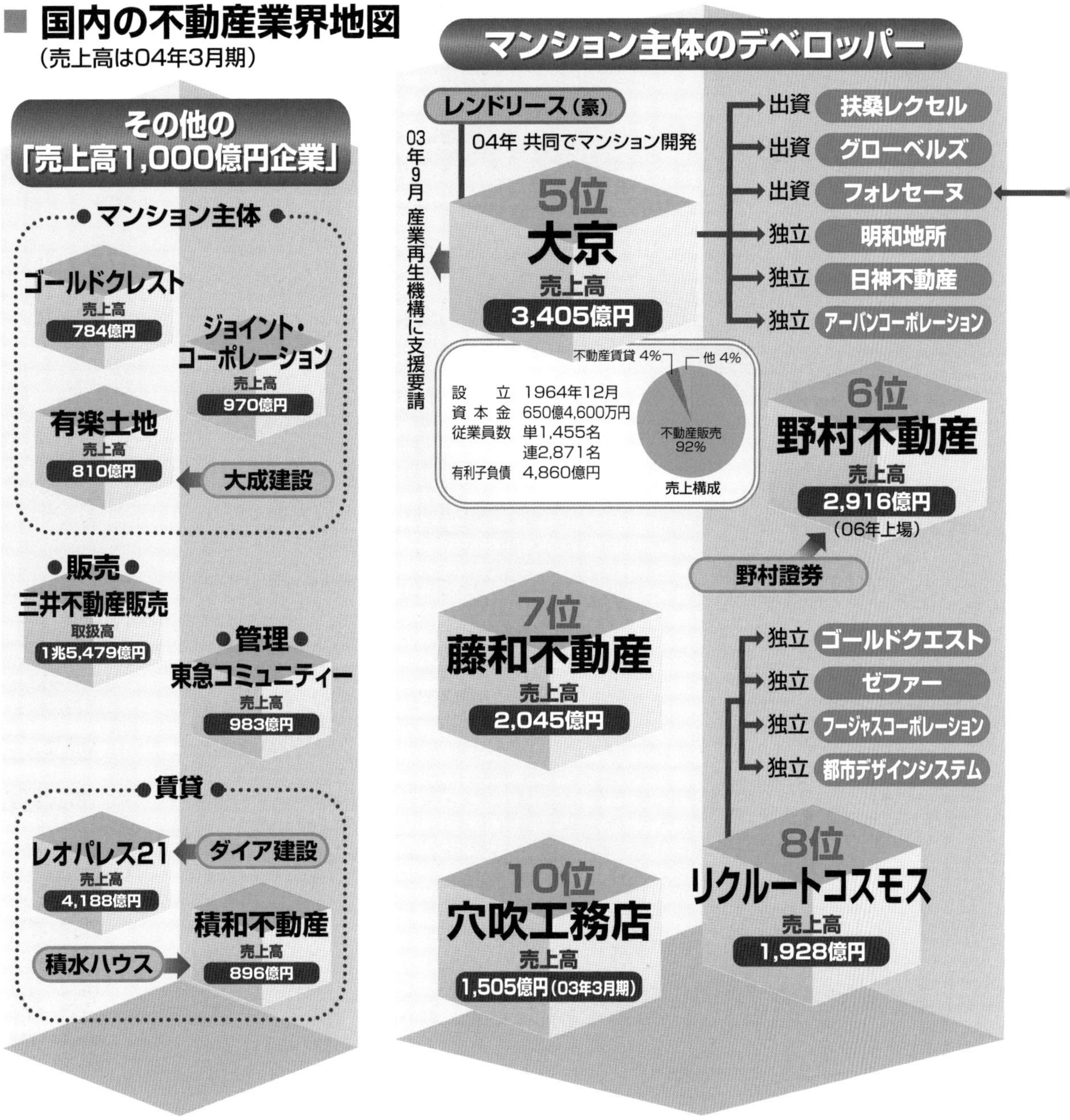
マンション主体のデベロッパー
その他の「売上高1,000億円企業」
マンション主体
ゴールドクレスト 売上高 784億円
ジョイント・コーポレーション 売上高 970億円
有楽土地 売上高 810億円
大成建設
販売
三井不動産販売 取扱高 1兆5,479億円
管理
東急コミュニティー 売上高 983億円
賃貸
レオパレス21 売上高 4,188億円
ダイア建設
積和不動産 売上高 896億円
積水ハウス
レンドリース（豪）
04年 共同でマンション開発
03年9月 産業再生機構に支援要請
5位 大京 売上高 3,405億円
設立 1964年12月
資本金 650億4,600万円
従業員数 単1,455名 連2,871名
有利子負債 4,860億円
不動産賃貸 4%
他 4%
不動産販売 92%
売上構成
出資 扶桑レクセル
出資 グローベルズ
出資 フォレセーヌ
独立 明和地所
独立 日神不動産
独立 アーバンコーポレーション
6位 野村不動産 売上高 2,916億円 （06年上場）
野村證券
7位 藤和不動産 売上高 2,045億円
独立 ゴールドクエスト
独立 ゼファー
独立 フージャスコーポレーション
独立 都市デザインシステム
8位 リクルートコスモス 売上高 1,928億円
10位 穴吹工務店 売上高 1,505億円（03年3月期）

■ 東京23区の大規模開発

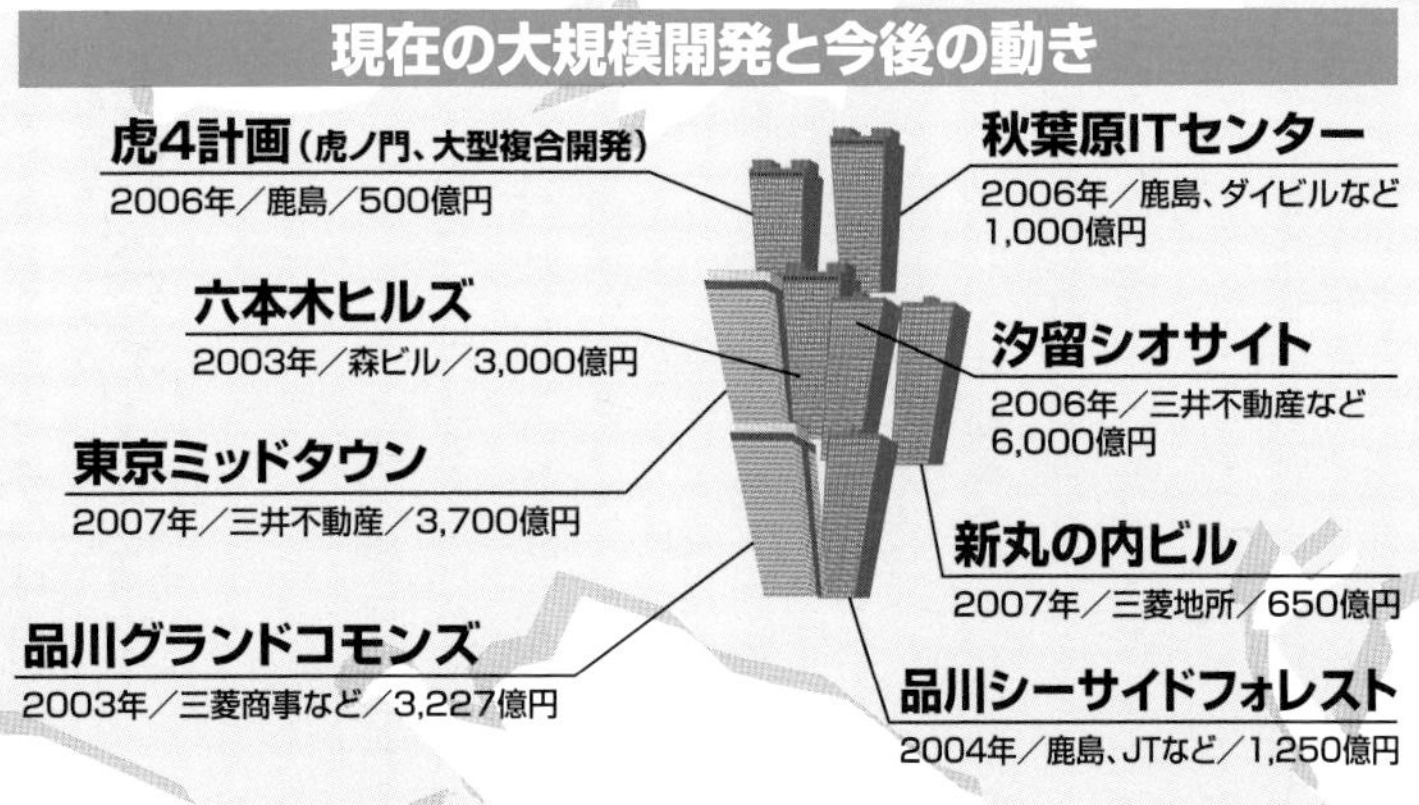
現在の大規模開発と今後の動き
虎4計画（虎ノ門、大型複合開発）
2006年／鹿島／500億円
六本木ヒルズ
2003年／森ビル／3,000億円
東京ミッドタウン
2007年／三井不動産／3,700億円
品川グランドコモンズ
2003年／三菱商事など／3,227億円
秋葉原ITセンター
2006年／鹿島、ダイビルなど 1,000億円
汐留シオサイト
2006年／三井不動産など 6,000億円
新丸の内ビル
2007年／三菱地所／650億円
品川シーサイドフォレスト
2004年／鹿島、JTなど／1,250億円

大資本の集まる東京では、これから大規模な開発がいくつも予定されている。"官が"つくる箱モノと違って、確実に需要を見込んではいるものの、巨額な投資だけに失敗は許されない。

大都市圏では、REIT（不動産投資信託）の導入企業が増え、優良物件の取得が活発になった。不動産を証券化し、資金を集めて開発するという手法だ。この手法を使えば、小資本で複数の不動産開発が可能になり、ますます強社と弱社の差が出るだろう。

PART 7

54 不動産流動化業界

The real estate investment business world

業界規模

約3兆円

（02年度　国土交通省調査）

不動産を活用した資金の運用・調達で今後注目される新しい業界！

■ 国内の不動産流動化業界

企業データ　①売上高　②総資産　③資本金

パシフィック マネジメント
①104億円（03年11月期）
②244億円
③12億3,600万円
アーバン・コーポレイション
①513億円（04年3月期）
②665億円
③36億6,900万円
不動産流動化部門 子会社
アーバン・アセットマネジメント
ケネディ・ウィルソン・ジャパン
①50億円（03年12月期）
②114億円
③14億8,400万円
ダヴィンチ・アドバイザーズ
①20億円（03年12月期）
②106億円
③12億2,200万円
出資
出資（筆頭）
日本に進出している外国投資グループ
ゴールドマンサックスグループ（米）
ローンスターグループ（米）
JPモルガングループ（米・英）

不動産流動化を専門で業務としている企業は、外資系や国内企業であっても外国人持ち株比率が高い企業が多い。大手では、三菱地所グループが傘下のジャパンリアルエステイトアセットマネジメント、野村証券グループが野村キャピタル・インベストメントで流動化事業を行っている。また、金融系ではオリックスが不動産関連ファイナンス部門に力を入れ、業績を伸ばしている。

各企業で所有する不動産は、バブル時には有力な担保であったが、バブル崩壊後、それは不良債権の温床となり、企業にとって大きな負担となってきた。金融機関などでも、不動産の貸出債権（資産）が自己資本比率の低下の一因となっている。

不動産流動化とは、今まで間接金融（担保としての価値）の対象だった不動産を証券化（流動化）することによって直接金融に変え資産を運用するもの。具体的には原資産保有者は、SPC（特定目的会社）に不動産などの特定資産を売却。SPCはその資産から得られるキャッシュフローや資産価値を裏付けとした証券を発行し、投資家からの資金調達を図るものだ。

不動産流動化業界各社の業務内容は、不動産を中心とするソリューション事業、資産の運用を中心とするファンド事業などだが、まだ各社とも設立年数が浅く、売上高も小さい。しかし、確実に利益を伸長させており、潜在需要の大きさを考えると、今後注目の業界といえる。

アセット・マネジャーズ
①31億円（04年2月期）
②80億円
③11億3,000万円

伊藤忠商事 → 出資 → アセット・マネジャーズ
日興シティ信託銀行 → 出資 → アセット・マネジャーズ
日興シティ信託銀行 → 出資 → クリード

クリード
①87億円（03年5月期）
②205億円
③24億8,800万円

リサ・パートナーズ
①27億円（03年12月期）
②37億円
③1億7,000万円

セイクレスト
①53億円（04年3月期）
②59億円
③3億9,900万円

東誠不動産
①94億円（03年11月期）
②191億円
③7,200万円

未上場

証券化ネットワーク

インシュアード・キャピタル

セキュアード・キャピタル・コープ（米） — グループ — セキュアード・キャピタル・ジャパン

セキュアード・キャピタル・ジャパン
①19億円（03年12月期）
②18億円
③3億円

大手グループ系

シンプレクス・インベストメント・アドバイザーズ — 日興コーディアルグループ

三菱地所グループ — **ジャパンリアルエステイトアセットマネジメント**

野村キャピタル・インベストメント — 野村證券グループ

オリックス
（不動産関連ファイナンス部門）

電力・ガス業界

The electric power and gas business world

業界規模

電力（上位10社の売上合計）
約15兆1,000億円
ガス（上位10社の売上合計）
約2兆8,800億円

電力・ガスの相互参入が活発化！天然ガスプロジェクトに強い意欲

1位 民間電力で世界最大！

東京電力

売上高 4兆8,538億円

発電電力量 322,003（100万kWh）

■資本金　6,764億3,400万円
■従業員数
単36,568名（連51,694名）

1位 都市ガス最大手

東京ガス

売上高 1兆1,518億円

需要件数 約945万件

■資本金　1,418億4,400万円
■従業員数
単8,753名（連15,578名）

オーストラリア「ダーウィンLNGプロジェクト」参加

04年
オーストラリア・ビクトリア州
最大の火力発電事業へ出資
06年
イギリスで洋上風力発電事業
共同展開

08年
川崎市で発電開始
09年
横浜市で火力発電事業共同展開

ロイヤル・ダッチ・シェル（英・蘭）

ロシア・サハリン州沖石油・天然ガス開発プロジェクト

サハリンⅠ　エクソンモービル、石油公団、伊藤忠、丸紅などの出資による「サハリン石油ガス開発」
- **原油**　05年から輸出（日量25万バレル）
- **天然ガス**　08年以降供給（パイプラインで輸送、年間600万トン供給予定）

サハリンⅡ　出資＝ロイヤル・ダッチ・シェル、三菱商事、三井物産他
- **原油**　99年から商業生産開始（日量9万バレル）
- **天然ガス**　07年からLNG（液化天然ガス）輸送開始（年間900万トン生産）

電力10社の売上高は15兆952億円。シェアは、東京電力の32%、関西電力17%、中部電力14%、東北電力10%と続く。一方、ガスの売上高は2兆8,833億円。電力が、いかに巨大かがわかる。シェアは東京ガスの40%、大阪ガス33%、東邦ガス11%と続く。04年4月以降、電力・ガスの小売り自由化の範囲が拡大するが、新規参入社にとって、経営体力のある巨大企業のハードルはかなり高い。

東京電力など、電力10社の04年3月期の決算は9社が減収となった。産業用の大口需要や冷夏暖冬による冷暖房需要の伸び悩みによる販売電力量の低迷、さらに02年に実施した電気料金の値下げの影響が出た。

総需要電力量が伸び悩むなか、緊急の課題が電力の維持。04年度からは、電力小売りの規制緩和対象先が契約電力量500kW以上の需要者にまで拡大されるため、電力10社は積極的に「オール電化住宅」事業に取り組んでいる。

また、電力小売の規制緩和によって、競争が激化することをにらみ、東京電力は04年10月に、いち早く値下げを実施した。これに追随する企業もありそうだ。

電力・ガス業界は、相互参入が活発化。天然ガスへの期待も大きく、サハリンプロジェクトにも強い関心を示している。「サハリンⅡ」と呼ばれるプロジェクトには、東京電力、東京ガス、九州電力、東邦ガスが22～24年間の購入契約を結んでいる。

■ 国内の電力・ガス業界地図 (売上高は04年3月期　※1は03年12月期)

電力

2位 関西電力
売上高 2兆5,401億円
発電電力量 153,769 (100万kWh)

フィリピン・サンロケ水力発電プロジェクトに資本参加 → 東北電力

4位 東北電力
売上高 1兆5,627億円
発電電力量 128,984 (100万kWh)

3位 中部電力
売上高 2兆1,010億円
発電電力量 138,143 (100万kWh)

中国でメタンガス発電事業へ → 九州電力

6位 中国電力
売上高 9,670億円
発電電力量 88,417 (100万kWh)

5位 九州電力
売上高 1兆3,916億円
発電電力量 114,945 (100万kWh)

8位 北海道電力
売上高 5,172億円
発電電力量 40,433 (100万kWh)

7位 四国電力
売上高 5,618億円
発電電力量 56,218 (100万kWh)

10位 沖縄電力
売上高 1,486億円
発電電力量 8,226 (100万kWh)

9位 北陸電力
売上高 4,514億円
発電電力量 46,029 (100万kWh)

ガス

2位 大阪ガス
売上高 9,513億円
需要件数 約656万件

大阪ガス → 中部電力：三重県と滋賀県を結ぶ天然ガス・パイプライン共同敷設。08年稼働

大阪ガス → 東邦ガス：大阪府で火力発電所建設。08年開始

4位 西部ガス
売上高 1,340億円
需要家数 約113万件

3位 東邦ガス
売上高 3,278億円
需要家数 約207万件

6位 広島ガス
売上高 679億円
需要家数 約43万件

5位 京葉瓦斯
売上高 703億円 ※1
需要家数 約76万件

8位 静岡ガス
売上高 586億円 ※1
需要家数 約31万件

7位 北海道ガス
売上高 612億円
需要家数 約56万件

10位 中部ガス
売上高 266億円 ※1
需要家数 約21万件 ※1

9位 北陸ガス
売上高 338億円
需要家数 約33万件

■ 主な特定規模電気事業者（新規参入）リスト (資源エネルギー庁に04年3月31日までに届け出のあった事業者)

電気事業者名	親会社（業種）	事業開始	出力(千kW)	主な供給先
イーレックス	三井物産（商社）など	01年3月	218	三越、ダイエー、鹿児島県庁 他
新日本製鐵	—（鉄鋼）	01年4月	86	福岡市庁、九州大学 他
エネット	東京ガス・大阪ガス（ガス）など	01年4月	914	NTTグループビル、大阪府庁、兵庫県庁 他
サミットエナジー	住友商事（商社）	01年4月	1235	住友商事大阪本社ビル、岐阜県庁 他
大王製紙	—（紙・パルプ）	01年4月	524	高知医大、香川医大 他
丸紅	—（商社）	02年7月	95	ユニー
ジーティーエフ研究所	三井物産（商社）など	03年3月	48	———
サニックス	—（環境資源開発）	03年4月	74	———
新日本石油	新日本製鐵（鉄鋼）	03年7月	178	全日空
エネサーブ	—（電力）	04年4月	10	———
大阪ガス	—（ガス）	04年6月	55	———

特定規模電気事業とは、99年の改正電気事業で新たに認められた事業。原則として使用最大電力が2,000kW以上の需要者に供給する。

金融関連
流通関連
情報通信・マスコミ・教育関連
レジャー・エンターテインメント関連
メーカー関連
運輸・人材派遣関連
建築・不動産・エネルギー関連

業界規模
約13兆8,500億円
（主要6社の売上合計）

イラクの戦後復興にビッグチャンス。アラムコが日本に参入、再編に影響か

■ 国内と世界の石油業界地図
（売上高は04年3月期）

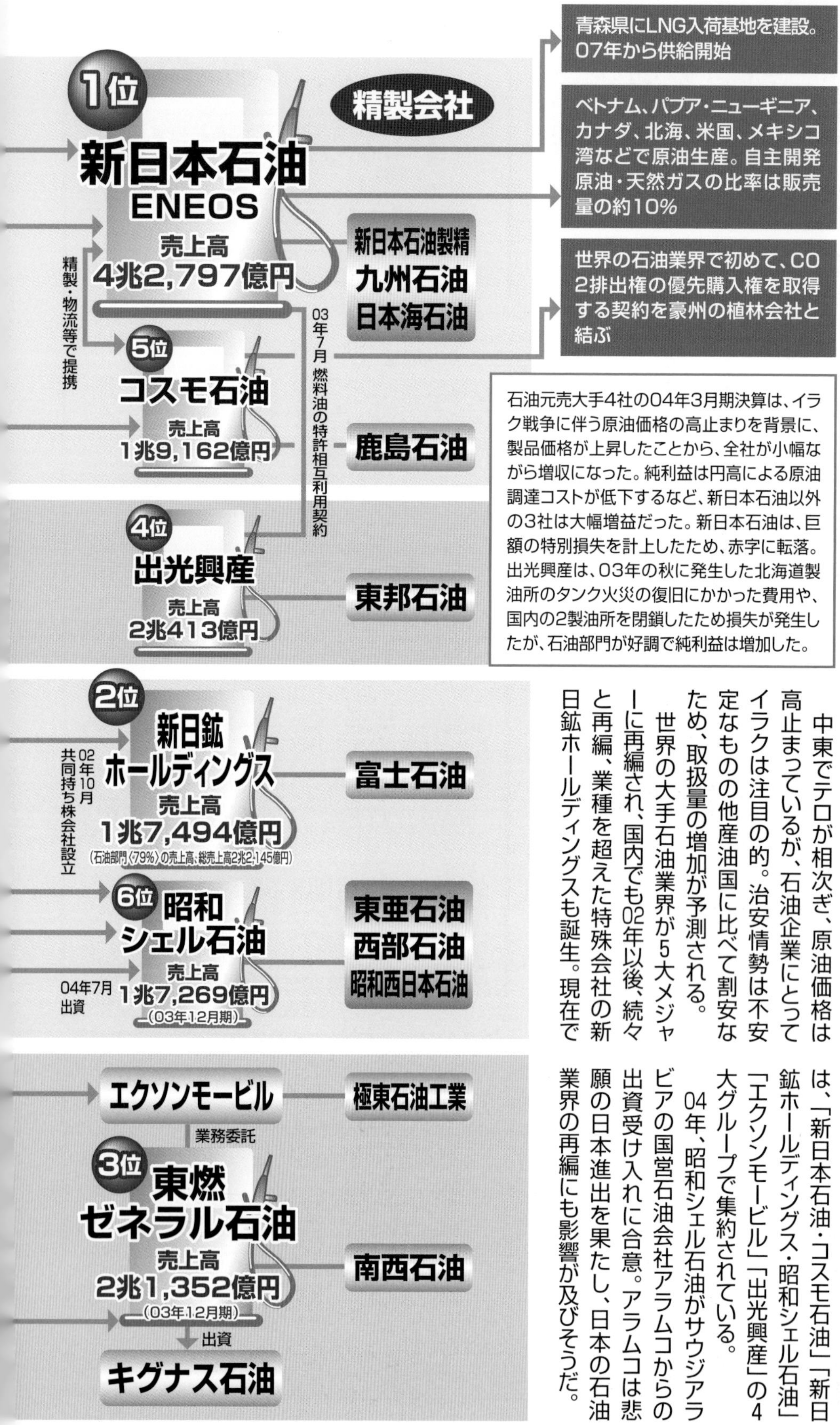
精製会社
1位
新日本石油
ENEOS
売上高
4兆2,797億円
新日本石油製精
九州石油
日本海石油
青森県にLNG入荷基地を建設。07年から供給開始
ベトナム、パプア・ニューギニア、カナダ、北海、米国、メキシコ湾などで原油生産。自主開発原油・天然ガスの比率は販売量の約10%
世界の石油業界で初めて、CO2排出権の優先購入権を取得する契約を豪州の植林会社と結ぶ
精製・物流等で提携
03年7月 燃料油の特許相互利用契約
5位
コスモ石油
売上高
1兆9,162億円
鹿島石油
4位
出光興産
売上高
2兆413億円
東邦石油
2位
新日鉱ホールディングス
売上高
1兆7,494億円
（石油部門〈79%〉の売上高、総売上高2兆2,145億円）
02年10月 共同持ち株会社設立
富士石油
6位
昭和シェル石油
売上高
1兆7,269億円
（03年12月期）
04年7月 出資
東亜石油
西部石油
昭和西日本石油
エクソンモービル
業務委託
極東石油工業
3位
東燃ゼネラル石油
売上高
2兆1,352億円
（03年12月期）
南西石油
出資
キグナス石油

石油元売大手4社の04年3月期決算は、イラク戦争に伴う原油価格の高止まりを背景に、製品価格が上昇したことから、全社が小幅ながら増収になった。純利益は円高による原油調達コストが低下するなど、新日本石油以外の3社は大幅増益だった。新日本石油は、巨額の特別損失を計上したため、赤字に転落。出光興産は、03年の秋に発生した北海道製油所のタンク火災の復旧にかかった費用や、国内の2製油所を閉鎖したため損失が発生したが、石油部門が好調で純利益は増加した。

中東でテロが相次ぎ、原油価格は高止まっているが、石油企業にとってイラクは注目の的。治安情勢は不安定なものの他産油国に比べて割安なため、取扱量の増加が予測される。

世界の大手石油業界が5大メジャーに再編され、国内でも02年以後、続々と再編、業種を超えた特殊会社の新日鉱ホールディングスも誕生。現在では、「新日本石油・コスモ石油」「新日鉱ホールディングス・昭和シェル石油」「エクソンモービル」「出光興産」の4大グループで集約されている。

04年、昭和シェル石油がサウジアラビアの国営石油会社アラムコからの出資受け入れに合意。アラムコは悲願の日本進出を果たし、日本の石油業界の再編にも影響が及びそうだ。

世界の5大メジャー

日本の元売会社

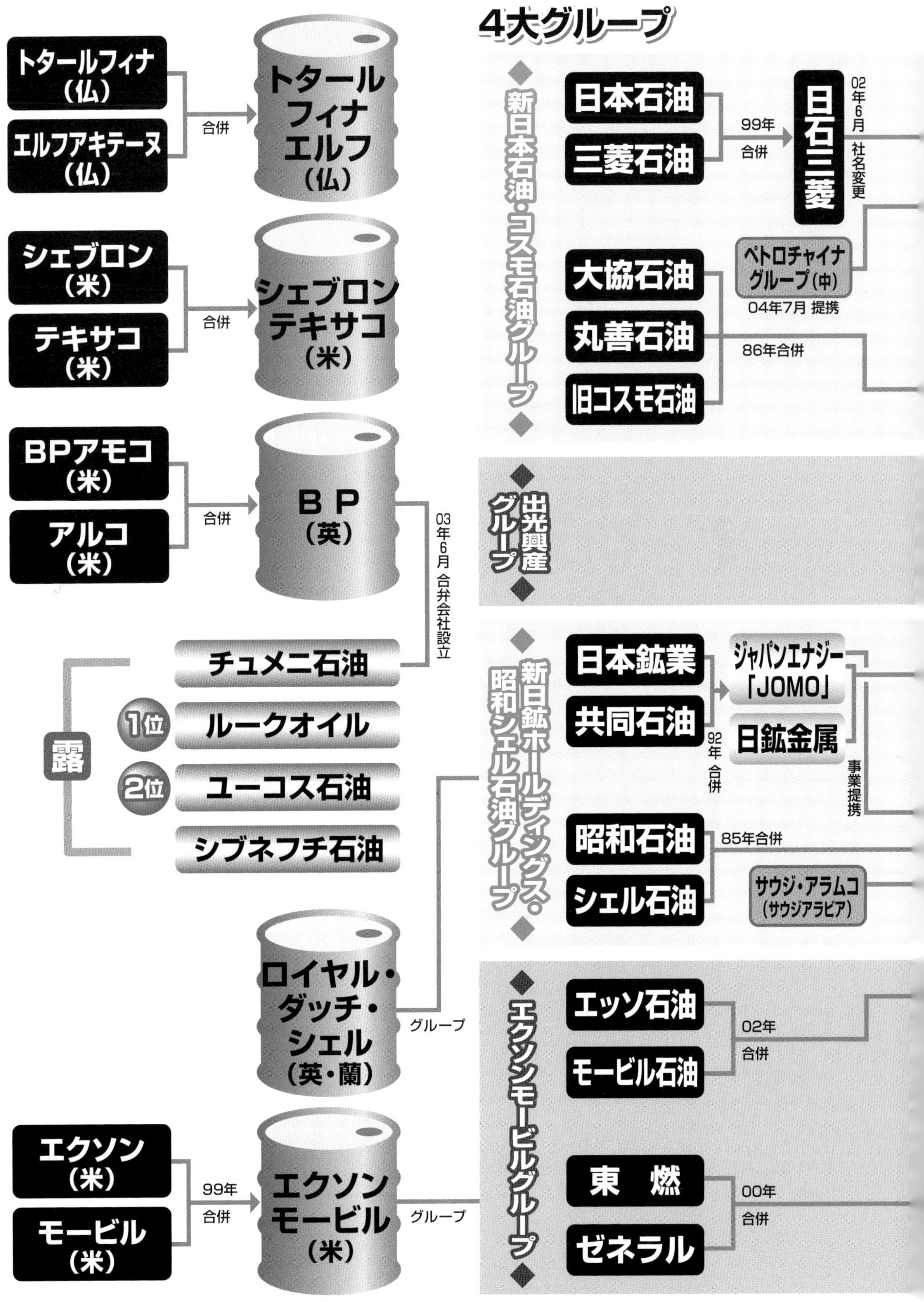
トタールフィナ（仏）
エルフアキテーヌ（仏）
合併
トタールフィナエルフ（仏）
シェブロン（米）
テキサコ（米）
合併
シェブロンテキサコ（米）
BPアモコ（米）
アルコ（米）
合併
BP（英）
03年6月 合弁会社設立
露
チュメニ石油
1位 ルークオイル
2位 ユーコス石油
シブネフチ石油
ロイヤル・ダッチ・シェル（英・蘭）
グループ
エクソン（米）
モービル（米）
99年合併
エクソンモービル（米）
グループ
4大グループ
新日本石油・コスモ石油グループ
日本石油
三菱石油
99年合併
日石三菱
02年6月 社名変更
ペトロチャイナグループ（中）
04年7月 提携
大協石油
丸善石油
旧コスモ石油
86年合併
出光興産グループ
新日鉱ホールディングス・昭和シェル石油グループ
日本鉱業
共同石油
92年合併
ジャパンエナジー「JOMO」
日鉱金属
事業提携
昭和石油
シェル石油
85年合併
サウジ・アラムコ（サウジアラビア）
エクソンモービルグループ
エッソ石油
モービル石油
02年合併
東燃
ゼネラル
00年合併

企業インデックス

【一橋総合研究所からのご案内】

自らの頭で考え自らの意思で行動することを放棄してしまった国日本。

現在の衰退はそのことと無関係ではありません。

一橋総合研究所では、下記ホームページや書籍・雑誌、政策セミナーを通じて、現在日本や世界で起きている事件やニュースの真実を伝え、日本の自立と繁栄を取り戻すための具体的な提言や政策を発表しています。

■ 一橋総合研究所 ホームページのご案内 ■

一橋総合研究所の提唱する様々な提言や論文、コラムが載っています。どうぞご覧下さい。

http://www.h-ri.org/

■ 一橋総合研究所　書籍・雑誌のご案内 ■

下記書籍・雑誌を通じ、日本の抱える問題の根幹に横たわる根源的要因を鋭く指摘し、分かりやすい解説を加え、日本再生のための具体的な戦略を提言しています。


『金融市民革命　金融の根幹を官から取り戻せ！』

一橋総合研究所（著）　実業之日本社　¥1,680（税込）

『「アメリカ信仰」を捨てよ—2001年からの日本戦略』

石原慎太郎・一橋総合研究所（共著）　光文社　¥1,260（税込）

『国家意志のある「円」—ドル支配への反撃』

石原慎太郎(監修)・一橋総合研究所（著）　光文社　¥1,260（税込）

『宣戦布告「NO」と言える日本経済—アメリカの金融奴隷からの解放』

石原慎太郎・一橋総合研究所（共著）　光文社　¥1,260（税込）

『税の直接民主主義化構想』

一橋総合研究所/若山昇（週刊エコノミスト2003年8月12・19合併号）

『個人投資　兌換券配布で活性化を』

一橋総合研究所常務理事/鈴木壮治（朝日新聞/私の視点2002年9月23日）

■ 一橋総合研究所　政策セミナーのご案内 ■

一橋総合研究所の提唱する提言や政策を、理事や研究員が直接発表しています。一橋総合研究所の政策に賛同頂ける方であればどなたでもご自由にご参加頂けます。

政策セミナーの開催日時と場所については、一橋総合研究所ホームページ（http://www.h-ri.org/）をご覧下さい。

お問い合わせ先

一橋総合研究所事務局

e-mail ● info@h-ri.org　URL ● http://www.h-ri.org/

一橋総合研究所
趣意書

第2次世界大戦後、約半世紀を経て日本は新たな敗戦のさ中にある。戦後日本は世界史的にも有数の発展を遂げ、経済的な豊かさを獲得した。しかし、自立した国としての理念・精神を欠き、経済に偏重した急成長だったがゆえに、現在、深刻な負の遺産にあえいでいる。

今回の敗戦は、硬直化した官僚制度のみならず、結果に対し責任をとることを回避し、いつまでももたれ合おうとする日本社会の特質にも由来する。国民の政治に対する無関心も問題解決の先送りにつながった。バブル崩壊の教訓はいまだに活かされていない。

国家として衰退の危機に瀕している日本、自信を喪失しつつある日本人にとって、今、求められているのは、高度経済成長期に形成された古い価値観から脱却することだ。

そのためには、既得権益にしがみつく集団ではなく、個人として自立した市民の知恵の結集が急務であり、個々の知恵や経験を活かすためのインフラ構築が必要だ。本格的な日本再生は、国民の知的資産の有効活用から始まる。

欧米には、国益を守る戦略を、大胆かつ緻密に作り出すシンクタンクが存在し、国力の源泉ともなっている。シンクタンクのスタッフは時の政権で重要な役割を果たすケースも多い。日本にも、多様な知性が集い、グローバルな視野で国家戦略を考えるシンクタンクが不可欠だ。

日本は、国民が本当に怒り、自らの力で日本を再生させると決心した時、真の転機を迎えると思われる。自らの知と経験そして資金を活用し、国を動かすという民間の不退転の決意こそが、起爆剤となるだろう。

一橋総合研究所は、グローバルな視野と情報網、実務経験に裏づけられた、新しい「知」のネットワークを構築し、日本および日本人の誇り、生命そして財産を守る戦略を提言することを基本理念に設立された民間独立のシンクタンクである。民間の怒りから生じた「知」を変革のエネルギーに換えるインフラ「知のネットワーク」を活用し、日本再生を目指すものである。

【監修者 紹介】

一橋総合研究所（ひとつばしそうごうけんきゅうじょ）

石原慎太郎が生み、グローバルな視野と自由な発想で、日本の将来を構想する知の集い。それが、独立・中立のシンクタンク、一橋総合研究所。
以下の４点を行動原則として活動する。

1　国家、社会の根源的問題について、建て前を排し、本音で議論する。
2　歴史を検証し、教訓とするが、タブー化しない。
3　グローバルスタンダードのうそを見破る。
4　個人、国家として自立し、アジア、そして世界の中でのポジションを探る。

衰退を続ける無戦略国家日本に自立と繁栄を取り戻すため、インターネットや著書、政策セミナーを通じて、現在日本や世界で起きている事件やニュースの真実を伝え、問題の根幹に横たわる根源的要因を鋭く指摘し、日本再生のための具体的な提言を行っている。

平成16年3月、特定非営利活動法人（ＮＰＯ）としての設立を承認される。

一橋総合研究所事務局
e-mail　info@h-ri.org
URL　http://www.h-ri.org/

本書の監修に参加したメンバー
井上翔一朗, 内山昌秋, 江口一元, 小関珠音, 鬼頭和孝, 小島良昭, 清水 正, 下前 雄, 辻 知之, 友行 信, 仲 達之, 肥後和男, 深見嘉友, 増田 篤, 吉田博詞

編集協力
デジタル・トウキョー（株）
（有）サーガコーポレーション
　土屋淳一, 楊井一滋, 石原靖之, 窪田 僚

本文デザイン
アールウール
　伊藤理恵子, 坪井優子

2005年版
図解革命！　業界地図最新ダイジェスト

監修者　一橋総合研究所
発行者　高橋秀雄
編集者　津嶋栄
印刷所　東京印書館
発行所　高橋書店
〒112-0013
東京都文京区音羽1-26-1
電話　03-3943-4525（販売）/03-3943-4529（編集）
FAX　03-3943-6591（販売）/03-3943-5790（編集）
振替　00110-0-350650

ISBN4-471-64672-9